Aproximaciones al estudio de la literatura hispánica

Aproximaciones al estudio de la literatura hispánica

SEGUNDA EDICION

Carmelo Virgillo
Arizona State University

L. Teresa Valdivieso
Arizona State University

Edward H. Friedman
Indiana University, Bloomington

McGraw-Hill Publishing Company
New York St. Louis San Francisco Auckland Bogotá Caracas
Hamburg Lisbon London Madrid Mexico Milan
Montreal New Delhi Oklahoma City Paris San Juan
São Paulo Singapore Sydney Tokyo Toronto

A nuestros seres queridos
cuya comprensión hizo posible esta obra

This is an  book

Second Edition

4 5 6 7 8 9 0 RMT RMT 8 9 4 3 2 1 0

Copyright © 1989 by McGraw-Hill, Inc. All rights reserved. Printed in the United States of America. Except as permitted under the United States Copyright Act of 1976, no part of this publication may be reproduced or distributed in any form or by any means, or stored in a data base or retrieval system, without the prior written permission of the publisher.

Library of Congress Cataloging in Publication Data

Aproximaciones al estudio de la literatura hispánica / Carmelo
  Virgillo, Edward H. Friedman, L. Teresa Valdivieso.—2a
  ed.
      p.   cm.
    Includes index.
    ISBN 0-07-557362-8
    1. Spanish literature—History and criticism.   2. Spanish American
literature—History and criticism.   3. Spanish literature.
    4. Spanish American literature.   I. Virgillo, Carmelo, 1934–
II. Friedman, Edward H.   III. Valdivieso, L. Teresa
    PQ6037.V57   1989   88-28754
    860′.9—dc19   CIP

Manufactured in the United States of America

Cover and text design: Albert Burkhardt
Cover art: Mary Burkhardt
Illustrations: Kyoko Saegusa
Production: Marian Hartsough
Compositor: G & S Typesetters, Inc.
Photo researcher: Judy Mason

Photo Credits: Permission to reprint the following photos is gratefully acknowledged.
p.28 Portrait, from *Santa Lucía* by Bernabe de Módena, Cathedral of Murcia, published in *El Conde Lucanor* by Don Juan Manuel, Clásicos Castalia, Madrid, 1982; *p.32* Courtesy of the OAS; *p.36* Portrait, Countess of Pardo Bazán by Joaquín Sorolla y Bastida/Courtesy of the Hispanic Society of America; *p.39* © 1988 by Layle Silbert; *p.42* Courtesy of Literature Department, Americas Society; *p.49* Ediciones Destino, Barcelona; *p.53* © 1984 by Layle Silbert; *p.57* Editorial Crea, Buenos Aires; *p.59* Courtesy of Carmen Balcalle; *p.63* Sophie

continued on page vi

CREDITOS

Ricardo Palma, "La camisa de Margarita." Reprinted by permission of Aguilar, S.A. de Ediciones.

Emilia Pardo Bazán, "Las medias rojas." Reprinted by permission of Aguilar, S.A. de Ediciones.

Jorge Luis Borges, "El etnógrafo." Reprinted by permission of Emecé Editores, S.A.

Juan Rulfo, "No oyes ladrar los perros." Reprinted by permission of Fondo de Cultura Económica.

Ana María Matute, "Pecado de omisión." Reprinted by permission of Ediciones Destino, S.L.

San Juan de la Cruz, "Noche oscura," "Que muero porque no muero." Reprinted by permission of Editorial Magisterio Español, S.A.

Luis de Góngora, "Soneto CIII," "Soneto CLXVI." Reprinted by permission of Editorial Planeta S.A.

Lope de Vega, *Rimas sacras:* "XVIII," *Rimas humanas:* "CXCI." Reprinted by permission of Editorial Planeta S.A.

Francisco de Quevedo, "Amante agradecido. . .", "Represéntase la brevedad de lo que se vive. . .". Reprinted by permission of Editorial Planeta S.A.

Sor Juana Inés de la Cruz, "A su retrato," "A una rosa." Reprinted by permission of Editorial Porrúa, S.A.

Manuel Gutiérrez Nájera, "Para entonces," "Non omnis moriar." Reprinted by permission of Editorial Porrúa, S.A.

Rubén Darío, "El cisne," "Canción de otoño en primavera." Reprinted by permission of Aguilar, S.A. de Ediciones.

Amado Nervo, "La pregunta," "Si tú me dices «¡Ven!»." Reprinted by permission of Aguilar, S.A. de Ediciones.

Antonio Machado, *Proverbios y cantares:* "Poema XXIX," "La saeta." Reprinted by permission of Biblioteca Nueva, S.A., Editorial.

Juan Ramón Jiménez, "Intelijencia, dame," "Vino, primero, pura." Reprinted by permission of Aguilar, S.A. de Ediciones.

Gabriela Mistral, "Meciendo," "Yo no tengo soledad." Reprinted by permission of Aguilar, S.A. de Ediciones.

Juana de Ibarbourou, "La higuera," "Rebelde." Reprinted by permission of Aguilar, S.A. de Ediciones.

Luis Palés Matos, "Danza negra," "El gallo." Reprinted by permission of Biblioteca de Autores Puertorriqueños.

Dámaso Alonso, "Insomnio," "Vida del hombre." Reprinted by permission of Editorial Labor, S.A.

Pablo Neruda, "Me gustas cuando callas," "Verbo." Reprinted by permission of © Pablo Neruda, 1924, and Fundación Pablo Neruda.

Gloria Fuertes, "Sale caro ser poeta," "Mis mejores poemas." Reprinted by permission of Ediciones Cátedra.

Miguel de Cervantes Saavedra, *El viejo celoso.* Reprinted by permission of Editorial Iberia, S.A.

Jacinto Benavente, *El nietecito.* Reprinted by permission of Aguilar, S.A. de Ediciones.

José Ruibal, *Los ojos.* Reprinted by permission of the author.

Osvaldo Dragún, *Historia del hombre que se convirtió en perro.* Reprinted by permission of the author.

Federico García Lorca, *La casa de Bernarda Alba.* Reprinted by permission of Mercedes Casanovas.

Mariano José de Larra, "El castellano viejo." Reprinted by permission of Aguilar, S.A. de Ediciones.

Arturo Uslar Pietri, "Notas sobre el vasallaje." Reprinted by permission of Monte Avila Editores.

Rosario Castellanos, "La liberación del amor." Reprinted by permission of Excelsior, México.

I N D I C E

El drama

El ensayo

P R E F A C E

Aproximaciones al estudio de la literatura hispánica, second edition, is an introduction to literary analysis, with readings from Spanish and Spanish American literature aimed primarily, but not exclusively, at the third-year level of the college curriculum. The textbook has been structured in such a manner as to provide students possessing a relatively limited knowledge of Spanish, as well as the native speaker, with the opportunity to acquire the technical vocabulary of the Hispanic literary critic. Self-contained and multipurpose in its makeup, the text begins with an elementary, concise consideration of art and aesthetics. Following the general discussion of the artistic implications of literature, it subsequently presents the four basic genres: narrative, poetry, drama, and the essay. Each genre follows the same internal organization, beginning with an introduction to the genre: an essay in which theoretical concepts are introduced in Spanish, along with numerous examples. Thereafter, to ensure the desired step-by-step understanding of that discussion, a *Práctica* section provides specially designed analytical exercises for the genre under study. A historical introduction to the genre then follows, tracing its origins and development. Each essay offers students an overview of periods, movements, significant figures, and literary currents, in both Spain and Spanish America, within which to place the specific selections of the anthology. This section of the book may be used either as part of the regular assignments, or simply as reference. Exercises have been provided after every historical introduction for the purpose of directing the student to its most relevant points. The last of the preparatory materials, before the actual reading, is a *Guía para el lector* that poses general questions on the various aspects of the genre, to further prepare students for what follows. Each reading also includes features designed to help those using the book, such as a biography of the author, plus glosses and footnotes explaining difficult, archaic, or dialectal vocabulary and furnishing further cultural background on names, allusions, and so on.

In light of the special challenge presented by poetry, a special section that goes beyond the instructional material shared by the other major divisions of the text has been included. *El lenguaje literario* is devoted to a general appraisal of figurative or poetic language, with each figure defined and then illustrated through examples from selected texts identified by author and title. Instructors should note that this feature has been placed in the poetry portion of the text only because it deals most directly with that genre. Since it constitutes a self-contained unit, with its own set of exercises, it ought to be regarded as a tool. As such, it may be utilized at any given point, as needed for introducing rhetorical figures or for analyzing individual works.

In keeping with a desire to make the text relevant to the present and future needs of the student of literature, and to enhance the usefulness of this text, three appendices have been included. The first deals with critical essays: what they are and how to read them. Summaries of six critical articles are presented. These essays, which cover all genres discussed, can serve as models for written exercises and oral presentations to be done by students. The second appendix contains examples of verse classified by syllables. The third is a glossary of literary and paraliterary terms, ranging from short definitions of rhetorical figures to longer discussions of literary movements and philosophical doctrines.

This second edition of *Aproximaciones al estudio de la literatura hispánica* contains a number of revisions, many of them made at the suggestion of colleagues and students at Arizona State University and elsewhere. To begin with, exercises have been added to all four historical introductions to point out the salient elements of each essay. All introductions and appendices have been revised and updated. The anthology has been upgraded as well, with the inclusion of significant new Spanish and Spanish American authors. Most prominent among such additions is the complete text of Federico García Lorca's *La casa de Bernarda Alba*, one of the best known works of twentieth-century Spanish drama, and currently Lorca's most often performed play on the international stage.

Carmelo Virgillo, the general coordinator of the project, wrote all four historical introductions with their exercises, the glossary entries relating to literary and paraliterary movements and genres, and the entire unit on the essay, as well as the majority of the authors' biographies. Edward Friedman composed the unit on the narrative and is responsible for the appendix on the critical article, the anthological section on poetry, and the guides to the genres. He also coordinated the footnotes and exercises for the text. Teresa Valdivieso was in charge of the complete unit on theater, the theoretical introductions to poetry and literary language, and the appendix on poetry. In addition, she was linguistic coordinator for the project.

We would like to express our appreciation to colleagues and students for their valuable suggestions and encouragement in the preparation of this edition of *Aproximaciones*. Special thanks are due to Zoila Gamero de Tovar and Marian L. Smolen for their assistance in the final stages of the revision. We acknowledge with gratitude the continued support of Dr. Thalia Dorwick and the Random House staff.

The Authors

Arte y estética

¿Cuál es el mejor método de aproximarse al conocimiento de una obra de arte literario? A fin de poder contestar esa pregunta, no cabe duda que desde un principio, se impone la necesidad de reflexionar sobre los conceptos de *arte* y *literatura*.

El arte

La palabra *arte* se origina del latín *ars*, que significa conjunto de reglas o habilidad para hacer alguna cosa; de ahí se deriva el sentido de la palabra *arte* como trabajo perfectamente realizado.

Sin embargo, en la vida cultural ha adquirido otro sentido; aquí, arte es «la actividad espiritual por medio de la cual crea el hombre obras con fin de belleza» (Rafael Lapesa, *Introducción a los estudios literarios*, 1975). Esta definición implica el concepto del artista como individuo que además de poseer imaginación creadora es capaz de expresar sus sentimientos, ideas o fantasías de tal manera que produzca en quienes contemplen su obra una profunda sensación. Entonces, se dice que esa obra tiene *valor estético*.

La palabra *estética*, o ciencia de lo bello y de la creación artística, viene del griego αίσθησις, que quiere decir **sensación.** Por eso se dice que una obra tiene verdadero valor estético o artístico cuando apela a nuestras facultades intuitivas o sensitivas, procurando satisfacer la inclinación del hombre por la búsqueda de la belleza.

Lo bello

La mayor parte de los sistemas filosóficos, desde Platón (427–347 a.C.) hasta nuestros días, concuerdan en que se considera *bello* a lo que causa en nosotros una reacción espiritual *inmediata*, de efecto *perdurable*, y *desinteresada*. Se dice que esta reacción es *inmediata* porque es espontánea, no premeditada, ya que la sensación representa una reacción natural ante un determinado estímulo—en este caso, la creación artística. Es también *perdurable* porque su efecto es permanente. Tomemos por ejemplo el caso de Quasimodo, el jorobado de *Notre Dame de Paris*, figura diestramente creada por el francés Victor Hugo (1802–1885). Quasimodo, a pesar de su fealdad, es el personaje que por su valor artístico predomina en toda la obra, de lo que se deduce que lo *feo natural*, cuando es representado artísticamente, puede originar una obra de suma belleza. Otro buen ejemplo serían las figuras de Don Quijote y Sancho Panza, una creación cómico-burlesca. Estos personajes que, formando una pareja universal, aparecieron en la literatura en el siglo XVII, han seguido viviendo en el alma de los lectores de la novela de Cervantes e incluso en la de aquellas personas que aunque no han leído esa obra, han oído hablar de las aventuras de don Quijote. Por último se puede decir que la reacción ante la obra artística es *desinteresada* porque no se produce esperando ninguna recompensa material, sino que es simplemente una especie de placer espiritual producido por la contemplación del arte. Esto significa que la obra de arte tiene una función doble que se resume en la fórmula de la creación artística presentada por Horacio (65–8 a.C.) en su *Ars Poetica: dulce et utile* (dulce y útil). Es decir, *dulce* porque produce un placer estético y *útil* porque tiene una función práctica, es instructiva, es una forma de conocimiento y, por lo tanto, merece nuestra seria atención. De tal manera, que se podría concluir que la creación artística lleva consigo una nueva visión de la vida y del mundo que nos rodea.

Categorías artísticas

Existen categorías de valores estéticos que corresponden a las diversas interpretaciones que hace el artista de la realidad. Entre estas categorías se destacan 1) el arte por el arte, 2) el arte con un fin docente y 3) el arte comprometido.

1. *Arte por el arte.* Esta frase resume la teoría de los que creen que el único fin del arte es lo bello y que, por lo tanto, no es necesario que la creación artística tenga ningún propósito didáctico-moral.

2. *Arte con un fin docente.* Es éste el arte que tiene como fin instruir, enseñar, es decir, que la obra de arte está destinada a mejorar la condición humana mediante una estructura artística. Se incluyen en esta categoría las creaciones de carácter moral, religioso, etcétera.

3. *Arte comprometido.* Es el arte que implica una actitud crítica, inconformista; ésta es la posición de quienes postulan que el artista debe poner la obra de arte al servicio de una causa social o política.

Si relacionamos estas categorías con la fórmula horaciana «*dulce et utile*» tendríamos el cuadro siguiente:

$$
\left.
\begin{array}{l}
dulce \\
et \\
utile \\
\text{(Horacio)}
\end{array}
\right\}
\begin{array}{l}
\longrightarrow \text{el arte por el arte} \\
\longrightarrow \text{el arte con un fin docente} \\
\longrightarrow \text{el arte comprometido}
\end{array}
$$

La literatura

La palabra *literatura* viene del latín *littera* que significa **letra;** de ahí que se pueda definir la literatura como el arte de la palabra y que su estudio comprenda todo lo que pertenece a cualquier composición artística expresada por medio de palabras.

Al analizar obras literarias escritas en una lengua determinada se puede estudiar 1) el arte con que dichas obras están escritas—en este caso se trata de la *crítica literaria*—y 2) el desarrollo sucesivo de esas obras en el espacio (el país o países en donde se escribieron) y en el tiempo (la época en la que se escribieron)—es decir, el panorama histórico, la *historia de la literatura.*

Estas dos aproximaciones han sido seguidas en este libro con la particularidad de que, a fin de establecer un cierto orden, se ha adoptado una división por géneros: *narrativa, poesía, drama y ensayo.*

La narrativa

Introducción a la narrativa

I / *Las formas narrativas*

Según Robert Scholes y Robert Kellogg en *The Nature of Narrative* (1966), la palabra *narrativa* se refiere a todas las obras literarias que satisfagan dos requisitos: la presencia de una historia y la presencia de un narrador. Las formas narrativas existen desde la antigüedad. El grado cero de la narrativa, es decir, el punto de origen, lo constituyen los *mitos;* por ejemplo, el mito de Prometeo, el mito de Sísifo, etcétera. Los mitos han existido en todas las civilizaciones y son historias inventadas por los hombres para satisfacer el deseo que sienten de explicar y dominar el mundo que los rodea.

La *novela* es la forma narrativa más estudiada, aunque su desarrollo es un fenómeno relativamente reciente. La diferencia principal entre la *novela* y el *cuento* es de extensión y profundidad. El *novelista* tiene una mayor libertad en cuanto a la selección de material literario y es fácil notar la gran complejidad de la novela, no sólo respecto al lenguaje, sino también respecto al concepto. En cambio el *cuentista*, como escribe narraciones breves, no tiene la oportunidad ni de ampliar las ideas ni de usar tantos recursos literarios como el novelista. Por lo tanto, el impacto producido por el cuento tiene que ser inmediato y muchas veces el final es inesperado. No obstante, el cuento bien escrito y estructurado puede resultar una obra de arte en miniatura.

II / *Análisis de la narrativa*

El texto literario como comunicación

El elemento más importante para la lectura de la obra narrativa es el *texto literario*. El texto literario es un compendio de palabras, una fuente de significación o de significaciones. Según algunos críticos y teóricos, el *lector* es responsable de buscar la significación formulada por el autor; según otros, es el lector mismo quien da la significación al texto. En el primer caso, el texto es visto como algo misterioso cuyos indicios pueden llevar al lector a una interpretación válida—tiene una vida propia y una estructura preestablecida que el lector tiene que descubrir y analizar. En el segundo caso, el texto existe sólo cuando el lector empieza a leerlo y a sintetizar su comprensión del mundo con la del autor—hay una interacción entre el texto y el lector. La creación se explica así como una reacción del lector ante el estímulo verbal, o sea, ante el texto.

Las distintas maneras de estudiar un texto producen gran actividad crítica. En cierto sentido, cualquier metodología analítica puede justificarse, con tal que se explique o se clarifique algún aspecto del texto. A pesar de las múltiples posibilidades metodológicas, la lectura crítica debe evitar dos cosas: el análisis mecánico y la subjetividad absoluta. Entre estos polos opuestos residen los elementos de la investigación literaria, siendo importante reconocer que una obra literaria puede ser estudiada desde muchas perspectivas.

En la comunicación oral, el que habla—el emisor—emite un mensaje dirigido al oyente—al receptor. En una obra literaria, el que escribe comunica un mensaje al lector. Esta división tripartita del lenguaje hablado—emisor/mensaje/receptor—se adapta a la escritura—autor/texto/lector—pero lo más revelador de la analogía no son las semejanzas sino las diferencias entre los dos medios de comunicación.

El emisor = el autor (el narrador)

En el código comunicativo, el emisor se relaciona con el autor y con el narrador. El autor inventa el texto siguiendo las convenciones del arte literario, pero el verdadero emisor del mensaje, el que posee la voz intratextual, es decir, la persona que habla dentro del texto, en un cuento o en una novela, es el *narrador*. La voz narrativa o narrador determina el punto de vista de la obra. A veces se emplea el **yo** de la primera persona, el **yo** de una voz subjetiva que puede pertenecer al protagonista, a un personaje secundario o a un testigo de la acción. La voz narrativa puede ser un narrador *omnisciente* que nos puede contar todo, incluso los pensamientos de los personajes. También puede hacer el oficio de narrador un observador externo o testigo, el cual, por ver los acontecimientos desde afuera, presenta una visión limitada. En algunos casos el narrador tiene una personalidad definida; en otros, no se manifiestan rasgos individuales. De todos modos, hay que distinguir muy claramente entre el *autor* que es la persona que controla la narración desde afuera y el *narrador* que es quien la controla desde adentro. Por ejemplo, la novela picaresca *Lazarillo de Tormes* (1554) es el relato autobiográfico del protagonista, en este caso Lazarillo, contado por él mismo: «Pues sepa Vuestra Merced ante todas cosas, que a mí llaman Lázaro de Tormes... ». De este modo el narrador se convierte en emisor del mensaje, controlando a la vez, la narración desde adentro. El autor, por su parte, por ser el inventor del texto, la controla desde afuera.

El narrador no tiene la obligación de decir la verdad, ni siquiera de intentar decirla. Por eso, al analizar un texto, debe analizarse a la vez el papel del narrador y la relación que existe entre lo que se dice y lo que se muestra. Wayne C. Booth, en *The Rhetoric of Fiction* (1961), habla de dos clases de narradores ficticios: el narrador *fidedigno* (*the reliable narrator*) y el narrador *no digno de confianza* (*the unreliable narrator*). La acción, el diálogo y otros elementos textuales suelen enfatizar lo contado por un narrador fidedigno, mientras que el narrador indigno de confianza—con intención o sin ella—desconcierta al lector con una representación falsa de la materia. Si un narrador le dice al lector, «Juan López es bueno, en toda la extensión de la palabra», es posible que sea la verdad o que no lo sea. Si dentro de la narración Juan ayuda a los pobres y se sacrifica por su familia, se puede decir que el narrador ha sido fidedigno. Sin embargo, si Juan, en el acto de cometer un crimen, sin justificación mata a seres inocentes, el narrador sería indigno de confianza, pues no estaría de acuerdo lo dicho por éste con lo mostrado por Juan. Si la actitud del narrador va en contra de la norma, puede ser indigno de confianza sin intención de serlo. Por ejemplo, los prejuicios de un narrador racista, aunque intentara decir la verdad, podrían crear la desconfianza en el lector.

El mensaje = el texto

El segundo elemento literario del código comunicativo es el texto, el cual equivale al mensaje de la comunicación oral. Por lo general, el mensaje oral se presenta de una manera directa: «Cómete la naranja», «Está lloviendo», «Acabo de comprar un condominio». El mensaje de una obra de ficción puede ser directo o indirecto, presentado en términos literales o en sentido figurado. El escritor busca con frecuencia modos de presentar lo común como algo nuevo y original, y por eso, el lector tiene que buscar el mensaje a través de una interpretación de las múltiples facetas de la narrativa.

El receptor = el lector

El que oye el mensaje comunicado por un hablante es el receptor. En muchas obras narrativas hay un narratario (*narratee*) además de un lector real. Tomando de nuevo como ejemplo la obra *Lazarillo de Tormes*, esta narración va dirigida a «Vuestra Merced», persona conocida por el protagonista, Lázaro, y quien ha exigido a éste que dé una explicación de su condición social. Dice Lázaro en el prólogo:

> Y pues Vuestra Merced escribe [que] se le escriba y relate el caso muy por extenso, parecióme[1] no tomalle[2] por el medio, sino del principio, porque[3] se tenga entera noticia de mi persona...

Lo que motiva la novela es la petición de «Vuestra Merced», quien por ser el receptor del mensaje se convierte en narratario. Como resultado, podemos distinguir en el *Lazarillo de Tormes* dos receptores: un narratario, situado dentro de la novela, y un lector real, fuera de ella. Todos nosotros seremos lectores reales de las obras que leamos. Nosotros somos los lectores del texto escrito por el autor, mientras que en el mundo ficticio el narratario es el lector de lo «escrito» por el narrador.

[1] me pareció
[2] tomarle
[3] para que

Elementos principales del texto literario

En toda obra narrativa, el autor se sirve de ciertas convenciones literarias para comunicar su mensaje; éstos son los recursos literarios que forman parte del mundo ficticio. Tanto el cuento como la novela, los dos derivados de formas antiguas, están constituidos por tres componentes: la *historia*, el *discurso* y el *tema*. La historia trata de lo que pasa en una obra; el discurso se refiere a la manera de narrarlo; y el tema es la significación de lo que pasa.

La historia

La historia, llamada también *fábula* o *argumento*, tiene varios elementos constitutivos, típicos de la narrativa en general, que forman la *trama* (*plot*) u organización de la materia. Estos elementos son: la *exposición*, el *desarrollo*, el *suspenso*, el *punto decisivo*, el *clímax* y el *desenlace*.

El Código Comunicativo:
La comunicación oral versus el texto literario

La comunicación oral		
El emisor (El hablante)	**El mensaje** (lo que se transmite, por lo general, de forma directa)	**El receptor** (El oyente)

El texto literario		
El autor	**El texto**	**El lector**
El autor **El narrador** **Los personajes** (diálogo) **Los pensamientos** (monólogo interior)	**El discurso** (lenguaje) **La historia** (lo que se cuenta) **El tema** (significación y mensaje de lo que se cuenta)	**El lector real** **El narratario** (el lector ficticio)

La exposición o planteamiento del asunto. Son los datos necesarios para entender la acción de la obra; por ejemplo, la descripción del ambiente, una explicación de la circunstancia inicial, la relación entre los personajes, el tiempo y el lugar.

El desarrollo. Representa la introducción del asunto mismo de la obra, es decir, las acciones de los personajes y sus motivos.

El suspenso. Se manifiesta en la tensión dramática y es una especie de anticipación de lo que va a pasar.

El punto decisivo (*turning point*). Puede ser una acción, una decisión o la revelación de algo que cambia la dirección de la obra.

El clímax. Es el momento culminante, el resultado del punto decisivo.

El desenlace (*denouement*). Es la parte que presenta las consecuencias finales del clímax.

Una obra narrativa puede tener un *final cerrado* o un *final abierto*. En el caso de un final cerrado, se ve la solución o resolución del hilo argumental; por ejemplo, la muerte del protagonista en *Don Quijote* o el descubrimiento del asesino en una novela policíaca. Si la acción queda incompleta o sin resolución fija, el final se considera abierto; por ejemplo, el grito de esperanza de Scarlett O'Hara en *Lo que el viento se llevó* (*Gone with the Wind*): «Mañana será otro día» ("*Tomorrow is another day*") lleva implícita la idea de un desarrollo a continuación. Asimismo, el desenlace sorpresivo de una obra, como por ejemplo, la revelación de que todo ha sido un sueño, podría clasificarse como un *final irónico*.

Si en el desenlace hay correspondencia entre los buenos motivos de los personajes y un final feliz—o entre los malos motivos y un final trágico—se podría hablar de la *justicia poética* (*poetic justice*). O sea, que si en la obra los buenos son premiados y los malos castigados, se puede decir que hay un caso de justicia poética. A veces en la literatura, al igual que en la vida, no reina la justicia poética.

El discurso

La historia representa el contenido de la obra narrativa. El *discurso* representa la expresión misma de esa historia, o sea, el conjunto de elementos lingüísticos y formales que la constituyen. En términos generales, el lenguaje narrativo comprende las partes siguientes: la *descripción*, el *diálogo*, la *narración*, el *comentario del narrador*, la *organización* y *presentación de la materia*, la *creación del ambiente* y el *tono*.

La descripción. Sirve para crear el marco escénico (*setting*): tiempo y lugar.

El diálogo. Refleja la interacción verbal entre los personajes, mientras que el narrador omnisciente puede presentar los pensamientos de éstos, a veces en forma de monólogo interior (*stream of consciousness*).

La narración. Presenta la acción o los eventos del texto.

Los comentarios del narrador. Ofrecen datos—y muy a menudo, juicios—sobre la situación narrativa o sobre los personajes.

La organización y presentación de la materia. Es la forma en que el autor ha organizado los elementos que componen la obra.

La creación del ambiente. Es la manera cómo usa el *autor* los elementos de la obra para producir efectos emocionales y cómo el *lector* reacciona ante dichos elementos.

El tono. Nos presenta la actitud que adopta el *narrador* ante los asuntos textuales, es decir, ante lo que está narrando.

Todas estas partes del discurso, denominadas funciones discursivas, contribuyen, a la vez, a la presentación de los personajes literarios. Generalmente, un personaje puede ser descrito por el narrador o por otro personaje. Sin embargo, hay que tener presente que las descripciones pueden ser acertadas o equivocadas; por eso hay que fijarse en el tono de las mismas. El diálogo también es importante para conocer a los personajes porque por medio de sus propias palabras a veces podemos descubrir sus pensamientos. A pesar de todo, no se puede juzgar a un personaje sólo por lo que él dice o por lo que los otros opinan de él, sino que es necesario juzgar sus acciones. La interacción de un personaje con los demás y con su medio ambiente puede ser reveladora y debe analizarse detenidamente.

Discurso literal y discurso figurado. El discurso literario puede ser directo o indirecto, literal o figurado. Por ejemplo, el escritor puede utilizar la palabra *rosa* para referirse a la flor misma, es decir, a la cosa; en este caso, hay correspondencia directa entre el *significante* (*signifier*, el signo lingüístico) y el *significado* (*signified*, el objeto representado por el signo lingüístico). Pero el escritor también puede utilizar la palabra *rosa* no para referirse a la flor, sino para señalar la *belleza* (porque la rosa es bella), o para presentar una imagen de la *brevedad de la vida* (porque la rosa se marchita pronto). En ambos casos la correspondencia entre el *significante* y el *significado* es indirecta—simbólica—y la palabra se convierte así en *símbolo*. Otros ejemplos de correspondencia indirecta serían: el *camino* como símbolo de la progresión de la vida; el color rojo que simboliza la pasión o el sacrificio.

Cualquier palabra puede tener una significación simbólica, pero si el símbolo tiene aceptación universal, es decir, si es una especie de modelo original que sirve como ejemplar, se llama *arquetipo*. Un ejemplo de arquetipo sería, como la rosa, la figura mítica de Venus porque representa la imagen de la belleza y de la perfección física de la mujer.

A veces el sentido figurado no está representado por una sola palabra sino por un conjunto de palabras o yuxtaposición verbal. Las yuxtaposiciones verbales forman *imágenes* y *figuras retóricas;* estos elementos están presentes en la narrativa y son fundamentales para la creación artística poética. Por ejemplo, en «El incendio», un cuento de Ana María Matute, el protagonista prende fuego a un carro para que la mujer que él ama no se vaya. Antes de describir el acto mismo, la narradora dice: «Algo como un incendio se le subió dentro. Un infierno de rencor». La imagen del incendio tiene valor literal porque representa el acto del fuego, pero también tiene valor figurado al referirse al estado emocional del joven. Así se establece un equilibrio entre los puntos de referencia internos y externos de la obra. La palabra *infierno* sirve para complementar la significación. Es decir que la angustia mental del protagonista se compara con un incendio; a esta comparación entre dos cosas usando la partícula *como* o *cual* se llama en literatura *símil.* De la misma manera se podría asociar el rencor que el joven siente con la discordia y con el fuego del infierno; esta asociación de significados se denomina *metáfora.*

Cada autor se vale del uso de las convenciones literarias para crear un estilo propio. La originalidad de una obra no se manifiesta en usar formas exóticas, sino más bien en crear nuevas combinaciones de las formas tradicionales o en la manera distinta de ver las cosas cotidianas. Véase, por ejemplo, la introducción de Don Francisco Torquemada, en *Torquemada en la hoguera* (1889) de Benito Pérez Galdós:

> Voy a contar cómo fue al quemadero el inhumano que tantas vidas infelices consumió en llamas; que a unos les traspasó los hígados[1] con un hierro candente[2], a otros les puso en cazuela bien mechados,[3] y a los demás los achicharró[4] por partes, a fuego lento, con rebuscada y metódica saña.[5] Voy a contar cómo vino el fiero sayón[6] a ser víctima; cómo los odios que provocó se le volvieron lástima, y las nubes de maldiciones arrojaron sobre él lluvia de piedad; caso patético, caso muy ejemplar, señores, digno de contarse para enseñanza de todos, aviso de condenados y escarmiento[7] de inquisidores. Mis amigos conocen ya, por lo que de él se me antojó[8] referirles, a don Francisco Torquemada, a quien algunos historiadores inéditos de estos tiempos llaman *Torquemada el Peor.*

Galdós traza en esta novela el sufrimiento del usurero del siglo XIX, Don Francisco Torquemada, por la enfermedad de su hijo y su fracasado esfuerzo por salvarle de la muerte. En el fragmento citado, hay una analogía implícita, tanto al nivel lingüístico como al nivel conceptual. El apellido del protagonista ficticio, Torquemada, lo relaciona con el Inquisidor Tomas de Torquemada, figura de la Inquisición española. Las imágenes de este fragmento se refieren a Don Francisco, pero en forma figurada, pues son alusiones al fuego inquisitorial del otro Torquemada. El mensaje es: Don Francisco, el usurero, había hecho sufrir a todos los que le debían dinero, de la misma manera que el Inquisidor hizo sufrir a los acusados por la Inquisición, pero ahora es el mismo Don Francisco quien sufre. Para en-

[1] (fig.) entrañas
[2] ardiente
[3] *ready for roasting*
[4] tostó
[5] furor
[6] ejecutor de la pena de muerte
[7] experiencia
[8] se... se me ocurrió

fatizar los aspectos negativos del carácter del usurero, le llaman *el Peor* para demostrar que fue *peor* que el históricamente cruel Inquisidor. Aquí el discurso galdosiano funciona como transmisor de un mensaje y como artífice creador: se relata algo y este relato se hace de manera original y artística.

El tema

El tema marca la base ideológica del texto; es, pues, una síntesis o punto de contacto entre la historia y la forma lingüística de una obra literaria. Por *tema* se entiende la idea central o la unidad de los conceptos del texto, tanto como el *valor significativo*—el mensaje fundamental—de estos conceptos. El ejemplo siguiente ilustra este doble sentido. En *Doña Perfecta* (1876), otra novela de Galdós, se presenta el conflicto entre la protagonista, Doña Perfecta, encarnación de un conservadurismo antiprogresista e intolerante, y su sobrino Pepe Rey, representante de un antitradicionalismo científico. Dispuesta a sacrificarlo todo por su causa, Doña Perfecta es moralmente culpable de la muerte de Pepe Rey. Puede decirse que el tema de esta novela, en su primer sentido, como unidad de conceptos, como idea central del texto, es la intolerancia, o, quizá, el triunfo de la intolerancia.

Ahora bien, cuando se aplica el tema a la experiencia humana y se dice, en el caso de *Doña Perfecta*, que no se debe soportar una actitud intolerante, o que hay que aceptar la posibilidad de modificar la tradición mediante nuevas ideas progresistas, se tiene el valor del tema en su segundo sentido, *valor normativo* o *axiomático*. Es importante reconocer que en *Doña Perfecta* se refleja una visión de la España de la época, un país que vacilaba entre el sueño dorado de un imperio católico y la revolución industrial y científica europea. Al plantear el problema, Galdós reacciona en contra del *status quo*, pero sin defender en términos absolutos las tendencias progresistas.

El tema de una obra literaria puede ser *explícito* (expresado de una manera directa) o *implícito* (expresado de una manera indirecta o sutil). En *El conde Lucanor*, una colección de cuentos del siglo XIV, Don Juan Manuel escribe al final de cada cuento una moraleja, la cual de forma explícita revela el tema del cuento. Por ejemplo: «No aventures nunca tu riqueza / por consejo del que vive en pobreza» (Cuento XX) y «Mal acabará el que suele mentir / por eso debemos la mentira huir» (Cuento XXIV).

En «La conciencia», otro cuento de Ana María Matute, se presenta el caso de un vagabundo que llega a controlar los actos de la protagonista y su marido, asegurándoles que sabe algo que la protagonista quiere ocultar porque, como él afirma, «lo vi todo». En realidad, no ha visto nada, pero con tal amenaza puede dominarlos hasta el extremo de aprovecharse de ellos, porque según se dice en el cuento, «Nadie hay en el mundo con la conciencia pura, ni siquiera los niños». Este cuento es, por consiguiente, un buen ejemplo de tema explícito.

Sin embargo, en la mayor parte de las obras narrativas, el tema está implícito. Se puede formular el tema según el efecto creado por el texto: el énfasis conceptual del autor, la significación de las acciones, lo que pasa con los personajes, los comentarios de los personajes y del narrador. Por ejemplo, volviendo a la obra *Doña Perfecta*, se ve que al hacer triunfar la intolerancia de la protagonista mediante la presentación de los resultados trágicos de la falta de comprensión, Galdós no necesita ofrecer moralejas; el lector puede intuir el tema que se está presentando—la intolerancia. Por eso en el capítulo final de la novela, sólo se necesitan dos frases: «Esto se acabó. Es cuanto por ahora podemos decir de las personas que parecen buenas y no lo son».

Ironía dramática e ironía circunstancial. En los temas del cuento «La conciencia» y de la novela *Doña Perfecta* se ve cierta *ironía*, pues el cuento se basa en *lo no visto* y la novela en el *triunfo del personaje hipócrita*. A continuación, se analizarán otros ejemplos de *ironía*. En el cuento «El ausente», también de Ana María Matute, la protagonista se da cuenta del amor de su marido, no cuando éste está presente, sino cuando está ausente. Esta inversión de los conceptos de la ausencia y de la presencia—la creación de una situación inesperada—además de ser irónica, es paradójica porque en la *paradoja*, la verdad parece contradecir las leyes de la lógica. Un ejemplo por excelencia de ironía es el mito de Edipo, base de la tragedia de Sófocles, *Edipo Rey*. Edipo se casa con la reina viuda Yocasta y se propone descubrir al asesino del ex-esposo de ésta—el rey muerto. Irónicamente, el resultado de su búsqueda revela que es Edipo mismo quien ha matado al rey, el cual a su vez era su padre y, por lo tanto, la reina con quien está casado es su madre. De esta forma, el detective y el asesino son la misma persona. Intensifica la ironía de la obra la presencia de un público teatral tan familiarizado con el mito de Edipo como lo estaba el público de Sófocles, pues el espectador, o lector, que sabe más que el personaje, puede seguir la progresión dramática con plena conciencia del desenlace. Por eso la ironía se llama *dramática*. Pero hay también otra clase de ironía, la ironía *circunstancial* que tiene lugar cuando el lector no se entera de la situación irónica hasta el momento de la culminación de los eventos o acontecimientos. El lector del cuento «El ausente», por ejemplo, no llega a entender la ironía de la ausencia hasta el cambio de actitud de la protagonista.

Leitmotivo. Es común notar ciertas variaciones sobre un mismo tema literario dentro de un texto. Los temas (o situaciones o ideas) que recurren o que se repiten de forma variada se llamen *leitmotivos*. Por ejemplo, en *The Canterbury Tales* de Geoffrey Chaucer (¿1340?–1400) todos los caminantes narran una historia y el proceso de narrar se convierte en el leitmotivo central de la obra. Un mismo leitmotivo puede presentarse en obras diferentes. Como ejemplo se puede citar el del protagonista que deja que el curso de su vida sea dominado por la lectura de novelas, como es el caso de Don Quijote y el de Madame Bovary en la novela de ese nombre de Gustave Flaubert (1821–1880). De igual modo, se puede señalar como leitmotivo la convención de un personaje literario que pone en duda—dentro del marco de la obra— la superioridad de su creador; entre los ejemplos de este tipo figuran *Niebla* de Miguel de Unamuno (1864–1936) y *Sei personaggi in cerca d'autore* (*Seis personajes en busca de un autor*) del dramaturgo italiano Luigi Pirandello (1867–1936). En la novela *Niebla* de Unamuno, por ejemplo, para probar quién de los dos es más real, hay un debate entre el personaje principal (Augusto Pérez) y el autor (transformado aquí en personaje novelesco, personaje ficticio) y, según algunos críticos, el que triunfa en el debate es Augusto Pérez. Un tema musical también puede servir de leitmotivo. La conocida «Obertura de Guillermo Tell» se ha utilizado en el cine y en la televisión para señalar la llegada del Lone Ranger.

Cosmovisión (*Weltanschauung*). Después de haber leído varias obras de un mismo autor, es posible que el lector perciba una relación definida entre sus temas y note que a través de la escritura se revela cierta uniformidad en el pensamiento del autor. Este modo sostenido de concebir la interacción entre los hombres o entre el hombre y el universo se llama *cosmovisión* (*worldview*, o *Weltanschauung* en alemán). Por ejemplo, en casi todas las obras de Miguel de Unamuno se ve la preocupación del escritor con el concepto de la muerte y, sobre todo, un intento de resolver su angustia ante el problema de la inmortalidad. En el conjunto de sus obras, Unamuno confronta esta problemática desde múltiples perspectivas tanto literarias como conceptuales y sentimentales.

Aproximaciones críticas al análisis del texto

Se llama *estructura* de un texto a la combinación de todos los elementos literarios, al resultado final. Los críticos emplean varias *metodologías* y *aproximaciones críticas* para analizarla. Las aproximaciones que dependen exclusivamente de la materia textual se llaman *formalistas*, pues se basan en un examen de los aspectos formales de la obra. Otras tienen un punto de enfoque *extratextual* y provienen de una consideración de la obra en función de otro sistema: biográfico, socio-histórico, filosófico, psicológico, lingüístico, etcétera. Un estudio del desarrollo de la trama de una obra, o de la perspectiva narrativa, o de la creación de imágenes, tendría una base *formalista*. Al contrario, una comparación entre la temática filosófica de una obra y sus antecedentes teóricos, o el análisis de un personaje literario según las teorías psicoanalíticas de Sigmund Freud (1856–1939) o arquetípicas de Carl Jung (1875–1961), o también el análisis de un texto como documento biográfico sobre el autor, tendrían una base *extra-*

textual. Las aproximaciones más modernas, tales como el estructuralismo, la semiótica, la fenomenología, se basan en investigaciones lingüísticas y filosóficas. Al analizar los textos literarios ponen énfasis ya sea en la producción de estructuras y significaciones (estructuralismo), en los complejos signos que forman un texto (la semiótica), o en la revelación de la conciencia autorial (la fenomenología) y, en términos generales, en el acto complejo y agradable de leer un texto.

Práctica

1. Analícese el *punto de vista* de cada uno de los trozos siguientes. ¿Qué tipo de narrador se presenta? ¿primera o tercera persona? ¿Quién habla? ¿el protagonista? ¿un personaje secundario? ¿un testigo u observador externo?

   a. Call me Ishmael. Some years ago—never mind how long precisely—having little or no money in my purse, and nothing particular to interest me on shore, I thought I would sail about a little and see the watery part of the world. It is a way I have of driving off the spleen, and regulating the circulation. Whenever I find myself growing grim about the mouth; whenever it is a damp, drizzly November in my soul; whenever I find myself involuntarily pausing before coffin warehouses, and bringing up the rear of every funeral I meet; and especially whenever my hypos get such an upper hand of me, that it requires a strong moral principle to prevent me from deliberately stepping into the street, and methodically knocking people's hats off—then I account it high time to get to sea as soon as I can.

   (Herman Melville, *Moby Dick*, 1851)

   b. Aquella noche Laura no podía dormir. Pensaba una vez y otra en la modista, en su traje, en el bolso, que había que limpiar para que disimulara un poco las señales del mucho uso, pero sobre todo en el sombrero.
   ...Don Manuel, mientras tanto, pensaba: «Estos subalternos, estos subalternos... Fue una debilidad mía invitarle».

   (Felicidad Blanc, «El cock-tail», 1947)

   c. (Habla el Dr. Watson, compañero del famoso detective Sherlock Holmes.)
   I had seen little of Holmes lately. My marriage had drifted us away from each other. My own complete happiness, and the home-centered interests which rise up around the man who first finds himself master of his own establishment, were sufficient to absorb all my attention; while Holmes, who loathed every form of society with his whole Bohemian soul, remained in our lodgings in Baker Street, buried among his old books, and alternating from week to week between cocaine and ambition, the drowsiness of the drug, and the fierce energy of his own keen nature. He was still, as ever, deeply attracted by the study of crime, and occupied his immense faculties and extraordinary powers of observation in following out those clues, and clearing up those mysteries, which had been abandoned as hopeless by the official police.

   (Sir Arthur Conan Doyle, "A Scandal in Bohemia," *The Adventures of Sherlock Holmes*, c. 1900)

   d. Martina, la criada, era una muchacha alta y robusta, con una gruesa trenza, negra y luciente, arrollada en la nuca. Martina tenía los modales bruscos y la voz áspera. También tenía fama de mal genio, y en la cocina del abuelo [el abuelo de la mujer que habla] todos sabían que no se le podía gastar bromas ni burlas... Yo la recuerdo cargando grandes baldes de ropa sobre sus ancas de yegua, y dirigiéndose al río descalza, con las desnudas piernas, gruesas y morenas, brillando al sol. Martina tenía la fuerza de dos hombres, según decía Marta la cocinera, y el genio de cuatro sargentos.

(Ana María Matute, «Envidia», *Historias de la Artámila*, 1961)

e. Billy Tully was a fry cook in a Main Street lunchroom. His face, a youthful pink, was lined around the mouth. There was a dent in the middle of his nose. Thin scars lay one above another at the outer edges of his brows. Crew-cut on top and combed back long on the sides, his rust-colored hair was abundant. He was short, deep-chested, compact, neither heavy or thin nor very muscular, his bones thick, his flesh spare. It was the size of his neck that gave his clothed figure its look of strength. The result of years of exercise, of lifting ten- and twenty-pound weights with a headstrap, it had been developed for a single purpose—to absorb the shock of blows.

Tully had not had a bout since his wife had left him, but last night he had hit a man in the Ofis Inn. What the argument involved he could no longer clearly recall, and he gave it little thought. What concerned him was what had been revealed about himself. He had thrown one punch and the man had dropped. Tully now believed he had given up his career too soon. He was still only twenty-nine.

(Leonard Gardner, *Fat City*, 1969)

f. La mujer de Demetrio Macías, loca de alegría, salió a encontrarlo por la vereda de la sierra, llevando de la mano al niño.

¡Casi dos años de ausencia!

Se abrazaron y permanecieron mudos; ella embargada por los sollozos y las lágrimas.

Demetrio, pasmado, veía a su mujer envejecida, como si diez o veinte años hubieran transcurrido ya. Luego miró al niño, que clavaba en él sus ojos con azoro. Y su corazón dio un vuelco cuando reparó en la reproducción de las mismas líneas de acero de su rostro y el brillo flamante de sus ojos. Y quiso atraerlo y abrazarlo; pero el chiquillo, muy asustado, se refugió en el regazo de la madre.

—¡Es tu padre, hijo! ...¡Es tu padre!

(Mariano Azuela, *Los de abajo*, 1916)

2. ¿Cómo se puede clasificar al narrador de cada uno de los trozos siguientes? ¿Es fidedigno o indigno de confianza?

a. (Aquí se presenta a la protagonista Benina, una mujer dispuesta a ayudar a los demás a toda costa. Como consecuencia de sus actos benéficos, llega a ser considerada como una verdadera santa.)

La mujer de negro vestida, más que vieja, envejecida prematuramente, era, además de *nueva* [entre los mendigos], temporera, porque acudía a la mendicidad por lapsos de tiempo más o menos largos, y a lo mejor desaparecía, sin duda por encontrar un buen acomodo o almas caritativas que la socorrieran. Respondía al nombre de la señá Benina (de lo cual se infiere que Benigna se llamaba), y era la más callada y humilde de la comunidad, si así puede decirse; bien criada, modosa y con todas las trazas de perfecta sumisión a la divina voluntad. ...Con todas y con todos hablaba el mismo lenguaje afable y comedido. [Sigue una descripción física.] Con este pergenio y la expresión sentimental y dulce de su rostro, todavía bien compuesto de líneas, parecía una Santa Rita de Casia que andaba por el mundo en penitencia.

(Benito Pérez Galdós, *Misericordia*, 1897)

b. (Se presenta a «Timoteo el incomprendido» en relación con su devoción al arte puro.)

Timoteo Moragona y Juarrucho era un artista incomprendido. Las vecinas se cachondeaban de él y le decían:

—¿Qué, Timoteo, le han encargado a usted algún San Roque?[1]

—¡No señor! ¡No me han encargado ningún San Roque! ¡Yo no soy un artista de encargos! [La vecina más atrevida continúa burlándose de él.]

Y entonces, Timoteo le pegó una patada en el vientre y la tiró por encima del puestecillo de una vieja que vendía chufas y cacahuetes.

—¡Tome usted! ¡Para que escarmiente y no se vuelva a meter con los artistas!

(Camilo José Cela, «Timoteo el incomprendido», 1952)

c. (El narrador es un personaje sin nombre, un inglés—según el nombre que le da la gente—que narra la historia del traidor John Vincent Moon, quien denunció a un amigo suyo en la época de la lucha por la independencia irlandesa. La narración termina así:)

—Yo soy Vincent Moon. Ahora desprécieme.

(Jorge Luis Borges, «La forma de la espada», *Ficciones*, 1944)

3. ¿Cuál es el término que señala el papel de los «señores» que aparecen en los trozos siguientes y a quienes va dirigida la narrativa?

a. Yo, señor, soy de Segovia. Mi padre se llamó Clemente, natural del mismo pueblo; Dios le tenga en el cielo.

(Francisco de Quevedo, *El Buscón*, 1626)

b. Yo, señor, no soy malo, aunque no me faltarían motivos para serlo.

(Camilo José Cela, *La familia de Pascual Duarte*, 1942)

4. Identifique cada uno de los finales siguientes. ¿Es un final cerrado, abierto o irónico? ¿En cuál de ellos se ve un caso de la justicia poética?

a. (En la novela se presenta una modernización del mito de Caín y Abel. Abel Sánchez ya ha muerto. El sujeto del párrafo final es Joaquín Monegro, figura de Caín.)

Calló. No quiso o no pudo proseguir. Besó a los suyos. Horas después rendía su último cansado suspiro.

(Miguel de Unamuno, *Abel Sánchez*, 1917)

b. (Al protagonista Gold le han encargado un libro sobre sus experiencias familiares; éste es el asunto principal de la novela misma.)

Gold continued to Esther's for Belle and drove home. He owed Pomoroy a book. Where could he begin?

(Joseph Heller, *Good as Gold*, 1979)

c. (La joven Tristana, víctima de Don Lope Garrido y de una enfermedad cruel, acaba casándose con el viejo Don Lope. Inexplicablemente, los dos parecen haberse adaptado a la nueva vida.)

¿Eran felices una y otro?... Tal vez.

(Benito Pérez Galdós, *Tristana*, 1892)

d. (El médico Don Amador, invitado a cenar en casa del abuelo de la narradora, muy a disgusto sale a visitar a un enfermo pobre. Antes del tratamiento, el médico exige que la familia le pague la cuenta, y se jacta de eso al volver a la casa.)

Era muy tarde cuando el médico se fue. Se había emborrachado a conciencia y al cruzar el puente, sobre el río crecido, se tambaleó y cayó al agua. Nadie

[1] *Are you doing some work on commission?*

se enteró ni oyó sus gritos. Amaneció ahogado, más allá de Valle Tinto, como un tronco derribado, preso entre unas rocas, bajo las aguas negruzcas y viscosas del [río] Agaro.

(Ana María Matute, «La chusma», *Historias de la Artámila*, 1961)

5. En «La conciencia» de Ana María Matute, un vagabundo llega a la posada de Mariana, y al decir que ha visto algo que Mariana oculta, logra aprovecharse de ella (y luego de su marido). Por fin, Mariana no puede soportar más la situación y pide al vagabundo que se vaya. Al marcharse, éste confiesa a la posadera que no ha visto nada y le da un aviso: «Vigila a tu Antonio».

En el esquema que sigue, ¿cómo se clasifican los diversos elementos de la trama, según las categorías de *exposición, desarrollo, suspenso, punto decisivo, clímax* y *desenlace?*

a. Hacía muy mal tiempo. El vagabundo le pidió a la posadera hospedaje por una noche.

b. El vagabundo se niega a marcharse. Amenaza a la posadera, diciéndole que lo ha visto todo. La mujer teme que la haya visto con su amante. Vuelve el marido. El vagabundo se queda.

c. Mariana está cada vez más desesperada. No sabe el lector cómo va a resultar todo eso.

d. Mariana decide echar al vagabundo de la casa, pase lo que pase.

e. Ella echa al vagabundo, quien le dice que no ha visto nada, pero que sabe que nadie tiene la conciencia pura.

f. Al marcharse, el vagabundo le advierte a Mariana: «Vigila a tu Antonio».

6. Analícese el discurso (la narración, el lenguaje y la relación entre lenguaje y concepto, el tono) de cada uno de los trozos siguientes:

a. FOETEO ERGO SUM.

I stink, therefore I am.

Descartes had to be French, right? That's the problem with the French. Always putting Descartes before the horse.

I though I'd open with a joke. Loosen things up a bit, if you know what I mean. You see, I'm not a writer. I'm an accountant. It's my brother who's the writer. He's Jack. I'm Jerry. He's the one who should be writing this book. But he's not here right now.

(Gerald Rosen, *The Carmen Miranda Memorial Flagpole*, 1977)

b. Was every day of life to be as busy a day as this,———and to take up,——— truce———

I will not finish that sentence till I have made an observation upon the strange state of affairs between the reader and myself, just as things stand at present———an observation never applicable before to any one biographical writer since the creation of the world but to myself. . .

I am this month one whole year older than I was this time twelve-month; and having got, as you perceive, almost into the middle of my fourth volume———and no farther than to my first day's life———'tis demonstrative that I have three hundred and sixty-four days more life to write just now, than when I first set out; so that instead of advancing, as a common writer, in my work with what I have been doing at it———on the contrary, I am just thrown so many volumes back———was every day of my life to be as busy a day as this———And why not?———and the transactions and opinions of it to take up as much description———And for what reason should they be cut short? as at this rate I should just live 364 times faster than I should write———It must follow, an' please your Worships, that the more I write, the more I shall have to write———and consequently, the more your Worships will have to read.

(Laurence Sterne, Tristram Shandy, 1760)

c. (Sigue una descripción del exageradamente erudito Antolín S. Paparrigópulos.)

Preparaba una edición popular de los apólogos de *Calila y Dimna* [una colección medieval de cuentos] con una introducción acerca de la influencia de la literatura índica en la Edad Media española, y ojalá hubiese llegado a publicarla, porque su lectura habría apartado, de seguro, al pueblo de la taberna y de perniciosas doctrinas de imposibles redenciones económicas. Pero las dos obras magnas que preparaba Paparrigópulos eran una historia de los escritores oscuros españoles, es decir, de aquellos que no figuran en las historias literarias corrientes o figuran sólo en rápida mención por la supuesta insignificación de sus obras, corrigiendo así la injusticia de los tiempos, injusticia que tanto deploraba y aun temía, y era otra su obra acerca de aquellos cuyas obras se han perdido sin que nos quede más que la mención de sus nombres y a lo sumo de los títulos de las que escribieron. Y estaba a punto de acometer la historia de aquellos otros que habiendo pensado escribir no llegaron a hacerlo.

(Miguel de Unamuno, Niebla, 1914)

d. Lees ese anuncio: una oferta de esa naturaleza no se hace todos los días. Lees y relees el aviso. Parece dirigido a ti, a nadie más. Distraído, dejas que la ceniza del cigarro caiga dentro de la taza de té que has estado bebiendo en este cafetín sucio y barato. Tú releerás. Se solicita historiador joven. Ordenado. Escrupuloso. Conocedor de la lengua francesa. Conocimiento perfecto, coloquial. Capaz de desempeñar labores de secretario. Juventud, conocimiento del francés, preferible si ha vivido en Francia algún tiempo. Tres mil pesos mensuales, comida y recámara cómoda, asoleada, apropiada estudio. Sólo falta tu nombre. Sólo falta que las letras más negras y llamativas del aviso informen: Felipe Montero. Se solicita Felipe Montero, antiguo becario [estudiante que tiene beca] en la Sorbona, historiador cargado de datos inútiles, acostumbrado a exhumar papeles amarillentos, profesor auxiliar en escuelas particulares, novecientos pesos mensuales. Pero si leyeras eso, sospecharías, lo tomarías a broma. Donceles 815 [la dirección]. Acuda en persona. No hay teléfono.

(Carlos Fuentes, Aura, 1962)

7. Discútase la presentación de Augusto Pérez, protagonista de *Niebla*, en los primeros párrafos de la novela. ¿De qué recursos hace uso, o sea, qué técnica emplea el narrador para presentar a Augusto Pérez? ¿Cómo está caracterizado Augusto?

Al aparecer Augusto a la puerta de su casa extendió el brazo derecho, con la mano palma abajo y abierta, y dirigiendo los ojos al cielo quedóse[1] un momento parado en esta actitud estatuaria y augusta. No era que tomaba posesión del mundo exterior, sino era que observaba si llovía. Y al recibir en el dorso de la mano el frescor del lento orvallo[2] frunció el entrecejo.[3] Y no era tampoco que le molestase la llovizna, sino el tener que abrir el paraguas. ¡Estaba tan elegante, tan esbelto, plegado y dentro de su funda![4] Un paraguas cerrado es tan elegante como es feo un paraguas abierto.

[1] se quedó
[2] lluvia menuda
[3] frunció... *frowned*
[4] cubierta

«Es una desgracia esto de tener que servirse uno de las cosas —pensó Augusto—; tener que usarlas. El uso estropea y hasta destruye toda belleza. La función más noble de los objetos es la de ser contemplados. ¡Qué bella es una naranja antes de comida! Esto cambiará en el cielo cuando todo nuestro oficio se reduzca, o más bien se ensanche,[5] a contemplar a Dios y todas las cosas en El. Aquí, en esta pobre vida, no nos cuidamos sino de servirnos de Dios; pretendemos abrirlo, como a un paraguas, para que nos proteja de toda suerte de males».

Díjose así y se agachó[6] a recojerse[7] los pantalones. Abrió el paraguas por fin y se quedó un momento suspenso y pensando: «Y ahora, ¿hacia dónde voy?, ¿tiro[8] a la derecha o a la izquierda?» Porque Augusto no era un caminante, sino un paseante de la vida. «Esperaré a que pase un perro —se dijo— y tomaré la dirección inicial que él tome».

[5] se amplíe
[6] se inclinó
[7] to roll up
[8] voy

Panorama histórico y categorías fundamentales

En un sentido amplio, a la narrativa se le ha dado también el nombre de ficción. La razón es que toda historia inventada o imaginada representa efectivamente una ficción. La palabra «fingir»—de la cual se deriva «ficción»—viene del latín *fingere*. Por eso, al referirse a ficción, se piensa en algo fabricado, artificial, simulado. Esto puede ayudar a comprender el carácter fundamental de la narrativa y la relación que existe entre el concepto de «vida» y el de «arte» (literario en este caso). Pero ¿por qué la realidad ficticia del cuento o de la novela causa la impresión de ser tan «verdadera» que capta la atención del lector? La respuesta a esta pregunta la proporcionaría el término «historia», que reúne en sí dos conceptos: el de «vida», representado por los hechos reales y el de «imitación de la vida» (*mimesis*) que corresponde a la ficción en particular y al arte en general. Se podría decir entonces que la obra de ficción quiere ser una imagen de la vida y del mundo en donde el autor representa su cosmovisión, o sea su actitud ante la vida.

El género narrativo existe, de una forma u otra, desde hace mucho tiempo. Los antiguos egipcios han dejado relatos que se remontan a los años 4000 antes de Cristo. Asimismo, la Biblia contiene historias que preceden a la literatura clásica. Por su parte, los griegos y los romanos han dejado como legado sus epopeyas—*La Ilíada* y *La Odisea* de Homero y *La Eneida* de Virgilio.

La Ilíada, (siglo IX a. C.), es el primer ejemplo que se conserva de la literatura narrativa occidental. Según la leyenda, el poeta griego Homero reunió en este poema épico los mitos y leyendas populares acerca de la guerra de Troya, inmortalizando así los actos heroicos de los guerreros que con su victoria contribuyeron a la fundación de la civilización occidental. Aunque la existencia de tales hechos ha sido probada arqueológicamente, nada sabríamos de los participantes y de sus móviles si no fuera por *La Ilíada*, ya que los hechos y los seres humanos se olvidan pronto y su verdadera existencia comienza sólo cuando sus hazañas se convierten en ficción y el lector, con su imaginación, participa en ellas a través del texto.

La influencia de estas obras produce más tarde, en la Edad Media, el romance (*ballad*) (ver p. 138) y la épica, del griego *épicos* (ἐπικός), que quiere decir relato o canción. Este tipo de poesía narrativa y heroica, estructurada en forma episódica, relata las proezas de héroes que simbolizan el carácter nacional. En España, los temas del romance y de la épica giran en torno a la historia y tradición de la Península Ibérica. El canto épico nacional es el *Poema del Cid* o *Cantar de Mío Cid* (c. 1140). En éste se narran las hazañas, extraordinarias y a la vez humanas, de Rodrigo Díaz de Vivar, «El Cid», el héroe nacional de España.

Es el siglo XIV el que marca el florecimiento de la narrativa. Con el intento de entretener, aparece en la literatura castellana el libro de caballerías *Historia del caballero Cifar* (1300), donde figuran varios relatos en los que se combinan muchos elementos que caracterizarán a las futuras novelas de caballerías: leyendas fantásticas, batallas y milagros. Pero la obra maestra de la prosa de ficción española de ese siglo es *El conde Lucanor* o *Libro de Patronio* (1335) (p. 28), obra de fin didáctico escrita por Don Juan Manuel (1282–¿1349?). Tal obra presenta un verdadero adelanto en el desarrollo de la narrativa por ser, junto con el *Decamerone* (1352) del italiano Giovanni Boccaccio (1313–1375) y los *Canterbury Tales* (1387–1400) del inglés Geoffrey Chaucer (¿1340?–1400), una de las primeras fuentes de la novela europea. La importancia de *El conde Lucanor*, obra estructurada en forma de breves relatos que imparten una lección moral, estriba no sólo en el carácter entretenido de las narraciones y en la gracia de su lenguaje, sino en la cantidad de problemas humanos y universales que el libro aborda con singular agudeza.

Con la misma intención de entretener, y siguiendo la vertiente idealista, aparece alrededor de 1508 la obra caballeresca más notable, el *Amadís de Gaula*, novela en que se idealiza la vida del caballero andante y que servirá de modelo para los numerosos *libros de caballerías* que se compondrán en el siglo XVI.

Dentro de esta misma corriente idealista aparece en 1559 la *Diana* de Jorge de Montemayor, modelo de la *novela pastoril* que se caracteriza por la idealización de la vida campestre, de sus personajes— los pastores—y de sus amores.

En la *novela morisca* se refleja la influencia de la cultura morisca—en ella se idealiza al galán árabe y a su dama. Típica de este género es la anónima *Historia del Abencerraje y de la hermosa Jarifa* (1565).

Otra categoría de narrativa extensa es la *novela dramática*. Aquí se debe mencionar la *Comedia de Calisto y Melibea* de Fernando de Rojas, conocida mejor como *La Celestina* (1499), cuya estructura original combina el drama—escrito para ser leído, no representado— y la novela. Por su valor estético es una obra clásica de la literatura hispana.

El *Lazarillo de Tormes* (1554) ocupa un lugar de suma importancia en el desarrollo de la narrativa. Es el primer ejemplo de «novela» en el sentido moderno del término y a la vez prototipo del género picaresco. En esta clase de obra, el personaje central es un individuo de la clase baja, el pícaro (*rogue*). El humor y la sátira se mezclan en la narración, que en forma autobiográfica presenta el protagonista.

Uno de los más celebrados prosistas de todos los tiempos, y el mayor del Renacimiento español, es Miguel de Cervantes y Saavedra (p. 230). Siguiendo la corriente idealista del Renacimiento, escribe dos novelas: la *Galatea* (1585) de tipo pastoril y *Los trabajos de Persiles y Segismunda* (póstuma, 1617) que por tratarse de las aventuras y peripecias de dos amantes se cataloga como poético-fantástica. Las *Novelas ejemplares* (1613) siguen la corriente realista. La obra maestra de Cervantes es, sin duda, *El ingenioso hidalgo Don Quijote de la Mancha*, cuyas dos partes aparecen entre 1605 y 1615. Traducida a casi todos los idiomas principales del mundo, esta novela es tal vez la más popular de la historia. En ella se relatan las aventuras, cómicas y a la vez patéticas, de Alonso Quijada, anciano señor, el cual pierde la razón a fuerza de tanto leer novelas caballerescas, y se convierte en Don Quijote de la Mancha, caballero andante, quien sale al mundo resuelto a luchar contra la injusticia hasta acabar con ella. Aunque tales aventuras deleitan por lo divertido de las situaciones en las que irónicamente el protagonista paga caro sus nobles intenciones, el valor estético de la obra radica, a la postre, en su capacidad de conmovernos con su visión tragicómica de la vida. Concebida por su creador como parodia de los libros de caballerías de la época, el *Quijote* ha llegado a ser una especie de comedia humana universal en la que Don Quijote y su tosco escudero, Sancho Panza, simbolizan la antítesis humana del idealismo y del realismo. Por su elaborada estructura que integra magistralmente un gran número de géneros y modos narrativos—lo caballeresco, lo pastoril, lo sentimental, lo picaresco y lo psicológico—así como por su impecable caracterización y cuidado estilístico, *Don Quijote* ha de considerarse el primer modelo, o prototipo, para una teoría del arte novelístico.

El período barroco, que coincide con una España en plena decadencia político-económica, produce una novela picaresca que refleja la visión caótica, amarga, pesimista, típica de la época. Como ejemplo tenemos la novela *La vida del Buscón* (1626) de Francisco de Quevedo. En cambio, en la novela picaresca del siglo XVIII, *Fray Gerundio de Campazas* (1758) de Francisco de Isla, es evidente el espíritu analítico y reformista del período de la Ilustración (*Enlightenment*).

Se ofrecen dos posibles razones para explicar la falta de una verdadera narrativa hispanoamericana hasta principios del siglo XIX. La una atribuye el fenómeno a que las autoridades españolas prohibieron la difusión de toda obra de ficción en América por considerarse este género como ocioso y peligroso. La otra tiene que ver con la actitud misma de los escritores de la Conquista y la Colonia. Estos, en su mayor parte soldados, aventureros y clérigos, encontraron que el Nuevo Mundo en sí mismo era una maravilla y, en cuanto a aventuras, no necesitaban imaginárselas. De modo que los autores hispanoamericanos de los siglos XVI y XVII consideraron su actividad literaria como una misión personal con un fin más bien didáctico que consistía en informar a Europa de los distintos aspectos de América, en convertir a los indios y en educar a la sociedad colonial. Para ello se valieron de la *crónica* y de la *épica*.

Además de la prosa histórica y de la poesía épica, también se compusieron, desde muy temprano, escritos que contienen rasgos narrativos. Entre los principales se encuentran crónicas como la *Verdadera historia de la conquista de la Nueva España* (1568) de Bernal Díaz del Castillo; los *Naufragios* (1542–1555) de Alvar Núñez Cabeza de Vaca; y los *Comentarios reales* (1609–1617) y *La Florida del Inca* (1605) del Inca Garcilaso de la Vega. La importancia de Garcilaso consiste en que este mestizo, hijo de un hidalgo español y de una princesa india, se sirvió de la educación humanista adquirida en España y de los testimonios de parientes y amigos de su madre para investigar y luego producir, con los *Comentarios*, el primer tratado sobre los orígenes, la historia, la forma de gobierno, las costumbres y la cultura de los Incas. Otros escritos de tipo documental y narrativo son *Los infortunios de Alonso Ramírez* (1690) del mexicano Carlos de Sigüenza y Góngora y, sobretodo, *El Lazarillo de ciegos caminantes* (1773) del peruano Calixto Bustamente Carlos Inca, alias «Concolorcorvo».

El hispanoamericano se ha sentido obligado a hacer de su obra un espejo de la realidad geográfica, histórica, política y social de su tierra: para su gente, él desempeña el papel de conciencia, maestro y portavoz. La primera obra narrativa, en sí misma considerada, es la novela *El periquillo sarniento* (1816) del mexicano José Fernández de Lizardi. Sirviéndose del personaje picaresco de Periquillo, Lizardi critica las instituciones políticas, sociales y religiosas del país. Ya en esta novela se nota una tendencia que se manifiesta en las letras hispanoamericanas: el conflicto interior del escritor dividido entre sus dos herencias—la europea y la americana. Ese mismo conflicto se percibe en el ensayo narrativo *Vida de Juan Facundo Quiroga* (1845) del argentino Domingo Faustino Sarmiento, quien en este libro dramatiza la lucha entre la civilización, representada por la ciudad, y la barbarie, representada por la pampa y los gauchos.

La novela romántica nada dejó en España de verdadero mérito literario en el siglo XIX. Pero sí dejó el caudal de sus cuadros de costumbres—retratos de la vida del pueblo con todos sus detalles, así como pinturas de tipos y personajes populares. Esta materia prima la usó la obra realista para elaborar una obra realmente nacional basada en las costumbres regionales: la *novela regional* o *costum-*

brista. Como ejemplo de ellas tenemos *Escenas montañesas* (1864) y *Peñas arriba* (1893) de José María Pereda. Pero es Fernán Caballero (pseudónimo de Cecilia Böhl de Faber) quien inaugura el género con *La gaviota* (1849). De notable valor literario es también *Pepita Jiménez* (1874) de Juan Valera.

La novelista Emilia Pardo Bazán (p. 36) fue quien intentó introducir el naturalismo en España. El Naturalismo, influido por el determinismo que explica la degradación del individuo como resultado de la herencia y del ambiente, no echó raíces en un país católico como España. En la novela *Los pazos de Ulloa* (1886) de la mencionada novelista, se encuentran detalles Naturalistas, aunque las obras que más se adhieren a esta tendencia son *La Regenta* (1884–1885) de Leopoldo Alas («Clarín») y *La barraca* (1898) de Vicente Blasco Ibáñez.

Al seguir la orientación realista, la novela española experimenta su propio siglo de oro. Maestro del Realismo, Benito Pérez Galdós cultivó y perfeccionó en el siglo XIX los múltiples géneros novelísticos así como Cervantes lo había hecho en su época. Con Cervantes comparte también el papel de padre de la novela española. Galdós estudia la sociedad de su país mediante el contacto personal con el pueblo—el resultado es una obra que refleja un profundo conocimiento de la naturaleza humana en general y del carácter español en particular. Galdós cultiva todo género novelístico. En la *novela histórica* mezcla la realidad y la ficción para analizar los orígenes de la revolución española del siglo XIX; el mejor ejemplo son los *Episodios nacionales* (1873). La *novela de tesis* encierra la denuncia de ciertos males sociales, especialmente el fanatismo religioso. Aquí cabe mencionar *Doña Perfecta* (1876) (p. 9) y *Gloria* (1877). *Marianela*, (1878), narración del idilio entre dos jóvenes, es modelo de la *novela sentimental*. Lo más destacado de su obra es, sin embargo, la serie de *Novelas contemporáneas* dedicadas a pintar la vida madrileña y sus personajes; entre éstas sobresale la *novela de costumbres, Fortunata y Jacinta* (1886–1887). En la novela de *contenido idealista, Misericordia* (1897), Galdós se concentra en las implicaciones psicológicas de sus personajes ante ciertas circunstancias.

En Hispanoamérica, la novela es el género que predomina en casi toda la literatura romántica. Esta refleja una narrativa en formación que si en sus temas se esfuerza por reflejar la realidad americana, en su técnica se ve ligada a la tradición idealizadora de la literatura europea. Dentro del género novelesco hay varias categorías, como veremos a continuación.

Dentro de la *novela política*, la obra principal es *Amalia* (1851–55) del argentino José Mármol, que trata de la persecución de los intelectuales por el dictador Juan Manuel Rosas en la Argentina. *María* (1867), del colombiano Jorge Isaacs, es sin duda la obra cumbre de la *novela sentimental*. El mejor ejemplo de la *novela indianista* o *de la idealización del indio* es *Cumandá* o *un drama entre salvajes* (1879) del ecuatoriano Juan León Mera. *Cecilia Valdés* (1892), de Cirilo Villaverde, cubano, representa la *novela abolicionista* o *de defensa del esclavo negro*. La *novela histórica Enriquillo* (1878–1882), del dominicano Manuel Jesús Galván, es un documento vívido de la exterminación de los indígenas en Santo Domingo.

La narrativa romántica de sello nítidamente americano cuenta con *Martín Fierro* (1872–1879) del argentino José Hernández, obra maestra del género gauchesco—escritos relacionados con el legendario vaquero de la pampa, el gaucho—y uno de los clásicos de la literatura hispánica.

En las *Tradiciones peruanas* (1872–1910) de Ricardo Palma se ve el proceso evolutivo de esta prosa netamente americana. Son estos relatos una feliz combinación de documento histórico, de tradiciones y ficción anecdótica (p. 3).

El Realismo y el Naturalismo en la literatura hispanoamericana tratan, como en Europa, de retratar al ser humano en lucha contra un medio ambiente que necesita reforma. Contra un trasfondo de injusticia social y de explotación del indio o del minero, se desarrolla la narrativa del realismo urbano y del realismo regional. *Martín Rivas* (1862) de Alberto Blest Gana inaugura el movimiento realista con sus cuadros de costumbres y el relato de las lucha políticas del Chile de ese tiempo. En las novelas *Santa* (1903) del mexicano Federico Gamboa y en *La maestra normal* (1914) del argentino Manuel Gálvez se ve la influencia del Naturalismo en el «determinismo» que destruye la vida de los protagonistas. Ambas obras son representativas del realismo urbano con sus temas del alcoholismo, la prostitución y el crimen.

Entre las obras del realismo regional se destaca *Aves sin nido* (1889) de la peruana Clorinda Matto de Turner, la primera obra narrativa "indigenista" o de reivindicación del indio. Los cuentos naturalistas de Baldomero Lillo, *Sub terra* (1904) y *Sub sole* (1907), son una protesta contra las condiciones sociales de los mineros de Chile. En los relatos del uruguayo Javier de Viana (*Escenas de la vida del campo*, 1896) y del argentino Roberto Jorge Payró (*Pago chico*, 1908), se hace patente el *criollismo*—tendencia propia del regionalismo hispanoamericano y que consiste en describir detalladamente el campo y sus distintos tipos de habitantes.

Como reacción contra este tipo de escrito, surge el primer movimiento literario de origen hispanoamericano, el Modernismo, corriente renovadora que proclama la independencia del artista, exhortándole a rechazar el provincialismo y el activismo social. Según los modernistas, los jóvenes escritores americanos tendrían como misión modernizar el lenguaje literario importando nuevas palabras de otros idiomas, preferiblemente del francés y de las lenguas clásicas. Los temas serían universales ya que la literatura volvía a ser independiente, «cosmopolita». El nicaragüense Rubén Darío, el portavoz más autorizado del Modernismo, inaugura oficialmente este movimiento con su colección de relatos y poemas *Azul* (1888) (p. 162). Rasgos del Modernismo se notan en la prosa poética del cubano José Martí (p. 158) (*La edad de oro*, 1889), posiblemente el primer modernista, y también en los *Cuentos color de humo* (1890–1894) del mexicano Manuel Gutiérrez Nájera (p. 160). Representan la narrativa modernista los cuentos *Almas que pasan* (1906) del mexicano Amado Nervo (p. 165), *Las fuerzas extrañas* (1906) del argentino Leopoldo Lugones y la novela *La gloria de don Ramiro* del también argentino Enrique Larreta.

Ante la falta de voluntad individual y colectiva ocasionada en España por la desastrosa guerra de 1898 contra los Estados Unidos, un grupo de escritores—la llamada Generación del 98—proclama el fracaso de la España tradicional y aboga por la creación de una política nueva y un nuevo espíritu nacional que sustituya los antiguos valores. En la prosa narrativa, las figuras más representativas de esta regeneración ideológica y estética que coincide cronológicamente con el Modernismo son Ramón del Valle-Inclán, Miguel de Unamuno, Pío Baroja y José Martínez Ruiz («Azorín») (p. 345). Valle Inclán es quien más se adhiere al esteticismo modernista—una exquisita sensualidad y el culto supremo de la forma se manifiestan en sus novelas líricas (las *Sonatas*, 1902–05). En los *esperpentos* Valle Inclán introduce un nuevo género de tipo satírico; son novelas dramáticas llenas de personajes e incidentes grotescos que deforman la realidad española. En contraste, la narrativa de Unamuno, figura cumbre de la Generación del 98, pone en evidencia la crisis espiritual del país, crisis con la cual el propio autor se identifica. Esto se nota en su novela *San Manuel Bueno, mártir* (p. 75). Otras novelas suyas son *Niebla* (1914), *Abel Sánchez* (1917) y *La tía Tula* (1921). José Martínez Ruiz escribe relatos descriptivos (*La voluntad*, 1902; *Doña Inés*, 1925), mientras el gran maestro de la Generación del 98, Pío Baroja, hábil narrador de aventuras, refleja en ellas su visión pesimista del hombre y de la sociedad (*Zalacaín el aventurero*, 1909; *El árbol de la ciencia*, 1911; *Memorias de un hombre de acción*, 1913–1928).

La narrativa más destacada del Postmodernismo español está representada por la prosa poética de *Platero y yo* (1914) de Juan Ramón Jiménez, Premio Nóbel de Literatura en 1956.

Ante la desorientación moral y espiritual ocasionada por la Primera Guerra Mundial en Europa, el hispanoamericano vuelve la mirada hacia dentro. Busca en sus elementos nativos una identidad propia. En la narrativa esa búsqueda sigue dos corrientes—la criollista o regional, y la europea. Por un lado, el escritor americano teje su obra alrededor de lo local—paisajes, habitantes, sucesos. Por otro, se une a los vanguardistas europeos—cubistas, dadaístas y superrealistas—en reinterpretar y, de ahí, revolucionar la expresión artística. Pertenecen al primer tipo las *narrativas telúricas* o de la tierra como *Doña Bárbara* (1924) del venezolano Rómulo Gallegos, *La vorágine* (1924) del colombiano José Eustasio Rivera y *Los pasos perdidos* (1954) del cubano Alejo Carpentier. En ellas, la selva ya ha perdido su carácter puramente descriptivo para convertirse en personaje mítico. Caben en este grupo obras de tema indigenista como *El indio* (1931) del mexicano Gregorio López y Fuentes y *El mundo es ancho y ajeno* del peruano Ciro Alegría, además de las de tipo afro-antillano, como la novela *Juyungo* (1943) del ecuatoriano Adalberto Ortiz. Entran también en esta categoría la narrativa histórico-política, como la novela de la Revolución Mexicana, caracterizada por *Los de abajo* (1916) de Mariano Azuela, y la novela comprometida, ejemplificada por *El señor Presidente* (1946) del guatemalteco Miguel Angel Asturias.

La narrativa relacionada con la vanguardia europea muestra características de tipo psicológico y filosófico. El artista, al romper con la visión racional de la realidad, produce obras que giran en torno a lo absurdo. *Barrabás y otros relatos* (1928) del venezolano Arturo Uslar Pietri (p. 359) introduce la corriente literaria denominada *realismo mágico*, que concibe la realidad a base de una representación onírica (de los sueños).

La misma visión fragmentada de la realidad constituye la esencia de muchas obras maestras. Entre ellas se destacan, ya sea por la originalidad de sus temas o por sus técnicas narrativas, *La amortajada* (1938) de la chilena María Luisa Bombal, *Ficciones* (1944) del argentino Jorge Luis Borges (p. 39), tal vez el más distinguido escritor de Hispanoamérica, *Bestiario* (1951) y *Rayuela* (1963) del argentino Julio Cortázar (p. 42), y la novela *Pedro Páramo* (1955) del mexicano Juan Rulfo (p. 53).

La influencia del existencialismo europeo—la vertiente atea— está presente en *El túnel* (1948) del argentino Ernesto Sábato, mientras que en los cuentos de *Los funerales de la Mamá Grande* (1962) y en la popularísima novela *Cien años de soledad* (1967) del colombiano Gabriel García Márquez (p. 63), hoy en día el prosista hispanoamericano más aclamado del mundo, se nota la influencia del norteamericano William Faulkner en lo que concierne a sus «sagas» o crónicas de generaciones enteras.

En esta misma vertiente psicológica y existencialista se inscriben los narradores españoles contemporáneos. Influidos por la Guerra Civil española, los escritores que salen al exilio (Ramón Sender, *Crónica del alba*, 1942; *Réquiem por un campesino español*, 1960) tanto como los que permanecen en España (Juan Antonio Zunzunegui, *La quiebra*, 1947), recogen impresiones de la guerra y de la sociedad desmoralizada en plena crisis espiritual. Pero es la siguiente generación de prosistas la que asume una conciencia ética y moral durante la postguerra. Se destacan en este grupo Camilo José Cela (*La familia de Pascual Duarte*, 1942; *La colmena*, 1951), Carmen Laforet (*Nada*, 1944), Ana María Matute (p. 59) (*Los hijos muertos*, 1957) y Juan Goytisolo (*Reivindicación del Conde don Julián*, 1970).

La novela española de los últimos años se caracteriza por la aparición de numerosos escritores jóvenes en busca de nuevas formas ex-

presivas, sin que se pueda distinguir aún la dirección definitiva que tomará la prosa narrativa actual.

El movimiento de liberación de la mujer, principiado en Francia en los años cuarenta por Simone de Beauvoir, influye sobremanera en las letras hispánicas. En México surge toda una generación de brillantes prosistas cuyas obras, además de poner en tela de juicio los tradicionales problemas políticos y sociales del país fundamentados en el machismo, destacan el genio intelectual y artístico de las propias autoras, así como su versatilidad y postura militante. Tal es el caso de Rosario Castellanos (p. 369), Elena Garro y Elena Poniatowska (p. 73). Según lo manifiesta «El recado», relato incluido en el presente libro, Poniatowska se sirve del monólogo interior de la protagonista para comunicar al lector la problemática esencial de la «nueva mujer» latinoamericana. Trátase del angustioso conflicto interior que surge entre el papel tradicional de un ser pasivo, dócil, al que ha sido acostumbrada, y el nuevo compromiso de mujer que añora asumir otro papel—un papel activo, productivo, como compañera y copartícipe en la vida del hombre.

Práctica

Cuestionario

1. Si se piensa en el concepto de *vida* y en el de *arte,* ¿qué representa la *ficción?* ¿Qué se entiende por *mimesis* y de qué manera figura dentro de la narrativa?

2. En la Edad Media, ¿cuáles son las dos primeras manifestaciones de una literatura nacional española?

3. ¿A qué siglo pertenece *El conde Lucanor* y qué importancia tiene dentro del desarrollo de la narrativa española y europea?

4. ¿En qué sentido se puede decir que con el *Lazarillo de Tormes* (1554) estableció España dos grandes precedentes en la evolución de la literatura mundial?

5. ¿Cuál es la obra maestra de Miguel de Cervantes? ¿A qué factores debe el libro su éxito entre los críticos y entre el público general?

6. ¿Cómo se explicaría el hecho de que la narrativa hispanoamericana propiamente dicha no se realiza sino hasta principios del siglo XIX? Mencione dos explicaciones dadas por algunos historiadores literarios.

7. Benito Pérez Galdós es considerado el padre de la novela española. ¿A qué se debe su papel? ¿Qué tiene en común Galdós con Cervantes?

8. ¿Qué representa el género «gauchesco»? ¿Cuál es la obra maestra de ese género y quién es su autor?

9. ¿Qué diferencia hay entre el Realismo y el Naturalismo? ¿Dónde colocaría usted a Emilia Pardo Bazán? ¿Qué características de su obra revelan su afiliación a cierta corriente o a un determinado movimiento literario?
10. ¿Dónde nació el movimiento modernista? ¿Cuáles son sus principales características y sus exponentes más notables? ¿Qué lugar ocupa el cubano José Martí dentro del Modernismo?
11. ¿Qué importancia tienen, dentro de la actual literatura hispanoamericana, Jorge Luis Borges y Gabriel García Márquez? ¿Cuáles son sus obras maestras?

Identificaciones

1. Homero
2. «El Cid»
3. *La Celestina*
4. *La vida del Buscón*
5. el Inca Garcilaso de la Vega
6. *El periquillo sarniento*
7. la novela regional o costumbrista
8. la novela de tesis
9. Jorge Isaacs
10. las *Tradiciones peruanas*
11. 1888
12. la Generación del 98
13. Unamuno
14. las «narrativas telúricas»
15. Elena Poniatowska

El cuento: Guía general para el lector

1. ¿Quién es el autor del cuento, y a qué época (y movimiento o tradición literaria) pertenece?
2. ¿Quién narra el cuento? ¿Es el narrador fidedigno o, por el contrario, un narrador indigno de confianza? ¿Hay un narratario?
3. ¿Cuál es el marco escénico?
4. ¿Se pueden aplicar los seis elementos generales de la trama a este texto?
5. ¿Cómo se presentan los personajes del cuento?
6. ¿Cuáles son las características principales del lenguaje del cuento? ¿Hay descripciones? ¿narración de acciones? ¿diálogo? ¿Se emplea el lenguaje figurado? ¿Cuáles son los leitmotivos más importantes?
7. ¿Cuál es el tema del cuento? ¿Está explícito o implícito?
8. ¿Qué relación existe entre fondo (mensaje) y forma en el cuento?
9. ¿Qué elementos se destacan más en el estilo del cuentista?
10. ¿Qué impresión le causa a usted como lector este cuento?
11. ¿Qué maneras hay de aproximarse críticamente al texto?

La novela: Guía para el lector de *San Manuel Bueno, mártir*

1. ¿Quién narra la novela?
2. ¿Cuál es el pretexto de la composición? ¿A quién está dirigida?
3. ¿Cuál es el marco escénico de la novela? ¿Tiene algún valor simbólico el marco escénico?
4. ¿Qué tipo(s) de progresión se ve(n) en la novela?
5. ¿Qué técnicas narrativas y descriptivas se utilizan para presentar al protagonista de la novela?
6. ¿Qué elementos lingüísticos sobresalen?
7. ¿Cuál es el tema de la obra, y de qué manera se presenta?
8. ¿Qué relación existe entre las conclusiones de la narradora y las de usted como lector del texto?
9. ¿Qué papel desempeña Unamuno en su novela (*nivola*)?
10. ¿Cuáles son los elementos más característicos del estilo de Unamuno?
11. ¿Qué efecto(s) produce la lectura de *San Manuel Bueno, mártir*?
12. ¿Qué aproximaciones críticas serían las más apropiadas para el estudio de esta novela?

Don Juan Manuel

Don Juan Manuel (1282–¿1349?), sobrino del rey Alfonso X el Sabio, terminó en 1335 la gran colección de cuentos que lleva por título *El conde Lucanor* (o *Libro de Patronio*). De base ecléctica, la obra de Don Juan Manuel anticipa las obras maestras de Giovanni Boccaccio (*Il Decamerone*, Italia) y de Geoffrey Chaucer (*The Canterbury Tales*, Inglaterra), también del siglo XIV. Don Juan Manuel emplea un formato uniforme en los cincuenta y un cuentos de *El conde Lucanor:* 1) al conde se le presenta un problema; 2) en vez de aconsejarle de manera directa, su ayo Patronio le narra un ejemplo; 3) de este ejemplo se saca una moraleja.

Lo que sucedió a un mozo que casó con una muchacha de muy mal carácter

Otra vez, hablando el conde Lucanor con Patronio, su consejero, díjole[1] así:

—Patronio, uno de mis deudos[2] me ha dicho que le están tratando de casar con una mujer muy rica y más noble que él, y que este casa-
5   miento le convendría mucho si no fuera porque le aseguran que es la mujer de peor carácter que hay en el mundo. Os[3] ruego que me digáis si he de aconsejarle que se case con ella, conociendo su genio,[4] o si habré de aconsejarle que no lo haga.

—Señor conde —respondió Patronio—, si él es capaz de hacer lo

[1] le dijo (forma arcaica)
[2] familiares
[3] objeto indirecto de *vosotros*, utilizado aquí como forma singular cortés
[4] carácter

10　que hizo un mancebo[5] moro, aconsejadle[6] que se case con ella; si no
lo es, no se lo aconsejéis.

　　El conde le rogó que le refiriera qué había hecho aquel moro.

　　Patronio le dijo que en un pueblo había un hombre honrado que
tenía un hijo que era muy bueno, pero que no tenía dinero para vivir
15　como él deseaba. Por ello andaba el mancebo muy preocupado, pues
tenía el querer, pero no el poder.

　　En aquel mismo pueblo había otro vecino más importante y rico
que su padre, que tenía una sola hija, que era muy contraria del
mozo, pues todo lo que éste tenía de buen carácter, lo tenía ella de
20　malo, por lo que nadie quería casarse con aquel demonio. Aquel mozo
tan bueno vino un día a su padre y le dijo que bien sabía que él no era
tan rico que pudiera dejarle con qué vivir decentemente, y que, pues
tenía que pasar miserias o irse de allí, había pensado, con su bene-
plácito,[7] buscarse algún partido[8] con que poder salir de pobreza. El
25　padre le respondió que le agradaría mucho que pudiera hallar algún
partido que le conviniera. Entonces le dijo el mancebo que, si él
quería, podría pedirle a aquel honrado vecino su hija. Cuando el
padre lo oyó se asombró mucho y le preguntó que cómo se le había
ocurrido una cosa así, que no había nadie que la conociera que, por
30　pobre que fuese, se quisiera casar con ella. Pidióle el hijo, como un
favor, que le tratara aquel casamiento. Tanto le rogó que, aunque el
padre lo encontraba muy raro, le dijo lo haría.

　　Fuese en seguida a ver a su vecino, que era muy amigo suyo, y le
dijo lo que el mancebo le había pedido, y le rogó que, pues se atrevía a
35　casar con su hija, accediera a ello. Cuando el otro oyó la petición le
contestó diciéndole:

　　—Por Dios, amigo, que si yo hiciera esto os haría a vos muy flaco
servicio, pues vos tenéis un hijo muy bueno y yo cometería una maldad muy grande si permitiera su desgracia o su muerte, pues estoy
40　seguro que si se casa con mi hija, ésta le matará o le hará pasar una
vida mucho peor que la muerte. Y no creáis que os digo esto por de-
sairaros,[9] pues, si os empeñáis,[10] yo tendré mucho gusto en darla a
vuestro hijo o a cualquier otro que la saque de casa.

　　El padre del mancebo le dijo que le agradecía mucho lo que
45　le decía y que, pues su hijo quería casarse con ella, le tomaba la
palabra.

　　Se celebró la boda y llevaron a la novia a casa del marido. Los
moros tienen la costumbre de prepararles la cena a los novios, po-
nerles la mesa y dejarlos solos en su casa hasta el día siguiente. Así
50　lo hicieron, pero estaban los padres y parientes de los novios con mucho miedo, temiendo que al otro día le encontrarían a él muerto o
malherido.

　　En cuanto se quedaron solos en su casa se sentaron a la mesa,
mas antes que ella abriera la boca miró el novio alrededor de sí, vio
55　un perro y le dijo muy airadamente:[11]

　　—¡Perro, danos agua a las manos!

[5] joven
[6] forma imperativa de **vosotros** (**vos**)
[7] aprobación
[8] baena situación matrimonial
[9] rechazaros
[10] insistís
[11] furiosamente

El perro no lo hizo. El mancebo comenzó a enfadarse y a decirle aún con más enojo que les diese agua a las manos. El perro no lo hizo. Al ver el mancebo que no lo hacía, se levantó de la mesa muy en-
60 fadado, sacó la espada y se dirigió al perro. Cuando el perro le vio venir empezó a huir y el mozo a perseguirle, saltando ambos sobre los muebles y el fuego, hasta que lo alcanzó y le cortó la cabeza y las patas y lo hizo pedazos, ensangrentando toda la casa.

Muy enojado y lleno de sangre se volvió a sentar y miró alrededor.
65 Vio entonces un gato, al cual le dijo que les diese agua a las manos. Como no lo hizo, volvió a decirle:

—¿Cómo, traidor, no has visto lo que hice con el perro porque no quiso obedecerme? Te aseguro que, si un poco o más conmigo por-fías,[12] lo mismo haré contigo que hice con el perro.

70 El gato no lo hizo, pues tiene tan poca costumbre de dar agua a las manos como el perro. Viendo que no lo hacía, se levantó el man-cebo, lo cogió por las patas, dio con él en la pared y lo hizo pedazos con mucha más rabia que al perro. Muy indignado y con la faz[13] torva[14] se volvió a la mesa y miró a todas partes. La mujer, que le veía
75 hacer esto, creía que estaba loco y no le decía nada.

Cuando hubo mirado por todas partes vio un caballo que tenía en su casa, que era el único que poseía, y le dijo lleno de furor que les diese agua a las manos. El caballo no lo hizo. Al ver el mancebo que no lo hacía, le dijo al caballo:

80 —¿Cómo, don caballo? ¿Pensáis que porque no tengo otro caballo os dejaré hacer lo que queráis? Desengañaos,[15] que si por vuestra mala ventura no hacéis lo que os mando, juro a Dios que os he de dar tan mala muerte como a los otros; y no hay en el mundo nadie que a mí me desobedezca con el que yo no haga otro tanto.

85 El caballo se quedó quieto. Cuando vio el mancebo que no le obedecía, se fue a él y le cortó la cabeza y lo hizo pedazos. Al ver la mujer que mataba el caballo, aunque no tenía otro, y que decía que lo mismo haría con todo el que le desobedeciera, comprendió que no era una broma, y le entró tanto miedo que ya no sabía si estaba muerta
90 o viva.

Bravo, furioso y ensangrentado se volvió el marido a la mesa, jurando[16] que si hubiera en casa más caballos, hombres o mujeres que le desobedecieran, los mataría a todos. Se sentó y miró a todas partes, teniendo la espada llena de sangre entre las rodillas.

95 Cuando hubo mirado a un lado y a otro sin ver a ninguna otra criatura viviente, volvió los ojos muy airadamente hacia su mujer y le dijo con furia, la espada en la mano:

—Levántate y dame agua a las manos.

La mujer, que esperaba de un momento a otro ser despedazada,
100 se levantó muy de prisa y le dio agua a las manos.

Díjole el marido:

—¡Ah, cómo agradezco a Dios el que hayas hecho lo que te mandé!

Si no, por el enojo que me han causado esos majaderos,[17] hubiera hecho contigo lo mismo.

Después le mandó que le diese de comer. Hízolo[18] la mujer. Cada vez que le mandaba una cosa, lo hacía con tanto enfado y tal tono de voz que ella creía que su cabeza andaba por el suelo. Así pasaron la noche los dos, sin hablar la mujer, pero haciendo siempre lo que él mandaba. Se pusieron a dormir y, cuando ya habían dormido un rato, le dijo el mancebo:

—Con la ira que tengo no he podido dormir bien esta noche; ten cuidado de que no me despierte nadie mañana y de prepararme un buen desayuno.

A media mañana los padres y parientes de los dos fueron a la casa, y, al no oír a nadie, temieron que el novio estuviera muerto o herido. Viendo por entre las puertas a ella y no a él, se alarmaron más. Pero cuando la novia les vio a la puerta se les acercó silenciosamente y les dijo con mucho miedo:

—Pillos,[19] granujas,[20] ¿qué hacéis ahí? ¿Cómo os atrevéis a llegar a esta puerta ni a rechistar?[21] Callad, que si no, todos seremos muertos.

Cuando oyeron esto se llenaron de asombro. Al enterarse de cómo habían pasado la noche, estimaron en mucho al mancebo, que sí había sabido, desde el principio, gobernar su casa. Desde aquel día en adelante fue la muchacha muy obediente y vivieron juntos con mucha paz. A los pocos días el suegro[22] quiso hacer lo mismo que el yerno[23] y mató un gallo que no obedecía. Su mujer le dijo:

—La verdad, don Fulano, que te has acordado tarde, pues ya de nada te valdrá matar cien caballos; antes tendrías que haber empezado, que ahora te conozco.

Vos, señor conde, si ese deudo vuestro quiere casarse con esa mujer y es capaz de hacer lo que hizo este mancebo, aconsejadle que se case, que él sabrá cómo gobernar su casa, pero si no fuere capaz de hacerlo, dejadle que sufra su pobreza sin querer salir de ella. Y aun os aconsejo que a todos los que hubieren de tratar con vos les deis a entender desde el principio cómo han de portarse.

El conde tuvo este consejo por bueno, obró según él y le salió muy bien. Como don Juan vio que este cuento era bueno, lo hizo escribir en este libro y compuso unos versos que dicen así:

Si al principio no te muestras cómo eres,
no podrás hacerlo cuando tú quisieres.[24]

[17] necios
[18] lo hizo
[19] pícaros (*rogues*)
[20] pillos
[21] intentar hablar
[22] padre de la mujer
[23] marido de la hija
[24] futuro de subjuntivo (forma arcaica) de *querer*

Cuestionario

1. ¿Cuál es el formato de los cuentos de *El conde Lucanor?*
2. ¿Cuál es el problema que tiene el conde Lucanor en este cuento?
3. ¿Por qué quiere el mozo casarse con la mujer brava?

4. ¿Cómo se crea el suspenso en el ejemplo?
5. ¿Cómo se emplea el paralelismo en la estructura del ejemplo?
6. ¿Cuál es el desenlace del ejemplo?
7. ¿En qué sentido es didáctico el cuento, o sea, qué nos enseña?
8. ¿Quién es el narratario del cuento?

Identificaciones

1. Patronio
2. ejemplo
3. «Danos agua a las manos»

4. Don Juan
5. la moraleja

Temas

1. El caso de la mujer brava es una convención literaria común. ¿Qué otros ejemplos de esta clase hay en la literatura mundial?
2. La ironía en el ejemplo (entendiendo por ironía la inversión de lo esperado o previsto)
3. La importancia del diálogo en el cuento
4. La presentación de los personajes

Ricardo Palma

Ricardo Palma (1833–1919) nació en Lima, Perú, y fue director de la Biblioteca Nacional que él hizo reconstruir tras la guerra entre su país y Chile—la llamada Guerra del Pacífico (1879–1883). Durante el período en que desempeñó ese cargo, Palma logró recobrar muchos de los manuscritos que se habían librado del fuego y del saqueo de las tropas chilenas y los coleccionó, conservando así el pasado histórico y cultural de su tierra. El renombre de Palma en las letras hispánicas se debe especialmente a sus *Tradiciones peruanas* (1875–1883) en las que se notan elementos de la sátira social. Con la *tradición*, relato en que se funden anécdota, documento histórico, cuadro de costumbres y pura ficción, inaugura Palma un nuevo género narrativo. Sus características incluyen una estructura que varía mucho en la extensión de las obras, así como en el asunto tratado, pero que depende del humorismo, de un suspenso sostenido y de un desenlace sorpresivo. Los personajes comprenden la gama entera de tipos sociales y, en cuanto a temas, las fuentes pueden ser tanto un acontecimiento histórico, como un simple refrán popular, según lo demuestra *«La camisa de Margarita»*.

La camisa de Margarita

Probable es que algunos de mis lectores hayan oído decir a las viejas de Lima, cuando quieren ponderar lo subido de precio de un artículo:

—¡Qué! Si esto es más caro que la camisa de Margarita Pareja.

5   Habríame quedado con la curiosidad de saber quién fue esa Margarita, cuya camisa anda en lenguas, si en *La América*, de Madrid, no hubiera tropezado con[1] un artículo firmado por don Ildefonso Antonio Bermejo (autor de un notable libro sobre el Paraguay), quien, aunque muy a la ligera,[2] habla de la niña y de su camisa, me puso en

10 vía de desenredar el ovillo,[3] alcanzando a sacar en limpio la historia que van ustedes a leer.

I

Margarita Pareja era (por los años de 1765) la hija más mimada[4] de don Raimundo Pareja, caballero de Santiago y colector general del Callao.

15   La muchacha era una de esas limeñitas[5] que, por su belleza, cautivan al mismo diablo y lo hacen persignarse[6] y tirar piedras. Lucía un par de ojos negros que eran como dos torpedos cargados con dinamita y que hacían explosión sobre las entretelas[7] del alma de los galanes[8] limeños.

20   Llegó por entonces de España un arrogante mancebo, hijo de la coronada villa del oso y del madroño,[9] llamado don Luis Alcázar.

[1] tropezado... hallado por casualidad
[2] a... sin profundizar
[3] (fig.) cosa compleja
[4] tratada con excesivo regalo
[5] señoritas de la ciudad de Lima
[6] hacerse la señal de la cruz
[7] (fig.) lo íntimo del corazón
[8] señores jóvenes y elegantes
[9] Madrid, ciudad en cuyo escudo se ve un oso al lado de un madroño (tipo de árbol)

El escudo de Madrid

Tenía éste en Lima un tío solterón y acaudalado,[10] aragonés[11] rancio[12] y linajudo,[13] y que gastaba más orgullo que los hijos del rey Fruela.[14]

Por supuesto que, mientras le llegaba la ocasión de heredar al tío, vivía nuestro don Luis tan pelado[15] como una rata y pasando la pena negra. Con decir que hasta sus trapicheos[16] eran al fiado y para pagar cuando mejorase de fortuna, creo que digo lo preciso.

En la procesión de Santa Rosa conoció Alcázar a la linda Margarita. La muchacha le llenó el ojo y le flechó el corazón. La echó flores, y aunque ella no le contestó ni sí ni no, dio a entender con sonrisitas y demás armas del arsenal femenino que el galán era plato muy de su gusto. La verdad, como si me estuviera confesando, es que se enamoraron hasta la raíz pelo.

Como los amantes olvidan que existe la aritmética, creyó don Luis que para el logro de sus amores no sería obstáculo su presente pobreza, y fue al padre de Margarita y, sin muchos perfiles,[17] le pidió la mano de su hija.

A don Raimundo no le cayó en gracia la petición, y cortésmente despidió al postulante, diciéndole que Margarita era aún muy niña para tomar marido, pues, a pesar de sus diez y ocho mayos, todavía jugaba a las muñecas.

Pero no era ésta la verdadera madre del ternero.[18] La negativa nacía de que don Raimundo no quería ser suegro de un pobretón; y así hubo de decirlo en confianza a sus amigos, uno de los que fue con el chisme a don Honorato, que así se llamaba el tío aragonés. Este, que era más altivo que el Cid,[19] trinó[20] de rabia y dijo:

—¡Cómo se entiende! ¡Desairar[21] a mi sobrino! Muchos se darían con un canto en el pecho[22] por emparentar con el muchacho, que no le hay más gallardo en todo Lima. ¡Habráse visto insolencia de la laya![23] Pero ¿adónde ha de ir conmigo ese colectorcito de mala muerte?

Margarita, que se anticipaba a su siglo, pues era nerviosa como una damisela de hoy, gimoteó,[24] y se arrancó el pelo, y tuvo pataleta,[25] y si no amenazó con envenenarse fue porque todavía no se habían inventado los fósforos.

Margarita perdía colores y carnes, se desmejoraba a vista de ojos, hablaba de meterse monja y no hacía nada en concierto.

—¡O de Luis o de Dios! —gritaba cada vez que los nervios se le sublevaban, lo que acontecía una hora sí y otra también.

Alarmóse el caballero santiagués,[26] llamó físicos y curanderas, y todos declararon que la niña tiraba a tísica[27] y que la única melecina[28] salvadora no se vendía en la botica.

O casarla con el varón de su gusto, o encerrarla en el cajón de palma y corona. Tal fue el *ultimátum* médico.

Don Raimundo (¡al fin padre!), olvidándose de coger capa y bastón, se encaminó como loco a casa de don Honorato, y le dijo:

—Vengo a que consienta usted en que mañana mismo se case su sobrino con Margarita, porque si no la muchacha se nos va por la posta.[29]

---

[10] rico
[11] de Aragón, región de España
[12] de familia antigua
[13] de gran linaje
[14] antiguo rey de Asturias, región del norte de España caracterizada por el orgullo de sus habitantes
[15] (fig.) pobre
[16] medios de buscar recursos
[17] sin... *without beating around the bush*
[18] madre... *mother of the calf;* (fig.) la verdadera razón de la decisión
[19] Rodrigo Díaz de Vivar (siglo XI), héroe nacional de España y protagonista del poema épico nacional, el *Poema del Cid*
[20] se enfureció
[21] desestimar
[22] se... harían cualquier cosa
[23] de... de este tipo
[24] gimió, lloró
[25] convulsión (por lo general fingida)
[26] de la orden militar de Santiago, fundada en el siglo XII
[27] tiraba... tenía propensión a la tuberculosis
[28] forma vulgar de **medicina**
[29] se... se nos muere

—No puede ser —contestó con desabrimiento[30] el tío—. Mi sobrino es un *pobretón*, y lo que usted debe buscar para su hija es un
hombre que varee[31] la plata.

El diálogo fue borrascoso.[32] Mientras más rogaba don Raimundo,
más se subía el aragonés a la parra,[33] y ya aquél iba a retirarse desa-
huciado,[34] cuando don Luis, terciando[35] en la cuestión, dijo:

—Pero, tío, no es de cristianos que matemos a quien no tiene la
culpa.

—¿Tú te das por satisfecho?

—De todo corazón, tío y señor.

—Pues bien, muchacho, consiento en darte gusto; pero con una
condición, y es ésta: don Raimundo me ha de jurar ante la Hostia[36]
consagrada que no regalará un ochavo[37] a su hija ni la dejará un
real[38] en la herencia.

Aquí se entabló[39] nuevo y más agitado litigio.

—Pero, hombre —arguyó don Raimundo—, mi hija tiene veinte
mil duros[40] de dote.[41]

—Renunciamos a la dote. La niña vendrá a casa de su marido
nada más que con lo encapillado.[42]

—Concédame usted entonces obsequiarla los muebles y el ajuar[43]
de novia.

—Ni un alfiler. Si no acomoda,[44] dejarlo y que se muera la chica.

—Sea usted razonable, don Honorato. Mi hija necesita llevar siquiera una camisa para reemplazar la puesta.

—Bien; paso por esa funda para que no me acuse de obstinado.
Consiento en que le regale la camisa de novia, y san se acabó.[45]

Al día siguiente don Raimundo y don Honorato se dirigieron muy
de mañana a San Francisco, arrodillándose para oír misa, y, según lo
pactado, en el momento en que el sacerdote elevaba la Hostia divina,
dijo el padre de Margarita:

—Juro no dar a mi hija más que la camisa de novia. Así Dios me
condene si perjurare.

II

Y don Raimundo Pareja cumplió *ad pedem litterae*[46] su juramento,
porque ni en vida ni en muerte dio después a su hija cosa que valiera
un maravedí.

Los encajes[47] de Flandes que adornaban la camisa de la novia cos-
taron dos mil setecientos duros, según lo afirma Bermejo, quien parece copió este dato de las *Relaciones secretas* de Ulloa y don Jorge
Juan.[48]

Item, el cordoncillo que ajustaba al cuello era una cadeneta de
brillantes, valorizada en treinta mil morlacos.[49]

Los recién casados hicieron creer al tío aragonés que la camisa a
lo más valdría una onza;[50] porque don Honorato era tan testarudo,[51]
que, a saber lo cierto, habría forzado al sobrino a divorciarse.

[30] falta de interés
[31] (inf.: **varear**) mea-
    sures out
[32] violento
[33] se... se obstinaba
[34] sin esperanza
[35] metiéndose
[36] *host; wafer used in
    communion*
[37] moneda antigua
[38] moneda española
    equivalente a 25
    centavos
[39] se... empezó
[40] monedas españolas
    equivalentes a cinco
    pesetas
[41] *dowry*
[42] lo... la ropa que lleva
    puesta
[43] conjunto de joyas,
    ropa, etcétera, que
    lleva la novia al
    matrimonio
[44] Si... Si no está de
    acuerdo
[45] san... eso es todo
[46] ad... al pie de la letra
    (latín)
[47] *lace*
[48] Relaciones... dos co-
    mentarios sobre la
    América del siglo
    XVIII
[49] monedas de plata
[50] moneda antigua
[51] terco, obstinado

Convengamos en que fue muy merecida la fama que alcanzó la camisa nupcial de Margarita Pareja.

Cuestionario

1. ¿Cuál es el pretexto del cuento, o sea, qué se va a explicar?
2. ¿Quién es Margarita Pareja? ¿Cómo es?
3. ¿Quién es don Luis Alcázar?
4. ¿Con qué propósito va don Luis a la casa de don Raimundo?
5. ¿Cómo reacciona don Raimundo? ¿y el tío de don Luis?
6. ¿Qué pasa con Margarita?
7. ¿Qué hace el padre de Margarita para remediar la situación?
8. ¿Qué condiciones impone el tío de don Luis?
9. ¿Cuál es el clímax del cuento?

Identificaciones

1. limeño
2. «la villa del oso y del madroño»
3. «más orgulloso que los hijos del rey Fruela»
4. don Honorato
5. dote

Temas

1. La presentación de los personajes del cuento
2. El tema del amor versus el orgullo
3. La ironía del cuento
4. Los elementos socio-históricos de este ejemplo de las *Tradiciones peruanas*

Emilia Pardo Bazán

Emilia Pardo Bazán (1851–1921), nacida en La Coruña (Galicia) de familia aristocrática, se asocia con el movimiento naturalista en España. En 1883 publicó *La cuestión palpitante*, ensayo con el cual introdujo en España el Naturalismo francés de Emile Zola. Pardo Bazán sacó del naturalismo zolesco un énfasis en la representación minuciosa y científica—casi fotográfica—de la realidad y en los aspectos más feos y negativos de la existencia humana, sintetizándolo todo con la fuerte fe católica y el conservadurismo propios de ella. Se puede observar la expresión literaria de los conceptos naturalistas en *Los pazos de Ulloa* (1886), obra maestra de la Pardo Bazán, y en la secuela, *La madre naturaleza* (1887). La prodigiosa obra crítica, ensayística y cuentística de Emilia Pardo Bazán, al igual que la novelística, representa un impresionante logro artístico, tanto por su variedad como por su temática. Entre sus colecciones de cuentos figuran los *Cuentos de la tierra*, de los que forma parte «Las medias rojas».

Las medias rojas

Cuando la rapaza[1] entró, cargada con el haz de leña[2] que acababa de merodear[3] en el monte del señor amo, el tío Clodio no levantó la cabeza, entregado a la ocupación de picar[4] un cigarro, sirviéndose, en vez de navaja, de una uña córnea[5] color de ámbar oscuro, porque la
5 había tostado el fuego de las apuradas colillas.[6]

Ildara soltó el peso en tierra y se atusó[7] el cabello, peinado a la moda «de las señoritas» y revuelto por los enganchones[8] de las ramillas que se agarraban[9] a él. Después, con la lentitud de las faenas[10] aldeanas, preparó el fuego, lo prendió, desgarró[11] las berzas,[12] las echó
10 en el pote[13] negro, en compañía de unas patatas mal troceadas[14] y de unas judías[15] asaz[16] secas, de la cosecha anterior, sin remojar. Al cabo de estas operaciones, tenía el tío Clodio liado[17] su cigarrillo, y lo chupaba[18] desgarbadamente,[19] haciendo en los carrillos[20] dos hoyos[21] como sumideros,[22] grises, entre lo azuloso de la descuidada barba.

15 Sin duda la leña estaba húmeda de tanto llover la semana entera, y ardía mal, soltando una humareda acre;[23] pero el labriego[24] no reparaba: al humo, ¡bah!, estaba él bien hecho desde niño. Como Ildara se inclinase para soplar y activar la llama, observó el viejo cosa más insólita:[25] algo de color vivo, que emergía de las remendadas y enchar-
20 cadas[26] sayas[27] de la moza... Una pierna robusta, aprisionada en una media roja, de algodón...

—¡Ey! ¡Ildara!

—¡Señor padre!

—¿Qué novidá[28] es ésa?

25 —¿Cuál novidá?

—¿Ahora me gastas medias, como la hirmán[29] del abade?

Incorporóse[30] la muchacha, y la llama, que empezaba a alzarse,[31] dorada, lamedora[32] de la negra panza del pote,[33] alumbró su cara redonda, bonita, de facciones pequeñas, de boca apetecible, de pupilas
30 claras, golosas de vivir.

—Gasto medias, gasto medias —repitió, sin amilanarse—.[34] Y si las gasto, no se las debo a ninguén.[35]

—Luego nacen los cuartos[36] en el monte —insistió el tío Clodio con amenazadora sorna.[37]

35 —¡No nacen!... Vendí al abade unos huevos, que no dirá menos él... Y con eso merqué[38] las medias.

Una luz de ira cruzó por los ojos pequeños, engarzados[39] en duros párpados, bajo cejas hirsutas, del labrador... Saltó del banco donde estaba escarranchado,[40] y agarrando a su hija por los hombros,
40 la zarandeó[41] brutalmente, arrojándola contra la pared, mientras barbotaba:[42]

—¡Engañosa! ¡Engañosa! ¡Cluecas[43] andan las gallinas que no ponen!

[1] muchacha
[2] haz... *bundle of brush-wood or kindling*
[3] recoger
[4] cortar
[5] dura y curvada
[6] restos de los cigarros
[7] se... se alisó el pelo con la mano
[8] efecto de prenderse accidentalmente la cabellera en un gancho (*hook*)
[9] *were held together*
[10] trabajos
[11] separó en pedazos
[12] verduras
[13] *pot*
[14] divididas en pedazos
[15] *beans*
[16] bastante
[17] *rolled up*
[18] *sucked*
[19] sin elegancia
[20] mejillas
[21] *dimples*
[22] *sewers*
[23] humareda... humo de mal olor
[24] labrador
[25] extraordinaria
[26] mojadas
[27] faldas
[28] forma vulgar de **novedad**
[29] hermana
[30] se levantó
[31] subir
[32] *licking*
[33] panza... parte más ancha del recipiente
[34] asustarse
[35] forma vulgar de **nadie**
[36] dinero
[37] malicia
[38] (inf.: **mercar**) compré
[39] fijados
[40] *with legs spread apart*
[41] sacudió con violencia
[42] decía entre dientes
[43] *broody*

Ildara, apretando los dientes por no gritar de dolor, se defendía la
45 cara con las manos. Era siempre su temor de mociña[44] guapa y re-
quebrada,[45] que el padre la mancase,[46] como le había sucedido a la
Mariola, su prima, señalada por su propia madre en la frente con el
aro de la criba,[47] que le desgarró los tejidos. Y tanto más defendía su
belleza, hoy que se acercaba el momento de fundar en ella un sueño
50 de porvenir. Cumplida la mayor edad, libre de la autoridad paterna,
la esperaba el barco, en cuyas entrañas[48] tantos de su parroquia y de
las parroquias circunvecinas se habían ido hacia la suerte, hacia lo
desconocido de los lejanos países donde el oro rueda por las calles y
no hay sino bajarse para cogerlo. El padre no quería emigrar, can-
55 sado de una vida de labor, indiferente a la esperanza tardía: pues que
se quedase él... Ella iría sin falta; ya estaba de acuerdo con el gancho,[49] que le adelantaba los pesos para el viaje, y hasta le había dado
cinco de señal,[50] de los cuales habían salido las famosas medias... Y el
tío Clodio, ladino,[51] sagaz, adivinador o sabedor, sin dejar de tener
60 acorralada[52] y acosada[53] a la moza, repetía:
— Ya te cansaste de andar descalza[54] de pie y pierna, como las
mujeres de bien, ¿eh, condenada? ¿Llevó medias alguna vez tu madre? ¿Peinóse como tú, que siempre estás dale que tienes con el cacho
de espejo?[55] Toma, para que te acuerdes...
65 Y con el cerrado puño hirió primero la cabeza, luego el rostro,
apartando las medrosas manecitas, de forma no alterada aún por el
trabajo, con que se escudaba[56] Ildara, trémula. El cachete más violento cayó sobre un ojo, y la rapaza vió, como un cielo estrellado,
miles de puntos brillantes envueltos en una radiación de intensos co-
70 loridos sobre un negro terciopeloso.[57] Luego, el labrador aporreó[58] la
nariz, los carillos. Fué un instante de furor, en que sin escrúpulo la
hubiese matado, antes que verla marchar, dejándole a él solo, viudo,
casi imposibilitado de cultivar la tierra que llevaba en arriendo,[59] que
fecundó con sudores tantos años, a la cual profesaba un cariño ma-
75 quinal, absurdo. Cesó al fin de pegar; Ildara, aturdida de espanto, ya
no chillaba[60] siquiera.
Salió fuera, silenciosa, y en el regato próximo se lavó la sangre.
Un diente bonito, juvenil, le quedó en la mano. Del ojo lastimado, no
veía.
80 Como que el médico, consultado tarde y de mala gana, según es
uso de labriegos, habló de un desprendimiento[61] de la retina, cosa que
no entendió la muchacha, pero que consistía... en quedarse tuerta.[62]
Y nunca más el barco la recibió en sus concavidades para llevarla
hacia nuevos horizontes de holganza[63] y lujo. Los que allá vayan, han
85 de ir sanos, válidos, y las mujeres, con sus ojos alumbrando y su dentadura completa...

Cuestionario

1. ¿Qué está haciendo Ildara al comienzo del cuento?
2. ¿Cómo se presenta el tío Clodio en la primera parte del cuento?

[44] muchacha
[45] cortejada
[46] la hiriera dejándole una marca permanente
[47] aro... *ring of a sieve*
[48] en... en cuyo interior
[49] *middleman*
[50] de... *as earnest money*
[51] (fig.) astuto
[52] *cornered*
[53] atacada
[54] sin zapatos
[55] estás... estás peinándote una y otra vez delante de un pedazo de espejo
[56] se protegía
[57] *velvety*
[58] golpeó
[59] en... alquilada
[60] gritaba
[61] *detachment*
[62] quedarse sin vista en un ojo
[63] placer

3. ¿En qué se fija el tío Clodio? ¿Cómo reacciona?
4. ¿De qué tiene miedo Ildara?
5. ¿Qué planes tiene Ildara para el futuro?
6. ¿Qué hace el padre a su hija?
7. ¿Cómo afecta eso los planes de Ildara?

Identificaciones

1. «la hirmán del Abade»
2. la Mariola
3. el médico

Temas

1. Los motivos de los dos personajes
2. La presentación de la situación y su significación temática
3. La ironía trágica del cuento

Jorge Luis Borges

Jorge Luis Borges (1899–1986) nació en Buenos Aires y continuó su educación en Suiza e Inglaterra. Poeta, ensayista, cuentista y crítico, es considerado uno de los mayores escritores y eruditos del mundo. Tras la dictadura de Juan Perón desempeñó los cargos de profesor de literatura inglesa en la Universidad de Buenos Aires y el de director de la Biblioteca Nacional. La fama internacional de Borges ha de atribuirse principalmente al éxito de sus colecciones de cuentos: *Historia universal de la infamia* (1935), *El jardín de los senderos que se bifurcan* (1941), *Ficciones* (1944) y *El Aleph* (1949). La cosmovisión de Borges muestra a un escritor escéptico que se niega a aceptar la verdad absoluta. Por lo tanto, usa su propia inmensa cultura y una mente extraordinariamente lógica e incisiva para burlarse de la humanidad que depende demasiado de sistemas filosóficos, científicos y matemáticos para explicarse algo tan autónomo e inexplicable como la realidad. Para articular esas ideas, Borges utiliza, tanto en sus ensayos como en sus cuentos, los mismos temas, símbolos y metáforas: el universo como un laberinto caótico o una biblioteca de Babel en donde resulta absurdo encontrar una salida sola o un libro único; la exactitud de los números que acaba por decepcionar y matar al matemático mismo; la biografía de un hombre que coincide con la historia de la humanidad entera y así sucesivamente.

El etnógrafo

El caso me lo refirieron en Texas, pero había acontecido en otro estado. Cuenta con un solo protagonista, salvo que en toda historia los protagonistas son miles, visibles e invisibles, vivos y muertos. Se llamaba, creo, Fred Murdock. Era alto a la manera americana, ni
5 rubio ni moreno, de perfil de hacha,[1] de muy pocas palabras. Nada singular había en él, ni siquiera esa fingida singularidad que es propia de los jóvenes. Naturalmente respetuoso, no descreía de los libros ni de quienes escriben los libros. Era suya esa edad en que el hombre no sabe aún quién es y está listo a entregarse a lo que le propone el
10 azar:[2] la mística del persa o el desconocido origen del húngaro, las aventuras de la guerra o del álgebra, el puritanismo o la orgía. En la universidad le aconsejaron el estudio de las lenguas indígenas. Hay ritos esotéricos que perduran en ciertas tribus del oeste; su profesor, un hombre entrado en años, le propuso que hiciera su habitación en
15 una toldería,[3] que observara los ritos y que descubriera el secreto que los brujos revelan al iniciado. A su vuelta, redactaría una tesis que las autoridades del instituto darían a la imprenta. Murdock aceptó con alacridad.[4] Uno de sus mayores había muerto en las guerras de la frontera; esa antigua discordia de sus estirpes[5] era un vínculo[6] ahora.
20 Previó, sin duda, las dificultades que lo aguardaban; tenía que lograr que los hombres rojos lo aceptaran como uno de los suyos. Emprendió la larga aventura. Más de dos años habitó en la pradera,[7] bajo toldos de cuero o a la intemperie.[8] Se levantaba antes del alba, se acostaba al anochecer, llegó a soñar en un idioma que no era el de sus
25 padres. Acostumbró su paladar[9] a sabores ásperos, se cubrió con ropas extrañas, olvidó los amigos y la ciudad, llegó a pensar de una manera que su lógica rechazaba. Durante los primeros meses de aprendizaje tomaba notas sigilosas,[10] que rompería después, acaso para no despertar la suspicacia de los otros, acaso porque ya no las
30 precisaba. Al término de un plazo prefijado por ciertos ejercicios, de índole[11] moral y de índole física, el sacerdote le ordenó que fuera recordando sus sueños y que se los confiara al clarear el día. Comprobó que en las noches de luna llena soñaba con bisontes. Confió estos sueños repetidos a su maestro; éste acabó por revelarle su doc-
35 trina secreta. Una mañana, sin haberse despedido de nadie, Murdock se fue.

En la ciudad, sintió la nostalgia de aquellas tardes iniciales de la pradera en que había sentido, hace tiempo, la nostalgia de la ciudad. Se encaminó al despacho del profesor y le dijo que sabía el secreto y
40 que había resuelto no publicarlo.

—¿Lo ata[12] su juramento? —preguntó el otro.

—No es ésa mi razón —dijo Murdock—. En esas lejanías aprendí algo que no puedo decir.

[1] de... *of sharp profile*
[2] casualidad
[3] campamento indio
[4] alegría
[5] linajes
[6] punto de unión
[7] *meadowland*
[8] al aire libre
[9] *palate*
[10] secretas
[11] tipo, carácter
[12] Lo... Se lo impide

—¿Acaso el idioma inglés es insuficiente? —observaría el otro.

45   —Nada de eso, señor. Ahora que poseo el secreto, podría enunciarlo de cien modos distintos y aun contradictorios. No sé muy bien cómo decirle que el secreto es precioso y que ahora la ciencia, nuestra ciencia, me parece una mera frivolidad.

Agregó al cabo de una pausa:

50   —El secreto, por lo demás, no vale lo que valen los caminos que me condujeron a él. Esos caminos hay que andarlos.

El profesor le dijo con frialdad:

—Comunicaré su decisión al Concejo. ¿Usted piensa vivir entre los indios?

55   Murdock le contestó:

—No. Tal vez no vuelva a la pradera. Lo que me enseñaron sus hombres vale para cualquier lugar y para cualquier circunstancia.

Tal fue, en esencia, el diálogo.

Fred se casó, se divorció y es ahora uno de los bibliotecarios

60 de Yale.

Cuestionario

1. Según el texto, ¿cómo llega el narrador a enterarse de la historia de Fred Murdock?
2. ¿Qué tipo de persona es Murdock?
3. ¿Qué le propone el profesor a Murdock?
4. ¿Cómo vive Murdock durante los dos años de su estancia en la pradera?
5. ¿Qué le ordena el sacerdote a Murdock?
6. ¿Por qué razón se niega Murdock a revelar el secreto?
7. ¿Qué es ahora Fred Murdock?

Identificaciones

1. toldería
2. el aprendizaje
3. «El secreto, por lo demás, no vale lo que valen los caminos que me condujeron a él».

Temas

1. El papel del narrador en «El etnógrafo»
2. La presentación de los sucesos de la vida de Fred Murdock
3. La ironía del cuento
4. Hacia una interpretación del secreto de Murdock

Julio Cortázar

Julio Cortázar (1914–1984), nació en Bruselas de padres argentinos. Cursó estudios en la Argentina donde fue profesor de enseñanza secundaria y universitaria. En 1951 se trasladó a París y allí trabajó como traductor independiente. Ensayista, cuentista y novelista de fama internacional, Cortázar se destaca por su rol de innovador de la narrativa argentina e hispano-americana. Influenciada por la literatura de lo absurdo y por la fantástica, incorporada máximamente en el superrealismo, su obra está compuesta en una forma superficialmente disparatada. Sin embargo, debajo de esa forma hay una profunda inquietud existencial y la búsqueda de nuevas relaciones entre los seres y las cosas. En su ensayística sobresale *La vuelta al día en ochenta mundos* (1967). Sus cuentos se encuentran en *Bestiario* (1951), *Final del juego* (1956) y *Las armas secretas* (1959). Entre las novelas figuran *Rayuela* (1963), *62: Modelo para armar* (1968) y el *Libro de Manuel* (1973). *Rayuela*, la más conocida, basándose en la convención de la rayuela (*hopscotch*), le ofrece al lector varias posibilidades de lectura.

La noche boca arriba

Y salían en ciertas épocas a cazar enemigos;
le llamaban la guerra florida.[1]

A mitad del largo zaguán[2] del hotel pensó que debía ser tarde, y se apuró[3] a salir a la calle y sacar la motocicleta del rincón donde el por-
5   tero de al lado le permitía guardarla. En la joyería de la esquina vio que eran las nueve menos diez; llegaría con tiempo sobrado[4] adonde iba. El sol se filtraba entre los altos edificios del centro, y él—porque para sí mismo, para ir pensando, no tenía nombre—montó en la má-quina saboreando el paseo. La moto ronroneaba entre sus piernas, y
10 un viento fresco le chicoteaba[5] los pantalones.

Dejó pasar los ministerios (el rosa, el blanco) y la serie de comer-cios con brillantes vitrinas[6] de la calle Central. Ahora entraba en la parte más agradable del trayecto, el verdadero paseo: una calle larga, bordeada de árboles, con poco tráfico y amplias villas que dejaban
15 venir los jardines hasta las aceras, apenas demarcadas por setos[7] bajos. Quizá algo distraído, pero corriendo sobre la derecha como correspondía, se dejó llevar por la tersura,[8] por la leve crispación[9] de ese día apenas empezado. Tal vez su involuntario relajamiento le im-pidió prevenir el accidente. Cuando vio que la mujer parada en la es-
20 quina se lanzaba a la calzada a pesar de las luces verdes, ya era tarde

[1] guerra… guerra ritual en la que los aztecas buscaban víctimas para sus sacrificios
[2] vestíbulo, pasillo
[3] se… se dio prisa
[4] más de lo que se necesita
[5] *whipped*
[6] *show windows*
[7] *hedges*
[8] pureza
[9] *edginess*

[10] animaban
[11] *scratches*
[12] *dustcoat*
[13] piedra llana en que se pone una inscripción
[14] *marshes*
[15] *quagmires*

para las soluciones fáciles. Frenó con el pie y la mano, desviándose a la izquierda; oyó el grito de la mujer, y junto con el choque perdió la visión. Fue como dormirse de golpe.

Volvió bruscamente del desmayo. Cuatro o cinco hombres jóvenes lo estaban sacando de debajo de la moto. Sentía gusto a sal y sangre, le dolía una rodilla, y cuando lo alzaron gritó, porque no podía soportar la presión en el brazo derecho. Voces que no parecían pertenecer a las caras supendidas sobre él, lo alentaban [10] con bromas y seguridades. Su único alivio fue oír la confirmación de que había estado en su derecho al cruzar la esquina. Preguntó por la mujer, tratando de dominar la náusea que le ganaba la garganta. Mientras lo llevaban boca arriba hasta una farmacia próxima, supo que la causante del accidente no tenía más que rasguños [11] en las piernas. «Usté la agarró apenas, pero el golpe le hizo saltar la máquina de costado...» Opiniones, recuerdos, despacio, éntrenlo de espaldas, así va bien, y alguien con guardapolvo [12] dándole a beber un trago que lo alivió, en la penumbra de una pequeña farmacia de barrio.

La ambulancia policial llegó a los cinco minutos, y lo subieron a una camilla blanda donde pudo tenderse a gusto. Con toda lucidez, pero sabiendo que estaba bajo los efectos de un shock terrible, dio sus señas al policía que lo acompañaba. El brazo casi no le dolía; de una cortadura en la ceja goteaba sangre por toda la cara. Una o dos veces se lamió los labios para beberla. Se sentía bien, era un accidente, mala suerte; unas semanas quieto y nada más. El vigilante le dijo que la motocicleta no parecía muy estropeada. «Natural», dijo él. «Como que me la ligué encima...» Los dos se rieron, y el vigilante le dio la mano al llegar al hospital y le deseó buena suerte. Ya la náusea volvía poco a poco; mientras lo llevaban en una camilla de ruedas hasta un pabellón del fondo, pasando bajo árboles llenos de pájaros, cerró los ojos y deseó estar dormido o cloroformado. Pero lo tuvieron largo rato en una pieza con olor a hospital, llenando una ficha, quitándole la ropa y vistiéndolo con una camisa grisácea y dura. Le movían cuidadosamente el brazo, sin que le doliera. Las enfermeras bromeaban todo el tiempo, y si no hubiera sido por las contracciones del estómago se habría sentido muy bien, casi contento.

Lo llevaron a la sala de radio, y veinte minutos después, con la placa todavía húmeda puesta sobre el pecho como una lápida [13] negra, pasó a la sala de operaciones. Alguien de blanco, alto y delgado, se le acercó y se puso a mirar la radiografía. Manos de mujer le acomodaban la cabeza, sintió que lo pasaban de una camilla a otra. El hombre de blanco se le acercó otra vez, sonriendo, con algo que le brillaba en la mano derecha. Le palmeó la mejilla e hizo una señal a alguien parado atrás.

Como sueño era curioso porque estaba lleno de olores y él nunca soñaba olores. Primero un olor a pantano, ya que a la izquierda de la calzada empezaban las marismas,[14] los tembladerales [15] de donde no volvía nadie. Pero el olor cesó, y en cambio vino una fragancia com-

puesta y oscura como la noche en que se movía huyendo de los aztecas. Y todo era tan natural, tenía que huir de los aztecas que andaban
70 a caza de hombre, y su única probabilidad era la de esconderse en lo
más denso de la selva, cuidando de no apartarse de la estrecha calzada que sólo ellos, los motecas,[16] conocían.

Lo que más le torturaba era el olor, como si aun en la absoluta
aceptación del sueño algo se rebelara contra eso que no era habitual,
75 que hasta entonces no había participado del juego. «Huele a guerra»,
pensó, tocando instintivamente el puñal de piedra atravesado en su
ceñidor[17] de lana tejida. Un sonido inesperado lo hizo agacharse[18] y
quedar inmóvil, temblando. Tener miedo no era extraño, en sus sueños abundaba el miedo. Esperó, tapado por las ramas de un arbusto y
80 la noche sin estrellas. Muy lejos, probablemente del otro lado del
gran lago, debían estar ardiendo fuegos de vivac;[19] un resplandor ro-
jizo teñía esa parte del cielo. El sonido no se repitió. Había sido como
una rama quebrada. Tal vez un animal que escapaba como él del olor
de la guerra. Se enderezó despacio, venteando. No se oía nada, pero el
85 miedo seguía allí como el olor, ese incienso dulzón de la guerra florida. Había que seguir, llegar al corazón de la selva evitando las ciénagas.[20] A tientas,[21] agachándose a cada instante para tocar el suelo
más duro de la calzada, dio algunos pasos. Hubiera querido echar a
correr, pero los tembladerales palpitaban a su lado. Siguiendo el
90 sendero en tinieblas, reanudó lentamente la fuga. Entonces sintió una
bocanada horrible del olor que más temía, y saltó desesperado hacia
adelante.

—Se va a caer de la cama —dijo el enfermo de al lado—. No brin-
que tanto, amigazo.
95 Abrió los ojos y era de tarde, con el sol ya bajo en los ventanales
de la larga sala. Mientras trataba de sonreír a su vecino, se despegó
casi físicamente de la última visión de la pesadilla. El brazo, en-
yesado,[22] colgaba de un aparato con pesas[23] y poleas.[24] Sintió sed,
como si hubiera estado corriendo kilómetros, pero no querían darle
100 mucha agua, apenas para mojarse los labios y hacer un buche.[25] La
fiebre lo iba ganando despacio y hubiera podido dormirse otra vez,
pero saboreaba el placer de quedarse despierto, entornados los ojos,
escuchando el diálogo de los otros enfermos, respondiendo de cuando
en cuando a alguna pregunta. Vio llegar un carrito blanco que pusie-
105 ron al lado de su cama, una enfermera rubia le frotó con alcohol la
cara anterior del muslo y le clavó una gruesa aguja conectada con un
tubo que subía hasta un frasco lleno de líquido opalino. Un médico
joven vino con un aparato de metal y cuero que le ajustó al brazo
sano para verificar alguna cosa. Caía la noche, y la fiebre lo iba arras-
110 trando blandamente a un estado donde las cosas tenían un relieve
como de gemelos de teatro,[26] eran reales y dulces y a la vez ligeramente repugnantes; como estar viendo una película aburrida y pensar que sin embargo en la calle es peor; y quedarse.

[16] neologismo derivado de la combinación de **motocicleta** con la terminación **-eca**, propia de palabras indígenas de México, tal como **azteca** y **tolteca**
[17] cinturón
[18] *squat*
[19] *bivouac*
[20] *swamps*
[21] A... Vacilantemente
[22] *cast in plaster*
[23] *weights*
[24] *pulleys*
[25] porción de líquido que cabe en la boca
[26] gemelos... *opera glasses*

Vino una taza de maravilloso caldo de oro oliendo a puerro, a
115 apio, a perejil. Un trocito de pan, más precioso que todo un banquete,
se fue desmigajando poco a poco. El brazo no le dolía nada, y solamente en la ceja, donde lo habían suturado, chirriaba[27] a veces una
punzada[28] caliente y rápida. Cuando los ventanales de enfrente vira-
ron[29] a manchas de un azul oscuro, pensó que no le iba a ser difícil
120 dormirse. Un poco incómodo, de espaldas. Pero al pasarse la lengua
por los labios resecos y calientes sintió el sabor del caldo, y suspiró de
felicidad, abandonándose.

Primero fue una confusión, un atraer hacia sí todas las sensa-
ciones por un instante embotadas o confundidas. Comprendía que es-
125 taba corriendo en plena oscuridad, aunque arriba del cielo cruzado
de copas de árboles era menos negro que el resto. «La calzada»,
pensó. «Me salí de la calzada». Sus pies se hundían en un colchón de
hojas y barro, y ya no podía dar un paso sin que las ramas de los ar-
bustos le azotaran el torso y las piernas. Jadeante,[30] sabiéndose aco-
130 rralado a pesar de la oscuridad y el silencio, se agachó para escuchar.
Tal vez la calzada estaba cerca, con la primera luz del día iba a verla
otra vez. Nada podía ayudarlo ahora a encontrarla. La mano que sin
saberlo él aferraba[31] el mango del puñal, subió como el escorpión de
los pantanos hasta su cuello, donde colgaba el amuleto protector. Mo-
135 viendo apenas los labios musitó[32] la plegaria[33] del maíz que trae las
lunas felices, y la súplica a la Muy Alta, a la dispensadora de los
bienes motecas. Pero sentía al mismo tiempo que los tobillos se le estaban hundiendo despacio en el barro, y la espera en la oscuridad
del chaparral desconocido se le hacía insoportable. La guerra florida
140 había empezado con la luna y llevaba ya tres días y tres noches. Si
conseguía refugiarse en el profundo de la selva, abandonando la calzada más allá de la región de las ciénagas, quizá los guerreros no le
siguieran el rastro. Pensó en los muchos prisioneros que ya habrían
hecho. Pero la cantidad no contaba, sino el tiempo sagrado. La caza
145 continuaría hasta que los sacerdotes dieran la señal del regreso. Todo
tenía su número y su fin, y él estaba dentro del tiempo sagrado, del
otro lado de los cazadores.

Oyó los gritos y se enderezó de un salto, puñal en mano. Como si
el cielo se incendiara en el horizonte, vio antorchas moviéndose entre
150 las ramas, muy cerca. El olor a guerra era insoportable, y cuando el
primer enemigo le saltó al cuello casi sintió placer en hundirle la hoja
de piedra en pleno pecho. Ya lo rodeaban las luces, los gritos alegres.
Alcanzó a cortar el aire una o dos veces, y entonces una soga lo atrapó
desde atrás.

155 —Es la fiebre —dijo el de la cama de al lado—. A mí me pasaba
igual cuando me operé del duodeno.[34] Tome agua y va a ver que
duerme bien.

Al lado de la noche de donde volvía, la penumbra tibia de la sala
le pareció deliciosa. Una lámpara violeta velaba en lo alto de la pared

[27] *sizzled*
[28] dolor
[29] cambiaron
[30] Respirando fuerte-
mente
[31] agarraba
[32] *mumbled*
[33] oración
[34] primera sección del in-
testino delgado

160 del fondo como un ojo protector. Se oía toser, respirar fuerte, a veces
un diálogo en voz baja. Todo era grato y seguro, sin ese acoso, sin...
Pero no debía seguir pensando en la pesadilla. Había tantas cosas en
qué entretenerse. Se puso a mirar el yeso del brazo, las poleas que tan
cómodamente se lo sostenían en el aire. Le habían puesto una botella
165 de agua mineral en la mesa de noche. Bebió del gollete,[35] golosa-
mente. Distinguía ahora las formas de la sala, las treinta camas, los
armarios con vitrinas. Ya no debía tener tanta fiebre, sentía fresca la
cara. La ceja le dolía apenas, como un recuerdo. Se vio otra vez saliendo del hotel, sacando la moto. ¿Quién hubiera pensado que la
170 cosa iba a acabar así? Trataba de fijar el momento del accidente, y le
dio rabia advertir que había ahí como un hueco, un vacío que no al-
canzaba a rellenar. Entre el choque y el momento en que lo habían
levantado del suelo, un desmayo o lo que fuera no le dejaba ver nada.
Y al mismo tiempo tenía la sensación de que ese hueco, esa nada,
175 había durado una eternidad. No, ni siquiera tiempo, más bien como
si en ese hueco él hubiera pasado a través de algo o recorrido distancias inmensas. El shock, el golpe brutal contra el pavimento. De todas
maneras al salir del pozo negro había sentido casi un alivio mientras
los hombres lo alzaban del suelo. Con el dolor del brazo roto, la san-
180 gre de la ceja partida, la contusión en la rodilla; con todo eso, un alivio al volver al día y sentirse sostenido y auxiliado. Y era raro. Le
preguntaría alguna vez al médico de la oficina. Ahora volvía a ga-
narlo el sueño, a tirarlo despacio hacia abajo. La almohada era tan
blanda, y en su garganta afiebrada la frescura del agua mineral.
185 Quizá pudiera descansar de veras, sin las malditas pesadillas. La luz
violeta de la lámpara en lo alto se iba apagando poco a poco.

Como dormía de espaldas, no lo sorprendió la posición en que
volvía a reconocerse, pero en cambio el olor a humedad, a piedra
rezumante de filtraciones, le cerró la garganta y lo obligó a darse
190 cuenta. Inútil abrir los ojos y mirar en todas direcciones; lo envolvía
una oscuridad absoluta. Quiso enderezarse y sintió las sogas en las
muñecas y los tobillos. Estaba estaqueado[36] en el suelo, en un piso de
lajas helado y húmedo. El frío le ganaba la espalda desnuda, las piernas. Con el mentón[37] buscó torpemente el contacto con su amuleto, y
195 supo que se lo habían arrancado. Ahora estaba perdido, ninguna
plegaria podía salvarlo del final. Lejanamente, como filtrándose entre las piedras del calabozo, oyó los atabales de la fiesta. Lo habían
traído al teocalli,[38] estaba en las mazmorras del templo a la espera de
su turno.

200 Oyó gritar, un grito ronco que rebotaba en las paredes. Otro grito,
acabando en un quejido.[39] Era él que gritaba en las tinieblas, gritaba
porque estaba vivo, todo su cuerpo se defendía con el grito de lo que
iba a venir, del final inevitable. Pensó en sus compañeros que llena-
rían otras mazmorras, y en los que ascendían ya los peldaños[40] del
205 sacrificio. Gritó de nuevo, sofocadamente, casi no podía abrir la boca,
tenía las mandíbulas agarrotadas y a la vez como si fueran de goma y

[35] cuello estrecho de una botella
[36] (fig.) *tied down*
[37] *chin*
[38] templo de los aztecas
[39] *groan*
[40] *steps*

se abrieran lentamente, con un esfuerzo interminable. El chirriar de los cerrojos lo sacudió como un látigo. Convulso, retorciéndose, luchó por zafarse[41] de las cuerdas que se le hundían en la carne. Su brazo
210 derecho, el más fuerte, tiraba hasta que el dolor se hizo intolerable y tuvo que ceder. Vio abrirse la doble puerta, y el olor de las antorchas le llegó antes que la luz. Apenas ceñidos con el taparrabos[42] de la ceremonia, los acólitos de los sacerdotes se le acercaron mirándolo con desprecio. Las luces se reflejaban en los torsos sudados, en el pelo
215 negro lleno de plumas. Cedieron las sogas, y en su lugar lo aferraron manos calientes, duras como bronce; se sintió alzado, siempre boca arriba, tironeado por los cuatro acólitos que lo llevaban por el pasadizo. Los portadores de antorchas iban adelante, alumbrando vagamente el corredor de paredes mojadas y techo tan bajo que los acó-
220 litos debían agachar[43] la cabeza. Ahora lo llevaban, lo llevaban, era el final. Boca arriba, a un metro del techo de roca viva que por momentos se iluminaba con un reflejo de antorcha. Cuando en vez del techo nacieran las estrellas, y se alzara frente a él la escalinata[44] incendiada de gritos y danzas, sería el fin. El pasadizo no acababa nunca, pero ya
225 iba a acabar, de repente olería el aire libre lleno de estrellas, pero todavía no, andaban llevándolo sin fin en la penumbra roja, tironeándolo[45] brutalmente; y él no quería, pero cómo impedirlo si le habían arrancado el amuleto que era su verdadero corazón, el centro de la vida.
230　Salió de un brinco a la noche del hospital, al alto cielorraso dulce, a la sombra blanda que lo rodeaba. Pensó que debía haber gritado, pero sus vecinos dormían callados. En la mesa de noche, la botella de agua tenía algo de burbuja, de imagen traslúcida contra la sombra azulada de los ventanales. Jadeó, buscando el alivio de los pulmones,
235 el olvido de esas imágenes que seguían pegadas a sus párpados. Cada vez que cerraba los ojos las veía formarse instantáneamente, y se enderezaba aterrado pero gozando a la vez de saber que ahora estaba despierto, que la vigilia lo protegía, que pronto iba a amanecer, con el buen sueño profundo que se tiene a esa hora, sin imágenes, sin nada...
240 Le costaba mantener los ojos abiertos, la modorra[46] era más fuerte que él. Hizo un último esfuerzo, con la mano sana esbozó un gesto hacia la botella de agua; no llegó a tomarla, sus dedos se cerraron en un vacío otra vez negro, y el pasadizo seguía inacabable, roca tras roca, con súbitas fulguraciones rojizas, y él boca arriba gimió apa-
245 gadamente porque el techo iba a acabarse, subía, abriéndose como una boca de sombra, y los acólitos se enderezaban y de la altura una luna menguante le cayó en la cara donde los ojos no querían verla, desesperadamente se cerraban y abrían buscando pasar al otro lado, descubrir otra vez el cielorraso protector de la sala. Y cada vez que se
250 abrían era otra vez la noche y la luna mientras lo subían por la escalinata, ahora con la cabeza colgando hacia abajo, y en lo alto estaban las hogueras, las rojas columnas de humo perfumado, y de golpe vio la piedra roja, brillante de sangre que chorreaba, y el vaivén de los

[41] librarse
[42] *loincloth*
[43] bajar
[44] gran escalera
[45] *dragging him*
[46] sueño pesado

pies del sacrificado que arrastraban para tirarlo rodando por las es-
calinatas del norte. Con una última esperanza apretó los párpados,
gimiendo por despertar. Durante un segundo creyó que lo lograría,
porque otra vez estaba inmóvil en la cama, a salvo del balanceo
cabeza abajo. Pero olía la muerte, y cuando abrió los ojos vio la figura
ensangrentada del sacrificador que venía hacia él con el cuchillo de
piedra en la mano. Alcanzó a cerrar otra vez los párpados, aunque
ahora sabía que no iba a despertarse, que estaba despierto, que el
sueño maravilloso había sido el otro, absurdo como todos los sueños;
un sueño en el que había andado por extrañas avenidas de una ciudad
asombrosa, con luces verdes y rojas que ardían sin llama ni humo,
con un enorme insecto de metal que zumbaba bajo sus piernas. En la
mentira infinita de ese sueño también lo habían alzado del suelo,
también alguien se le había acercado con un cuchillo en la mano, a él
tendido boca arriba, a él boca arriba con los ojos cerrados entre las
hogueras.

Cuestionario

1. ¿Qué suceso pone en marcha la acción de «La noche boca arriba»?
2. ¿A dónde es llevado el motociclista?
3. ¿Cuál es el carácter de los sueños del motociclista?
4. ¿Qué le pasa al protagonista de los sueños?
5. ¿Cuál es el elemento paradójico del desenlace de «La noche boca arriba»?

Identificaciones

1. «un olor a pantano»
2. «la calzada»
3. los motecas
4. «boca arriba»

Temas

1. La estructura de «La noche boca arriba»
2. La creación del suspenso en este cuento
3. La realidad versus el sueño en «La noche boca arriba»
4. Hacia una interpretación del desenlace de «La noche boca arriba»
5. Las características principales del arte narrativo de Julio Cortázar, según una lectura de este cuento

Luis Romero

Luis Romero (1916–   ), nació en Barcelona. Luchó en la Guerra Civil española (1936–1939), y formó parte de la División Azul Española en el frente soviético durante la Segunda Guerra Mundial. Luego, volvió a España y empezó a trabajar en una agencia de seguros, dedicándose también a la literatura, en la que ha cultivado la novela, el cuento y la poesía. De las novelas de Romero, las más conocidas son *La noria* (Premio Nadal, 1951) y *El cacique* (Premio Planeta, 1963). El cuento «Aniversario» es de la colección titulada *Esas sombras de trasmundo.*

Aniversario

Papá preside la mesa; al otro extremo, como siempre, está mamá, Lola y Joaquín se sientan del lado del balcón. Ninguno ha cambiado de lugar. En el centro humea la sopera.[1] Fuera, en la calle, hace frío y a través de los cristales[2] se adivina el triste mediodía de invierno.

5   Joaquín tiene prisa; esta tarde se celebra un partido de fútbol importante. Continúa tan aficionado al fútbol como de costumbre. Pero físicamente ha cambiado mucho en estos años; ha crecido, ha ensanchado. Se ha convertido en un hombre. Papa está silencioso, las arrugas[3] alrededor de la boca se le han acentuado hasta lo increíble.

10   —¿Queréis alguno un poco más de sopa?

Mamá tiene ya el cabello completamente blanco. Lola está distraída; a media tarde va a ir al cine con su novio. Me resulta extraño que Lola pueda ya tener novio; si apenas era una niña... Lola come poco, pues no quiere engordar. Mamá le ha servido otro cazo de sopa

15   en el plato, y ella ha iniciado una protesta.

—Cada día estás más flaca. Vas a terminar por enfermar.

La criada viene y se lleva la sopera. Esta chica se llama Jacinta; no llegué a conocerla. La anterior, Teresa, se casó, y ésta es del mismo pueblo. Es una vieja historia familiar; las chicas sirven unos cuantos

20   años, y cuando se casan, viene para sustituirlas una prima, la hermana pequeña, o una moza cualquiera del mismo pueblo. Esta no tiene novio todavía. Por la tarde irá a reunirse con otras sirvientas a casa de unos paisanos que son porteros.[4]

[1] recipiente en el que se sirve la sopa
[2] ventanas
[3] *wrinkles*
[4] personas encargadas de guardar las puertas

Por el balcón penetra una luz blanquecina que empalidece los
25 rostros.

—Todavía no se sabe bien quién es el asesino; pero parece ser que
la Policía ya tiene una pista.[5]

A mi hermano Joaquín, además del fútbol le interesan los sucesos.[6] No hace muchos días han cometido un crimen en la ciudad; una
30 muchacha ha aparecido estrangulada. Mi madre también lee la página de los sucesos.

—Seguramente ha sido ese novio que tenía...

Papá calla. En su oficina, una diferencia ha perturbado la exactitud de la contabilidad,[7] y hasta que dé con el error, estará muy
35 preocupado.

—Otra vez merluza,[8] mamá. Siempre comemos lo mismo.

A Lola no le gusta la merluza; no le gusta casi nada. Pero desde
que era pequeña, papá le impuso la obligación de comer cuanto le
sirvieran.

40 —Todo estaba carísimo ayer en la plaza. Los sábados no se puede
comprar.

Papá levanta los ojos del mantel, y exclama:

—¡Así se hacen ricos los sinvergüenzas![9]

Joaquín se sirve una copa de vino; un vino rojo que nos traían de
45 un pueblo de la provincia en unas grandes garrafas.[10] Este debe ser
todavía el mismo vino de entonces.

Lola está con mucho cuidado separando las espinas del pescado;
siempre ha tenido miedo a que se la atragantaran las espinas.

—¿Qué pensáis hacer esta tarde? ¿Por qué no os vais al cine? En
50 el *Príncipe* proyectan una película muy bonita; yo la vi cuando la
estrenaron...

Mamá suspira; después sirve a Joaquín otro trozo de merluza.
Vuelve a suspirar.

—No, hija, tu padre y yo nos quedaremos en casa.

55 Lola se mira en el espejo del aparador[11] y se compone el peinado.
Mi hermana es una muchacha muy hermosa y hace unos años era del-
gaducha y poco agraciada; nadie hubiese podido prever entonces que
se convertiría en lo que es ahora. Lola se parece al retrato de mamá
que hay en la sala, pero se la ve más ágil, más joven, aunque mamá,
60 cuando se retrató, era todavía soltera y debía tener la misma edad
que ahora tiene mi hermana.

—Mamá, no sé cómo no os aburrís los dos toda la santa tarde en
casa.

Papá calla y mira hacia el balcón; luego exclama de forma casi
65 impersonal.

—Vais a tener frío en el fútbol.

Mamá en seguida piensa que Joaquín se va a resfriar, que tal vez
atrapará una pulmonía, que puede incluso morirse.

—Joaquín, llévate la bufanda[12] gris.

70 El se ríe mientras se frota[13] las manos.

[5] indicio
[6] aquí, se refiere a la sección del periódico que
trata de crímenes, acci-
dentes, etcétera
[7] *accounting*
[8] *haddock*
[9] desvergonzados
[10] recipientes para vino
[11] *hutch*
[12] *scarf*
[13] se... *rubs*

—Pero si apenas hace frío, y estar al aire libre es sano.

De la pared ya no cuelga aquel cuadro enmarcado por falso bambú que representaba el morral[14] de un cazador, dos perdices[15] y un conejo, colocados sobre una mesa. En su lugar hay una copia de la
75 Cena,[16] de Leonardo, con marco dorado.

Jacinta entra con una fuente[17] de carne y la deja sobre el mantel. Se ha derramado un poco de salsa.

—¡Jacinta...!

Ha dicho mamá en tono de reconvención.[18] Joaquín está im-
80 paciente.

—Mamá, sírveme pronto, que si no voy a llegar tarde.

Papá le contempla con cierta extrañeza, como si no acabara de comprenderle bien.

Lola dice de pronto:
85 —He pensado que no pudo ser el novio el que mató a esa chica. Al fin y al cabo, ¿para qué iba a matarla, si no la quería, si la acababa de abandonar?

Joaquín contesta con la boca llena:

—Tú eres tonta. ¿Qué sabes si la quería o no?
90 Mis hermanos nunca se llevaron bien. Acostumbraban a aliarse conmigo por turnos para atacarse. Una vez, Joaquín pegó a Lola con un cinturón, y mamá le castigó un mes seguido sin postre. Pero entonces eran todavía unos niños.

—Yo sé lo mismo que tú; lo que dicen los periódicos.
95 Papá levanta los ojos del plato.

—¿No os habéis enterado aún de que los periódicos no dicen más que tonterías?

Ayer, a pesar de ser sábado, por la tarde acudió a la oficina. Estuvo repasando todas las sumas con su ayudante. No pudieron hallar
100 el error, y papá se puso tan nervioso, que apenas ha podido dormir en toda la noche. Mamá hace años que casi no duerme por las noches.

—¡Jacinta, traiga el postre en seguida! El señorito tiene prisa. Va a llegar tarde al partido.

Jacinta estaba hablando por la ventana de la cocina con la criada
105 del primero, que es de un pueblo de la misma provincia.

—Manuel quiere establecerse por su cuenta. Va a despedirse del empleo a fin de este mes.

Manuel es el novio de mi hermana Lola.

—¡Hija! ¿Qué dices? Es muy arriesgado hacer semejante cosa en
110 estos tiempos. Un sueldo, grande o pequeño, siempre es un ingreso seguro.

Lola yergue[19] el busto.

—Pero ya sabéis que gana una miseria; con eso nunca podríamos casarnos.
115 —Con mucho menos nos casamos tu padre y yo, y bien hemos vivido.

Mi hermano tiene la boca llena. Al salir de casa ha de ir a tomar el

---

[14] saco que usan los cazadores
[15] *partridges*
[16] la... «La última cena», cuadro de Leonardo da Vinci
[17] plato grande para servir la comida
[18] reproche
[19] (inf.: **erguir**) levantar

autobús, que le deja todavía bastante lejos del campo de fútbol; y sólo falta media hora para que comience el partido. A él, Manuel no le es antipático, pero tampoco le parece nada del otro jueves.[20] Lleva gafas y es de esos que leen libros de los que enseñan a triunfar en la vida.

Joaquín se pasa la servilleta por los labios, y se levanta sacudiéndose[21] las migas del regazo. Luego dice:

—Lola tenía razón. ¿Por qué no os vais esta tarde al cine? Con el frío que hace parece que da gusto ir al cine. Además, no es cuestión de que os paséis la vida encerrados.

A mamá se le entristece el rostro; por un momento he temido que se pusiera a llorar.

—¿Es que no os acordáis de qué día es hoy? Hoy precisamente hace cinco años de que vuestro pobre hermano...

Se le han saltado las lágrimas, pero se domina. Papá se mira las uñas obstinadamente. Lola juguetea nerviosa con el tenedor. Joaquín se ha quedado serio...

—Perdón, mamá; no me había acordado... Hace ya cinco años. ¡Cómo ha corrido el tiempo!

Mamá suspira:

—¡Pobre hijo mío!

Joaquín se acerca y la besa en la frente. Lola se levanta y apoya una mano en el hombro de mamá.

—Bueno; no te entristezcas ahora. Tú misma acabas de decirlo: hace ya cinco años.

En la cocina, Jacinta está canturreando una canción de moda al compás de una radio que se oye por el patio. Papá continúa mirándose obstinadamente las uñas.

[20] nada... nada especial
[21] quitándose

Cuestionario

1. ¿Qué está haciendo la familia al comienzo de «Aniversario»?
2. ¿Por qué tiene prisa Joaquín?
3. ¿Cuál es la preocupación del padre?
4. ¿Qué tipo de persona es Lola?
5. ¿Cómo se presenta la relación entre Lola y Joaquín?
6. ¿A qué aniversario se refiere el título?
7. ¿Quién es el narrador del cuento?

Identificaciones

1. Jacinta
2. «el crimen»
3. Manuel

Temas

1. El punto de vista: la narración de «Aniversario»
2. La función de lo cotidiano en «Aniversario» (entendiendo por *cotidiano* lo común, lo de todos los días)
3. La perspectiva temporal de «Aniversario»
4. El papel de la madre en el cuento
5. El tema del cuento: ¿está explícito o implícito?

Juan Rulfo

Juan Rulfo (1918–1986), novelista, cuentista, guionista, nació en Jalisco, México. En 1970 se le otorgó en México el prestigioso Premio Nacional de Letras. El fondo de la obra de Rulfo es la Revolución Mexicana y la vida del campesino. De la empresa literaria hispanoamericana ha comentado Rulfo: «La gran novela de acá no podría hablar de otra cosa que no sean la miseria y la ignorancia». (*Prensa de Reynosa*, 1964). La novela *Pedro Páramo* (1955), una narrativa breve y extraordinariamente compleja, se considera la obra maestra de Rulfo. «No oyes ladrar los perros» es de la colección *El llano en llamas*.

No oyes ladrar los perros

Tú que vas allá arriba, Ignacio, dime si no oyes alguna señal de algo o si ves alguna luz en alguna parte.

—No se ve nada.

—Ya debemos estar cerca.

5 —Sí, pero no se oye nada.

—Mira bien.

—No se ve nada.

—Pobre de ti, Ignacio.

La sombra larga y negra de los hombres siguió moviéndose de
10 arriba abajo, trepándose[1] a las piedras, disminuyendo y creciendo

[1] subiéndose

según avanzaba por la orilla del arroyo. Era una sola sombra, tambaleante.[2]

La luna venía saliendo de la tierra, como una llamarada[3] redonda.

—Ya debemos estar llegando a ese pueblo, Ignacio. Tú que llevas
15 las orejas de fuera, fíjate a ver si no oyes ladrar los perros. Acuérdate
que nos dijeron que Tonaya estaba detrasito[4] del monte. Y desde qué
horas que hemos dejado el monte. Acuérdate, Ignacio.

—Sí, pero no veo rastro[5] de nada.

—Me estoy cansando.

20 —Bájame.

El viejo se fue reculando[6] hasta encontrarse con el paredón[7] y se
recargó allí,[8] sin soltar la carga de sus hombros. Aunque se le doblaban las piernas, no quería sentarse, porque después no hubiera podido levantar el cuerpo de su hijo, al que allá atrás, horas antes, le ha-
25 bían ayudado a echárselo a la espalda. Y así lo había traído desde
entonces.

—¿Cómo te sientes?

—Mal.

Hablaba poco. Cada vez menos. En ratos parecía dormir. En ratos
30 parecía tener frío. Temblaba. Sabía cuándo le agarraba[9] a su hijo el
temblor por las sacudidas[10] que le daba, y porque los pies se le enca-
jaban[11] en los ijares[12] como espuelas.[13] Luego las manos del hijo, que
traía trabadas[14] en su pescuezo,[15] le zarandeaban[16] la cabeza como si
fuera una sonaja.[17]

35 El apretaba los dientes[18] para no morderse la lengua y cuando
acababa aquello le preguntaba:

—¿Te duele mucho?

—Algo —contestaba él.

Primero le había dicho: «Apéame[19] aquí... Déjame aquí... Vete tú
40 solo. Yo te alcanzaré mañana o en cuanto me reponga un poco». Se lo
había dicho como cincuenta veces. Ahora ni siquiera eso decía.

Allí estaba la luna. Enfrente de ellos. Una luna grande y colorada
que les llenaba de luz los ojos y que estiraba[20] y oscurecía más su
sombra sobre la tierra.

45 —No veo ya por dónde voy —decía él.

Pero nadie le contestaba.

El otro iba allá arriba, todo iluminado por la luna, con su cara
descolorida, sin sangre, reflejando una luz opaca. Y él acá abajo.

—¿Me oíste, Ignacio? Te digo que no veo bien.

50 Y el otro se quedaba callado.

Siguió caminando, a tropezones.[21] Encogía[22] el cuerpo y luego se
enderezaba[23] para volver a tropezar de nuevo.

—Este no es ningún camino. Nos dijeron que detrás del cerro estaba Tonaya. Ya hemos pasado el cerro. Y Tonaya no se ve, ni se oye
55 ningún ruido que nos diga que está cerca. ¿Por qué no quieres decirme qué ves, tú que vas allá arriba, Ignacio?

—Bájame, padre.

[2] swaying
[3] llama grande, fuego
[4] detrás mismo
[5] señal
[6] retrocediendo
[7] pared grande, alta
[8] se... leaned against it
[9] held
[10] shakings
[11] metían
[12] sides
[13] spurs
[14] agarradas
[15] cuello
[16] movían
[17] jingling chaps
[18] gnashed his teeth
[19] Bájame
[20] extendía
[21] a... tropezando, andando con dificultad
[22] Contraía
[23] se... se ponía derecho

—¿Te sientes mal?

—Sí.

60 —Te llevaré a Tonaya a como dé lugar. Allí encontraré quien te cuide. Dicen que allí hay un doctor. Yo te llevaré con él. Te he traído cargando desde hace horas y no te dejaré tirado aquí para que acaben contigo quienes sean.

Se tambaleó[24] un poco. Dio dos o tres pasos de lado y volvió a
65 enderezarse.

—Te llevaré a Tonaya.

—Bájame.

Su voz se hizo quedita, apenas murmurada:

—Quiero acostarme un rato.

70 —Duérmete allí arriba. Al cabo te llevo bien agarrado.

La luna iba subiendo, casi azul, sobre un cielo claro. La cara del viejo, mojada en sudor, se llenó de luz. Escondió los ojos para no mirar de frente, ya que no podía agachar[25] la cabeza agarrotada[26] entre las manos de su hijo.

75 —Todo esto que hago, no lo hago por usted. Lo hago por su difunta madre. Porque usted fue su hijo. Por eso lo hago. Ella me reconvendría[27] si yo lo hubiera dejado tirado allí, donde lo encontré, y no lo hubiera recogido para llevarlo a que lo curen, como estoy haciéndolo. Es ella la que me da ánimos, no usted. Comenzando porque a usted
80 no le debo más que puras dificultades, puras mortificaciones, puras vergüenzas.

Sudaba al hablar. Pero el viento de la noche le secaba el sudor. Y sobre el sudor seco, volvía a sudar.

—Me derrengaré,[28] pero llegaré con usted a Tonaya, para que le
85 alivien esas heridas que le han hecho. Y estoy seguro de que, en cuanto se sienta usted bien, volverá a sus malos pasos. Eso ya no me importa. Con tal que se vaya lejos, donde yo no vuelva a saber de usted. Con tal de eso... Porque para mí usted ya no es mi hijo. He maldecido la sangre que usted tiene de mí. La parte que a mí me tocaba
90 la he maldecido. He dicho: «¡Que se le pudra[29] en los riñones[30] la sangre que yo le di!» Lo dije desde que supe que usted andaba trajinando[31] por los caminos, viviendo del robo y matando gente... Y gente buena. Y si no, allí está mi compadre Tranquilino. El que lo bautizó a usted. El que le dio su nombre. A él también le tocó la mala suerte de
95 encontrarse con usted. Desde entonces dije: «Ese no puede ser mi hijo».

—Mira a ver si ya ves algo. O si oyes algo. Tú que puedes hacerlo desde allá arriba, porque yo me siento sordo.

—No veo nada.

100 —Peor para ti, Ignacio.

—Tengo sed.

—¡Aguántate![32] Ya debemos estar cerca. Lo que pasa es que ya es muy noche y han de haber apagado la luz en el pueblo. Pero al menos debías de oír si ladran los perros. Haz[33] por oír.

[24] se... vaciló
[25] bajar
[26] *garroted*
[27] reprocharía
[28] Me... *I'll break my back*
[29] (inf.: **pudrir**) *rot*
[30] *kidneys*
[31] andando de un sitio a otro
[32] Ten paciencia
[33] Esfuérzate

105   —Dame agua.

—Aquí no hay agua. No hay más que piedras. Aguántate. Y aunque la hubiera, no te bajaría a tomar agua. Nadie me ayudaría a su-
birte otra vez y yo solo no puedo.

—Tengo mucha sed y mucho sueño.

110   —Me acuerdo cuando naciste. Así eras entonces. Despertabas con
hambre y comías para volver a dormirte. Y tu madre te daba agua,
porque ya te habías acabado la leche de ella. No tenías llenadero.[34] Y
eras muy rabioso.[35] Nunca pensé que con el tiempo se te fuera a subir
aquella rabia a la cabeza... Pero así fue. Tu madre, que descanse en
115   paz, quería que te criaras fuerte. Creía que cuando tú crecieras irías a
ser su sostén.[36] No te tuvo más que a ti. El otro hijo que iba a tener la
mató. Y tú la hubieras matado otra vez si ella estuviera viva a estas
alturas.[37]

Sintió que el hombre aquel que llevaba sobre sus hombros dejó
120   de apretar las rodillas y comenzó a soltar[38] los pies, balanceándolos
de un lado para otro. Y le pareció que la cabeza, allá arriba, se sa-
cudía como si sollozara.[39]

Sobre su cabello sintió que caían gruesas gotas, como de lágrimas.

—¿Lloras, Ignacio? Lo hace llorar a usted el recuerdo de su ma-
125   dre, ¿verdad? Pero nunca hizo usted nada por ella. Nos pagó siempre
mal. Parece que, en lugar de cariño, le hubiéramos retacado[40] el
cuerpo de maldad. ¿Y ya ve? Ahora lo han herido. ¿Qué pasó con sus
amigos? Los mataron a todos. Pero ellos no tenían a nadie. Ellos bien
hubieran podido decir: «No tenemos a quién darle nuestra lástima».
130   ¿Pero usted, Ignacio?

Allí estaba ya el pueblo. Vio brillar los tejados bajo la luz de la
luna. Tuvo la impresión de que lo aplastaba el peso de su hijo al sentir
que las corvas[41] se le doblaban en el último esfuerzo. Al llegar al
primer tejabán,[42] se recostó[43] sobre el pretil[44] de la acera y soltó el
135   cuerpo, flojo, como si lo hubieran descoyuntado.[45]

Destrabó[46] difícilmente los dedos con que su hijo había venido
sosteniéndose de su cuello y, al quedar libre, oyó cómo por todas partes ladraban los perros.

—¿Y tú no los oías, Ignacio? —dijo—. No me ayudaste ni siquiera
140   con esta esperanza.

[34] No... *You couldn't get enough*
[35] furioso
[36] apoyo, protección
[37] a... ahora, todavía
[38] aflojar, dejar libres
[39] *sobbed*
[40] (fig.) llenado repetidamente
[41] parte de la pierna opuesta a la rodilla
[42] casa rústica con techo de tejas
[43] se reclinó
[44] *railing*
[45] dislocado
[46] Separó

Cuestionario

1. ¿Cuál es la circunstancia de los dos hombres al comienzo del cuento?
2. ¿Cuál es la relación entre estos dos hombres?
3. ¿A dónde se dirigen?
4. ¿Qué recuerda el padre del pasado?
5. ¿Cuáles son los elementos más destacados del final de «No oyes ladrar los perros»?

Identificaciones

1. Tonaya
2. Ignacio
3. «No me ayudaste ni siquiera con esta esperanza.»

Temas

1. La función del diálogo en «No oyes ladrar los perros» *identificar a los personajes*
2. La interacción entre los dos hombres
3. El ambiente del cuento *triste y sufrimiento*
4. El viaje es un leitmotivo de la literatura universal. ¿Cómo se emplea en este cuento? *El padre ayuda al hijo. Hijo Prodigal*
5. Hacia una interpretación del desenlace del cuento

Marco Denevi

Marco Denevi (1922–   ) nació en la Argentina de padre italiano y madre argentina. Con la novela policial *Rosaura a las diez* (1955) ganó el Premio de la Editorial Kraft, y en 1960 le fue otorgado el Primer Premio de la revista *Life en Español* por el cuento «Ceremonia secreta». Más tarde recibió otras distinciones por las obras de teatro *El emperador de la China* y *Los expedientes*. A pesar de tales honores, Denevi ha publicado relativamente poco. Entre lo más destacado de su producción literaria quedan sus singulares *fábulas* que se han publicado mayormente en revistas y suplementos literarios. La característica sobresaliente de la narrativa de Denevi consiste en ver en la realidad humana dimensiones inusitadas, mágicas, que el autor revela al lector sorprendiéndole constantemente. Como se nota en *Falsificaciones* (1966), Denevi asume el papel de moralista satírico, se sirve de la fórmula clásica de la fábula y la cambia de acuerdo con su visión irónica del mundo moderno. La locura de dicho mundo y la originalidad del autor se reflejan en la nueva estructura y en la temática, así como en la caracterización de sus relatos.

El dios de las moscas

Las moscas imaginaron a su dios. Era otra mosca. El dios de las moscas era una mosca, ya verde, ya negra y dorada, ya rosa, ya blanca, ya purpúrea, una mosca inverosímil, una mosca bellísima, una mosca monstruosa, una mosca terrible, una mosca benévola, una

5 mosca vengativa, una mosca justiciera, una mosca joven, una mosca
   vieja, pero siempre una mosca. Algunos aumentaban su tamaño hasta
   volverla enorme como un buey,[1] otros la ideaban tan microscópica que
   no se la veía. En algunas religiones carecía de alas («Vuela, sostenían,
   pero no necesita alas»), en otras tenía infinitas alas. Aquí disponía de
10 antenas como cuernos, allá los ojos le comían toda la cabeza. Para
   unos zumbaba[2] constantemente, para otros era muda pero se hacía
   entender lo mismo. Y para todos, cuando las moscas morían, los con-
   ducía en un vuelo arrebatado[3] hasta el paraíso. Y el paraíso era un
   trozo de carroña,[4] hediondo[5] y putrefacto, que las almas de las mos-
15 cas muertas devoraban por toda la eternidad y que no se consumía
   nunca, pues aquella celestial bazofia[6] continuamente renacía y se
   renovaba bajo el enjambre[7] de las moscas. De las buenas. Porque
   también había moscas malas y para éstas había un infierno. El infierno de las moscas condenadas era un sitio sin excrementos, sin des-
20 perdicios, sin basura, sin hedor,[8] sin nada de nada, un sitio limpio y
   reluciente y para colmo iluminado por una luz deslumbradora, es decir, un lugar abominable.

[1] ox
[2] buzzed
[3] rápido
[4] carne corrompida
[5] de mal olor
[6] inmundicia, basura
[7] muchedumbre
[8] mal olor

Cuestionario

1. ¿Cómo imaginaron las moscas a su dios?
2. ¿Cómo es el paraíso de las moscas?
3. ¿Cómo es el infierno de las moscas?

Identificaciones

1. «una mosca benévola, una mosca vengativa»
2. carroña
3. «un lugar abominable»

Temas

1. El motivo del multiperspectivismo en «El dios de las moscas»
2. Hacia una interpretación del paraíso de las moscas
3. El estilo cuentístico de Denevi según este ejemplo de *Falsifica-ciones*

Ana María Matute

Ana María Matute (1926–   ), nació en Barcelona y experimentó de cerca las consecuencias de la Guerra Civil española. Las experiencias de esta época se reflejan en sus obras: varias novelas (entre ellas, *Los hijos muertos* y la trilogía *Los mercaderes*) y colecciones de cuentos (incluso *Historias de la Artámila*, 1961). Matute pone gran énfasis en la representación—y en la profundidad—del mundo infantil. En la introducción de las *Historias de la Artámila*—«Pecado de omisión» es de esa colección—escribe la cuentista: «La Artámila existe. No con este nombre, del mismo modo que otro nombre di, también, a sus criaturas. Yo les conocí en las montañas, durante los cálidos veranos de mi infancia. En octubre, en invierno, durante algún tiempo en que estuve enferma y viví junto a ellos. Otras veces, sus historias llegaron a mí a través de comentarios de pastores, de criados, de campesinos y de labios de mi madre, o de mi abuela».

Pecado de omisión

A los trece años se le murió la madre,[1] que era lo último que le quedaba. Al quedar huérfano[2] ya hacía lo menos tres años que no acudía[3] a la escuela, pues tenía que buscarse el jornal[4] de un lado para otro. Su único pariente era un primo de su padre, llamado
5 Emeterio Ruiz Heredia. Emeterio era el alcalde[5] y tenía una casa de dos pisos asomada a la plaza del pueblo, redonda y rojiza bajo el sol de agosto. Emeterio tenía doscientas cabezas de ganado[6] paciendo[7] por las laderas[8] de Sagrado, y una hija moza,[9] bordeando los veinte, morena, robusta, riente y algo necia. Su mujer, flaca y dura como un
10 chopo,[10] no era de buena lengua y sabía mandar. Emeterio Ruiz no se llevaba bien con aquel primo lejano, y a su viuda, por cumplir,[11] la ayudó buscándole jornales extraordinarios. Luego, al chico, aunque lo recogió una vez huérfano, sin herencia ni oficio, no le miró a derechas.[12] Y como él los de su casa.
15   La primera noche que Lope durmió en casa de Emeterio, lo hizo debajo del granero.[13] Se le dio cena y un vaso de vino. Al otro día,[14] mientras Emeterio se metía la camisa dentro del pantalón, apenas apuntando el sol en el canto de los gallos, le llamó por el hueco de la escalera, espantando a las gallinas que dormían entre los huecos:
20   —¡Lope!
    Lope bajó descalzo,[15] con los ojos pegados de legañas.[16] Estaba poco crecido para sus trece años y tenía la cabeza grande, rapada.[17]
    —Te vas de pastor a Sagrado.

[1] se... se murió la madre de él
[2] sin padres
[3] asistía
[4] buscarse... buscar cómo ganarse la vida
[5] *mayor*
[6] *cattle*
[7] comiendo yerba
[8] *slopes*
[9] joven
[10] *black poplar*
[11] hacer lo correcto
[12] a... con simpatía
[13] *cornloft*
[14] Al... Al día siguiente
[15] sin zapatos
[16] *sleep in eyes*
[17] *close-cropped*

Lope buscó las botas y se las calzó. En la cocina, Francisca, la
25 hija, había calentado patatas con pimentón. Lope las engulló[18] de
prisa, con la cuchara de aluminio goteando a cada bocado.

—Tú ya conoces el oficio. Creo que anduviste una primavera por
las lomas de Santa Aurea, con las cabras del Aurelio Bernal.

—Sí, señor.

30 —No, irás solo. Por allí anda Roque el Mediano. Iréis juntos.

—Sí, señor.

Francisca le metió una hogaza[19] en el zurrón,[20] un cuartillo de
aluminio, sebo[21] de cabra y cecina.[22]

—Andando —dijo Emeterio Ruiz Heredia.

35 Lope le miró. Lope tenía los ojos negros y redondos, brillantes.

—¿Qué miras? ¡Arreando![23]

Lope salió, zurrón al hombro. Antes, recogió el cayado,[24] grueso y
brillante por el uso, que aguardaba, como un perro, apoyado en la
pared.

40 Cuando iba ya trepando[25] por la loma de Sagrado, lo vio don
Lorenzo, el maestro. A la tarde, en la taberna, don Lorenzo lio un
cigarrillo junto a Emeterio, que fue a echarse una copa de anís.[26]

—He visto al Lope —dijo—. Subía para Sagrado. Lástima de
chico.

45 —Sí —dijo Emeterio, limpiándose los labios con el dorse de la
mano—. Va de pastor. Ya sabe: hay que ganarse el currusco.[27] La vida
está mala. El «esgraciao»[28] del Pericote no le dejó ni una tapia[29] en
que apoyarse y reventar.[30]

—Lo malo —dijo don Lorenzo, rascándose la oreja con su uña
50 larga y amarillenta— es que el chico vale. Si tuviera medios podría
sacarse partido de él. Es listo. Muy listo. En la escuela...

Emeterio le cortó, con la mano frente a los ojos:

—¡Bueno, bueno! Yo no digo que no. Pero hay que ganarse el currusco. La vida está peor cada día que pasa.

55 Pidió otra de anís. El maestro dijo que sí, con la cabeza.

Lope llegó a Sagrado, y voceando encontró a Roque el Mediano.
Roque era algo retrasado y hacía unos quince años que pastoreaba
para Emeterio. Tendría cerca de cincuenta años y no hablaba casi
nunca. Durmieron en el mismo chozo[31] de barro, bajo los robles,[32]
60 aprovechando el abrazo de las raíces. En el chozo sólo cabían echa-
dos[33] y tenían que entrar a gatas,[34] medio arrastrándose.[35] Pero se estaba fresco en el verano y bastante abrigado en el invierno.

El verano pasó. Luego el otoño y el invierno. Los pastores no ba-
jaban al pueblo, excepto el día de la fiesta. Cada quince días un
65 zagal[36] les subía la «collera»:[37] Pan, cecina, sebo, ajos. A veces, una
bota[38] de vino. Las cumbres de Sagrado eran hermosas, de un azul
profundo, terrible, ciego. El sol, alto y redondo, como una pupila im-
pertérrita,[39] reinaba allí. En la neblina del amanecer, cuando aún no
se oía el zumbar de las moscas ni crujido alguno, Lope solía desper-
70 tar, con la techumbre de barro encima de los ojos. Se quedaba quieto

[18] devoró
[19] pan de más de dos libras
[20] *knapsack*
[21] grasa
[22] carne seca
[23] ¡Date prisa!
[24] bastón que usan los pastores
[25] subiendo
[26] *licorice-flavored liqueur*
[27] ganarse... ganarse la vida
[28] forma vulgar de **desgraciado**
[29] pared
[30] (fig.) *drop dead*
[31] cabaña, barraca
[32] *oaks*
[33] recostados
[34] a... *on all fours*
[35] *crawling*
[36] joven
[37] forma coloquial de **"ración"**
[38] recipiente de cuero para vino
[39] inmóvil

un rato, sintiendo en el costado el cuerpo de Roque el Mediano, como un bulto alentante.[40] Luego, arrastrándose, salía para el cerradero.[41] En el cielo, cruzados como estrellas fugitivas, los gritos se perdían, inútiles y grandes. Sabía Dios hacia qué parte caerían. Como las
75 piedras. Como los años. Un año, dos, cinco.

Cinco años más tarde, una vez, Emeterio le mandó llamar, por el zagal. Hizo reconocer a Lope por el médico, y vio que estaba sano y fuerte, crecido como un árbol.

¡Vaya roble! —dijo el médico, que era nuevo. Lope enrojeció y no
80 supo qué contestar.

Francisca se había casado y tenía tres hijos pequeños, que jugaban en el portal de la plaza. Un perro se le acercó, con la lengua colgando. Tal vez le recordaba. Entonces vio a Manuel Enríquez, el compañero de la escuela que siempre le iba a la zaga.[42] Manuel vestía un
85 traje gris y llevaba corbata. Pasó a su lado y les saludó con la mano.

Francisca comentó:

—Buena carrera, ése. Su padre lo mandó estudiar y ya va para abogado.

Al llegar a la fuente volvió a encontrarlo. De pronto, quiso lla-
90 marle. Pero se le quedó el grito detenido, como una bola, en la garganta.

—¡Eh! —dijo solamente. O algo parecido.

Manuel se volvió a mirarle, y lo conoció. Parecía mentira: le conoció. Sonreía.

95 —¡Lope! ¡Hombre, Lope...!

¿Quién podía entender lo que decía? ¡Qué acento tan extraño tienen los hombres, qué raras palabras salen por los oscuros agujeros de sus bocas! Una sangre espesa iba llenándole las venas, mientras oía a Manuel Enríquez.

100 Manuel abrió una cajita plana,[43] de color de plata, con los cigarrillos más blancos, más perfectos que vio en su vida. Manuel se la tendió, sonriendo.

Lope avanzó su mano. Entonces se dio cuenta de que era áspera, gruesa. Como un trozo de cecina. Los dedos no tenían flexibilidad, no
105 hacían el juego. Qué rara mano la de aquel otro: una mano fina, con dedos como gusanos[44] grandes, ágiles, blancos, flexibles. Qué mano aquélla, de color de cera, con las uñas brillantes, pulidas. Qué mano extraña: ni las mujeres la tenían igual. La mano de Lope rebuscó, torpe. Al fin, cogió el cigarrillo, blanco y frágil, extraño, en sus dedos
110 amazacotados:[45] inútil, absurdo, en sus dedos. La sangre de Lope se le detuvo entre las cejas. Tenía una bola de sangre agolpada, quieta, fermentando entre las cejas. Aplastó el cigarrillo con los dedos y se dio media vuelta. No podía detenerse, ni ante la sorpresa de Manuelito, que seguía llamándole:
115 —¡Lope! ¡Lope!

Emeterio estaba sentado en el porche, en mangas de camisa,[46] mirando a sus nietos. Sonreía viendo a su nieto mayor, y descansando de

[40] que respira; con vida
[41] corral
[42] a... le seguía detrás
[43] *flat*
[44] *worms*
[45] pesados y duros
[46] mangas... *shirt sleeves*

la labor, con la bota de vino al alcance de la mano. Lope fue directo a Emeterio y vio sus ojos interrogantes y grises.

120 —Anda, muchacho, vuelve a Sagrado, que ya es hora...

En la plaza había una piedra cuadrada, rojiza. Una de esas piedras grandes como melones que los muchachos transportan desde alguna pared derruida.[47] Lentamente, Lope la cogió entre sus manos. Emeterio le miraba, reposado, con una leve curiosidad. Tenía la
125 mano derecha metida entre la faja[48] y el estómago. Ni siquiera le dio tiempo de sacarla: el golpe sordo, el salpicar[49] de su propia sangre en el pecho, la muerte y la sorpresa, como dos hermanas, subieron hasta él, así, sin más.

Cuando se lo llevaron esposado,[50] Lope lloraba. Y cuando las mu-
130 jeres, aullando como lobas, le querían pegar e iban tras él, con los mantos alzados sobre las cabezas, en señal de duelo,[51] de indignación «Dios mío, él, que le había recogido. Dios mío, él, que le hizo hombre. Dios mío, se habría muerto de hambre si él no le recoge...» Lope sólo lloraba y decía:
135 —Sí, sí, sí...

[47] torn down
[48] sash
[49] spattering
[50] handcuffed
[51] mourning

Cuestionario

1. ¿Por qué recogió Emeterio Ruiz a Lope?
2. ¿A qué categoría social pertenece Don Emeterio?
3. ¿Cómo trata don Emeterio a Lope?
4. ¿A dónde manda don Emeterio a Lope?
5. ¿Cuántos años pasa Lope fuera del pueblo?
6. ¿Por qué vuelve Lope al pueblo?
7. ¿Cómo se siente Lope al encontrarse con Manuel Enríquez?
8. ¿Cuál es el clímax del cuento?
9. ¿Qué pasa con Lope al final del cuento?

Identificaciones

1. don Lorenzo
2. Francisca
3. Roque el Mediano
4. «Dios mío, él, que le hizo hombre.»

Temas

1. La presentación de los personajes
2. La significación de a) la estancia de Lope en Sagrado con Roque el Mediano; b) la opinión de don Lorenzo («el chico vale... »); c) la reunión de Lope con Manuel Enríquez; d) el acto violento de Lope; e) la reacción de la gente ante este acto
3. La relación entre el tema de «Pecado de omisión» y la perspectiva (el punto de vista) del narrador, entre *lo que pasa* y *cómo se presenta*

Gabriel García Márquez

Gabriel García Márquez (1928–   ), nacido en Aracataca, Colombia, es con toda probabilidad el prosista hispanoamericano contemporáneo de mayor proyección en el mundo. Lo demuestran la traducción de su obra maestra, la novela *Cien años de soledad* (1967), a más de veinticinco idiomas y el Premio Nóbel de Literatura que le fue otorgado en 1982. Tras malogrados intentos de formarse en derecho y después de una breve carrera de periodista en su país, García Márquez prefirió el exilio a la dictadura de Gustavo Rojas Pinilla. El autodestierro, que le llevó a residir primero en España y luego en México, antes de establecerse definitivamente en Colombia (1983), le ha proporcionado una nueva perspectiva sobre su país y Latinoamérica. Su carrera literaria principió en 1955 con la publicación de *La hojarasca*. Sus novelas reflejan la influencia de James Joyce, William Faulkner y Virginia Woolf, exhibiendo asimismo rasgos temáticos, ambientes, sucesos y personajes que el autor entretejería más tarde en *Cien años de soledad*. Esta obra, posiblemente la novela hispánica más popular e importante desde *Don Quijote*, traza simbólicamente la historia de Latinoamérica desde la Conquista. *El olor de la guayaba* (1982) es otra obra que resulta muy valiosa por revelar, mediante una serie de conversaciones, el carácter de García Márquez, su cosmovisión y su pensamiento respecto a la política, la literatura, los derechos humanos y la mujer.

La mujer que llegaba a las seis

La puerta oscilante se abrió. A esa hora no había nadie en el restaurante de José. Acababan de dar las seis y el hombre sabía que sólo a las seis y media empezarían a llegar los parroquianos[1] habituales. Tan conservadora y regular era su clientela, que no había acabado el
5   reloj de dar la sexta campanada cuando una mujer entró, como todos los días a esa hora, y se sentó sin decir nada en la alta silla giratoria. Traía un cigarrillo sin encender, apretado[2] entre los labios.

—Hola reina —dijo José cuando la vio sentarse. Luego caminó hacia el otro extremo del mostrador,[3] limpiando con un trapo[4] seco la
10 superficie vidriada. Siempre que entraba alguien al restaurante José hacía lo mismo. Hasta con la mujer con quien había llegado a adquirir un grado de casi intimidad, el gordo y rubicundo[5] mesonero[6] representaba su diaria comedia de hombre diligente. Habló desde el otro extremo del mostrador.

15 —¿Qué quieres hoy? —dijo.

—Primero que todo quiero enseñarte a ser caballero —dijo la mujer. Estaba sentada al final de la hilera[7] de sillas giratorias, de codos[8] en el mostrador, con el cigarrillo apagado en los labios. Cuando habló apretó la boca para que José advirtiera el cigarrillo sin encender.

[1] clientes
[2] *held tight*
[3] *counter*
[4] *rag*
[5] *with a ruddy complexion*
[6] dueño del restaurante
    (*innkeeper*)
[7] fila
[8] de... *with her elbows*

20   —No me había dado cuenta —dijo José.

—Todavía no te has dado cuenta de nada —dijo la mujer.

El hombre dejó el trapo en el mostrador, caminó hacia los armarios[9] oscuros y olorosos a alquitrán[10] y a madera polvorienta, y re-
gresó luego con las cerillas.[11] La mujer se inclinó para alcanzar la
25   lumbre que ardía entre las manos rústicas y velludas[12] del hombre.
José vio el abundante cabello de la mujer, empavonado[13] de vaselina
gruesa y barata. Vio su hombro descubierto, por encima del corpiño[14]
floreado. Vio el nacimiento del seno crepuscular, cuando la mujer levantó la cabeza, ya con la brasa[15] en los labios.

30   —Estás hermosa hoy, reina —dijo José.

—Déjate de tonterías —dijo la mujer—. No creas que eso me va a
servir para pagarte.

—No quise decir eso, reina —dijo José—. Apuesto[16] a que hoy te
hizo daño el almuerzo.

35   La mujer tragó la primera bocanada[17] de humo denso, se cruzó de
brazos, todavía con los codos apoyados en el mostrador, y se quedó
mirando hacia la calle, a través del amplio cristal del restaurante.
Tenía una expresión melancólica. De una melancolía hastiada[18] y
vulgar.

40   —Te voy a preparar un buen bistec —dijo José.

—Todavía no tengo plata[19] —dijo la mujer.

—Hace tres meses que no tienes plata y siempre te preparo algo
bueno —dijo José.

—Hoy es distinto —dijo la mujer, sombríamente, todavía mi-
45   rando hacia la calle.

—Todos los días son iguales —dijo José—. Todos los días el reloj
marca las seis, entonces entras y dices que tienes un hambre de perro
y entonces yo te preparo algo bueno. La única diferencia es ésa
que hoy no dices que tienes un hambre de perro, sino que el día es
50   distinto.

—Y es verdad —dijo la mujer. Se volvió a mirar al hombre que
estaba del otro lado del mostrador, registrando la nevera.[20] Estuvo
contemplándolo durante dos, tres, segundos. Luego miró el reloj,
arriba del armario. Eran las seis y tres minutos. «Es verdad, José.
55 Hoy es distinto», dijo. Expulsó el humo y siguió hablando con palabras cortas, apasionadas: «Hoy no vine a las seis, por eso es distinto,
José».

El hombre miró el reloj.

—Me corto el brazo si ese reloj se atrasa un minuto —dijo.

60   —No es eso, José. Es que hoy no vine a las seis —dijo la mujer—.
Vine un cuarto para las seis.

—Acaban de dar las seis, reina —dijo José—. Cuando tú entraste
acababan de darlas.

—Tengo un cuarto de hora de estar aquí —dijo la mujer.

65   José se dirigió hacia donde ella estaba. Acercó a la mujer su

⁹ *cupboards*
¹⁰ *pine tar*
¹¹ fósforos
¹² peludas, cubiertas de
    pelo fino
¹³ *smeared*
¹⁴ blusa corta y ajustada
¹⁵ cigarrillo encendido
¹⁶ (inf.: **apostar**) *I'll bet*
¹⁷ *puff*
¹⁸ aburrida
¹⁹ dinero
²⁰ refrigerador

enorme cara congestionada, mientras tiraba con el índice de uno de sus párpados.

—Sóplame[21] aquí —dijo.

La mujer echó la cabeza hacia atrás. Estaba seria, fastidiosa,[22] blanda; embellecida[23] por una nube de tristeza y cansancio.

—Déjate de tonterías, José. Tú sabes que hace más de seis meses que no bebo.

—Eso se lo vas a decir a otro —dijo—. A mí no. Te apuesto a que por lo menos se han tomado un litro entre dos.

—Me tomé dos tragos con un amigo —dijo la mujer.

—Ah; entonces ahora me explico —dijo José.

—Nada tienes que explicarte —dijo la mujer—. Tengo un cuarto de hora de estar aquí.

El hombre se encogió de hombros.[24]

—Bueno, si así lo quieres, tienes un cuarto de hora de estar aquí. Después de todo a nadie le importa nada diez minutos más o diez minutos menos.

—Sí importan, José —dijo la mujer. Y estiró[25] los brazos por encima del mostrador, sobre la superficie vidriada, con un aire de negligente abandono. Dijo: «Y no es que yo lo quiera: es que hace un cuarto de hora que estoy aquí». Volvió a mirar el reloj y rectificó:

—Qué digo: ya tengo veinte minutos.

—Está bien, reina —dijo el hombre—. Un día entero con su noche te regalaría yo para verte contenta.

Durante todo este tiempo José había estado moviéndose detrás del mostrador, removiendo objetos, quitando una cosa de un lugar para ponerla en otro. Estaba en su papel.

—Quiero verte contenta —repitió. Se detuvo bruscamente, volviéndose hacia donde estaba la mujer.

—¿Tú sabes que te quiero mucho? —dijo.

La mujer lo miró con frialdad.

—¿Siii...? ¡Qué descubrimiento, José! ¿Crees que me quedaría contigo por un millón de pesos?

—No he querido decir eso, reina —dijo José—. Vuelvo a apostar a que te hizo daño el almuerzo.

—No te lo digo por eso —dijo la mujer. Y su voz se volvió menos indolente—.[26] Es que ninguna mujer soportaría una carga como la tuya ni por un millón de pesos.

José se ruborizó. Le dio la espalda a la mujer y se puso a sacudir el polvo en las botellas del armario. Habló sin volver la cara.

—Estás insoportable hoy, reina. Creo que lo mejor es que te comas el bistec y te vayas a acostar.

—No tengo hambre —dijo la mujer. Se quedó mirando otra vez la calle, viendo los transeúntes turbios[27] de la ciudad atardecida. Durante un instante hubo un silencio turbio en el restaurante. Una quietud interrumpida apenas por el trasteo[28] de José en el armario.

21 *Blow on me*
22 molesta
23 *embellished*
24 se... *shrugged his shoulders*
25 *stretched*
26 indiferente
27 transeúntes... individuos opacos, indefinibles que pasan por la calle
28 *bustle*

De pronto la mujer dejó de mirar hacia la calle y habló con la voz apagada, tierna, diferente.

—¿Es verdad que me quieres, Pepillo?

115 —Es verdad —dijo José, en seco sin mirarla.

—¿A pesar de lo que te dije? —dijo la mujer.

—¿Qué me dijiste? —dijo José, todavía sin inflexiones en la voz, todavía sin mirarla.

—Lo del millón de pesos —dijo la mujer.

120 —Ya lo había olvidado —dijo José.

—Entonces, ¿me quieres? —dijo la mujer.

—Sí —dijo José.

Hubo una pausa. José siguió moviéndose con la cara revuelta hacia los armarios, todavía sin mirar a la mujer. Ella expulsó una 125 nueva bocanada de humo, apoyó[29] el busto contra el mostrador y luego, con cautela[30] y picardía,[31] mordiéndose la lengua antes de decirlo, como si hablara en puntillas:[32]

—¿Aunque no me acueste contigo? —dijo.

Y sólo entonces José volvió a mirarla:

130 —Te quiero tanto que no me acostaría contigo —dijo. Luego caminó hacia donde ella estaba. Se quedó mirándola de frente, los poderosos brazos apoyados en el mostrador, delante de ella, mirándola a los ojos. Dijo:

—Te quiero tanto que todas las tardes mataría al hombre que se 135 va contigo.

En el primer instante la mujer pareció perpleja. Después miró al hombre con atención, con una ondulante expresión de compasión y burla. Después guardó un breve silencio, desconcertada. Y después rió, estrepitosamente.[33]

140 —Estás celoso, José. ¡Qué rico, estás celoso!

José volvió a sonrojarse con una timidez franca, casi desvergonzada, como le habría ocurrido a un niño a quien le hubieran revelado de golpe todos los secretos. Dijo:

—Esta tarde no entiendes nada, reina.

145 Y se limpió el sudor con el trapo. Dijo:

—La mala vida te está embruteciendo.[34]

Pero ahora la mujer había cambiado de expresión. «Entonces no», dijo. Y volvió a mirarlo a los ojos, con un extraño esplendor en la mirada, a un tiempo acongojada[35] y desafiante.

150 —Entonces, no estás celoso.

—En cierto modo, sí —dijo José—. Pero no es como tú dices.

Se aflojó el cuello[36] y siguió limpiándose, secándose la garganta con el trapo.

—¿Entonces? —dijo la mujer.

155 —Lo que pasa es que te quiero tanto que no me gusta que hagas eso —dijo José.

—¿Qué? —dijo la mujer.

—Eso de irte con un hombre distinto todos los días —dijo José.

29 leaned
30 precaución
31 roguishness, mischievousness
32 en... slyly (lit., on tiptoe)
33 con mucho ruido
34 te... te está haciendo bruta, torpe
35 angustiada
36 Se... He loosened his collar

—¿Es verdad que lo matarías para que no se fuera conmigo?
160 —dijo la mujer.
    —Para que no se fuera, no —dijo José—. Lo mataría porque *se fue*
contigo.
    —Es lo mismo —dijo la mujer.
    La conversación había llegado a densidad excitante. La mujer
165 hablaba en voz baja, suave, fascinada. Tenía la cara casi pegada[37] al
rostro saludable y pacífico del hombre, que permanecía inmóvil,
como hechizado[38] por el vapor de las palabras.
    —Todo eso es verdad —dijo José.
    —Entonces —dijo la mujer, y extendió la mano para acariciar[39] el
170 áspero brazo del hombre. Con la otra mano arrojó[40] la colilla—.[41] Entonces, ¿tú eres capaz de matar a un hombre?
    —Por lo que te dije, sí —dijo José. Y su voz tomó una acentuación
casi dramática.
    La mujer se echó a reír convulsivamente, con una abierta inten-
175 ción de burla.
    —Qué horror, José. Qué horror —dijo, todavía riendo—. José ma-
tando a un hombre. ¡Quién hubiera dicho que detrás del señor gordo
y santurrón,[42] que nunca me cobra, que todos los días me prepara un
bistec y que se distrae hablando conmigo hasta cuando encuentro un
180 hombre, hay un asesino! ¡Qué horror, José! ¡Me das miedo!
    José estaba confundido. Tal vez sintió un poco de indignación. Tal
vez, cuando la mujer se echó a reír, se sintió defraudado.
    —Estás borracha, tonta —dijo—. Vete a dormir. Ni siquiera ten-
drás ganas de comer nada.
185   Pero la mujer, ahora había dejado de reír y estaba otra vez seria,
pensativa, apoyada en el mostrador. Vio alejarse al hombre. Lo vio
abrir la nevera y cerrarla otra vez, sin extraer nada de ella. Lo vio moverse después hacia el extremo opuesto del mostrador. Lo vio frotar[43]
el vidrio reluciente, como al principio. Entonces la mujer habló de
190 nuevo, con el tono enternecedor y suave de cuando dijo: ¿Es verdad
que me quieres, Pepillo?
    —José —dijo.
    El hombre no la miró.
    —¡José!
195   —Vete a dormir —dijo José—. Y métete un baño antes de acostarte para que se te serene la borrachera.
    —En serio, José —dijo la mujer—. No estoy borracha.
    —Entonces te has vuelto bruta —dijo José.
    —Ven acá, tengo que hablar contigo —dijo la mujer.
200   El hombre se acercó tambaleando[44] entre la complacencia y la
desconfianza.
    —¡Acércate!
    El hombre volvió a pararse frente a la mujer. Ella se inclinó hacia
adelante, lo asió[45] fuertemente por el cabello, pero con un gesto de
205 evidente ternura.

37 *stuck (against)*
38 *bewitched*
39 *stroke, caress*
40 tiró, echó
41 lo que queda del
   cigarrillo
42 hipócrita
43 *rub*
44 vacilando
45 *grabbed*

—Repíteme lo que me dijiste al principio —dijo.

—¿Qué? —dijo José. Trataba de mirarla con la cabeza agachada,[46] asido por el cabello.

210 —Que matarías a un hombre que se acostara conmigo —dijo la mujer.

—Mataría a un hombre que se hubiera acostado contigo, reina. Es verdad —dijo José.

La mujer lo soltó.[47]

—¿Entonces me defenderías si yo lo matara? —dijo, afirmativa-
215 mente, empujando con un movimiento de brutal coquetería la enorme cabeza de cerdo[48] de José. El hombre no respondió nada; sonrió.

—Contéstame, José —dijo la mujer—. ¿Me defenderías si yo lo matara?

—Eso depende —dijo José—. Tú sabes que eso no es tan fácil
220 como decirlo.

—A nadie le cree más la policía que a tí —dijo la mujer.

José sonrió, digno, satisfecho. La mujer se inclinó de nuevo hacia él, por encima del mostrador.

—Es verdad, José. Me atrevería a apostar que nunca has dicho
225 una mentira —dijo.

—No se saca nada con eso —dijo José.

—Por lo mismo —dijo la mujer—. La policía lo sabe y te cree cualquier cosa sin preguntártelo dos veces.

José se puso a dar golpecitos en el mostrador, frente a ella, sin
230 saber qué decir. La mujer miró nuevamente hacia la calle. Miró luego el reloj y modificó el tono de su voz, como si tuviera interés en concluir el diálogo antes de que llegaran los primeros parroquianos.

—¿Por mí dirías una mentira, José? —dijo—. En serio.

Y entonces José se volvió a mirarla, bruscamente, a fondo, como
235 si una idea tremenda se le hubiera agolpado dentro de la cabeza. Una idea que entró por un oído, giró por un momento, vaga, confusa, y salió luego por el otro, dejando apenas un cálido vestigio de pavor.

—¿En qué lío te has metido reina? —dijo José. Se inclinó hacia adelante, los brazos otra vez cruzados sobre el mostrador. La mujer
240 sintió el vaho[49] fuerte y un poco amoniacal[50] de su respiración, que se hacía difícil por la presión que ejercía el mostrador contra el estómago del hombre.

—Esto sí es en serio, reina. ¿En qué lío[51] te has metido? —dijo.

La mujer hizo girar la cabeza hacia el otro lado.

245 —En nada —dijo—. Sólo estaba hablando por entretenerme.

Luego volvió a mirarlo.

—¿Sabes que quizás no tengas que matar a nadie?

—Nunca he pensado matar a nadie —dijo José desconcertado.

—No, hombre —dijo la mujer—. Digo que a nadie que se acueste
250 conmigo.

—¡Ah! —dijo José—. Ahora sí que estás hablando claro. Siempre he creído que no tienes necesidad de andar en esa vida. Te apuesto a

46 *bent down*
47 lo... *let go of him*
48 (fig.) *puerco*
49 *aliento*
50 *con olor a amoníaco*
51 *mess*

que si te dejas de eso te doy el bistec más grande todos los días, sin cobrarte nada.

255   —Gracias, José —dijo la mujer—. Pero no es por eso. Es que *ya no podré* acostarme con nadie.

     —Ya vuelves a enredar[52] las cosas —dijo José. Empezaba a parecer impaciente.

     —No enredo nada —dijo la mujer. Se estiró en el asiento y José
260 vio sus senos aplanados[53] y tristes debajo del corpiño.

     —Mañana me voy y te prometo que no volveré a molestarte nunca. Te prometo que no volveré a acostarme con nadie.

     —¿Y de dónde te salió esa fiebre? —dijo José.

     —Lo resolví hace un rato —dijo la mujer—. Sólo hace un mo-
265 mento me di cuenta de que eso es una porquería.[54]

     José agarró otra vez el trapo y se puso a frotar el vidrio, cerca de ella. Habló sin mirarla. Dijo:

     —Claro que como tú lo haces es una porquería. Hace tiempo que debiste darte cuenta.

270   —Hace tiempo me estaba dando cuenta —dijo la mujer—. Pero sólo hace un rato acabé de convencerme. Les tengo asco a[55] los hombres.

     José sonrió. Levantó la cabeza para mirar, todavía sonriendo, pero la vio concentrada, perpleja, hablando, y con los hombros levan-
275 tados; balanceándose en la silla giratoria, con una expresión taciturna, el rostro dorado por una prematura harina[56] otoñal.

     —¿No te parece que deben dejar tranquila a una mujer que mate a un hombre porque después de haber estado con él siente asco de ese y de todos los que han estado con ella?

280   —No hay para qué ir tan lejos —dijo José, conmovido, con un hilo de lástima en la voz.

     —¿Y si la mujer le dice al hombre que le tiene asco cuando lo ve vistiéndose, porque se acuerda de que ha estado revolcándose[57] con él toda la tarde y siente que ni el jabón ni el estropajo[58] podrán quitarle
285 su olor?

     —Eso pasa, reina —dijo José, ahora un poco indiferente, frotando el mostrador—. No hay necesidad de matarlo. Simplemente dejarlo que se vaya.

     Pero la mujer seguía hablando y su voz era una corriente uni-
290 forme, suelta, apasionada.

     —¿Y si cuando la mujer le dice que le tiene asco, el hombre deja de vestirse y corre otra vez para donde ella, a besarla otra vez, a... ?

     —Eso no lo hace ningún hombre decente —dijo José.

     —¿Pero, y si lo hace? —dijo la mujer, con exasperante ansiedad—.
295 ¿Si el hombre no es decente y lo hace y entonces la mujer siente que le tiene tanto asco que se puede morir, y sabe que la única manera de acabar con todo eso es dándole una cuchillada por debajo?

     —Esto es una barbaridad —dijo José—. Por fortuna no hay hombre que haga lo que tú dices.

[52] complicar
[53] *flat*
[54] una... *disgusting thing*
[55] Les... Me repugnan
[56] *dust, powder*
[57] *rolling around*
[58] *scrub cloth*

300   —Bueno —dijo la mujer, ahora completamente exasperada—. ¿Y si lo hace? Suponte que lo hace.

        —De todos modos no es para tanto —dijo José. Seguía limpiando el mostrador, sin cambiar de lugar, ahora menos atento a la conversación.

305   La mujer golpeó el vidrio con los nudillos.[59] Se volvió afirmativa, enfática.

        —Eres un salvaje, José —dijo—. No entiendes nada. —Lo agarró con fuerza por la manga.[60] —Anda, di que sí debía matarlo la mujer.

        —Está bien —dijo José, con un sesgo[61] conciliatorio—. Todo será
310   como tú dices.

        —¿Eso no es defensa propia? —dijo la mujer, sacudiéndole por la manga.

        José le echó entonces una mirada tibia y complaciente. «Casi, casi», dijo. Y le guiñó un ojo,[62] en un gesto que era al mismo tiempo
315   una comprensión cordial y un pavoroso[63] compromiso de complicidad. Pero la mujer siguió seria; lo soltó.

        —¿Echarías una mentira para defender a una mujer que haga eso? —dijo.

        —Depende —dijo José.
320   —¿Depende de qué? —dijo la mujer.

        —Depende de la mujer —dijo José.

        —Suponte que es una mujer que quieres mucho —dijo la mujer—. No para estar con ella, ¿sabes?, sino como tú dices que la quieres mucho.

325   —Bueno, como tú quieras, reina —dijo José, laxo,[64] fastidiado.

        Otra vez se alejó. Había mirado el reloj. Había visto que iban a ser las seis y media. Había pensado que dentro de unos minutos el restaurante empezaría a llenarse de gente y tal vez por eso se puso a frotar el vidrio con mayor fuerza, mirando hacia la calle a través del
330   cristal de la ventana. La mujer permanecía en la silla, silenciosa, concentrada, mirando con un aire de declinante tristeza los movimientos del hombre. Viéndolo, como podría ver un hombre una lámpara que ha empezado a apagarse. De pronto, sin reaccionar, habló de nuevo, con la voz untuosa de mansedumbre.[65]

335   —¡José!

        El hombre la miró con una ternura densa y triste, como un buey maternal. No la miró para escucharla, apenas para verla, para saber que estaba ahí, esperando una mirada que no tenía por qué ser de protección o de solidaridad. Apenas una mirada de juguete.

340   —Te dije que mañana me voy y no me has dicho nada —dijo la mujer.

        —Sí —dijo José—. Lo que no me has dicho es para donde.

        —Por ahí —dijo la mujer—. Para donde no haya hombres que quieran acostarse con una.

345   José volvió a sonreír.

[59] *knuckles*
[60] *sleeve*
[61] tono, actitud
[62] le... *he winked at her*
[63] aterrador, espantoso
[64] vago, indeterminado
[65] untuosa... con una sumisión hipócrita

—¿En serio te vas? —preguntó, como dándose cuenta de la vida, modificando repentinamente[66] la expresión del rostro.

—Eso depende de ti —dijo la mujer—. Si sabes decir a qué hora vine, mañana me iré y nunca más me pondré en estas cosas. ¿Te
350 gusta eso?

José hizo un gesto afirmativo con la cabeza, sonriente y concreto. La mujer se inclinó hacia donde él estaba.

—Si algún día vuelvo por aquí, me pondré celosa cuando encuentre otra mujer hablando contigo, a esta hora y en esa misma
355 silla.

—Si vuelves por aquí debes traerme algo —dijo José.

—Te prometo buscar por todas partes el osito de cuerda,[67] para traértelo —dijo la mujer.

José sonrió y pasó el trapo por el aire que se interponía entre él y
360 la mujer, como si estuviera limpiando un cristal invisible. La mujer también sonrió, ahora con un gesto de cordialidad y coquetería. Luego el hombre se alejó, frotando el vidrio hacia el otro extremo del mostrador.

—¿Qué? —dijo José, sin mirarla.

365 —¿Verdad que a cualquiera que te pregunte a qué hora vine le dirás que a un cuarto para las seis? —dijo la mujer.

—¿Para qué? —dijo José, todavía sin mirarla y ahora como si apenas la hubiera oído.

—Eso no importa —dijo la mujer—. La cosa es que lo hagas.

370 José vio entonces al primer parroquiano que penetró por la puerta oscilante y caminó hasta una mesa del rincón. Miró el reloj. Eran las seis y media en punto.

—Está bien, reina —dijo distraídamente—. Como tú quieras. Siempre hago las cosas como tú quieras.

375 —Bueno —dijo la mujer—. Entonces, prepárame el bistec.

El hombre se dirigió a la nevera, sacó un plato con carne y lo dejó en la mesa. Luego encendió la estufa.[68]

—Te voy a preparar un buen bistec de despedida, reina —dijo.

—Gracias, Pepillo —dijo la mujer.

380 Se quedó pensativa como si de repente se hubiera sumergido en un submundo extraño, poblado de formas turbias, desconocidas. No se oyó, del otro lado del mostrador, el ruido que hizo la carne fresca al caer en la manteca[69] hirviente.[70] No oyó, después, la crepitación[71] seca y burbujeante[72] cuando José dio vuelta al lomillo[73] en el caldero[74] y el
385 olor suculento de la carne sazonada fue saturando, a espacios medidos, el aire del restaurante. Se quedó así, concentrada, reconcentrada, hasta cuando volvió a levantar la cabeza, pestañeando,[75] como si regresara de una muerte momentánea. Entonces vio al hombre que estaba junto a la estufa, iluminado por el alegre fuego ascendente.

390 —Pepillo.

—Ah.

[66] súbitamente
[67] *wind-up bear*
[68] *stove*
[69] grasa
[70] *boiling*
[71] *crackling, sizzling*
[72] *bubbling*
[73] *loin*
[74] *pot*
[75] *blinking*

—¿En qué piensas? —dijo la mujer.

—Estaba pensando si podrás encontrar en alguna parte el osito de cuerda —dijo José.

395 —Claro que sí —dijo la mujer. Pero lo que quiero que me digas es si me darás todo lo que te pidiera de despedida.

José la miró desde la estufa.

—¿Hasta cuándo te lo voy a decir? —dijo—. ¿Quieres algo más que el mejor bistec?

400 —Sí —dijo la mujer.

—¿Qué? —dijo José.

—Quiero otro cuarto de hora.

José echó el cuerpo hacia atrás, para mirar el reloj. Miró luego al parroquiano que seguía silencioso, aguardando en el rincón, y final-
405 mente a la carne, dorada en el caldero. Sólo entonces habló.

—En serio que no entiendo, reina —dijo.

—No seas tonto, José —dijo la mujer—. Acuérdate que estoy aquí desde las cinco y media.

Cuestionario

1. ¿A qué hora entra la mujer en el restaurante?
2. ¿Quién está allí? ¿Qué está haciendo?
3. ¿Qué tipo de mujer es la que entra en el restaurante?
4. Según el hombre, ¿cuál es la rutina diaria de la mujer?
5. Según la mujer, ¿por qué es distinto aquel día?
6. ¿Cuál es el favor que le pide la mujer al hombre? ¿Cómo reacciona éste?
7. ¿Por qué tendrá la mujer planes para marcharse al día siguiente?
8. En la parte final, la mujer le pide al hombre otro favor. ¿Qué es lo que le pide?

Identificaciones

1. Pepillo
2. las seis de la tarde
3. «reina»
4. el osito de cuerda
5. «algo más que el mejor bistec»

Temas

1. La importancia del tiempo en «La mujer que llegaba a las seis»
2. La caracterización de los personajes en el cuento
3. Las estratagemas de la mujer
4. Los «misterios» del cuento
5. Una interpretación de la parte final del cuento

Elena Poniatowska

Elena Poniatowska (1933–   ), nacida en París, Francia, está considerada entre los mejores escritores de México. Se inició como periodista a los veinte años, destacándose en el género de la entrevista—modalidad que en su obra adquiere la forma del ensayo creativo, con la autora desempeñando el múltiple rol de persona narrativa, dramática y poética. Por su papel de innovadora, Poniatowska recibió en 1978 el Premio Nacional de Periodismo, siendo la primera mujer en obtener tan alta distinción en ese campo. Sus escritos abarcan varios géneros—el ensayo, la crónica, el cuento y la novela, manifestando un interés vitalicio por los problemas de México y poniendo de relieve su compromiso social y político. La figura central o dominante en sus escritos es sin duda la nueva mujer mexicana que pone en tela de juicio, implícita o explícitamente, el tradicionalismo machista. Esto es lo que se percibe en *Los cuentos de Lilus Kinkus* (1950), en donde la protagonista es una niña solitaria, de formación semejante a la de la propia autora, que medita sobre sus expectativas de mujer católica. De gran éxito han sido la novela *Hasta no verte, Jesús mío* (1969), obra novedosa de tipo autobiográfico escrita en colaboración con la heroína, y *La noche de Tlatelolco* (1971). Este libro, parte reportaje, parte ficción, describe la masacre estudiantil perpetrada en la Ciudad de México por las autoridades militares el dos de octubre de 1968 y se ha convertido en uno de los clásicos de ese movimiento.

El recado

Vine Martín, y no estás. Me he sentado en el peldaño[1] de tu casa, recargada[2] en tu puerta y pienso que en algún lugar de la ciudad, por una onda que cruza el aire, debes intuir que aquí estoy. Es este tu pedacito de jardín; tu mimosa se inclina hacia afuera y los niños al
5 pasar le arrancan[3] las ramas más accesibles... En la tierra, sembradas alrededor del muro, muy rectilíneas y serias veo unas flores que tienen hojas como espadas. Son azul marino, parecen soldados. Son muy graves, muy honestas. Tú también eres un soldado. Marchas por la vida, uno, dos, uno, dos... Todo tu jardín es sólido, es como tú, tiene
10 una reciedumbre[4] que inspira confianza.

Aquí estoy contra el muro de tu casa, así como estoy a veces contra el muro de tu espalda. El sol da también contra el vidrio de tus ventanas y poco a poco se debilita porque ya es tarde. El cielo enrojecido ha calentado tu madreselva[5] y su olor se vuelve aún más penetrante. Es el atardecer. El día va a decaer. Tu vecina pasa. No sé si me
15 habrá visto. Va a regar su pedazo de jardín. Recuerdo que ella te trae una sopa de pasta cuando estás enfermo y que su hija te pone inyecciones... Pienso en ti muy despacito, como si te dibujara dentro de mí

[1] *step (of stairway)*
[2] *dumped*
[3] quitan con fuerza
[4] vigor
[5] *honeysuckle*

y quedaras allí grabado. Quisiera tener la certeza de que te voy a ver
20 mañana y pasado mañana y siempre en una cadena ininterrumpida
de días; que podré mirarte lentamente aunque ya me sé cada rincon-
cito de tu rostro; que nada entre nosotros ha sido provisional o un
accidente.

Estoy inclinada ante una hoja de papel y te escribo todo esto y
25 pienso que ahora, en alguna cuadra donde camines apresurado, decidido como sueles hacerlo, en alguna de esas calles por donde te imagino siempre: Donceles y Cinco de Febrero o Venustiano Carranza, en
alguna de esas banquetas[6] grises y monocordes rotas sólo por el remolino de gente[7] que va a tomar el camión, has de saber dentro de ti
30 que te espero. Vine nada más a decirte que te quiero y como no estás
te lo escribo. Ya casi no puedo escribir porque ya se fue el sol y no sé
bien a bien lo que te pongo. Afuera pasan más niños, corriendo. Y una
señora con una olla advierte irritada: «No me sacudas[8] la mano porque voy a tirar la leche... » Y dejo este lápiz, Martín, y dejo la hoja
35 rayada y dejo que mis brazos cuelguen inútilmente a lo largo de mi
cuerpo y te espero. Pienso que te hubiera querido abrazar. A veces
quisiera ser más vieja porque la juventud lleva en sí, la imperiosa, la
implacable necesidad de relacionarlo todo al amor.

Ladra un perro; ladra agresivamente. Creo que es hora de irme.
40 Dentro de poco vendrá la vecina a prender la luz de tu casa; ella tiene
llave y encenderá el foco[9] de la recámara[10] que da hacia afuera porque en esta colonia[11] asaltan mucho, roban mucho. A los pobres les
roban mucho; los pobres se roban entre sí... Sabes, desde mi infancia
me he sentado así a esperar, siempre fui dócil, porque te esperaba. Te
45 esperaba a ti. Sé que todas las mujeres aguardan. Aguardan la vida
futura, todas esas imágenes forjadas en la soledad, todo ese bosque
que camina hacia ellas; toda esa inmensa promesa que es el hombre;
una granada[12] que de pronto se abre y muestra sus granos rojos, lustrosos; una granada como una boca pulposa de mil gajos.[13] Más tarde
50 esas horas vividas en la imaginación, hechas horas reales, tendran
que cobrar peso y tamaño y crudeza. Todos estamos —oh mi amor—
tan llenos de retratos interiores, tan llenos de paisajes no vividos.

Ha caído la noche y ya casi no veo lo que estoy borroneando[14] en
la hoja rayada. Ya no percibo las letras. Allí donde no le entiendas en
55 los espacios blancos, en los huecos, pon: «Te quiero»... No sé si voy a
echar esta hoja debajo de la puerta, no sé. Me has dado un tal respeto
de ti mismo... Quizá ahora que me vaya, sólo pase a pedirle a la
vecina que te dé el recado; que te diga que vine.

[6] aceras (*sidewalks*)
[7] remolino...
muchedumbre
[8] muevas
[9] bombilla de la luz
eléctrica
[10] dormitorio
[11] barrio, vecindad
[12] *pomegranate*
[13] partes
[14] haciendo borrones (*ink blots*) mientras escribe

Cuestionario

1. ¿Cuál es la forma narrativa de este cuento?
2. ¿Quién habla? ¿A quién se dirige?
3. ¿Qué significación tiene el título del cuento?
4. ¿Cuál es el desenlace del cuento?

Identificaciones

1. Martín
2. «A veces quisiera ser más vieja»
3. la vecina

Temas

1. La perspectiva (o punto de vista) de la narradora
2. La presentación indirecta de una situación amorosa
3. El cuento como progresión: ¿Se puede ver en el personaje un cambio de actitud en la parte final?

Miguel de Unamuno

Miguel de Unamuno (1864–1936) nació en Bilbao, ciudad industrial del País Vasco de España. Fue profesor de griego y rector de la Universidad de Salamanca. Se asocia con el grupo de escritores llamado la Generación del 98, todos preocupados por el futuro de España ante el mundo moderno. Hombre de fuertes contradicciones, obsesionado por la muerte y por la inmortalidad, Unamuno cultivó todos los géneros literarios: la novela, el cuento, el drama, la poesía, el ensayo. Entre las novelas unamunianas figuran *Paz en la guerra* (1897), *Amor y pedagogía* (1902), *Niebla* (1914), *Abel Sánchez* (1917), una versión contemporánea del mito bíblico de Caín y Abel, y *San Manuel Bueno, mártir* (1931). Se ve en *San Manuel Bueno, mártir* una alusión a las varias crisis religiosas de Unamuno mismo y a los misterios del porvenir, tema tratado también en la obra filosófica, *Del sentimiento trágico de la vida* (1912).

San Manuel Bueno, mártir

Si sólo en esta vida esperamos en Cristo, somos los más miserables de los hombres todos. (San Pablo. I, *Corintios*, XV, 19)

Ahora que el obispo de la diócesis de Renada,[a] a la que pertenece esta mi querida aldea de Valverde de Lucerna,[b] anda, a lo que se dice,
5 promoviendo el proceso para la beatificación[c] de nuestro Don Ma-

---

[a] El nombre ficticio de la ciudad tiene cierto valor simbólico, pues hace pensar en las palabras 1) *renada*, forma arcaica de **renacida**, del verbo **renacer**, y 2) **re-nada**, la intensificación de la nada. Se puede relacionar este doble sentido semántico con la problemática expuesta por la novela misma a través del «secreto» de Don Manuel.
[b] El nombre del pueblo alude a una aldea legendaria (Villaverde de Lucerna) sumergida en el lago de San Martín de Castañeda, en la provincia de Zamora.
[c] parte del proceso eclesiástico de reconocer como santo a alguien

nuel, o mejor San Manuel Bueno, que fue en ésta párroco,[1] quiero dejar aquí consignado,[2] a modo de confesión y sólo Dios sabe, que no yo, con qué destino, todo lo que sé y recuerdo de aquel varón matriarcal que llenó toda la más entrañada[3] vida de mi alma, que fue mi ver-
10 dadero padre espiritual, el padre de mi espíritu, del mío, el de Angela Carballino.

Al otro, a mi padre carnal y temporal, apenas si le conocí, pues se me murió siendo yo muy niña. Sé que había llegado de forastero a nuestra Valverde de Lucerna, que aquí arraigó[4] al casarse aquí con
15 mi madre. Trajo consigo unos cuantos libros, el *Quijote*, obras de teatro clásico, algunas novelas, historias, el *Bertoldo*,[d] todo revuelto, y de esos libros, los únicos casi que había en toda la aldea, devoré yo ensueños[5] siendo niña. Mi buena madre apenas si me contaba hechos o dichos de mi padre. Los de Don Manuel, a quien, como todo el pueblo,
20 adoraba, de quien estaba enamorada—claro que castísimamente—,[6] le habían borrado el recuerdo de los de su marido. A quien encomendaba a Dios, y fervorosamente, cada día al rezar el rosario.

De nuestro Don Manuel me acuerdo como si fuese de cosa de ayer, siendo yo niña, a mis diez años, antes de que me llevaran al Colegio
25 de Religiosas de la ciudad catedralicia[7] de Renada. Tendría él, nuestro santo, entonces unos treinta y siete años. Era alto, delgado, erguido,[8] llevaba la cabeza como nuestra Peña[9] del Buitre[10] lleva su cresta, y había en sus ojos toda la hondura azul de nuestro lago. Se llevaba las miradas de todos y tras ellas, los corazones, y él, al mirar-
30 nos, parecía, traspasando la carne como un cristal, mirarnos al corazón. Todos le queríamos, pero sobre todo los niños. ¡Qué cosas nos decía! Eran cosas, no palabras. Empezaba el pueblo a olerle la santidad; se sentía lleno y embriagado[11] de su aroma.

Entonces fue cuando mi hermano Lázaro, que estaba en América,
35 de donde nos mandaba regularmente dinero con que vivíamos en decorosa holgura,[12] hizo que mi madre me mandase al Colegio de Religiosas, a que se completara fuera de la aldea mi educación, y esto aunque a él, a Lázaro, no le hiciesen mucha gracia las monjas. «Pero como ahí —nos escribía— no hay hasta ahora, que yo sepa, colegios
40 laicos[13] y progresivos, y menos para señoritas, hay que atenerse a lo que haya. Lo importante es que Angelita se pula[14] y que no siga entre esas zafias[15] aldeanas». Y entré en el colegio, pensando en un principio hacerme en él maestra, pero luego se me atragantó[16] la pedagogía.

En el colegio conocí a niñas de la ciudad e intimé con algunas de
45 ellas. Pero seguía atenta a las cosas y a la gente de nuestra aldea, de la que recibía frecuentes noticias y tal vez alguna visita. Y hasta al colegio llegaba la fama de nuestro párroco, de quien empezaba a hablarse en la ciudad episcopal. Las monjas no hacían sino interrogarme respecto a él.

[1] *parish priest*
[2] puesto por escrito
[3] íntima
[4] se estableció
[5] ilusiones
[6] de manera virtuosa
[7] forma adjetival de *catedral*
[8] recto
[9] monte
[10] *vulture*
[11] *intoxicated*
[12] bienestar
[13] sin base religiosa
[14] se quite la rusticidad
[15] incultas
[16] se... me atrajo cada vez menos

---

[d]colección de cuentos del italiano Giulio Cesare Croce (1550–1609), muy popular en España

50   Desde muy niña alimenté, no sé bien cómo, curiosidades, preocupaciones e inquietudes, debidas, en parte al menos, a aquel revoltijo[17] de libros de mi padre, y todo ello se me medró[18] en el colegio, en el trato, sobre todo, con una compañera que se me aficionó desmedidamente y que unas veces me proponía que entrásemos juntas a la vez
55   en un mismo convento, jurándonos, y hasta firmando el juramento con nuestra sangre, hermandad perpetua, y otras veces me hablaba, con los ojos semicerrados, de novios y de aventuras matrimoniales. Por cierto que no he vuelto a saber de ella ni de su suerte. Y eso que cuando se hablaba de nuestro Don Manuel, o cuando mi madre me
60   decía algo de él en sus cartas—y era en casi todas—, que yo leía a mi amiga, ésta exclamaba como en arrobo:[19] «¡Qué suerte, chica, la de poder vivir cerca de un santo así, de un santo vivo, de carne y hueso, y poder besarle la mano! Cuando vuelvas a tu pueblo escríbeme mucho, mucho y cuéntame de él».

65   Pasé en el colegio unos cinco años, que ahora se me pierden como un sueño de madrugada[20] en la lejanía del recuerdo, y a los quince volví a mi Valverde de Lucerna. Ya toda ella era Don Manuel; Don Manuel con el lago y con la montaña. Llegué ansiosa de conocerle, de ponerme bajo su protección, de que él me marcara el sendero[21] de
70   mi vida.

        Decíase que había entrado en el Seminario para hacerse cura, con el fin de atender a los hijos de una su hermana recién viuda, de servirles de padre; que en el Seminario se había distinguido por su agudeza mental y su talento y que había rechazado ofertas de bri-
75   llante carrera eclesiástica porque él no quería ser sino de su Valverde de Lucerna, de su aldea prendida como un broche entre el lago y la montaña que se mira en él.

        ¡Y cómo quería a los suyos! Su vida era arreglar matrimonios desavenidos,[22] reducir a[23] sus padres hijos indómitos[24] o reducir los
80   padres a sus hijos, y, sobre todo, consolar a los amargados y atediados[25] y ayudar a todos a bien morir.

        Me acuerdo, entre otras cosas, de que al volver de la ciudad la desgraciada hija de la tía Rabona, que se había perdido y volvió, soltera y desahuciada,[26] trayendo un hijito consigo, Don Manuel no paró
85   hasta que hizo que se casase con ella su antiguo novio Perote y reconociese como suya a la criaturita, diciéndole:

        —Mira, da padre a este pobre crío que no le tiene más que en el cielo.

        —¡Pero, Don Manuel, si no es mía la culpa...!
90   —¡Quién lo sabe, hijo, quién lo sabe...!, y sobre todo, no se trata de culpa.

        Y hoy el pobre Perote, inválido, paralítico, tiene como báculo[27] y consuelo de su vida al hijo aquel que, contagiado por la santidad de Don Manuel, reconoció por suyo no siéndolo.

95   En la noche de San Juan, la más breve del año, solían y suelen acudir a nuestro lago todas las pobres mujerucas, y no pocos hombrecillos, que se creen poseídos, endemoniados, y que parece no son sino

[17] mezcla, desorden
[18] se aumentó
[19] éxtasis
[20] primeras horas de la mañana
[21] camino
[22] disconformes
[23] reconciliar con
[24] indomables
[25] aburridos
[26] sin esperanza
[27] bastón; (fig.) ayuda

histéricos y a las veces epilépticos, y Don Manuel emprendió la tarea de hacer él de lago, de piscina probática,[28] y de tratar de aliviarles y si
100 era posible de curarles. Y era tal la acción de su presencia, de sus miradas, y tal sobre todo la dulcísima autoridad de sus palabras y sobre todo de su voz—¡qué milagro de voz!—, que consiguió curaciones sorprendentes. Con lo que creció su fama, que atraía a nuestro lago y a él a todos los enfermos del contorno. Y alguna vez llegó una madre
105 pidiéndole que hiciese un milagro en su hijo, a lo que contestó sonriendo tristemente:

—No tengo licencia del señor obispo para hacer milagros.

Le preocupaba, sobre todo, que anduviesen todos limpios. Si alguno llevaba un roto en su vestidura, le decía: «Anda a ver al sacris-
110 tán, y que te remiende eso». El sacristán era sastre. Y cuando el día primero de año iban a felicitarle por ser el de su santo—su santo patrono era el mismo Jesús Nuestro Señor—, quería Don Manuel que todos se le presentasen con camisa nueva, y al que no la tenía se la regalaba él mismo.

115 Por todos mostraba el mismo afecto, y si a algunos distinguía más con él era a los más desgraciados y a los que aparecían como más díscolos.[29] Y como hubiera en el pueblo un pobre idiota de nacimiento, Blasillo el bobo, a éste es a quien más acariciaba y hasta llegó a enseñarle cosas que parecía milagro que las hubiese podido apren-
120 der. Y es que el pequeño rescoldo[30] de inteligencia que aún quedaba en el bobo se le encendía en imitar, como un pobre mono, a su Don Manuel.

Su maravilla era la voz, una voz divina que hacía llorar. Cuando al oficiar en misa mayor o solemne entonaba el prefacio, estreme-
125 cíase[31] la iglesia y todos los que le oían sentíanse conmovidos en sus entrañas. Su canto, saliendo del templo, iba a quedarse dormido sobre el lago y al pie de la montaña. Y cuando en el sermón de Viernes Santo clamaba aquello de: «¡Dios mío, Dios mío!, ¿por qué me has abandonado?»[c] pasaba por el pueblo todo un temblor hondo como
130 por sobre las aguas del lago en días de cierzo de hostigo.[32] Y era como si oyesen a Nuestro Señor Jesucristo mismo, como si la voz brotara de aquel viejo crucifijo a cuyos pies tantas generaciones de madres habían depositado sus congojas. Como que una vez, al oírlo su madre, la de Don Manuel, no pudo contenerse, y desde el suelo del templo, en
135 que se sentaba, gritó: «¡Hijo mío!» Y fue un chaparrón[33] de lágrimas entre todos. Creeríase que el grito maternal había brotado de la boca entreabierta de aquella Dolorosa[f]—el corazón traspasado por siete espadas—que había en una de las capillas del templo. Luego Blasillo el tonto iba repitiendo en tono patético por las callejas, y como un eco
140 el «¡Dios mío, Dios mío!, ¿por qué me has abandonado?», y de tal

[28] piscina donde se lavan los enfermos
[29] rebeldes
[30] *embers*
[31] se estremecía, temblaba
[32] cierzo... viento del norte
[33] lluvia breve que cae en grandes cantidades

[c] palabras de Jesucristo antes de morir en la cruz (San Mateo 27:46)
[f] imagen de la Virgen María representada con siete espadas que simbolizan los siete dolores que sufrió por su hijo Jesucristo

manera que al oírselo se les saltaban a todos las lágrimas, con gran regocijo[34] del bobo por su triunfo imitativo.

Su acción sobre las gentes era tal, que nadie se atrevía a mentir ante él, y todos, sin tener que ir al confesonario, se le confesaban. A
145 tal punto que como hubiese una vez ocurrido un repugnante crimen en una aldea próxima, el juez, un insensato que conocía mal a Don Manuel, le llamó y le dijo:

—A ver si usted, Don Manuel, consigue que este bandido declare la verdad.

150 —¿Para que luego pueda castigársele? —replicó el santo varón—. No, señor juez, no; yo no saco a nadie una verdad que le lleve acaso a la muerte. Allá entre él y Dios... La justicia humana no me concierne. «No juzguéis para no ser juzgados»,[g] dijo Nuestro Señor...

—Pero es que yo señor cura...

155 —Comprendido; dé usted, señor juez, al César lo que es del César, que yo daré a Dios lo que es de Dios.[h]

Y al salir, mirando fijamente al presunto reo,[35] le dijo:

—Mira bien si Dios te ha perdonado, que es lo único que importa.

En el pueblo todos acudían a misa, aunque sólo fuese por oírle y
160 por verle en el altar, donde parecía transfigurarse, encendiéndosele el rostro. Había un santo ejercicio que introdujo en el culto popular y es que, reuniendo en el templo a todo el pueblo, hombres y mujeres, viejos y niños, unas mil personas, recitábamos al unísono, en una sola voz, el Credo: «Creo en Dios Padre Todopoderoso, Creador del Cielo y
165 de la Tierra...» y lo que sigue. Y no era un coro, sino una sola voz, una voz simple y unida, fundidas todas en una y haciendo como una montaña, cuya cumbre, perdida a las veces en nubes, era Don Manuel. Y al llegar a lo de «creo en la resurrección de la carne y la vida perdurable»,[36] la voz de Don Manuel se zambullía,[37] como en un lago, en la
170 del pueblo todo, y era que él se callaba. Y yo oía las campanadas de la villa que se dice aquí está sumergida en el lecho del lago—campanadas que se dice también se oyen la noche de San Juan—y eran las de la villa sumergida en el lago espiritual de nuestro pueblo; oía la voz de nuestros muertos que en nosotros resucitaban en la comunión
175 de los santos. Después, al llegar a conocer el secreto de nuestro santo, he comprendido que era como si una caravana en marcha por el desierto, desfallecido[38] el caudillo al acercarse al término de su carrera, le tomaran en hombros los suyos para meter su cuerpo sin vida en la tierra de promisión.

180 Los más no querían morirse sino cojidos de su mano como de un ancla.

Jamás en sus sermones se ponía a declamar contra impíos, ma-

[g] uno de los preceptos de la doctrina enseñada por Jesucristo (San Mateo 7:1)
[h] Jesucristo dio la misma respuesta al ser interrogado (por quienes dudaban de sus intenciones respecto a la autoridad) acerca de si era justo dar tributo al César. (San Lucas 20:25)

[34] alegría
[35] culpable
[36] eterna
[37] se sumergía
[38] debilitado

sones, liberales o herejes. ¿Para qué, si no los había en la aldea? Ni menos contra la mala prensa. En cambio, uno de los más frecuentes
185 temas de sus sermones era contra la mala lengua. Porque él lo disculpaba todo y a todos disculpaba. No quería creer en la mala intención de nadie.

—La envidia —gustaba repetir— la mantienen los que se empeñan en[39] creerse envidiados, y las más de las persecuciones son
190 efecto más de la manía persecutoria que no de la perseguidora.

—Pero fíjese, Don Manuel, en lo que me ha querido decir... —Y él:

—No debe importarnos tanto lo que uno quiera decir como lo que diga sin querer...

Su vida era activa y no contemplativa, huyendo cuanto podía de
195 no tener nada que hacer. Cuando oía eso de que la ociosidad[40] es la madre de todos los vicios, contestaba: «Y del peor de todos, que es el pensar ocioso». Y como yo le preguntara una vez qué es lo que con eso quería decir, me contestó: «Pensar ocioso es pensar para no hacer nada o pensar demasiado en lo que se ha hecho y no en lo que hay que
200 hacer. A lo hecho pecho,[41] y a otra cosa, que no hay peor que remordimiento sin enmienda». ¡Hacer!, ¡hacer! Bien comprendí yo ya desde entonces que Don Manuel huía de pensar ocioso y a solas, que algún pensamiento le perseguía.

Así es que estaba siempre ocupado, y no pocas veces en inventar
205 ocupaciones. Escribía muy poco para sí, de tal modo que apenas nos ha dejado escritos o notas; mas, en cambio, hacía de memorialista para los demás, y a las madres, sobre todo, les redactaba[42] las cartas para sus hijos ausentes.

Trabajaba también manualmente, ayudando con sus brazos a
210 ciertas labores del pueblo. En la temporada de trilla[43] íbase a la era a trillar y aventar,[44] y en tanto les aleccionaba[45] o les distraía. Sustituía a las veces a algún enfermo en su tarea. Un día del más crudo invierno se encontró con un niño, muertito de frío, a quien su padre le enviaba a recojer una res[46] a larga distancia, en el monte.
215 —Mira —le dijo al niño—, vuélvete a casa, a calentarte, y dile a tu padre que yo voy a hacer el encargo.

Y al volver con la res se encontró con el padre, todo confuso, que iba a su encuentro. En invierno partía leña[47] para los pobres. Cuando se secó aquel magnífico nogal[48]—«un nogal matriarcal» le llamaba—,
220 a cuya sombra había jugado de niño y con cuyas nueces se había durante tantos años regalado, pidió el tronco, se lo llevó a su casa y después de labrar en él seis tablas, que guardaba al pie de su lecho, hizo del resto leña para calentar a los pobres. Solía hacer también las pelotas para que jugaran los mozos y no pocos juguetes para los niños.

225 Solía acompañar al médico en su visita, y recalcaba[49] las prescripciones de éste. Se interesaba sobre todo en los embarazos[50] y en la crianza[51] de los niños, y estimaba como una de las mayores blasfemias aquello de: «¡teta y gloria!», y lo otro: «angelitos al cielo». Le conmovía profundamente la muerte de los niños.

[39] se... insisten en
[40] no trabajar o gastar mal el tiempo
[41] A... *What's done is done*
[42] escribía
[43] *threshing*
[44] trillar... *thresh and winnow*
[45] enseñaba
[46] vaca
[47] madera para el fuego
[48] *walnut tree*
[49] enfatizaba
[50] estado de la mujer que espera un hijo
[51] acción de criar, alimentar o educar a los niños

230

⁵²*puppeteers*
⁵³*clown*
⁵⁴acompañada
⁵⁵preocupación
⁵⁶risa ruidosa

—Un niño que nace muerto o que se muere recién nacido y un suicidio —me dijo una vez— son para mí de los más terribles misterios: ¡un niño en cruz!

Y como una vez, por haberse quitado uno la vida le preguntara el padre del suicida, un forastero, si le daría tierra sagrada, le contestó:

235 —Seguramente, pues en el último momento, en el segundo de la agonía, se arrepintió sin duda alguna.

Iba también a menudo a la escuela a ayudar al maestro, a enseñar con él, y no sólo el catecismo. Y es que huía de la ociosidad y de la soledad. De tal modo que por estar con el pueblo, y sobre todo con el 240 mocerío y la chiquillería, solía ir al baile. Y más de una vez se puso en él a tocar el tamboril para que los mozos y las mozas bailasen, y esto, que en otro hubiera parecido grotesca profanación del sacerdocio, en él tomaba un sagrado carácter y como de rito religioso. Sonaba el Angelus,ⁱ dejaba el tamboril y el palillo, se descubría, y todos con él, y 245 rezaba: «El ángel del Señor anunció a María: Ave María... » Y luego:

—Y ahora, a descansar para mañana.

—Lo primero —decía— es que el pueblo esté contento, que estén todos contentos de vivir. El contentamiento de vivir es lo primero de todo. Nadie debe querer morirse hasta que Dios quiera.

250 —Pues yo sí —le dijo una vez una recién viuda—, yo quiero seguir a mi marido...

—¿Y para qué? —le respondió—. Quédate aquí para encomendar su alma a Dios.

En una boda dijo una vez: «¡Ay, si pudiese cambiar el agua toda 255 de nuestro lago en vino, en un vinillo que por mucho que de él se bebiera alegrara sin emborrachar nunca... o por lo menos con una borrachera alegre!»^j

Una vez pasó por el pueblo una banda de pobres titiriteros.⁵² El jefe de ella, que llegó con la mujer gravemente enferma y embara-260 zada, y con tres hijos que le ayudaban, hacía de payaso.⁵³ Mientras él estaba, en la plaza del pueblo, haciendo reír a los niños y aun a los grandes, ella, sintiéndose de pronto gravemente indispuesta, se tuvo que retirar y se retiró escoltada⁵⁴ por una mirada de congoja⁵⁵ del payaso y una risotada⁵⁶ de los niños. Y escoltada por Don Manuel, 265 que luego, en un rincón de la cuadra de la posada, le ayudó a bien morir. Y cuando, acabada la fiesta, supo el pueblo y supo el payaso la tragedia, fuéronse todos a la posada y el pobre hombre, diciendo con llanto en la voz: «Bien se dice, señor cura, que es usted todo un santo», se acercó a éste queriendo tomarle la mano para besársela, 270 pero Don Manuel se adelantó y tomándosela al payaso pronunció ante todos:

—El santo eres tú, honrado payaso; te vi trabajar y comprendí que no sólo lo haces para dar pan a tus hijos, sino también para dar

---

ⁱ toque de campana que invita a orar en honor del momento en que un ángel anunció a la Virgen María que Jesucristo tomaría forma humana en su seno
^j alusión al milagro de Jesús en las bodas de Caná en las que convierte el agua en vino (San Juan 2 : 1–11)

alegría a los de los otros, y yo te digo que tu mujer, la madre de tus
275 hijos, a quien he despedido a Dios mientras trabajabas y alegrabas,
descansa en el Señor, y que tú irás a juntarte con ella y a que te
paguen riendo los ángeles a los que haces reír en el cielo de contento.

Y todos, niños y grandes, lloraban y lloraban tanto de pena como
de un misterioso contento en que la pena se ahogaba. Y más tarde,
280 recordando aquel solemne rato, he comprendido que la alegría im-
perturbable de Don Manuel era la forma temporal y terrena de una
infinita tristeza que con heroica santidad recataba[57] a los ojos y los
oídos de los demás.

Con aquella su constante actividad, con aquel mezclarse en las
285 tareas y las diversiones de todos, parecía querer huir de sí mismo,
querer huir de su soledad. «Le temo a la soledad», repetía. Mas, aun
así, de vez en cuando se iba solo, orilla del lago, a las ruinas de aquella vieja abadía[58] donde aún parecen reposar las almas de los piadosos cistercienses[59] a quienes ha sepultado en el olvido la Historia. Allí
290 está la celda del llamado Padre Capitán, y en sus paredes se dice que
aún quedan señales de las gotas de sangre con que las salpicó[60] al
mortificarse.[61] ¿Qué pensaría allí nuestro Don Manuel? Lo que sí recuerdo es que como una vez, hablando de la abadía, le preguntase yo
cómo era que no se le había ocurrido ir al claustro,[62] me contestó:
295 —No es sobre todo porque tenga, como tengo, mi hermana viuda
y mis sobrinos a quienes sostener, que Dios ayuda a sus pobres, sino
porque yo no nací para ermitaño,[63] para anacoreta;[64] la soledad me
mataría el alma, y en cuanto a un monasterio, mi monasterio es Valverde de Lucerna. Yo no debo vivir solo; yo no debo morir solo. Debo
300 vivir para mi pueblo, morir para mi pueblo. ¿Cómo voy a salvar mi
alma si no salvo la de mi pueblo?

—Pero es que ha habido santos ermitaños, solitarios... —le dije.

—Sí, a ellos les dio el Señor la gracia de soledad que a mí me ha
negado, y tengo que resignarme. Yo no puedo perder a mi pueblo
305 para ganarme el alma. Así me ha hecho Dios. Yo no podría soportar las tentaciones del desierto. Yo no podría llevar solo la cruz del
nacimiento.

He querido con estos recuerdos, de los que vive mi fe, retratar a
nuestro Don Manuel tal como era cuando yo, mocita de cerca de die-
310 ciséis años, volví del colegio de religiosas de Renada a nuestro monasterio de Valverde de Lucerna. Y volví a ponerme a los pies de
su abad.

—¡Hola, la hija de la Simona —me dijo en cuanto me vio—, y
hecha ya toda una moza, y sabiendo francés y bordar[65] y tocar el piano
315 y qué sé yo qué más! Ahora a prepararte para darnos otra familia. Y
tu hermano Lázaro, ¿cuándo vuelve? Sigue en el Nuevo Mundo, ¿no
es así?

—Sí, señor, sigue en América...

—¡El Nuevo Mundo! Y nosotros en el Viejo. Pues bueno, cuando

[57] escondía
[58] *abbey*
[59] monjes de la orden
benedictina
[60] *splattered*
[61] castigarse
[62] monasterio
[63] *hermit*
[64] religioso que vive en
un lugar solitario,
dedicado a la
contemplación
[65] *to embroider*

320 le escribas, dile de mi parte, de parte del cura, que estoy deseando
saber cuándo vuelve del Nuevo Mundo a este Viejo, trayéndonos las
novedades de por allá. Y dile que encontrará al lago y a la montaña
como les dejé.

Cuando me fui a confesar con él, mi turbación era tanta que no
325 acertaba a articular palabra. Recé el «yo pecadora» balbuciendo[66]
casi sollozando.[67] Y él, que lo observó, me dijo:

—Pero ¿qué te pasa, corderilla?[68] ¿De qué o de quién tienes
miedo? Porque tú no tiemblas ahora al peso de tus pecados ni por
temor de Dios, no; tú tiemblas de mí, ¿no es eso?

330 Me eché a llorar.

—Pero ¿qué es lo que te han dicho de mí? ¿Qué leyendas son ésas?
¿Acaso tu madre? Vamos, vamos, cálmate y haz cuenta que estás
hablando con tu hermano...

Me animé y empecé a confiarle mis inquietudes, mis dudas, mis
335 tristezas.

—¡Bah, bah, bah! ¿Y dónde has leído eso, marisabidilla?[69] Todo
eso es literatura. No te des demasiado a ella, ni siquiera a Santa
Teresa. Y si quieres distraerte, lee al *Bertoldo*, que leía tu padre.

Salí de aquella mi primera confesión con el santo hombre profun-
340 damente consolada. Y aquel mi temor primero, aquel más que respeto miedo, con que me acerqué a él trocóse[70] en una lástima profunda. Era yo entonces una mocita, una niña casi; pero empezaba a
ser mujer, sentía en mis entrañas el jugo de la maternidad, y al encontrarme en el confesonario junto al santo varón, sentí como una
345 callada confesión suya en el susurro[71] sumiso de su voz y recordé
cómo cuando, al clamar él en la iglesia las palabras de Jesucristo:
«¡Dios mío, Dios mío!, ¿por qué me has abandonado?», su madre, la
de Don Manuel respondió desde el suelo: «¡Hijo mío!», y oí este grito
que desgarraba[72] la quietud del templo. Y volví a confesarme con él
350 para consolarle.

Una vez que en el confesonario le expuse una de aquellas dudas,
me contestó:

—A eso, ya sabes, lo del Catecismo: «eso no me lo preguntéis a mí,
que soy ignorante; doctores tiene la Santa Madre Iglesia que os sa-
355 brán responder».

—¡Pero si el doctor aquí es usted, Don Manuel...!

—¿Yo, yo doctor?, ¿doctor yo? ¡Ni por pienso! Yo, doctorcilla, no
soy más que un pobre cura de aldea. Y esas preguntas, ¿sabes quién te
las insinúa, quién te las dirige? Pues... ¡el Demonio!

360 Y entonces, envalentonándome,[73] le espeté a boca de jarro:[74]

—¿Y si se las dirigiese a usted, Don Manuel?

—¿A quién? ¿A mí? ¿Y el Demonio? No nos conocemos, hija, no
nos conocemos.

—¿Y si se las dirigiera?

365 —No le haría caso. Y basta, ¿eh?, despachemos, que me están esperando unos enfermos de verdad.

Me retiré, pensando, no sé por qué que nuestro Don Manuel, tan

---

[66] *stammering*
[67] *sobbing*
[68] *little lamb*
[69] mujer que presume de sabia
[70] se trocó, se convirtió
[71] *whisper*
[72] rompía
[73] animándome
[74] espeté... dije abruptamente

afamado curandero de endemoniados, no creía en el Demonio. Y al irme hacia mi casa topé con Blasillo el bobo, que acaso rondaba el
370 templo, y al verme, para agasajarme[75] con sus habilidades, repitió:—¡y de qué modo!—lo de «¡Dios mío, Dios mío!, ¿por qué me has abandonado?» Llegué a casa acongojadísima[76] y me encerré en mi cuarto para llorar, hasta que llegó mi madre.

—Me parece, Angelita, con tantas confesiones, que tú te me vas a
375 ir monja.

—No lo tema, madre —le contesté—, pues tengo harto que hacer aquí, en el pueblo, que es mi convento.

—Hasta que te cases.

—No pienso en ello —le repliqué.

380 Y otra vez que me encontré con Don Manuel, le pregunté, mirándole derechamente a los ojos:

—¿Es que hay Infierno, Don Manuel?

Y él, sin inmutarse:

—¿Para ti, hija? No.

385 —¿Y para los otros, le hay?

—¿Y a ti qué te importa, si no has de ir a él?

—Me importa por los otros. ¿Le hay?

—Cree en el cielo, en el cielo que vemos. Míralo —y me lo mostraba sobre la montaña y abajo, reflejado en el lago.

390 —Pero hay que creer en el Infierno, como en el cielo —le repliqué.

—Sí, hay que creer todo lo que cree y enseña a creer la Santa Madre Iglesia Católica, Apostólica, Romana. ¡Y basta!

Leí no sé qué honda tristeza en sus ojos, azules como las aguas del lago.

395 Aquellos años pasaron como un sueño. La imagen de Don Manuel iba creciendo en mí sin que yo de ello me diese cuenta, pues era un varón tan cotidiano, tan de cada día como el pan que a diario pedimos en el padrenuestro. Yo le ayudaba cuando podía en sus menesteres, visitaba a sus enfermos, a nuestros enfermos, a las niñas de la
400 escuela, arreglaba el ropero de la iglesia, le hacía, como me llamaba él, de diaconisa.[77] Fui unos días invitada por una compañera de colegio a la ciudad, y tuve que volverme, pues en la ciudad me ahogaba,[78] me faltaba algo, sentía sed de la vista de las aguas del lago, hambre de la vista de las peñas de la montaña; sentía, sobre todo, la falta de
405 mi Don Manuel y como si su ausencia me llamara, como si corriese un peligro lejos de mí, como si me necesitara. Empezaba yo a sentir una especie de afecto maternal hacia mi padre espiritual; quería aliviarle del peso de su cruz del nacimiento.

Así fui llegando a mis veinticuatro años, que es cuando volvió de
410 América, con un caudalillo[79] ahorrado, mi hermano Lázaro. Llegó acá, a Valverde de Lucerna, con el propósito de llevarnos a mí y a nuestra madre a vivir a la ciudad, acaso a Madrid.

—En la aldea —decía— se entontece, se embrutece y se empobrece uno.

[75] entretenerme
[76] muy afligida
[77] *deaconess*
[78] me... no podía respirar
[79] pequeña fortuna

415 Y añadía:

—Civilización es lo contrario de ruralización; ¡aldeanerías, no!, que no hice que fueras al colegio para que te pudras luego aquí, entre estos zafios patanes.[80]

Yo callaba, aun dispuesta a resistir la emigración; pero nuestra
420 madre, que pasaba ya de la sesentena, se opuso desde un principio. «¡A mi edad, cambiar de aguas!», dijo primero; mas luego dio a conocer claramente que ella no podría vivir fuera de la vista de su lago, de su montaña y sobre todo de su Don Manuel.

—¡Sois como las gatas, que os apegáis a[81] la casa! —repetía mi
425 hermano.

Cuando se percató[82] de todo el imperio que sobre el pueblo todo y en especial sobre nosotros, sobre mi madre y sobre mí, ejercía el santo varón evangélico, se irritó contra éste. Le pareció un ejemplo de la oscura teocracia en que él suponía hundida a España. Y empezó a
430 barbotar[83] sin descanso todos los viejos lugares comunes anticlericales y hasta antirreligiosos y progresistas que había traído renovados del Nuevo Mundo.

—En esta España de calzonazos[84] —decía— los curas manejan a las mujeres y las mujeres a los hombres... ¡y luego el campo!, ¡el
435 campo!, este campo feudal...

Para él feudal era un término pavoroso;[85] feudal y medieval eran los dos calificativos que prodigaba cuando quería condenar algo.

Le desconcertaba el ningún efecto que sobre nosotras hacían sus diatribas[86] y el casi ningún efecto que hacían en el pueblo, donde se le
440 oía con respetuosa indiferencia. «A estos patanes no hay quien les conmueva». Pero como era bueno por ser inteligente, pronto se dio cuenta de la clase de imperio que Don Manuel ejercía sobre el pueblo, pronto se enteró de la obra del cura de su aldea.

—¡No, no es como los otros —decía—, es un santo!
445 —¿Pero tú sabes cómo son los otros curas? —le decía yo, y él:
—Me lo figuro.

Mas aun así ni entraba en la iglesia ni dejaba de hacer alarde en todas partes de su incredulidad, aunque procurando siempre dejar a salvo a Don Manuel. Y ya en el pueblo se fue formando, no sé cómo,
450 una expectativa, la de una especie de duelo entre mi hermano Lázaro y Don Manuel, o más bien se esperaba la conversión de aquél por éste. Nadie dudaba de que al cabo el párroco le llevaría a su parroquia. Lázaro, por su parte, ardía en deseos—me lo dijo luego—de oír a Don Manuel, de verle y oírle en la iglesia, de acercarse a él y con él conver-
455 sar, de conocer el secreto de aquel su imperio espiritual sobre las almas. Y se hacía rogar para ello hasta que al fin, por curiosidad—decía—, fue a oírle.

—Sí, esto es otra cosa —me dijo luego de haberle oído—; no es como los otros, pero a mí no me la da; es demasiado inteligente para
460 creer todo le que tiene que enseñar.

—¿Pero es que le crees un hipócrita? —le dije.

[80] zafios... *country bumpkins*
[81] os... os gusta estar en
[82] se dio cuenta
[83] recitar rápidamente de memoria
[84] personas débiles
[85] espantoso
[86] discursos violentos

—¡Hipócrita... no!, pero es el oficio del que tiene que vivir.

En cuanto a mí, mi hermano se empeñaba en[87] que yo leyese de libros que él trajo y de otros que me incitaba a comprar.

465 —Conque, ¿tu hermano Lázaro —me decía Don Manuel— se empeña en que leas? Pues lee, hija mía, lee y dale así gusto. Sé que no has de leer sino cosa buena; lee aunque sea novelas. No son mejores las historias que llaman verdaderas. Vale más que leas que no el que te alimentes de chismes[88] y comadrerías[89] del pueblo. Pero lee sobre
470 todo libros de piedad que te den contento de vivir, un contento apacible y silencioso.

¿Le tenía él?

Por entonces enfermó de muerte y se nos murió nuestra madre, y en sus últimos días todo su hipo[90] era que Don Manuel convirtiese a
475 Lázaro, a quien esperaba volver a ver un día en el cielo, en un rincón de las estrellas desde donde se viese el lago y la montaña de Valverde de Lucerna. Ella se iba ya, a ver a Dios.

—Usted no se va —le decía Don Manuel—, usted se queda. Su cuerpo aquí, en esta tierra, y su alma también aquí, en esta casa
480 viendo y oyendo a sus hijos, aunque éstos ni le vean ni le oigan.

—Pero yo, padre —dijo—, voy a ver a Dios.

—Dios, hija mía, está aquí como en todas partes, y le verá usted desde aquí, desde aquí. Y a todos nosotros en El, y a El en nosotros.

—Dios se lo pague —le dije.

485 —El contento con que tu madre se muera —me dijo— será su eterna vida.

Y volviéndose a mi hermano Lázaro:

—Su cielo es seguir viéndote, y ahora es cuando hay que salvarla. Dile que rezarás por ella.

490 —Pero...

—¿Pero...? Dile que rezarás por ella, a quien debes la vida, y sé que una vez que se lo prometas rezarás y sé que luego que reces...

Mi hermano, acercándose, arrasados[91] sus ojos en lágrimas, a nuestra madre agonizante, le prometió solemnemente rezar por ella.

495 —Y yo en el cielo por ti, por vosotros —respondió mi madre, y besando el crucifijo y puestos sus ojos en los de Don Manuel, entregó su alma a Dios.

—«¡En tus manos encomiendo mi espíritu!»[k] —rezó el santo varón.

500 Quedamos mi hermano y yo solos en la casa. Lo que pasó en la muerte de nuestra madre puso a Lázaro en relación con Don Manuel, que pareció descuidar algo a sus demás pacientes, a sus demás menesterosos, para atender a mi hermano. Ibanse por las tardes de paseo, orilla del lago, o hacia las ruinas, vestidas de hiedra, de la vieja
505 abadía de cistercienses.

[87] se... insistía en
[88] gossip
[89] old wives' tales
[90] hiccough: en este caso se refiere al repetido deseo de la madre
[91] llenos

---

[k] últimas palabras de Jesucristo al morir en la cruz. (San Lucas 23:46)

—Es un hombre maravilloso —me decía Lázaro—. Ya sabes que dicen que en el fondo de este lago hay una villa sumergida y que en la noche de San Juan, a las doce, se oyen las campanadas de su iglesia.

—Sí —le contestaba yo—, una villa feudal y medieval...

510 —Y creo —añadía él— que en el fondo del alma de nuestro Don Manuel hay también sumergida, ahogada, una villa y que alguna vez se oyen sus campanadas.

—Sí —le dije—, esa villa sumergida en el alma de Don Manuel, ¿y por qué no también en la tuya?, es el cementerio de las almas de 515 nuestros abuelos, los de esta nuestra Valverde de Lucerna... ¡feudal y medieval!

Acabó mi hermano por ir a misa siempre, a oír a Don Manuel, y cuando se dijo que cumpliría con la parroquia, que comulgaría cuando los demás comulgasen, recorrió un íntimo regocijo al pueblo 520 todo, que creyó haberle recobrado. Pero fue un regocijo tal, tan limpio, que Lázaro no se sintió ni vencido ni disminuido.[92]

Y llegó el día de su comunión, ante el pueblo todo, con el pueblo todo. Cuando llegó la vez a mi hermano pude ver que Don Manuel, tan blanco como la nieve de enero en la montaña y temblando como 525 tiembla el lago cuando le hostiga el cierzo,[93] se le acercó con la sagrada forma[94] en la mano, y de tal modo le temblaba ésta al arrimarla a la boca de Lázaro, que se le cayó la forma a tiempo que le daba un vahído.[95] Y fue mi hermano mismo quien recogió la hostia[96] y se la llevó a la boca. Y el pueblo al ver llorar a Don Manuel, lloró di-530 ciéndose: «¡Cómo le quiere!»[97] Y entonces, pues era la madrugada, cantó un gallo.[1]

Al volver a casa y encerrarme en ella con mi hermano, le eché los brazos al cuello y besándole, le dije:

—Ay, Lázaro, Lázaro, qué alegría nos has dado a todos, a todos, a 535 todo el pueblo, a todo, a los vivos y a los muertos, y sobre todo a mamá, a nuestra madre. ¿Viste? El pobre Don Manuel lloraba de alegría. ¡Qué alegría nos has dado a todos!

—Por eso lo he hecho —me contestó.

—¿Por eso? ¿Por darnos alegría? Lo habrás hecho ante todo por ti 540 mismo, por conversión.

Y entonces Lázaro, mi hermano, tan pálido y tan tembloroso como Don Manuel cuando le dio la comunión, me hizo sentarme, en el sillón mismo donde solía sentarse nuestra madre, tomó huelgo,[98] y luego, como en íntima confesión doméstica y familiar, me dijo:

545 —Mira, Angelita, ha llegado la hora de decirte la verdad, toda la verdad, y te la voy a decir, porque debo decírtela, porque a ti no puedo, no debo callártela y porque además habrías de adivinarla y a medias, que es lo peor, más tarde o más temprano.

Y entonces, serena y tranquilamente, a media voz, me contó una 550 historia que me sumergió en un lago de tristeza. Cómo Don Manuel le

[92] reducido
[93] cuando... *when the wind presses against it*
[94] sagrada... *host, holy wafer*
[95] mareo
[96] host
[97] ¡Cómo... cómo quiere Don Manuel a Lázaro
[98] tomó... *took a deep breath*

---

[1] alusión al momento en que San Pedro niega ser uno de los discípulos de Jesucristo, y por consiguiente, símbolo de la falta de fe y de lealtad (San Mateo 26 : 34–35 y 74–75)

había venido trabajando, sobre todo en aquellos paseos a las ruinas de la vieja abadía cisterciense, para que no escandalizase, para que diese buen ejemplo, para que se incorporase a la vida religiosa del pueblo, para que fingiese creer si no creía, para que ocultase sus ideas al respecto, más sin intentar siquiera catequizarle, convertirle de otra manera.

—¿Pero es eso posible? —exclamé, consternada.

—¡Y tan posible, hermana, y tan posible! Y cuando yo le decía: «¿Pero es usted, usted, el sacerdote el que me aconseja que finja?», él, balbuciente:[99] «¿Fingir?, ¡fingir no!, ¡eso no es fingir! Toma agua bendita, que dijo alguien, y acabarás creyendo». Y como yo, mirándole a los ojos, le dijese: «¿Y usted celebrando misa ha acabado por creer?», él bajó la mirada al lago y se le llenaron los ojos de lágrimas. Y así es cómo le arranqué su secreto.

—¡Lázaro! —gemí.[100]

Y en aquel momento pasó por la calle Blasillo el bobo, clamando su: «¡Dios mío, Dios mío!, ¿por qué me has abandonado?» Y Lázaro se estremeció[101] creyendo oír la voz de Don Manuel, acaso la de Nuestro Señor Jesucristo.

—Entonces —prosiguió mi hermano— comprendí sus móviles y con esto comprendí su santidad; porque es un santo, hermana, todo un santo. No trataba al emprender ganarme para su santa causa— porque es una causa—porque es una causa santa, santísima—, arrogarse un triunfo, sino que lo hacía por la paz, por la felicidad, por la ilusión si quieres, de los que le están encomendados; comprendí que si les engaña así—si es que esto es engaño—no es por medrar.[102] Me rendí a sus razones, y he aquí mi conversión. Y no me olvidaré jamás del día en que diciéndole yo: «Pero, Don Manuel, la verdad, la verdad ante todo», él, temblando, me susurró al oído—y eso que estábamos solos en medio del campo—: «¿La verdad? La verdad, Lázaro, es acaso algo terrible, algo intolerable, algo mortal; la gente sencilla no podría vivir con ella». «¿Y por qué me la deja entrever[103] ahora aquí, como en confesión?», le dije. Y él: «Porque si no, me atormentaría tanto, tanto, que acabaría gritándola en medio de la plaza, y eso jamás, jamás, jamás. Yo estoy para hacer vivir a las almas de mis feligreses,[104] para hacerles felices, para hacerles que se sueñen inmortales y no para matarles. Lo que aquí hace falta es que vivan sanamente, que vivan en unanimidad de sentido, y con la verdad, con mi verdad, no vivirían. Que vivan. Y esto hace la Iglesia, hacerles vivir. ¿Religión verdadera? Todas las religiones son verdaderas, en cuanto hacen vivir espiritualmente a los pueblos que las profesan, en cuanto les consuelan de haber tenido que nacer para morir, y para cada pueblo la religión más verdadera es la suya, la que le ha hecho. ¿Y la mía? La mía es consolarme en consolar a los demás, aunque el consuelo que les doy no sea el mío». Jamás olvidaré estas sus palabras.

—¡Pero esa comunión tuya ha sido un sacrilegio! —me atreví a insinuar, arrepintiéndome al punto de haberlo insinuado.

[99] vacilante
[100] dije llorando
[101] *shuddered*
[102] aprovecharse
[103] *get a glimpse of*
[104] gente del pueblo que pertenece a la parroquia

—¿Sacrilegio? ¿Y él que me la dio? ¿Y sus misas?

—¡Qué martirio! —exclamé.

600   —Y ahora —añadió mi hermano— hay otro más para consolar al pueblo.

—¿Para engañarle? —dije.

—Para engañarle, no —me replicó—, sino para corroborarle en su fe.

605   —Y él, el pueblo —dije—, ¿cree de veras?

—¡Qué sé yo...! Cree sin querer, por hábito, por tradición. Y lo que hace falta es no despertarle. Y que viva en su pobreza de sentimientos para que no adquiera torturas de lujo. ¡Bienaventurados los pobres de espíritu!ᵐ

610   —Eso, hermano, lo has aprendido de Don Manuel. Y ahora, dime, ¿has cumplido aquello que le prometiste a nuestra madre cuando ella se nos iba a morir, aquello de que rezarías por ella?

—¡Pues no se lo había de cumplir! Pero, ¿por quién me has to-mado, hermana? ¿Me crees capaz de faltar a mi palabra, a una pro-
615 mesa solemne, y a una promesa hecha, y en el lecho de muerte, a una madre?

—¡Qué sé yo...! Pudiste querer engañarla para que muriese consolada.

—Es que si yo no hubiese cumplido la promesa viviría sin
620 consuelo.

—¿Entonces?

—Cumplí la promesa y no he dejado de rezar ni un solo día por ella.

—¿Sólo por ella?

625   —Pues, ¿por quién más?

—¡Por ti mismo! Y de ahora en adelante, por Don Manuel.

Nos separamos para irnos cada uno a su cuarto, yo a llorar toda la noche, a pedir por la conversión de mi hermano y de Don Manuel, y él, Lázaro, no sé bien a qué.

630   Después de aquel día temblaba yo de encontrarme a solas con Don Manuel, a quien seguía asistiendo en sus piadosos menesteres. Y él pareció percatarse de mi estado íntimo y adivinar su causa. Y cuando al fin me acerqué a él en el tribunal de la penitencia—¿quién era el juez y quién el reo?—, los dos, él y yo, doblamos en silencio la
635 cabeza y nos pusimos a llorar. Y fue él, Don Manuel, quien rompió el tremendo silencio para decirme con voz que parecía salir de una huesa: ¹⁰⁵

—Pero tú, Angelina, tú crees como a los diez años, ¿no es así? ¿Tú crees?

640   —Sí creo, padre.

—Pues sigue creyendo. Y si se te ocurren dudas, cállatelas a ti misma. Hay que vivir.

ᵐJesucristo se refiere a los que tendrán la suerte de ver a Dios después de morir. (San Mateo 5:3—5)

Me atreví, y toda temblorosa le dije:

—Pero usted, padre, ¿cree usted?

645 Vaciló un momento y reponiéndose me dijo:

—¡Creo!

—¿Pero en qué, padre, en qué? ¿Cree usted en la otra vida?, ¿cree usted que al morir no nos morimos del todo?, ¿cree que volveremos a vernos, a querernos en otro mundo venidero?,[106] ¿cree en la otra vida?

650 El pobre santo sollozaba.

—¡Mira, hija, dejemos eso!

Y ahora, al escribir esta memoria, me digo: ¿Por qué no me engañó?, ¿por qué no me engañó entonces como engañaba a los demás? ¿Por qué se acongojó?,[107] ¿porque no podía engañarse a sí mismo, o

655 porque no podía engañarse para engañarme? Y quiero creer que se acongojaba porque no podía engañarse para engañarme.

—Y ahora —añadió—, reza por mí, por tu hermano, por ti misma, por todos. Hay que vivir. Y hay que dar vida.

Y después de una pausa:

660 —¿Y por qué no te casas, Angelina?

—Ya sabe usted, padre mío, por qué.

—Pero no, no; tienes que casarte. Entre Lázaro y yo te buscaremos un novio. Porque a ti te conviene casarte para que se te curen esas preocupaciones.

665 —¿Preocupaciones, Don Manuel?

—Yo sé bien lo que me digo. Y no te acongojes demasiado por los demás, que harto tiene cada cual con tener que responder de sí mismo.

—¡Y que sea usted, don Manuel, el que me diga eso!, ¡que sea usted el que me aconseje que me case para responder de mí y no acui-

670 tarme[108] por los demás!, ¡que sea usted!

—Tienes razón, Angelina, no sé ya lo que me digo; no sé ya lo que me digo desde que estoy confesándome contigo. Y sí, sí hay que vivir, hay que vivir.

Y cuando yo iba a levantarme para salir del templo, me dijo:

675 —Y ahora, Angelina, en nombre del pueblo, ¿me absuelves?

Me sentí como penetrada de un misterioso sacerdocio y le dije:

—En nombre de Dios Padre, Hijo y Espíritu Santo, le absuelvo, padre.

Y salimos de la iglesia, y al salir se me estremecían[109] las entrañas

680 maternales.

Mi hermano, puesto ya del todo al servicio de la obra de Don Manuel, era su más asiduo colaborador y compañero. Les anudaba, además, el común secreto. Le acompañaba en sus visitas a los enfermos, a las escuelas, y ponía su dinero a disposición del santo varón. Y

685 poco faltó para que no aprendiera a ayudarle a misa. E iba entrando cada vez más en el alma insondable[110] de Don Manuel.

—¡Qué hombre! —me decía—. Mira, ayer, paseando a orillas del lago, me dijo: «He aquí mi tentación mayor». Y como yo le interrogase con la mirada, añadió: «Mi pobre padre, que murió de cerca de

[106] por venir
[107] afligió
[108] preocuparme
[109] se... me temblaban
[110] impenetrable

690 noventa años, se pasó la vida, según me lo confesó él mismo, torturado por la tentación del suicidio, que le venía no recordaba desde
cuándo, de nación,[111] decía y defendiéndose de ella. Y esa defensa fue
su vida. Para no sucumbir a tal tantación extremaba los cuidados por
conservar la vida. Me contó escenas terribles. Me parecía como una
695 locura. Y yo la he heredado. ¡Y cómo me llama esa agua que con su
aparente quietud—la corriente va por dentro—espeja al cielo! ¡Mi
vida, Lázaro, es una especie de suicidio continuo, un combate contra
el suicidio, que es igual; pero que vivan ellos, que vivan los nuestros!»
Y luego añadió: «Aquí se remansa[112] el río en lago, para luego, ba-
700 jando a la meseta, precipitarse en cascadas, saltos y torrenteras por
las hoces[113] y encañadas,[114] junto a la ciudad, y así se remansa la vida,
aquí, en la aldea. Pero la tentación del suicidio es mayor aquí, junto
al remanso que espeja de noche las estrellas, que no junto a las cascadas que dan miedo. Mira, Lázaro, he asistido a bien morir a pobres
705 aldeanos, ignorantes, analfabetos, que apenas si habían salido de la
aldea, y he podido saber de sus labios, y cuando no adivinarlo, la verdadera causa de su enfermedad de muerte, y he podido mirar, allí, a
la cabecera de su lecho de muerte, toda la negrura de la sima[115] del
tedio de vivir. ¡Mil veces peor que el hambre! Sigamos, pues, Lázaro,
710 suicidándonos en nuestra obra y en nuestro pueblo, y que sueñe éste
su vida como el lago sueña el cielo».
    —Otra vez —me decía también mi hermano—, cuando volvía-
mos acá vimos a una zagala,[116] una cabrera,[117] que enhiesta[118] sobre
un picacho[119] de la falda[120] de la montaña, a la vista del lago, estaba
715 cantando con una voz más fresca que las aguas de éste. Don Manuel
me detuvo, y señalándomela, dijo: «Mira, parece como si se hubiera
acabado el tiempo, como si esa zagala hubiese estado ahí siempre, y
como está, y cantando como está, y como si hubiera de seguir estando
así siempre, como estuvo cuando no empezó mi conciencia, como es-
720 tará cuando se me acabe. Esa zagala forma parte, con las rocas, las
nubes, los árboles, las aguas, de la naturaleza y no de la historia».
¡Cómo siente, cómo anima Don Manuel a la naturaleza! Nunca olvidaré el día de la nevada en que me dijo: «¿Has visto, Lázaro, misterio
mayor que el de la nieve cayendo en el lago y muriendo en él mientras
725 cubre con su toca a la montaña?»
    Don Manuel tenía que contener a mi hermano en su celo[121] y en su
inexperiencia de neófito. Y como supiese que éste andaba predicando
contra ciertas supersticiones populares, hubo de decirle:
    —¡Déjalos! ¡Es tan difícil hacerles comprender dónde acaba la
730 creencia ortodoxa y dónde empieza la superstición! Y más para nosotros. Déjalos, pues, mientras se consuelen. Vale más que lo crean
todo, aun cosas contradictorias entre sí, a no que no crean nada. Eso
de que el que cree demasiado acaba por no creer nada, es cosa de
protestantes. No protestemos. La protesta mata el contento.
735   Una noche de plenilunio—me contaba también mi hermano—
volvían a la aldea por la orilla del lago, a cuyo sobrehaz[122] rizaba en-

[111] de nacimiento
[112] se... *eddies*
[113] *ravines*
[114] *gorges*
[115] profundidad (En este
caso se refiere al pro-
fundo aburrimento de
la vida.)
[116] muchacha
[117] *goatherd*
[118] erecta
[119] pico agudo
[120] *slope*
[121] entusiasmo
[122] *surface*

tonces la brisa montañesa y en el rizo cabrilleaban[123] las razas[124] de la luna llena, y Don Manuel le dijo a Lázaro:

—¡Mira, el agua está rezando la letanía y ahora dice: *ianua caeli*,
740 *ora pro nobis*, «puerta del cielo, ruega por nosotros»!

Y cayeron temblando de sus pestañas a la yerba del suelo dos huideras lágrimas en que también, como en rocío, se bañó temblorosa la lumbre de la luna llena.

E iba corriendo el tiempo y observábamos mi hermano y yo que
745 las fuerzas de Don Manuel empezaban a decaer, que ya no lograba contener del todo la insondable tristeza que le consumía[125], que acaso una enfermedad traidora le iba minando el cuerpo y el alma. Y Lázaro, acaso para distraerle más, le propuso si no estaría bien que fundasen en la iglesia algo así como un sindicato[126] católico agrario.
750 —¿Sindicato? —respondió tristemente Don Manuel—. ¿Sindicato? ¿Y qué es eso? Yo no conozco más sindicato que la Iglesia, y ya sabes aquello de «mi reino no es de este mundo».[n] Nuestro reino, Lázaro, no es de este mundo...

—¿Y del otro?
755 Don Manuel bajó la cabeza:

—El otro, Lázaro, está aquí también, porque hay dos reinos en este mundo. O mejor, el otro mundo... vamos, que no sé lo que me digo. Y en cuanto a eso del sindicato es en ti un resabio[127] de tu época de progresismo. No, Lázaro, no; la religión no es para resolver los
760 conflictos económicos o políticos de este mundo que Dios entregó a las disputas de los hombres. Piensen los hombres y obren los hombres como pensaren y como obraren, que se consuelen de haber nacido, que vivan lo más contentos que puedan en la ilusión de que todo esto tiene una finalidad. Yo no he venido a someter los pobres a los ricos,
765 ni a predicar a éstos que se sometan a aquéllos. Resignación y caridad en todos y para todos. Porque también el rico tiene que resignarse a su riqueza, y a la vida, y también el pobre tiene que tener caridad para con el rico. ¿Cuestión social? Deja eso, eso no nos concierne. Que traen una nueva sociedad, en que no haya ya ricos ni pobres, en
770 que esté justamente repartida la riqueza, en que todo sea de todos, ¿y qué? ¿Y no crees que del bienestar general surgirá más fuerte el tedio a la vida? Sí, ya sé que uno de esos caudillos[128] de la que llaman la revolución social ha dicho que la religión es el opio del pueblo.[o] Opio... Opio... Opio, sí. Démosle opio, y que duerma y que sueñe. Yo
775 mismo con esta mi loca actividad me estoy administrando opio. Y no logro dormir bien y menos soñar bien... ¡Esta terrible pesadilla! Y yo también puedo decir con el Divino Maestro: «Mi alma está triste

[n] respuesta de Jesucristo al preguntársele si era Rey de los Judíos (San Juan 18:36)
[o] Alude Don Manuel a lo dicho por Karl Marx, proponente de la «revolución social»: *«Religion is the opiate of the people».*

hasta la muerte».[p] No, Lázaro, no; nada de sindicatos por nuestra parte. Si lo forman ellos me parecerá bien, pues que así se distraen.

780 Que jueguen al sindicato, si eso les contenta.

El pueblo todo observó que a Don Manuel le menguaban[129] las fuerzas, que se fatigaba. Su voz misma, aquella voz que era un milagro, adquirió un cierto temblor íntimo. Se le asomaban las lágrimas[130] con cualquier motivo. Y sobre todo cuando hablaba al pueblo

785 del otro mundo, de la otra vida, tenía que detenerse a ratos cerrando los ojos. «Es que lo está viendo», decían. Y en aquellos momentos era Blasillo el bobo el que con más cuajo[131] lloraba. Porque ya Blasillo lloraba más que reía, y hasta sus risas sonaban a lloros.

Al llegar la última Semana de Pasión que con nosotros, en nuestro

790 mundo, en nuestra aldea, celebró Don Manuel, el pueblo todo presintió el fin de la tragedia. ¡Y cómo sonó entonces aquel: «¡Dios mío, Dios mío!, ¿por qué me has abandonado?», el último que en público sollozó Don Manuel! Y cuando dijo lo del Divino Maestro al buen bandolero[132] —«todos los bandoleros son buenos», solía decir nuestro

795 Don Manuel—, aquello de: «mañana estarás conmigo en el paraíso».[q] ¡Y la última comunión general que repartió nuestro santo! Cuando llegó a dársela a mi hermano, esta vez con mano segura, después del litúrgico: «... *in vitam aeternam*», se le inclinó al oído y le dijo: «No hay más vida eterna que ésta... que la sueñen eterna... eterna de unos

800 pocos años...» Y cuando me la dio a mí me dijo: «Reza, hija mía, reza por nosotros». Y luego, algo tan extraordinario que lo llevo en el corazón como el más grande misterio, y fue que me dijo con voz que parecía de otro mundo: «y reza también por Nuestro Señor Jesucristo...».

Me levanté sin fuerzas y como sonámbula. Y todo en torno me

805 pareció un sueño. Y pensé: «Habré de rezar también por el lago y por la montaña». Y luego: «¿Es que estaré endemoniada?» Y en casa ya, cojí el crucifijo con el cual en las manos había entregado a Dios su alma mi madre, y mirándolo a través de mis lágrimas y recordando el: «¡Dios mío, Dios mío!, ¿por qué me has abandonado?» de nuestros

810 dos Cristos, el de esta tierra y el de esta aldea, recé: «hágase tu voluntad así en la tierra como en el cielo», primero, y después: «y no nos dejes caer en la tentación, amén».[r] Luego me volví a aquella imagen de la Dolorosa, con su corazón traspasado por siete espadas, que había sido el más doloroso consuelo de mi pobre madre, y recé: «Santa

815 María, madre de Dios, ruega por nosotros pecadores, ahora y en la hora de nuestra muerte, amén». Y apenas lo había rezado cuando me dije: «¿pecadores?, ¿nosotros pecadores?, ¿y cuál es nuestro pecado, cuál?» Y anduve todo el día acongojada por esta pregunta.

---

[p] Jesucristo, consciente de su cercana muerte, pronuncia esas palabras. Horas después, su discípulo Judas lo vende por treinta monedas de plata. (San Mateo 26:38)

[q] respuesta de Jesucristo al buen ladrón quien, crucificado a su lado, le pide que se acuerde de él cuando esté en el cielo (San Lucas 23:43)

[r] fragmento del Padre Nuestro (*Our Father*), oración enseñada por Jesucristo a sus discípulos y que comprende algunas de sus enseñanzas (San Mateo 6:9–13)

Al día siguiente acudí a Don Manuel, que iba adquiriendo una
820 solemnidad de religioso ocaso,[133] y le dije:

—¿Recuerda, padre mío, cuando hace ya años, al dirigirle yo una
pregunta me contestó: «Eso no me lo preguntéis a mí, que soy ignorante; doctores tiene la Santa Madre Iglesia que os sabrán responder»?

—¡Que si me acuerdo!... y me acuerdo que te dije que ésas eran
825 preguntas que te dictaba el Demonio.

—Pues bien, padre, hoy vuelvo yo, la endemoniada a dirigirle
otra pregunta que me dicta mi demonio de la guarda.

—Pregunta.

—Ayer, al darme de comulgar, me pidió que rezara por todos
830 nosotros y hasta por...

—Bien, cállalo y sigue.

—Llegué a casa y me puse a rezar, y al llegar a aquello de «ruega
por nosotros, pecadores, ahora y en la hora de nuestra muerte», una
voz íntima me dijo: «¿pecadores nosotros?, ¿y cuál es nuestro pe-
835 cado?» ¿Cuál es nuestro pecado, padre?

—¿Cuál? —me respondió—. Ya lo dijo un gran doctor de la Iglesia Católica Apostólica Española, ya lo dijo el gran doctor[s] de *La vida
es sueño*, ya dijo que «el delito[134] mayor del hombre es haber nacido».
Ese es, hija, nuestro pecado: el de haber nacido.

840 —¿Y se cura, padre?

—¡Vete y vuelve a rezar! Vuelve a rezar por nosotros, pecadores,
ahora y en la hora de nuestra muerte... Sí, al fin se cura el sueño... al
fin se cura la vida... al fin se acaba la cruz del nacimiento... Y como
dijo Calderón, el hacer bien, y el engañar bien, ni aun en sueños se
845 pierde...

Y la hora de su muerte llegó por fin. Todo el pueblo la veía llegar.
Y fue su más grande lección. No quiso morirse ni solo ni ocioso.[135] Se
murió predicando al pueblo, en el templo. Primero, antes de mandar
que le llevasen a él, pues no podía ya moverse por la perlesía,[136] nos
850 llamó a su casa a Lázaro y a mí. Y allí, los tres a solas, nos dijo:

—Oíd: cuidad de estas pobres ovejas, que se consuelen de vivir,
que crean lo que yo no he podido creer. Y tú, Lázaro, cuando hayas de
morir, muere como yo, como morirá nuestra Angela, en el seno de la
Santa Madre Católica Apostólica Romana, de la Santa Madre Iglesia
855 de Valverde de Lucerna, bien entendido. Y hasta nunca más ver, pues
se acaba este sueño de la vida...

—¡Padre, padre! —gemí yo.

—No te aflijas, Angela, y sigue rezando por todos los pecadores,
por todos los nacidos. Y que sueñen, que sueñen. ¡Qué ganas tengo de

---

[s] gran... Pedro Calderón de la Barca (1600–1681), gran dramaturgo español del Siglo de Oro y autor de *La vida es sueño*. Las citas siguientes se basan en esta obra: «El delito mayor del hombre es haber nacido» (I,ii) y «No se pierde obrar bien, aun en sueños» (III,iv).

137 hice
138 *pilgrimage*
139 se... se le acercó

860 dormir, dormir, dormir sin fin, dormir por toda una eternidad y sin
soñar!, ¡olvidando el sueño! Cuando me entierren, que sea en una caja
hecha con aquellas seis tablas que tallé 137 del viejo nogal, ¡pobrecito!,
a cuya sombra jugué de niño, cuando empezaba a soñar... ¡Y entonces
sí que creía en la vida perdurable! Es decir, me figuro ahora que creía
865 entonces. Para un niño creer no es más que soñar. Y para un pueblo.
Esas seis tablas que tallé con mis propias manos, las encontraréis al
pie de mi cama.

Le dio un ahogo y, repuesto de él, prosiguió:

—Recordaréis que cuando rezábamos todos en uno, en unanimi-
870 dad de sentido, hechos pueblo, el Credo, al llegar al final yo me callaba.
Cuando los israelitas iban llegando al fin de su peregrinación 138 por el
desierto, el Señor les dijo a Aarón y a Moisés que por no haberle
creído no meterían a su pueblo en la tierra prometida, y les hizo subir
al monte de Hor, donde Moisés hizo desnudar a Aarón, que allí murió,
875 y luego subió Moisés desde las llanuras de Moab al monte Nebo, a la
cumbre del Fasga, enfrente de Jericó, y el Señor le mostró toda la
tierra prometida a su pueblo, pero diciéndole a él: «¡No pasarás
allá!», y allí murió Moisés y nadie supo su sepultura. Y dejó por
caudillo a Josué. Sé, tú, Lázaro, mi Josué, y si puedes detener al sol
880 detenle y no te importe del progreso. Como Moisés, he conocido al
Señor, nuestro supremo ensueño, cara a cara y ya sabes que dice la
Escritura que el que le ve la cara a Dios, que el que le ve al sueño los
ojos de la cara con que nos mira, se muere sin remedio y para siem-
pre.ᵗ Que no le vea, pues, la cara a Dios este nuestro pueblo mientras
885 viva, que después de muerto ya no hay cuidado, pues no verá nada...

—¡Padre, padre, padre! —volví a gemir.

Y él:

—Tú, Angela, reza siempre, sigue rezando para que los pecadores todos sueñen hasta morir la resurrección de la carne y la vida
890 perdurable...

Yo esperaba un «¿y quién sabe...?» cuando le dio otro ahogo a
Don Manuel.

—Y ahora —añadió—, ahora, en la hora de mi muerte, es hora de
que hagáis que se me lleve, en este mismo sillón, a la iglesia, para
895 despedirme allí de mi pueblo, que me espera.

Se le llevó a la iglesia y se le puso, en el sillón, en el presbiterio, al
pie del altar. Tenía entre sus manos un crucifijo. Mi hermano y yo nos
pusimos junto a él, pero fue Blasillo el bobo quien más se arrimó.139
Quería cojer de la mano a Don Manuel, besársela. Y como algunos
900 trataran de impedírselo, Don Manuel les reprendió diciéndoles:

—Dejadle que se me acerque. Ven, Blasillo, dame la mano.

El bobo lloraba de alegría. Y luego Don Manuel dijo:

—Muy pocas palabras, hijos míos, pues apenas me siento con

ᵗcomo... alusión a Moisés, profeta de Israel, a quien Dios conoció cara a cara (Deuteronomio 34)

fuerzas sino para morir. Y nada nuevo tengo que deciros. Ya os lo dije
905 todo. Vivid en paz y contentos y esperando que todos nos veamos un
día, en la Valverde de Lucerna que hay allí, entre las estrellas de la
noche que se reflejan en el lago, sobre la montaña. Y rezad, rezad a
María Santísima, rezad a Nuestro Señor. Sed buenos, que esto basta.
Perdonadme el mal que haya podido haceros sin quererlo y sin sa-
910 berlo. Y ahora, después de que os dé mi bendición, rezad todos a una
el Padrenuestro, el Avemaría, la Salve y por último el Credo.
    Luego, con el crucifijo que tenía en la mano dio la bendición al
pueblo, llorando las mujeres y los niños y no pocos hombres, y en
seguida empezaron las oraciones, que Don Manuel oía en silencio y
915 cojido de la mano por Blasillo, que al son del ruego se iba durmiendo.
Primero el Padrenuestro con su «hágase tu voluntad así en la tierra
como en el cielo», luego el Santa María con su «ruega por nosotros,
pecadores, ahora y en la hora de nuestra muerte», a seguida la Salve
con su «gimiendo y llorando en este valle de lágrimas», y por último
920 el Credo. Y al llegar a la «resurrección de la carne y la vida perdurable», todo el pueblo sintió que su santo había entregado su alma a
Dios. Y no hubo que cerrarle los ojos, porque se murió con ellos cerrados. Y al ir a despertar a Blasillo nos encontramos con que se había
dormido en el Señor para siempre. Así que hubo luego que enterrar
925 dos cuerpos.
    El pueblo todo se fue en seguida a la casa del santo a recojer reli-
quias,[140] a repartirse retazos[141] de sus vestiduras, a llevarse lo que
pudieran como reliquia y recuerdo del bendito mártir. Mi hermano
guardó su breviario,[142] entre cuyas hojas encontró, desecada y como
930 en un herbario, una clavellina[143] pegada a un papel y en éste una cruz
con una fecha.
    Nadie en el pueblo quiso creer en la muerte de Don Manuel; todos
esperaban verle a diario, y acaso le veían, pasar a lo largo del lago y
espejado en él o teniendo por fondo la montaña; todos seguían oyendo
935 su voz, y todos acudían a su sepultura, en torno a la cual surgió todo
un culto. Las endemoniadas venían ahora a tocar la cruz de nogal,
hecha también por sus manos y sacada del mismo árbol de donde
sacó las seis tablas en que fue enterrado. Y los que menos queríamos
creer que se hubiese muerto éramos mi hermano y yo.
940   El, Lázaro, continuaba la tradición del santo y empezó a redac-
tar lo que le había oído, notas de que me he servido para esta mi
memoria.
    —El me hizo un hombre nuevo, un verdadero Lázaro,[u] un re-
sucitado —me decía—. El me dio fe.
945   —¿Fe? —le interrumpía yo.
    —Sí, fe, fe en el consuelo de la vida, fe en el contento de la vida. El

[140] objetos que pertenecie-
ron a un santo
[141] pedazos
[142] libro que utilizan los
sacerdotes para su
oración
[143] *carnation*

[u] referencia a Lázaro, amigo de Jesucristo, a quien éste devolvió la vida después de cuatro días de muerto (San Juan
11:1–45)

me curó de mi progresismo. Porque hay, Angela, dos clases de hombres peligrosos y nocivos:[144] los que convencidos de la vida de ultratumba, de la resurrección de la carne, atormentan, como inquisidores
950 que son, a los demás para que, despreciando[145] esta vida como transitoria, se ganen la otra, y los que no creyendo más que en este...

—Como acaso tú... —le decía yo.

—Y sí, y como Don Manuel. Pero no creyendo más que en este mundo esperan no sé qué sociedad futura y se esfuerzan en negarle al
955 pueblo el consuelo de creer en otro...

—De modo que...

—De modo que hay que hacer que vivan de la ilusión.

El pobre cura que llegó a sustituir a Don Manuel en el curato entró en Valverde de Lucerna abrumado[146] por el recuerdo del santo y se
960 entregó a mi hermano y a mí para que le guiásemos. No quería sino seguir las huellas del santo. Y mi hermano le decía: «Poca teología, ¿eh?, poca teología; religión, religión». Y yo al oírselo me sonreía pensando si es que no era también teología lo nuestro.

Yo empecé entonces a temer por mi pobre hermano. Desde que se
965 nos murió Don Manuel no cabía decir que viviese. Visitaba a diario su tumba y se pasaba horas muertas contemplando el lago. Sentía morriña[147] de la paz verdadera.

—No mires tanto al lago —le decía yo.

—No, hermana, no temas. Es otro el lago que me llama; es otra la
970 montaña. No puedo vivir sin él.

—¿Y el contento de vivir, Lázaro, el contento de vivir?

—Eso para otros pecadores, no para nosotros, que le hemos visto la cara a Dios, a quienes nos ha mirado con sus ojos el sueño de la vida.

975 —Qué, ¿te preparas a ir a ver a Don Manuel?

—No, hermana, no; ahora y aquí en casa, entre nosotros solos, toda la verdad, por amarga que sea, amarga como el mar a que van a parar las aguas de este dulce lago, toda la verdad para ti, que estás abroquelada[148] contra ella...

980 —¡No, no, Lázaro; ésa no es la verdad!

—La mía, sí.

—La tuya, ¿pero y la de...?

—También la de él.

—¡Ahora, no, Lázaro; ahora, no! Ahora cree otra cosa, ahora
985 cree...

—Mira, Angela, una de las veces en que al decirme Don Manuel que hay cosas que aunque se las diga uno a sí mismo debe callárselas a los demás, le repliqué que me decía eso por decírselas a él, esas mismas, a sí mismo, acabó confesándome que creía que más de uno de
990 los más grandes santos, acaso el mayor, había muerto sin creer en la otra vida.

—¿Es posible?

—¡Y tan posible! Y ahora, hermana, cuida que no sospechen siquiera aquí en el pueblo, nuestro secreto...

995 —¿Sospecharlo? —le dije—. Si intentase, por locura, explicárselo, no lo entenderían. El pueblo no entiende de palabras; el pueblo no ha entendido más que vuestras obras. Querer exponerles eso sería como leer a unos niños de ocho años unas páginas de Santo Tomás de Aquino... en latín.

1000 —Bueno, pues cuando yo me vaya, reza por mí y por él y por todos.

Y por fin le llegó también su hora. Una enfermedad que iba minando[149] su robusta naturaleza pareció exacerbársele[150] con la muerte de Don Manuel.

1005 —No siento tanto tener que morir —me decía en sus últimos días—, como que conmigo se muere otro pedazo del alma de Don Manuel. Pero lo demás de él vivirá contigo. Hasta que un día hasta los muertos nos moriremos del todo.

Cuando se hallaba agonizando entraron, como se acostumbra en 1010 nuestras aldeas, los del pueblo a verle agonizar, y encomendaban su alma a Don Manuel, a San Manuel Bueno, el mártir. Mi hermano no les dijo nada, no tenía ya nada que decirles; les dejaba dicho todo, todo lo que queda dicho. Era otra laña[151] más entre las dos Valverdes de Lucerna, la del fondo del lago y la que en su sobrehaz se mira; era 1015 ya uno de nuestros muertos de vida, uno también, a su modo, de nuestros santos.

Quedé más que desolada,[152] pero en mi pueblo, y con mi pueblo. Y ahora, al haber perdido a mi San Manuel, al padre de mi alma, y a mi Lázaro, mi hermano aún más que carnal, espiritual, ahora es cuando 1020 me doy cuenta de que he envejecido y de cómo he envejecido. Pero ¿es que los he perdido?, ¿es que he envejecido?, ¿es que me acerco a mi muerte?

—¡Hay que vivir! Y él me enseñó a vivir, él nos enseñó a vivir, a sentir la vida, a sentir el sentido de la vida, a sumergirnos en el alma 1025 de la montaña, en el alma del lago, en el alma del pueblo de la aldea, a perdernos en ellas para quedar en ellas. El me enseñó con su vida a perderme en la vida del pueblo de mi aldea, y no sentía yo más pasar las horas, y los días y los años, que no sentía pasar el agua del lago. Me parecía como si mi vida hubiese de ser siempre igual. No me 1030 sentía envejecer. No vivía yo ya en mí, sino que vivía en mi pueblo y mi pueblo vivía en mí. Yo quería decir lo que ellos, los míos, me decían sin querer. Salía a la calle, que era la carretera, y como conocía a todos, vivía en ellos y me olvidaba de mí, mientras que en Madrid, donde estuve alguna vez con mi hermano, como a nadie conocía, sen-1035 tíame en terrible soledad y torturada por tantos desconocidos.

Y ahora, al escribir esta memoria, esta confesión íntima de mi experiencia de la santidad ajena, creo que Don Manuel Bueno, que mi San Manuel, y que mi hermano Lázaro se murieron creyendo no creer

[149] destruyendo poco a poco
[150] *flare up*
[151] *clamp*
[152] triste

^{153} *fathomable*
^{154} ayude
^{155} invadida

lo que más nos interesa, pero sin creer creerlo, creyéndolo en una de-
1040 solación activa y resignada.[v]

Pero ¿por qué—me he preguntado muchas veces—no trató Don
Manuel de convertir a mi hermano también con un engaño, con una
mentira, fingiéndose creyente sin serlo? Y he comprendido que fue
porque comprendió que no le engañaría, que para con él no le serviría
1045 el engaño, que sólo con la verdad, con su verdad, le convertiría; que
no habría conseguido nada si hubiese pretendido representar para
con él una comedia—tragedia más bien—, la que representaba para
salvar al pueblo. Y así le ganó, en efecto, para su piadoso fraude; así
le ganó con la verdad de muerte a la razón de vida. Y así me ganó a
1050 mí, que nunca dejé trasparentar a los otros su divino, su santísimo
juego. Y es que creía y creo que Dios Nuestro Señor, por no sé qué
sagrados y no escudriñaderos[153] designios, les hizo creerse incrédulos.
Y que acaso en el acabamiento de su tránsito se les cayó la venda. ¿Y
yo, creo?

1055 Y al escribir esto ahora, aquí, en mi vieja casa materna, a mis
más que cincuenta años, cuando empiezan a blanquear con mi cabeza mis recuerdos, está nevando, nevando sobre el lago, nevando
sobre la montaña, nevando sobre las memorias de mi padre, el forastero; de mi madre, de mi hermano Lázaro, de mi pueblo, de mi San
1060 Manuel, y también sobre la memoria del pobre Blasillo, de mi San
Blasillo, y que él me ampare[154] desde el cielo. Y esta nieve borra esquinas y borra sombras, pues hasta de noche la nieve alumbra. Y yo
no sé lo que es verdad y lo que es mentira, ni lo que vi y lo que soñé—
o mejor lo que soñé y lo que sólo vi—, ni lo que supe ni lo que creí. Ni
1065 sé si estoy traspasando a este papel, tan blanco como la nieve, mi conciencia que en él se ha de quedar, quedándome yo sin ella. ¿Para qué
tenerla ya...?

¿Es que sé algo?, ¿es que creo algo? ¿Es que esto que estoy aquí
contando ha pasado y ha pasado tal y como lo cuento? ¿Es que pue-
1070 den pasar estas cosas? ¿Es que todo esto es más que un sueño soñado
dentro de otro sueño? ¿Seré yo, Angela Carballino, hoy cincuentona,
la única persona que en esta aldea se ve acometida[155] de estos pensamientos extraños para los demás? ¿Y éstos, los otros, los que me rodean, creen? ¿Qué es eso de creer? Por lo menos, viven. Y ahora creen
1075 en San Manuel Bueno, mártir, que sin esperar inmortalidad les mantuvo en la esperanza de ella.

Parece que el ilustrísimo señor obispo, el que ha promovido el

---

[v] Lo que hace Angela aquí es presentar una perspectiva sobre la lucha eterna entre la fe y la razón; paradójicamente,
se utiliza la razón para mostrar la superioridad de la fe. Este tipo de racionalización espiritual forma la base de la
obra filosófica más conocida de Unamuno, *Del sentimiento trágico de la vida*. Véase, por ejemplo, el siguiente trozo de
esa obra: «Creer en Dios es anhelar que le haya y es además conducirse como si le hubiera; es vivir de ese anhelo y
hacer de él nuestro íntimo resorte de acción. De este anhelo o hambre de divinidad surge la esperanza; de ésta, la fe,
y de la fe y la esperanza, la caridad; de ese anhelo arrancan los sentimientos de belleza, de finalidad, de bondad».
(Capítulo 8)

[156] *prosecuting attorney*
[157] (inf.: **caber**) *may fit*

proceso de beatificación de nuestro santo de Valverde de Lucerna, se propone escribir su vida, una especie de manual del perfecto párroco, y recoje para ello toda clase de noticias. A mí me las ha pedido con insistencia, ha tenido entrevistas conmigo, le he dado toda clase de datos, pero me he callado siempre el secreto trágico de Don Manuel y de mi hermano. Y es curioso que él no lo haya sospechado. Y confío en que no llegue a su conocimiento todo lo que en esta memoria dejo consignado. Les temo a las autoridades de la tierra, a las autoridades temporales aunque sean las de la Iglesia.

Pero aquí queda esto, y sea de su suerte lo que fuere.

¿Cómo vino a parar a mis manos este documento, esta memoria de Angela Carballino? He aquí algo, lector, algo que debo guardar en secreto. Te la doy tal y como a mí ha llegado, sin más que corregir pocas, muy pocas particularidades de redacción. ¿Que se parece mucho a otras cosas que yo he escrito? Esto nada prueba contra su objetividad, su originalidad. ¿Y sé yo, además, si no he creado fuera de mí seres reales y efectivos, de *alma inmortalidad?* ¿Sé yo si aquel Augusto Pérez,[w] el de mi novela *Niebla*, no tenía razón al pretender ser más real, más objetivo que yo mismo, que creía haberle inventado? De la realidad de este San Manuel Bueno, mártir, tal como me le ha revelado su discípula e hija espiritual Angela Carballino, de esta realidad no se me ocurre dudar. Creo en ella más que creía el mismo santo; creo en ella más que creo en mi propia realidad.

Y ahora, antes de cerrar este epílogo, quiero recordarte, lector paciente, el versillo noveno de la Epístola del olvidado apóstol San Judas—¡lo que hace un nombre!—, donde se nos dice cómo mi celestial patrono, San Miguel Arcángel—Miguel quiere decir «¿Quién como Dios?», y arcángel archimensajero—, disputó con el Diablo—Diablo quiere decir acusador, fiscal[156]—, por el cuerpo de Moisés y no toleró que se lo llevase en juicio de maldición, sino que le dijo al Diablo: «El Señor te reprenda». Y el que quiera entender, que entienda.

Quiero también, ya que Angela Carballino mezcló a su relato sus propios sentimientos, ni sé que otra cosa quepa,[157] comentar yo aquí lo que ella dejó dicho de que si Don Manuel y su discípulo Lázaro hubiesen confesado al pueblo su estado de creencia, éste, el pueblo, no les habría entendido. Ni les habría creído, añado yo. Habrían creído a sus obras y no a sus palabras, porque las palabras no sirven para apoyar las obras, sino que las obras se bastan. Y para un pueblo como el de Valverde de Lucerna no hay más confesión que la conducta. Ni sabe el pueblo qué cosa es fe, ni acaso le importa mucho.

Bien sé que en lo que se cuenta en este relato, si se quiere novelesco—y la novela es la más íntima historia, la más verdadera, por lo que no me explico que haya quien se indigne de que se llame novela al Evangelio, lo que es elevarle, en realidad, sobre un cronicón cual-

---

[w] Augusto Pérez, protagonista de *Niebla*, sufre una crisis de identidad parecida a la de Unamuno mismo, paradójicamente convertido éste en personaje de su propia novela y obligado a defenderse del personaje creado por él mismo.

quiera—, bien sé que en lo que se cuenta en este relato no pasa nada; ¹⁵⁸ se refugiaron
mas espero que sea porque en ello todo se queda, como se quedan los
lagos y las montañas, y las santas almas sencillas asentadas más allá
1125 de la fe y de la desesperación, que en ellos, en los lagos y las montañas, fuera de la historia, en divina novela, se cobijaron.¹⁵⁸

Cuestionario

1. ¿Cómo se caracteriza Angela Carballino a sí misma?
2. Según Angela, ¿cuál es el poder que ejerce Don Manuel sobre los del pueblo?
3. ¿Qué simbolizan el lago y la montaña de Valverde de Lucerna?
4. ¿Quién es Blasillo?
5. ¿Cuál es el valor simbólico de la escena del Viernes Santo?
6. ¿Cuál es la primera señal del secreto de Don Manuel?
7. ¿Qué quiere Don Manuel para la gente del pueblo?
8. ¿Por qué no había entrado Don Manuel en un claustro?
9. Al volver Lázaro de América, ¿cómo reacciona frente a la influencia que tiene Don Manuel en la aldea?
10. ¿Cómo se presenta la primera comunión de Lázaro?
11. Según Lázaro (después de convertirse en amigo íntimo del cura), ¿cuál es el móvil de Don Manuel?
12. Según Don Manuel, ¿cuál es la religión verdadera?
13. ¿Qué representa Angela para Don Manuel?
14. ¿Cuál es la «tentación mayor» de Don Manuel?
15. ¿Qué aspecto simbólico tiene la escena de la muerte de Don Manuel?
16. ¿Cuál es la base de la analogía entre Don Manuel y Moisés?
17. ¿Cómo reacciona el pueblo ante la muerte de Don Manuel?
18. Según Lázaro, ¿cuáles son los dos tipos de hombres peligrosos?
19. ¿Qué consejo le da Lázaro al nuevo cura?
20. ¿Cuál es el juicio que hace Angela sobre la incredulidad de Don Manuel y de Lázaro?

Identificaciones

1. Renada
2. «un nogal matriarcal»
3. «¡Dios mío, Dios mío!, ¿por qué me has abandonado?»
4. la Simona
5. *La vida es sueño*
6. Augusto Pérez

Temas

1. La importancia de Angela como narradora
2. La función de las historias intercaladas (de la hija de la tía Ra-bona, del payaso, del reo, etcétera) en *San Manuel Bueno, mártir*

La poesía

Introducción a la poesía

I / *La poesía*

Hasta ahora, nadie ha podido dar una definición acertada de la poesía. ¿Qué es lo que hace que un escrito sea poesía y no prosa? Desafortunadamente no hay una respuesta satisfactoria para esta pregunta. Aristóteles (384–322 a.C.) explicaba la poesía como la *imitación de la naturaleza* (*mimesis*); Platón (¿427?–347 a.C.) la fundaba en el *entusiasmo;* el Marqués de Santillana (1398–1458) decía que es «fingimiento de cosas útiles, cubiertas o veladas con muy fermosa cobertura». Otros autores identifican la poesía con elementos tales como ideas e imágenes bellas, sentimientos profundos, etcétera; pero en la prosa también aparecen esos elementos. Frente a este tipo de prosa, que bien pudiéramos llamar «poética», existe una poesía que en vez de cantar narra, que parece prosa y por eso se llama *poesía narrativa*. Un buen ejemplo de ésta sería el poema «El momento más grave de la vida» del peruano César Vallejo (p. 172).

¿Dónde estará, entonces, la diferencia entre la prosa y la poesía? Se podría decir que lo que establece la diferencia es el *ritmo.* Cuando se cuenta algo, se puede añadir a lo que se cuenta un ritmo musical y entonces surge el *verso* como contrario de la *prosa*.

Ningún tema es en sí mismo poético, porque lo que hace que un texto sea prosa o poesía no tiene nada que ver con el tema que se transmite sino con el modo de transmitirlo, es decir, con el arte que utiliza el poeta para transmitirlo. Por lo contrario, se podría decir que cualquier tema puede ser objeto de un poema, incluso la misma definición de poesía se ha convertido en tema poético, tal como se puede comprobar al leer el poema del chileno Vicente Huidobro, «Arte poética», que figura en la sección antológica (p. 173).

La poesía, del griego *poiesis* [ποίησις] que significa *creación, fabricación, construcción*, es la expresión artística de la belleza por medio de la palabra sometida a un cierto ritmo y a una cierta medida; esto quiere decir que la poesía da al lenguaje musicalidad, sonoridad y armonía.

Platón y Aristóteles señalaron tres clases de poesía: poesía *lírica*, poesía *épica* y poesía *dramática*. La poesía lírica es *subjetiva* y, generalmente, el poeta, o el hablante poético, la utiliza para comunicar al lector sus sentimientos. La poesía épica es más *objetiva* ya que el poeta es una especie de narrador que cuenta hechos o hazañas; estas composiciones poéticas, cuando expresan grandes valores nacionales o universales, reciben el nombre de *epopeyas* o poemas épicos (p. 130). La poesía dramática es *subjetivo-objetiva* ya que, aunque se cuenten sentimientos íntimos, el poeta desaparece detrás de los personajes que representan el drama. En este capítulo se tratará de la poesía lírica y épica, dejando la poesía dramática para ser estudiada en el capítulo correspondiente al drama.

Es interesante notar que en la poesía, a fin de dar al lenguaje esa musicalidad de que antes se habló, las palabras se combinan siguiendo las reglas de la *Poética* (conjunto de normas relacionadas con la poesía) y forman unas estructuras fijas denominadas *estrofas* (*stanzas*); las estrofas, a su vez, están formadas por *versos* (generalmente cada línea es un verso); el verso es la unidad de la versificación y cada verso tiene su medida particular o *metro*.

Por consiguiente, llamaremos versificación al estudio del *verso*; y verso, siguiendo a Wolfgang Kayser en *Interpretación y análisis de la obra literaria* (1961), a la articulación de un grupo de unidades menores (sílabas) en una unidad ordenada. Esto quiere decir que esa unidad superior, a la que se llama *verso*, exige un orden que en español consiste en un *número determinado de sílabas* y en un cierto *ritmo*.

Antiguamente en las lenguas clásicas, latín y griego, el verso no se estructuraba como los versos en español y en otras lenguas románicas, sino que su versificación se fundaba en unidades de tiempo, es decir, en la medida del tiempo necesario para recitar los versos, clasificando con exactitud las sílabas en largas y breves. En chino, lo importante para la estructuración del verso es el timbre de la voz (*pitch*). En alemán, lo que se considera es el peso de las sílabas y se mide por el grado de acentuación. La poesía inglesa, basada también en la acentuación, tiene como unidad básica para medir el verso el *pie*, en lugar de la sílaba; generalmente un pie consiste de dos o tres sílabas una de las cuales es tónica (*stressed*). El siguiente ejemplo tendría cinco pies:

> Shall Í | compáre | thee tó | a súm | mer's dáy?
> (Shakespeare, «Sonnet XVIII»)

II / *Elementos de la versificación española*

Al examinar un poema en español se nota que los elementos más importantes de la versificación son dos: el *cómputo silábico* (número de sílabas) y el *ritmo* (la colocación del acento). Además hay otros elementos que también serán estudiados, tales como la *rima*, la *pausa*, el *encabalgamiento* y la *estrofa*.

Cómputo silábico: Fenómenos que afectan el metro de un verso

Clasificación de los versos

Al contar las sílabas de un verso, lo primero que hay que tener en cuenta es que no es lo mismo contar sílabas *comunes* o gramaticales que contar sílabas *poéticas*, ya que existen diversos fenómenos que afectan el cómputo silábico. En primer lugar hay que saber que en español cada verso puede ser de tres clases: verso *llano* (o *paroxítono*), verso *agudo* (u *oxítono*) y verso *esdrújulo* (o *proparoxítono*).

Para determinar cuando un verso es llano, agudo o esdrújulo hay que considerar si el verso termina en palabra llana, aguda o esdrújula. A este respecto, se debe recordar que una palabra es llana cuando lleva la fuerza de la voz en la penúltima sílaba: *ca*sa, ven*ta*na, etcétera; es aguda cuando dicha fuerza cae en la última sílaba: cora*zón*, ciu*dad*, doc*tor*, etcétera; y es esdrújula cuando la fuerza de la voz recae en la antepenúltima sílaba: *pú*blico, *pá*jaro, etcétera.

1. *Verso llano.* El verso llano se toma como norma para el cómputo de sílabas del verso porque la lengua española es fundamentalmente paroxítona; es decir, lo que más abunda son las palabras llanas. Cuando un verso es llano o paroxítono el número de sílabas gramaticales o comunes y el número de sílabas poéticas será el mismo. Por ejemplo, en el verso siguiente hay catorce sílabas comunes y catorce sílabas poéticas:

```
 1   2   3 4   5    6 7 8  9 10 11 12 13 14
¡Po-bre-ci-ta prin-ce-sa de los o-jos a-zu-les!
```

No sucede lo mismo cuando el verso es agudo o esdrújulo.

2. *Verso agudo.* Al contar las sílabas de un verso agudo, se añade una sílaba al número de sílabas gramaticales o comunes. La razón es que la palabra aguda, por tener el acento en la última sílaba, suena con mayor intensidad y requiere más espacio de tiempo; por eso se cuenta una sílaba más.

```
                    1   2   3 4 5 6 7 8 9
(verso llano)       Ju-ven-tud di-vi-no te-so-ro          = 9

                    1  2 3  4  5  6 7   8
(verso agudo)       ¡ya te vas pa-ra no vol-ver! (8 + 1)   = 9
```

3. *Verso esdrújulo.* Si el verso es esdrújulo, se cuenta una sílaba menos porque al poner la fuerza de la voz en la antepenúltima sílaba se pronuncia más rápidamente; por esa razón se suprime una sílaba.

```
                    1   2    3   4  5  6  7 8  9  10  11  12
(verso llano)       Mi-rad có-mo los ga-jos de las mag-no-lias     = 12

                    1 2  3   4  5   6   7 8  9  10 11 12 13
(verso esdrújulo)   a-gi-tan dul-ce-men-te las bri-sas cá-li-das (13 − 1)   = 12
```

La sinalefa

Otro fenómeno que afecta al cómputo silábico es la *sinalefa*. La sinalefa no es un fenómeno exclusivamente poético. Se observa fácilmente en el lenguaje hablado; no se dice, por ejemplo:

```
        1   2   3   4   5   6
      ¿Có-mo-es-tá-us-ted?
```
sino:
```
        1    2     3    4
      ¿Có-mo es-tá us-ted?
```

En el ejemplo hay seis sílabas según la división gramatical, pero sólo cuatro sílabas fonológicas (la sílaba fonológica es la unidad de pronunciación de una lengua). Lo mismo ocurre en la poesía; cuando una palabra termina en vocal y la siguiente empieza también con una vocal se cuenta una sola sílaba. A veces, esta unión, a la que se ha llamado *sinalefa*, puede reunir más de dos vocales.

```
        1      2    3  4
      Vol-vió a Eu-ro-pa
```

En la estrofa siguiente, se ven otros cinco ejemplos de sinalefa:

```
      1     2    3    4    5  6  7  8 9 10 11
    Mien-tras por com-pe-tir con tu ca-be-llo
```

```
    1 2 3   4    5    6   7   8     9   10 11
    o-ro bru-ñi-do al sol re-lum-bra en va-no,
```

```
      1      2    3   4   5   6     7     8    9   10 11
    mien-tras con me-nos-pre-cio en me-dio el lla-no
```

```
      1 2 3   4     5   6      7   8 9 10 11
    mi-ra tu blan-ca fren-te el li-rio be-llo.
```

Otros fenómenos que afectan el cómputo silábico: Licencias poéticas

A veces, el poeta, a fin de conservar el número de sílabas del verso, no sigue las normas establecidas del lenguaje; esto es lo que se entiende por licencia poética o licencia métrica. Así por ejemplo, en el primer verso de su «Soneto XI» (p. 140), el poeta Garcilaso de la Vega hizo uso de una licencia poética ya que dicho verso tiene doce sílabas gramaticales, pero el poeta, apartándose de la norma del lenguaje que establece que la palabra *río* tiene dos sílabas, *rí-o*, las redujo a una sola sílaba poética.

      Her-mo-sas nin-fas que, en el río me-ti-das

Respecto a las licencias poéticas hay que considerar tres clases de fenómenos: (1) *sinéresis*, (2) *diéresis* y (3) *hiato*.

1. *Sinéresis.* Es el fenómeno que se produce cuando en el interior de una palabra se unen dos vocales que generalmente no forman diptongo: poe-ta, leal-tad.

2. *Diéresis.* Es el fenómeno contrario de la sinéresis porque consiste en separar dos vocales que generalmente forman diptongo: sü-a-ve, rü-i-do.

3. *Hiato.* Es el fenómeno contrario a la sinalefa porque consiste en pronunciar separadamente dos vocales que, aunque perteneciendo a palabras diferentes, deberían pronunciarse juntas por sinalefa: *mú-si-cas de a-las.* Normalmente en este ejemplo habría cinco sílabas poéticas, debido a la sinalefa de las palabras *de_alas;* sin embargo el poeta se vale del *hiato* para obtener las seis sílabas que el ritmo de su verso necesita.

Ritmo

Como ya se ha dicho, el verso es la unidad más pequeña de la estructura del poema. Su ritmo se determina por la distribución de los acentos principales que son: 1) *acento estrófico,* 2) *acento rítmico* y 3) *acento extrarrítmico.*

1. *Acento estrófico.* Este es el acento más importante y corresponde siempre a la penúltima sílaba del verso; es decir, que si el verso tuviera *once* sílabas, el acento estrófico estaría en la *décima* sílaba; si tuviera *nueve,* estaría en la *octava* sílaba, y así sucesivamente. Por ejemplo, en el verso

   1 2 3   4   5 6 7 8
   Yo soy un hom-bre sin-<u>ce</u>-ro

   como tiene ocho sílabas, el acento estrófico está en la séptima sílaba la cual aparece subrayada.

2. *Acentos rítmicos.* Son los acentos en el interior del verso que coinciden con el acento estrófico en el sentido de que, si el acento estrófico corresponde a una sílaba impar, los acentos rítmicos estarán también en las sílabas impares; por ejemplo, en el verso anterior, como el acento estrófico está en la séptima sílaba que es impar, los acentos rítmicos estarán en las sílabas impares, es decir, en las sílabas *primera, tercera* y *quinta.* Si, por el contrario, el acento estrófico correspondiera a una sílaba par, los acentos rítmicos estarían en las sílabas pares. Por ejemplo, en un verso de once sílabas, como el acento estrófico estaría en la *décima* sílaba, la cual es sílaba par, los acentos rítmicos corresponderían a las sílabas pares: *segunda, cuarta, sexta* y *octava.*

3. *Acentos extrarrítmicos.* Son los demás acentos que no coinciden con el acento estrófico en el hecho de hallarse en las sílabas pares o impares.

III / *Clasificación de los versos según el número de sílabas*

En cuanto al número de sílabas, hay versos desde dos hasta catorce sílabas inclusive. Si el verso tiene dos sílabas, se llama *bisílabo;* si tiene tres, *trisílabo;* si tiene cuatro, *tetrasílabo,* y así sucesivamente. En el Apéndice 2 hay una clasificación muy detallada de los versos en cuanto al número de sílabas así como numerosos ejemplos que facilitan la comprensión.

En español los versos más importantes son el *heptasílabo* (verso de siete sílabas), el *octosílabo* (verso de ocho sílabas), el *endecasílabo* (verso de once sílabas) y el *alejandrino* (verso de catorce sílabas).

1. **Verso heptasílabo.** El heptasílabo se emplea principalmente en combinación con el endecasílabo para formar estrofas como la *lira* y la *silva* compuestas de versos combinados de siete y de once sílabas. El ejemplo siguiente corresponde a una *lira.*

Si de mi baja lira	7
tanto pudiese el son, que en un momento	11
aplacase la ira	7
del animoso viento,	7
y la furia del mar y el movimiento.	11
(Garcilaso de la Vega, «Canción V»)	

También se emplea el verso heptasílabo en la composición del alejandrino, el cual está formado por dos versos heptasílabos tal como se ve en el ejemplo siguiente.

La princesa está triste. | ¿Qué tendrá la princesa?	7 + 7
Los suspiros se escapan | de su boca de fresa	7 + 7
que ha perdido la risa, | que ha perdido el color	7 + 7
(Rubén Darío, «Sonatina»)	

2. **Verso octosílabo.** El octosílabo es la medida más popular; se ha utilizado para los *romances,* los *corridos mexicanos,* la *canción,* etcétera. El ejemplo siguiente corresponde a *Martín Fierro,* obra escrita también en versos octosílabos por el poeta argentino José Hernández.

Aquí me pongo a cantar
al compás de la vigüela,
que el hombre que lo desvela
una pena extraordinaria,
como la ave solitaria
con el cantar se consuela.

A continuación sigue el ejemplo de un corrido mexicano dedicado a Emiliano Zapata.

Voy a cantar el corrido
de la traición insensata
en que perdió el caudillo
don Emiliano Zapata.
Fue en el año diecinueve
mismo de mil novecientos
y era en el nueve de abril
cuando sucedió el suceso.

3. *Verso endecasílabo.* El endecasílabo es el verso más rico, flexible y armonioso. De origen italiano fue ensayado por el Marqués de Santillana y alcanzó su mayor perfección con Garcilaso de la Vega.

4. *Verso alejandrino.* El verso alejandrino fue usado en las canciones épicas medievales sobre Alejandro Magno, de ahí su nombre «alejandrino». Ya en el siglo XIII, el poeta Gonzalo de Berceo lo adoptó para expresar su poesía.

Versos de arte mayor y de arte menor

Los versos comprendidos entre dos y ocho sílabas, se llaman tradicionalmente de *arte menor* y los versos de nueve sílabas en adelante se denominan de *arte mayor*.

Muchas veces los versos de arte mayor son el resultado de la combinación de versos de arte menor. Así, por ejemplo, el poeta colombiano José Asunción Silva en el poema titulado *Nocturno* ha usado versos de veinticuatro sílabas, aunque en realidad son seis grupos de versos de cuatro sílabas escritos consecutivamente.

por los cielos	azulosos	infinitos	y profundos	esparcía	su luz blanca
4	+ 4	+ 4	+ 4	+ 4	+ 4

IV / *Otros elementos importantes de la versificación española*

Rima

Otro elemento de la versificación española es la *rima*. Aunque la poesía moderna se caracterice por la falta de rima, no se puede negar que la rima sirve para fijar con mayor precisión el ritmo.

La rima, según Antonio Quilis en su estudio *Métrica española* (1969), es la total o parcial identidad acústica entre dos o más versos, de los fonemas situados a partir de la última sílaba tónica, entendiendo por sílaba tónica la que recibe la fuerza de la voz y por *fonema* la más pequeña unidad fonológica de la lengua. En inglés, por ejemplo, las palabras *pin* y *bin* se diferencian en un solo fonema, así como se diferencian en un solo fonema las palabras españolas *cara* y *cada*. La rima puede ser *consonante* o *asonante*.

1. *Rima consonante*. Hay rima consonante cuando existe identidad fonética, o sea, igualdad de todos los sonidos, vocálicos y consonánticos, entre dos o más versos, a partir de la última sílaba tónica.

Yo no sé si eres muerte o eres v<u>ida</u>,   A
si toco rosa en ti, si toco estr<u>ella</u>,   B
si llamo a Dios o a ti cuando te ll<u>amo</u>.   C

Junco en el agua o sorda piedra her<u>ida</u>   A
sólo sé que la tarde es ancha y b<u>ella</u>,   B
sólo sé que soy hombre y que te <u>amo</u>.   C
(Dámaso Alonso, «Ciencia de amor»)

¡Ya viene el cort<u>ejo</u>!   a
¡Ya viene el cortejo! Ya se oyen los claros clar<u>ines</u>.   B
La espada se anuncia con vivo refl<u>ejo</u>;   A
ya viene, oro y hierro, el cortejo de los palad<u>ines</u>.   B
(Rubén Darío, «Marcha triunfal»)

Allí la pobre cay<u>ó</u>   a
de rodillas sobre el s<u>uelo</u>,   b
alzó los ojos al c<u>ielo</u>   b
y cuatro credos rez<u>ó</u>.   a
(Estanislao del Campo,
Fausto)

Para marcar la rima se usan las letras mayúsculas y minúsculas del alfabeto. Las mayúsculas representan versos de arte mayor y las minúsculas de arte menor; ø significa que el verso es blanco, es decir, sin rima. Así en los versos del primer ejemplo, se ha marcado la terminación -*ida* con una A, la terminación -*ella* con una B y la terminación -*amo* con una C, dando como resultado el esquema, ABC, ABC. En el segundo ejemplo, los versos primero y tercero tienen la misma rima, pero el primero ha sido marcado con una *a* minúscula porque, por tratarse de un verso de seis sílabas, es de arte menor. En el tercer ejemplo el esquema de la rima aparece con letras minúsculas porque se trata de versos octosílabos, o sea de arte menor.

2. *Rima asonante*. Existe rima asonante cuando la identidad fonética ocurre solamente en las vocales, específicamente a partir de la última vocal tónica.

1ᵉʳ ejemplo: La más bella niña
de nuestro lug<u>ar</u>,
hoy viuda y sola
y ayer por cas<u>ar</u>,
viendo que sus ojos
a la guerra v<u>an</u>
a su madre dice
que escucha su m<u>al</u>:
dejadme llor<u>ar</u>
orillas del m<u>ar</u>.
(Luis de Góngora, «Romancillo»)

En este ejemplo, el poeta ha empleado la rima asonante en _a_ en los versos pares y en los dos últimos que forman estribillo (_refrain_). Los versos impares no tienen rima; este tipo de verso se llama _verso suelto_ o _blanco_ (_blank verse_ en la poética inglesa). No se debe confundir el verso blanco con el verso libre; el verso libre no solamente no tiene rima sino que también carece de medida precisa, de ahí su nombre de _verso libre_.

2do ejemplo:

> La luna vino a la fragua
> con su polisón de nardos.
> El niño la mira, mira.
> El niño la está mirando.
> En el aire conmovido
> mueve la luna sus brazos
> y enseña, lúbrica y pura,
> sus senos de duro estaño.
> (Federico García Lorca,
> «Romance de la luna, luna»)

En este segundo ejemplo también tenemos rima asonante en _a-o_ en los versos pares.

La observación más importante respecto a la rima asonante es que si alguna de las sílabas que la forman fuera una sílaba con diptongo, la vocal débil que forma el diptongo no se tomaría en cuenta para la rima. Así, hay rima asonante entre palabras como _lluvia_ (u-a) y _tumba_ (u-a).

Otras clases de rima

Según la ordenación de las rimas, éstas se clasifican en _rima abrazada_, _rima encadenada_ o _cruzada_, _rima gemela_ y _rima continua_.

1. _Rima abrazada._ Sucede cuando el esquema de la rima es del tipo abba, cddc, ... , o ABBA, CDDC, ... , etcétera.

Hombres necios que acusáis	a
a la mujer sin razón,	b
sin ver que sois la ocasión	b
de lo mismo que culpáis.	a
(Sor Juana Inés de la Cruz, «Redondillas»)	

2. _Rima encadenada o cruzada._ Se produce esta rima cuando el orden es del tipo abab..., cdcd..., o ABAB..., CDCD..., etcétera.

Dichoso el árbol, que es apenas sensitivo,	A
y más la piedra dura porque ésa ya no siente,	B
pues no hay dolor más grande que el dolor de ser vivo	A
ni mayor pesadumbre que la vida consciente.	B
(Rubén Darío, «Lo fatal»)	

3. _Rima gemela._ Ocurre este tipo de rima cuando el esquema es del tipo aa, bb, cc, dd, ... , o AA, BB, CC, DD, ... , es decir, una serie de pareados o estrofa de dos versos.

¡Por qué tú te rebelas! ¡Por qué tu ánimo agitas!	A
¡Tonto! ¡Si comprendieras las dichas infinitas	A
de plegarse a los fines del Señor que nos rige!	B
¿Qué quieres? ¿Por qué sufres? ¿qué sueñas? ¿qué te aflige?	B
¡Imaginaciones que se extinguen en cuanto	C
aparecen... En cambio, yo canto, canto, canto!	C
Canto, mientras tú penas, la voluntad ignota;	D
canto, cuando soy chorro; canto cuando soy gota,	D
y al ir, Proteo extraño, de mi destino en pos,	E
murmuro: —¡Que se cumpla la santa ley de Dios!	E

(Amado Nervo, «La hermana agua»)

4. *Rima continua.* Se produce esta rima cuando todos los versos de una estrofa riman entre sí; en este caso se llama *estrofa monorrima:*

Como dice Salamo y dice la verdad:	A
Que las cosas del mundo todas son vanidad,	A
Todas las pasaderas vanse con la edad,	A
Salvo amor de Dios, todas son liviandad.	A

(Arcipreste de Hita, *Libro de buen amor*)

Pausas

Anteriormente se ha mencionado la combinación de versos de arte menor para formar versos de arte mayor. Así, por ejemplo, el verso alejandrino (catorce sílabas) que aparece en el *Cantar de Mío Cid* es una combinación de dos grupos de versos heptasílabos o dos *hemistiquios* (*hemistich*)—se llama hemistiquio a la mitad de un verso—separados por una pausa que en este caso recibe el nombre de *cesura* (*caesura* o *cut*). Por consiguiente, se puede definir la cesura como la pausa que divide al verso en dos hemistiquios iguales o desiguales.

Estas palabras dichas—la tienda recogida

1er hemistiquio   2do hemistiquio

(7 sílabas)   (7 sílabas)

Para el cómputo silábico del verso, cada hemistiquio es una unidad independiente: no admite sinalefa y hay que tener en cuenta si el verso es agudo, llano o esdrújulo.

Las pausas son importantes y todavía hay otros dos tipos que deben ser considerados: la *pausa estrófica* y la *pausa versal.* Llamamos pausa *estrófica* a la que tiene lugar al final de cada estrofa. Es pausa *versal* la que se produce al final de cada verso; ambas son indispensables.

Encabalgamiento

Es interesante notar que a veces existe un desequilibrio entre la pausa versal y la sintaxis del verso, es decir, la pausa versal se reduce al mínimo porque la oración que comenzó en un verso continúa en el

verso siguiente; este fenómeno recibe el nombre de *encabalgamiento*
(*enjambment*) ya que el sentido del verso cabalga sobre el verso
siguiente.

> Cerrar podrá mis ojos la postrera
> sombra, que me llevare el blanco día.
> > (Francisco de Quevedo,
> > «Soneto 471»)

> Rodado por las ruedas
> de los relojes.
> > (Leopoldo Lugones,
> > «La blanca soledad»)

La estrofa

De la misma manera que antes se dijo que las palabras se ordenan en
una unidad superior que se denomina *verso*, ahora se puede decir que
los versos se ordenan en unidades superiores denominadas *estrofas*.
La estrofa es, pues, una unidad estructural mayor que el verso y menor
que el poema. Generalmente cada estrofa se compone de dos o más
versos que forman cualquiera de las partes o divisiones de una composición poética.

Tipos de estrofa

Los principales tipos de estrofa, teniendo en cuenta el número de versos, son los siguientes:

DOS VERSOS:

Pareado: AA; aa; aA; Aa.

> Si al principio no te muestras cómo eres,   A
> no podrás hacerlo cuando tú quisieres.   A
> > (Don Juan Manuel, *El conde Lucanor*)

TRES VERSOS:

Terceto: AØA

> Y en este titubeo de aliento y agonía,   A
> cargo lleno de penas lo que apenas soporto.   Ø
> ¿No oyes caer las gotas de mi melancolía?   A
> > (Rubén Darío, «Melancolía»)

Terceto encadenado: ABA BCB CDC...

> No he de callar, por más que con el dedo,   A
> ya tocando la boca y ya la frente,   B
> silencio avises o amenaces miedo.   A

> ¿No ha de haber un espíritu valiente?   B
> ¿Siempre se ha de sentir lo que se dice?   C
> ¿Nunca se ha de decir lo que se siente?   B
> > (Francisco de Quevedo,
> > «Epístola censoria»)

CUATRO VERSOS:

Cuarteto o copla de arte mayor: ABBA

Vuelve hacia atrás la vista, caminante,	A
verás lo que te queda de camino;	B
desde el oriente de tu cuna, el sino	B
ilumina tu marcha hacia adelante.	A

(Miguel de Unamuno,
«De Fuerteventura a París»)

Serventesio: ABAB

Mi infancia son recuerdos de un patio de Sevilla,	A
y un huerto claro donde madura el limonero;	B
mi juventud, veinte años en tierras de Castilla;	A
mi historia, algunos casos que recordar no quiero.	B

(Antonio Machado, *Campos de Castilla*)

Redondilla o copla de arte menor: abba

Cultivo una rosa blanca	a
en julio como en enero,	b
para el amigo sincero	b
que me da su mano franca.	a

(José Martí, *Versos sencillos*)

Cuarteta: abab

En el corazón tenía	a
la espina de una pasión,	b
logré arrancármela un día:	a
ya no siento el corazón.	b

(Antonio Machado, *Soledades*)

CINCO VERSOS:

Lira: aBabB (combinación de versos heptasílabos y endecasílabos)

¡Qué descansada vida	a
la del que huye del mundanal ruido	B
y sigue la escondida	a
senda, por donde han ido	b
los pocos sabios que en el mundo han sido!	B

(Fray Luis de León, «Vida retirada»)

OCHO VERSOS:

Octava real: ABABABCC

La furia del herirse y golpearse,	A
andaba igual, y en duda la fortuna,	B
sin muestra ni señal de declararse	A
mínima de ventaja en parte alguna:	B
ya parecían aquéllos mejorarse;	A
ya ganaban aquéstos la laguna;	B
y la sangre de todos derramada	C
tornaba la agua turbia, colorada.	C

(Alonso de Ercilla, *La Araucana*)

V / *El poema*

El poema es una unidad estructural superior a la estrofa. Un poema puede estar constituido por una o por varias estrofas. Hay *poemas estróficos* o divididos en estrofas y *poemas no estróficos*.

Poemas estróficos

Los poemas estróficos más importantes son el *soneto* y la *letrilla*.

1. *El soneto.* Es una combinación de catorce versos los cuales están estructurados en dos cuartetos seguidos por dos tercetos. El esquema de la rima más general es ABBA, ABBA, CDC, DCD, aunque son posibles otros esquemas. El ejemplo de *soneto* que a continuación se da sirve para recordar la estructura del soneto mismo; su autor es Lope de Vega:

Un soneto me manda hacer Violante,	A
que en mi vida me he visto en tanto aprieto;[1]	B
catorce versos dicen que es soneto,	B
burla burlando van los tres delante.	A
Yo pensé que no hallara consonante	A
y estoy a la mitad de otro cuarteto,	B
mas si me veo en el primer terceto,	B
no hay cosa en los cuartetos que me espante.[2]	A
Por el primer terceto voy entrando,	C
y parece que entré con pie derecho	D
pues fin con este verso le voy dando.	C
Ya estoy en el segundo y aun sospecho	D
que voy los trece versos acabando:	C
contad si son catorce y está hecho.	D

[1] dificultad
[2] dé miedo

Es muy común encontrar en la poesía hispanoamericana sonetos formados con serventesios ABAB, ABAB.

Como viejos curacas[1] van los bueyes[2]
camino de Trujillo, meditando...
Y al hierro de la tarde, fingen reyes
que por muertos dominios van llorando.

En el muro de pie, pienso en las leyes
que la dicha y la angustia van trocando:
ya en las viudas pupilas de los bueyes
se pudren sueños que no tienen cuándo.

La aldea, ante su paso, se reviste
de un rudo gris, en que un mugir[3] de vaca
se aceita en sueño y emoción de huaca.[4]

Y en el festín del cielo azul yodado
gime en el cáliz de la esquila triste
un viejo coraquenque[5] desterrado.

(César Vallejo, «Nostalgias imperiales»)

[1] jefe de un conglomerado de indios del imperio inca
[2] *oxen*
[3] sonido que producen las vacas
[4] tesoro enterrado
[5] persona nacida en Coracora (distrito del departamento de Ayacucho, Perú)

2. *La letrilla.* Es una composición poética de versos cortos con un *estribillo* (*refrain*) de uno o más versos repetidos a intervalos iguales. Son famosas las letrillas de Góngora «Andeme yo caliente, y ríase la gente» y la de Quevedo «Poderoso caballero es don Dinero».

> Andeme yo caliente,
> y ríase la gente.
>
> Traten otros del gobierno
> del mundo y sus monarquías,
> mientras gobiernan mis días
> mantequillas y pan tierno,
> y las mañanas de invierno
> naranjada y aguardiente,
> y ríase la gente.

Poemas no estróficos

Entre los poemas no estróficos se estudiarán el *romance*, la *silva* y el *poema de versos libres*.

1. *Romance.* El romance tiene un número indeterminado de versos octosílabos (de ocho sílabas) con rima asonante en los versos pares, quedando sin rimas los impares. El esquema de rima sería ØaØaØaØaØa... Como ejemplo se puede ver el romance de «El conde Arnaldos» en la sección antológica (p. 138).

2. *La silva.* Es un poema formado por versos endecasílabos y heptasílabos que alternan en diferentes formas. Es famosa la silva «A la agricultura de la zona tórrida» del poeta venezolano Andrés Bello.

> ¡Salve, fecunda zona,
> que al sol enamorado circunscribes
> el vago curso, y cuanto ser se anima
> en cada vario clima,
> acariciada de su luz, concibes!

Otro buen ejemplo de silva lo encontramos en la *Egloga I* de Garcilaso de la Vega:

> Saliendo de las ondas encendido,
> rayaba de los montes el altura[1]
> el sol, cuando Salicio, recostado
> al pie de un alta haya,[2] en la verdura,
> por donde un agua clara con sonido
> atravesaba el fresco y verde prado,
> él, con canto acordado[3]
> al rumor que sonaba,
> del agua que pasaba,
> se quejaba tan dulce y blandamente
> como si no estuviera de allí ausente
> la que de su dolor culpa tenía;
> y así, como presente,
> razonando con ella, le decía.

[1] la altura
[2] tipo de árbol
[3] armonioso

3. *El poema de versos libres.* Es un poema que puede no tener estrofas, ni rima, ni medida de versos, pero que conserva los otros elementos que hacen posible la función poética. Sirva como ejemplo «El momento más grave de la vida» de César Vallejo que aparece en la sección antológica (p. 172).

Otras formas de poesía: Poesía concreta

Como ya se ha dicho, el elemento básico de la poesía es la palabra; pero, ¿qué son las palabras? Se podría decir que son simplemente un conjunto de signos lingüísticos (significante) que tienen un significado convencional que da el diccionario—denotación—y otro significado emotivo, sugerido—connotación. Así, por ejemplo, la palabra *perro* según la *referencia de objeto* que da el diccionario se refiere a un animal carnívoro y doméstico del tipo de los mamíferos; pero, según la *referencia de interpretante*, la palabra *perro* sugiere la idea de fidelidad, de seguridad (el perro cuida la casa), etcétera. Este poder sugeridor de la palabra hace que un poema no se componga sólo de palabras, sino de intenciones, de significaciones profundas.

Así nacieron los llamados *ideogramas* que son una representación de ideas por medio de imágenes gráficas; los *caligramas* que vienen a ser un dibujo compuesto de palabras y los *topoemas*, de Octavio Paz, en donde el poema deja de ser una alineación sintáctica de palabras, para convertirse en un espacio, es decir, en un lugar en donde se mezclan los elementos lingüísticos y los elementos visuales—círculos, líneas, palabras invertidas, diferentes tipos de letras, etcétera. Al unirse los dos sistemas el lingüístico y el gráfico, la poesía es más emotiva, más sugeridora y se multiplican las significaciones simbólicas.

Esta es la base de la *poesía concreta* o *espacial* en donde el lenguaje es considerado desde el punto de vista fonético y visual. Esta dualidad de elementos hace que el poema se transforme en un enigma y que el lector sea el único que pueda desentrañar o descifrar los significados que encierra. Además de la muy conocida poesía concreta del norteamericano e.e. cummings, el chileno Vicente Huidobro, nos ofrece un buen ejemplo en «La capilla aldeana» que figura en la sección antológica (p. 174), y el poema del mexicano Octavio Paz, «Cifra» (p. 191), es también un ejemplo excelente de este tipo de poesía.

Práctica

Contéstense estas preguntas sobre los cuatro poemas que siguen.

1. ¿Cuál es el cómputo silábico de cada poema?
2. ¿Hay ejemplos de versos a) heptasílabos, b) octosílabos, c) endecasílabos o d) alejandrinos?

3. ¿Qué poemas son ejemplos de arte mayor y cuáles de arte menor?
4. ¿Qué tipo de rima se emplea en cada poema?
5. ¿Cuáles son poemas estróficos? En los poemas estróficos, ¿qué tipo de estrofa se emplea?
6. ¿Qué forma poética tiene la obra de Quevedo? ¿Qué elemento extraordinario se ve en ese poema?

a. «El que espera desespera»,
dice la voz popular,
¡Qué verdad tan verdadera!

La verdad es lo que es,
y sigue siendo verdad
aunque se piense al revés.
(Antonio Machado,
Campos de Castilla, «XXX»)

b. Bueno es saber que los vasos
nos sirven para beber;
lo malo es que no sabemos
para qué sirve la sed.
(Antonio Machado,
Campos de Castilla, «XLI»)

c.   CANSANCIO
Está cansada ya de gritar mi laringe,[1]
interrogando a cada mundo del firmamento;
está cansado ya mi pobre pensamiento
de proponer enigmas a la inmutable Esfinge[2]...

¡A qué pensar, a qué lanzar nuestro reproche
a lo desconocido!
¡Comamos y bebamos!
¡Quizás es preferible que nunca comprendamos
el enorme secreto que palpita en la noche!
(Amado Nervo, *Serenidad*)

d.   CELEBRA A UNA DAMA POETA,
      LLAMADA ANTONIA
Antes alegre andaba; agora apenas
alcanzo alivio, ardiendo aprisionado;
armas a Antandra aumento acobardado;
aire abrazo, agua aprieto, aplico arenas.

Al áspid adormido, a las amenas
ascuas acerco atrevimiento alado;
alabanzas acuerdo al aclamado
aspecto, a quien admira antigua Atenas.

Agora, amenazándome atrevido,
Amor aprieta aprisa arcos, aljaba;
aguardo al arrogante agradecido.

Apunta airado; al fin, amando, acaba
aqueste amante el árbol alto asido,
adonde alegre, ardiendo, antes amaba.
(Francisco de Quevedo,
El Parnaso Español)

[1] *larynx*
[2] *Sphynx*

El lenguaje literario

I / *El lenguaje literario*

El lenguaje es el elemento esencial de la literatura, pero ésta es a la vez una creación lingüística y una creación artística. Para hacer de la literatura una creación artística, el escritor se vale de ciertos recursos, entre ellos las *figuras estilísticas* o *retóricas* y los *tropos*. El lenguaje literario se utiliza en todos los géneros, pero sobre todo en la poesía.

II / *Figuras retóricas*

Existen dos clases de figuras retóricas: (1) las figuras llamadas de *pensamiento* que, como su nombre lo indica, no dependen tanto de la forma lingüística como del asunto, de la idea, del pensamiento, y que subsisten aunque se altere el orden de las palabras; y (2) las figuras llamadas de *lenguaje* o de *dicción* que se basan en la colocación especial de las palabras en la oración; de tal modo que, si se cambiara su orden, desaparecería la figura.

Figuras de pensamiento

Las figuras de pensamiento se pueden clasificar en tres grupos, teniendo en cuenta el efecto que producen en la obra literaria:

1. *Figuras patéticas* cuyo efecto es despertar emociones; se debe destacar la *hipérbole*, la *prosopopeya* o *personificación* y el *apóstrofe*.

2. *Figuras lógicas* cuyo efecto es poner de relieve una idea. Entre ellas tenemos el *símil*, la *antítesis*, la *paradoja*, la *sinestesia* y el *clímax*.

3. *Figuras oblicuas* o *intencionales* cuyo efecto es expresar los pensamientos de un modo indirecto de acuerdo con la intención del autor; entre ellas podemos citar la *perífrasis*.

1. *Figuras patéticas*

    a. *Hipérbole.* Consiste en exagerar las cosas aumentando o disminuyendo la verdad de lo que se dice (se usa también en el lenguaje ordinario, por ejemplo, «tengo un sueño que me muero»). Veamos otro ejemplo en el soneto «A una nariz» de Francisco de Quevedo:

Erase un naricísimo infinito,
muchísimo nariz, nariz tan fiera,
que en la cara de Anás fuera delito.

b. *Prosopopeya o personificación.* Consiste en atribuir cualidades propias de los seres animados y corpóreos a los inanimados y, en particular, los atributos humanos a otros seres animados o inanimados.

Empieza el llanto
de la guitarra.
....
Llora monótona
como llora el agua,
como llora el viento
sobre la nevada.
(Federico García Lorca,
Poema del cante jondo)

c. *Apóstrofe.* Es una especie de invocación que el escritor dirige a una determinada persona o a otros seres ya sean animados o inanimados.

Río verde, río verde,
más negro vas que la tinta
entre ti y Sierra Bermeja
murió gran caballería.
(de *Romances fronterizos*)

2. *Figuras lógicas*

a. *Símil o comparación.* Expresa de una manera explícita la semejanza entre dos ideas valiéndose de las partículas *como* y *cual.*

... y le hice sentir el fierro
y ya salió *como el perro*
cuando le pisan la cola.
(José Hernández,
Martín Fierro)

b. *Antítesis o contraste.* Es una contraposición de conceptos; es decir, una asociación de conceptos por contraste.

... que ya tengo
blanca mi color *morena.*
(Rafael Alberti,
«Joselito en su gloria»)

... se *apagaron* los faroles
y se *encendieron* los grillos.
(Federico García Lorca,
«La casada infiel»)

c. *Paradoja.* Como dice Pelayo H. Fernández (*Estilística*, 1975), «la paradoja es una antítesis superada» porque une ideas, contradictorias por naturaleza, en un mismo pensamiento el cual generalmente encierra una verdad profunda.

> ...este vivir que es el vivir desnudo
> ¿no es acaso *la vida de la muerte?*
> (Miguel de Unamuno,
> «La vida de la muerte»)

d. *Sinestesia.* Es la descripción de una experiencia sensorial en términos de otra; los modernistas usaron mucho esta figura.

> Bajo la sensación del cloroformo
> me hacen temblar con alarido interno
> la luz de acuario de un jardín moderno,
> y el *amarillo olor* del cloroformo.
> (Ramón del Valle-Inclán,
> «Rosa del sanatorio»)

En el lenguaje ordinario también se usa la sinestesia, por ejemplo, «colores chillones (*shocking*)».

e. *Clímax.* Se llama también *gradación* porque expresa una cadena o serie de pensamientos que siguen una progresión ascendente o descendente.

> ...no sólo en plata o viola truncada
> se vuelva, mas tú y ello juntamente
> *en tierra, en humo, en polvo, en sombra, en nada.*
> (Luis de Góngora, «Soneto»)

3. Figuras oblicuas

Perífrasis o circunlocución. Se llama también «rodeo de palabras». Resulta de mencionar una persona o cosa cualquiera no dándole su propio nombre, sino el de alguna cualidad o circunstancia suya a fin de que podamos reconocerla; a veces puede ser extensa y suele guardar relación con otros recursos estilísticos como la hipérbole y la metáfora. «El ciego dios del amor» sería una manera perifrástica de referirse a Cupido, por ejemplo.

> Las piquetas de los gallos } Significa el *amanecer.*
> cavan buscando la aurora.
> (Federico García Lorca,
> «Romance de la
> pena negra»)

Figuras de lenguaje o de dicción

Estas figuras se pueden producir de cuatro maneras y a continuación se mencionan las figuras principales:

1. Añadiendo palabras resulta el *epíteto.*
2. Suprimiendo palabras tenemos el *asíndeton.*

3. Repitiendo palabras se originan la *anáfora* y el *polisíndeton*.

4. Combinando las palabras resultan la *aliteración*, la *onomatopeya* y el *hipérbaton*.

1. Añadiendo palabras

Epíteto. Es el adjetivo que, colocado delante del sustantivo, expresa una cualidad de alguna persona o cosa. Hay que tener presente que la presencia de este adjetivo no es necesaria para el sentido de la frase. Por ejemplo, en «el *terrible* Caín», *terrible* es el adjetivo que modifica a Caín innecesariamente porque ya se sabe que Caín era terrible. Otro ejemplo sería «la *blanca* nieve». Son epítetos las frases asociadas con ciertos personajes célebres—reyes, héroes—como, por ejemplo, Pedro el Cruel.

2. Suprimiendo palabras

Asíndeton. Consiste en omitir las conjunciones para dar a la frase mayor dinamismo. Ejemplo: «*Veni, vidi, vici*», («vine, vi, vencí») de Julio César. Otro buen ejemplo se encuentra en los versos de Federico García Lorca:

> Verte desnuda es recordar la tierra,
> la tierra lisa, limpia de caballos,
> la tierra sin mi junco, forma pura,
> cerrada al porvenir, confín de plata.

3. Repitiendo palabras

a. *Anáfora*. Es una repetición de palabras al principio de un verso o al principio de frases semejantes.

> *Aquí tengo* una voz decidida,
> *aquí tengo* una vida combatida y airada,
> *aquí tengo* un rumor, *aquí tengo* una vida.
> (Miguel Hernández, «Recoged esta voz»)

b. *Polisíndeton*. Consiste en usar más conjunciones de las necesarias para dar a la frase una mayor solemnidad.

> ... se queda, como se quedan los lagos y las montañas y las santas almas
>   sencillas.
>   (Miguel de Unamuno, *San Manuel Bueno, mártir*)

4. Combinando las palabras

a. Aliteración. Es una repetición del sonido inicial en varias palabras de un mismo verso, estrofa o frase.

> Si piensas que no soy su dueño, Alcino,
> suelta y verás si a mi choza viene
> que aún tienen sal las manos de su dueño.
>   (Lope de Vega, *Rimas humanas*)

b. *Onomatopeya*. Consiste en imitar sonidos reales por medio del ritmo de las palabras.

vuela la sensación, que al fin se borra
verde mosca, *zumbándome* en la frente.
(**Ramón del Valle-Inclán,**
«**Rosa del sanatorio**»)

c. *Hipérbaton.* Consiste en invertir el orden acostumbrado de las palabras en la oración.

     2   3   6
Abanicos de aplausos, en bandadas,
    4   1   5
descienden, giradores, del tendido,
   8   7   9
la ronda a coronar de los espadas.[1]
(**Rafael Alberti,**
«**Corrida de toros**»)

[1] toreros

III / *Tropos*

Existen dos tipos de lenguaje: lenguaje directo y lenguaje figurado (*figurative language*). Por ejemplo, si a un león se le llama *león*, se usa la palabra en sentido directo; pero si a un hombre se le llama *león*, la usamos en sentido figurado. Por lo tanto, hay que tener en cuenta que las palabras pueden usarse en sentido directo o literal, pero también pueden implicar otro sentido que el literal, el *sentido figurado*. Esta manera de expresión figurada es lo que se llama «tropo» (*trope*), que significa en griego *cambio, vuelta, rodeo*, es decir, un cambio de significado. Los tropos principales son: la *metonimia*, la *sinécdoque*, la *metáfora*, la *alegoría*, la *parábola* y el *símbolo*.

1. *Metonimia.* Es cuando se da a un objeto el nombre de otro por una relación de causa u origen. Ejemplos: «compró un *Picasso*» (Picasso es el origen del cuadro); «vive de su *trabajo*» (el trabajo origina el dinero que se necesita para vivir); «le gusta leer a *Chaucer*» (Chaucer es quien ha originado las obras). En general se puede decir que la metonimia consiste en designar una cosa con el nombre de otra en virtud de una relación real entre ambas.

    Aquel país fue su *cuna* y su *sepulcro*
              ↓   ↓
        nacimiento muerte

2. *Sinécdoque.* Consiste en designar un objeto con el nombre de otro debido a que hay una relación de coexistencia. La sinécdoque más usada es la que designa el todo por la parte. Ejemplos: «Hay que ganar el *pan* de cada día» (se refiere a todas las cosas para las necesidades diarias porque el pan coexiste con las demás cosas); «sólo asistieron diez *almas* al concierto» (se refiere a diez personas porque el alma coexiste con la persona). La sinécdoque es, por lo tanto, una especie de metonimia.

3. *Metáfora.* Es el tropo más común. La metáfora es una identificación de un objeto con otro en virtud de una relación de semejanza que hay entre ellos, es decir, una comparación. Ejemplos: «su risa es hielo» (la semejanza está en el *frío*); «aquel chico es un tesoro» (la semejanza está en el *valor*); «la vida es sueño» (la semejanza está en el *poco valor* de la vida considerada como un sueño).

4. *Alegoría.* Es una metáfora continuada a lo largo de una composición literaria o parte de ella. Ejemplo: la obra de teatro, *El gran teatro del mundo* de Pedro Calderón de la Barca es una alegoría porque la vida es como un teatro y los seres humanos somos los actores.

5. *Parábola.* Es una alegoría que tiene intención didáctica (una enseñanza o lección moral). Ejemplo: la parábola bíblica del hijo pródigo (*the prodigal son*). La alegoría y la parábola facilitan la comprensión de los conceptos abstractos.

6. *Símbolo.* Es una relación entre dos elementos, uno concreto, sensorial, y el otro abstracto, de tal manera que el elemento concreto revele lo abstracto. Teniendo en cuenta que la realidad expresada por el símbolo es abstracta, su naturaleza es necesariamente difusa, lo cual quiere decir que el símbolo no representa una identificación perfecta. Ciertos símbolos usados con frecuencia se convierten en *emblemas* fácilmente reconocibles (la *cruz* como símbolo del cristianismo, la *rosa* como símbolo del amor, etcétera). Un buen ejemplo de símbolo se encuentra en el siguiente soneto de Unamuno en el cual se utiliza el *buitre* (*vulture*) como símbolo de la *muerte*.

> Este *buitre* voraz de ceño torvo
> que me devora las entrañas fiero
> y es mi único constante compañero
> labra mis penas con su pico corvo.
>
> El día en que le toque el postrer sorbo
> apurar de mi negra sangre, quiero
> que me dejéis con él solo y señero
> un momento, sin nadie como estorbo.
>
> Pues quiero, triunfo haciendo mi agonía,
> mientras él mi último despojo traga
> sorprender en sus ojos la sombría
>
> mirada al ver la suerte que le amaga
> sin esta presa en que satisfacía
> el hambre atroz que nunca se le apaga.

Es importante hacer notar que los *tropos* no pertenecen exclusivamente al lenguaje literario ya que en el lenguaje ordinario aparecen expresiones tropológicas; por ejemplo, «mi hermana es una joya».

Práctica

Señálense las *figuras retóricas* y los *tropos* en los ejemplos siguientes:

A.
1. I'm so hungry I could eat a horse.
2. «*Veni, vidi, vici.*» («Vine, vi, vencí.» / «I came, I saw, I conquered.») (Julius Caesar)
3. All hands on deck!
4. «Jack of all trades and master of none.»
5. «All the world's a stage,
   And all the men and women merely players.» (Shakespeare)
6. «I want a girl just like the girl that married dear old Dad.»
7. «She sells seashells by the seashore.»
8. They have a Van Gogh in their home.
9. Have a heart!
10. «We must all hang together, or assuredly we shall all hang separately.» (Benjamin Franklin)
11. «My country, 'tis of thee, sweet land of liberty, of thee I sing.»
12. «I must be cruel only to be kind.» (Shakespeare)
13. «When the cat's away the mice will play.»
14. «Uneasy lies the head that wears a crown.» (Shakespeare)
15. «The pen is mightier than the sword.»
16. She's wearing a shocking pink dress.
17. «Man does not live by bread alone.»
18. «My country, right or wrong.»
19. «Make love, not war.»
20. «My love is like a red, red rose.» (Robert Burns)

B.
1. «Para y óyeme ¡oh sol! yo te saludo
   Y extático ante ti me atrevo a hablarte»
        (José de Espronceda, «Al sol»)

2. «Lo han dicho el pinar y el viento,
   lo ha dicho la luna de oro,
   lo han dicho el humo y el eco.»
        (Juan Ramón Jiménez,
        «Ya están allí las carretas»)

3. (Los versos nos presentan una definición del amor.)
   «En vano, descuidado pensamiento,
   una loca, altanera fantasía,
   un no sé qué que la memoria cría,
   sin ser, sin calidad, sin fundamento»
        (Miguel de Cervantes, «Poema III»)

4. «Volví, halléme solo y entre abrojos,[1]
   y en vez de luz, cercado de tiniebla,[2]
   y en lágrimas ardientes convertido.»
        (Fernando de Herrera,
        «Soneto XIV»)

[1] *thorns*
[2] rodeado de sombras

5. (El verso se refiere a la barba del cíclope Polifemo.)
«un torrente es su barba impetüoso»
(Luis de Góngora,
Fábula de Polifemo y Galatea)

6. «Perdí media vida mía
por cierto placer fatal,
y la otra media daría
por otro placer igual.»
(Ramón
de Campoamor,
Cantares)

7. «La cuchilla de los dientes
corta el canto en dos pedazos.»
(I. Pereda Valdés,
«La guitarra de los negros»)

8. «Feliciano me adora y le aborrezco;
Lisardo me aborrece y yo le adoro;
por quien no me apetece ingrato, lloro,
y al que me llora tierno, no apetezco.»
(Sor Juana Inés de la Cruz,
«Soneto CLXVII»)

9. «Caballo y jinete partieron como un huracán.»
(Gustavo Adolfo Bécquer, «Los ojos verdes»)

10. «¿Dijiste media verdad?
Dirán que mientes dos veces
si dices la otra mitad.»
(Antonio Machado,
Proverbios y cantares,
«XLIX»)

11. «Nuestras vidas son los ríos
que van a dar en la mar,
que es el morir.»
(Jorge Manrique,
*Coplas por la muerte
de su padre*)

12. «Volver a verte en el reposo quieta,
soñar contigo el sueño de la vida,
soñar la vida que perdura siempre
sin morir nunca.»
(Miguel de Unamuno,
«Salamanca»)

13. (El personaje Segismundo describe el arroyo en términos de una serpiente.)
«Nace el arroyo, culebra
que entre flores se desata»
(Pedro Calderón
de la Barca,
La vida es sueño)

14. «Mientras las ondas de la luz al beso
  Palpiten encendidas;
Mientras el sol las desgarradas nubes
  De fuego y oro vista;
Mientras...»
          (Gustavo Adolfo Bécquer,
                  «Rima IV»)

15. «el ciego dios se enoja»
          (Luis de Góngora,
          *Fábula de Polifemo y
          Galatea*)

16. «Cual suele el ruiseñor con triste canto   ¹ robó
quejarse, entre las hojas escondido,   ² enojada
del duro labrador que cautamente
le despojó¹ su caro y dulce nido
de los tiernos hijuelos, entre tanto
que del amado ramo estaba ausente,
y aquel dolor que siente
con diferencia tanta
por la dulce garganta
despide, y a su canto el aire suena,
y la callada noche no refrena
su lamentable oficio y sus querellas,
trayendo de su pena
al cielo por testigo y las estrellas;
desta manera suelto yo la rienda
a mi dolor, y así me quejo en vano
de la dureza de la muerte airada»²
          (Garcilaso de la Vega, «Egloga I»)

17. «Tú eres el tiempo que mis horas guía,
tú eres la idea que mi mente asiste,
porque en ti se concentra cuanto existe,
mi pasión, mi esperanza, mi poesía.»
          (Carolina Coronado,
          «¡Oh, cuál te adoro!»)

18. «Tengo a mis amigos
en mi soledad;
cuando estoy con ellos
¡qué lejos están!»
          (Antonio Machado,
          Proverbios y cantares,
          «LXXXVI»)

19. (El sentido es: Aprovecha la juventud, antes que el
pelo rubio se transforme en canas, o pelo blanco.)
«Coged de vuestra alegre primavera
el dulce fruto, antes que el tiempo airado
cubra de nieve la hermosa cumbre.»
          (Garcilaso de la Vega, «Soneto XXIII»)

20. «¡Oh más dura que mármol a mis quejas,
y al encendido fuego en que me quemo
más helada que nieve, Galatea!
Estoy muriendo, y aun la vida temo;
témola con razón, pues tú me dejas,
que no hay, sin ti, el vivir para que sea».[1]
(Garcilaso de la Vega, «Egloga I»)

[1] el.... *anything worth living for*

C. 1. (El poema trata de los efectos del amor.)
«Desmayarse, atreverse, estar furioso,
áspero, tierno, liberal, esquivo,
alentado, mortal, difunto, vivo,
leal, traidor, cobarde y animoso;
no hallar fuera del bien centro y reposo,
mostrarse alegre, triste, humilde, altivo,
enojado, valiente, fugitivo,
satisfecho, ofendido, receloso;
huir el rostro al claro desengaño,
beber veneno por licor suave,
olvidar el provecho, amar el daño;
creer que un cielo en un infierno cabe,
dar la vida y el alma a un desengaño:
esto es amor, quien lo probó lo sabe.»
(Lope de Vega, *Rimas humanas*)

2. «En mi cielo al crepúsculo eres como una nube
y tu color y forma son como yo los quiero.
Eres mía, eres mía, mujer de labios dulces,
y viven en tu vida mis infinitos sueños.

La lámpara de mi alma te sonrosa los pies,
el agrio vino mío es más dulce en tus labios:
oh segadora de mi canción de atardecer,
cómo te sienten mía mis sueños solitarios!

Eres mía, eres mía, voy gritando en la brisa
de la tarde, y el viento arrastra mi voz viuda.
Cazadora del fondo de mis ojos, tu robo
estanca como el agua tu mirada nocturna.

En la red de mi música estás presa, amor mío,
y mis redes de música son anchas como el cielo.
Mi alma nace a la orilla de tus ojos de luto.
En tus ojos de luto comienza el país del sueño.»
(Pablo Neruda, *Veinte poemas de amor*, «16»)

Panorama histórico y categorías fundamentales

No se puede afirmar cuándo nació la poesía. Su origen ha de estar en
lo más remoto de la historia humana. Esto lo comprobaría el hecho
de que ciertos pueblos que carecen de una historia *escrita*, utilizan en

sus ceremonias la expresión poética y la danza para relatar los hechos memorables de la tribu—guerras, migraciones, desastres naturales, etcétera. Por lo tanto, puede decirse que la poesía nació de la exigencia innata en el ser humano de preservar su pasado.

En la historia del género narrativo se mencionó cómo por medio de la poesía—la épica—Homero y Virgilio inmortalizaron los grandes sucesos de la antigüedad (p. 17). En la Edad Media, es el juglar, especie de poeta ambulante, quien va por plazas y castillos recitando composiciones líricas y hechos guerreros acompañado de instrumentos musicales. La poesía del Medioevo tenía el mismo propósito de la épica clásica o grecorromana—exaltar las proezas de héroes nacionales—como se ve en las sagas de Escandinavia y en los cantares de gesta de Inglaterra y Alemania. Estos inspiraron los primeros poemas épicos escritos en romance—la *Chanson de Roland* (c. 1070) en Francia y el *Cantar de Mío Cid* (c. 1140) en España.

En España, originalmente, hubo dos tipos de composiciones poéticas: los poemas de fondo histórico de los juglares (mester de juglaría) y los de propósito literario que componían los clérigos (mester de clerecía). El mejor ejemplo del mester de juglaría (oficio de juglares), es el *Cantar de Mío Cid* o *Poema del Cid*. Este poema presenta ciertas características de la epopeya nacional española: el elogio de las hazañas y del carácter humano del héroe y la sobriedad y sencillez del lenguaje.

Gonzalo de Berceo es el primer poeta español del cual se tiene conocimiento. Su obra principal, los *Milagros de Nuestra Señora* (siglo XIII), es un ejemplo típico del mester de clerecía, obras que tienen un fin didáctico o moralizador. Sin embargo, el mayor exponente de este género es el *Libro de buen amor* (1343) de Juan Ruiz, Arcipreste de Hita, obra que vacila entre el amor divino y el carnal.

En la poesía del siglo XV se ve la transformación del juglar callejero en *trovador* cortesano. Poeta de las cortes feudales, refina tanto sus composiciones hasta convertir la poesía en un género artificioso. Varios nombres ilustres pertenecen a esta tradición; entre ellos se destacan Jorge Manrique, famoso por las *Coplas por la muerte de su padre* (c. 1476), y el de Iñigo López de Mendoza, Marqués de Santillana, conocido por sus *sonetos* al estilo italiano, es decir de versos endecasílabos.

En el siglo XV, período de transición entre la Edad Media y el Renacimiento, ocurre un fenómeno de gran importancia—el florecimiento de la lírica popular—el *romance*. A ello contribuyó la difusión del *Romancero viejo*, colección de poemas cortos y populares, posiblemente fragmentos de poemas épicos que, por ser favoritos del público, el juglar repetía. Es posible también que muchos de los romances hayan sido composiciones originales.

El poeta más famoso de la primera mitad del Renacimiento es Garcilaso de la Vega, quien cultivó y perfeccionó en lengua española el soneto endecasílabo italiano (pp. 140–141).

La poesía épica renacentista escrita en español viene de América, lo cual no es sorprendente, ya que allí hay tantas hazañas que contar y *cantar*. La poesía heroica es así la forma que da principio a la literatura hispanoamericana, según lo muestra *La Araucana* (1569–1589) del español Alonso de Ercilla y Zúniga, cuyo tema son las luchas de los indios araucos de Chile.

Otro fenómeno significativo de la poesía española del Renacimiento es la lírica religiosa representada por los místicos Santa Teresa y San Juan de la Cruz (p. 141) y por Fray Luis de León. Su obra presenta dos tendencias básicas: el ascetismo, que implica un rechazo del mundo material en favor de una vida austera, y el misticismo que lleva a la unión del alma con Dios por medio de la contemplación pura y la oración.

En el siglo XVII surgen como parte del movimiento barroco dos corrientes que afectan de modo especial la poesía: el *culteranismo* y el *conceptismo*. Luis de Góngora, autor de las *Soledades*, es el líder de la corriente culterana (p. 144) que consiste en el refinamiento de la palabra mediante la asimilación de términos clásicos y la distorsión de la sintaxis. El conceptismo da importancia sobre todo a la agudeza y originalidad de ideas y conceptos y es más característico de la prosa que de la poesía. Sin embargo, hay obras poéticas, como las de Francisco de Quevedo (p. 147), que se distinguen por sus rasgos conceptistas.

En Hispanoamérica, la figura cumbre de la poesía lírica del Renacimiento y del Barroco es Sor Juana Inés de la Cruz (p. 149). La contribución de esta monja mexicana a las letras hispanoamericanas no se limita solamente a su trabajo sobresaliente como escritora, sino también a su papel de defensora de los derechos de la mujer y de la intelectualidad.

Durante el siglo XVIII—el Siglo de las Luces o *Ilustración* (*Enlightenment*)—la poesía, género creativo por excelencia, sufre de modo especial a causa del espíritu racionalista y analítico de la época. Por eso, excluyendo imitaciones de obras neoclásicas francesas, lo más destacado de la poética española son las *Fábulas literarias* (1782) de Tomás de Iriarte y las *Fábulas morales* (1781–1784) de Félix María Samaniego.

Sin embargo, en esta época neoclásica Hispanoamérica, que vive el momento histórico de su pre-Independencia, produce una poesía significativa. Dos son los autores que se destacan: el ecuatoriano José Joaquín Olmedo, quien en su *oda* «La victoria de Junín: canto a Bolívar» toma a este héroe de la Independencia como símbolo de la grandeza del hombre hispanoamericano. El otro es Andrés Bello, quien en su *silva* «A la agricultura de la zona tórrida» exhorta a sus compatriotas a abandonar las armas y a volver al cultivo de su tierra.

El anhelo de algunos románticos europeos de descubrir la naturaleza en su forma primitiva, como América la ofrecía, es sentido por el hispanoamericano mismo, dando origen al romanticismo en la

América hispana. Inspirado por el francés Chateaubriand, el cubano José María de Heredia compone poemas que son un verdadero tributo a la tierra americana: «Al Niágara» y «En el Teocalli de Cholula». Ese mismo interés por el suelo y el indígena americanos se ve en dos poemas marcadamente románticos: *La cautiva* (1837) de Esteban Echeverría, y *Tabaré* (1888) del uruguayo Juan Zorrilla de San Martín. Este último, de carácter indianista, dramatiza el conflicto del nativo de América frente a la civilización europea. Al igual que el indio, el gaucho está idealizado en la poesía gauchesca del siglo XIX, constituyendo otra manifestación del romanticismo hispanoamericano. Las obras más valiosas del género gauchesco son los poemas narrativos *Fausto* (1886) del argentino Estanislao del Campo y la obra maestra del género, *Martín Fierro* (1872–1879), de José Hernández.

En el desarrollo de la poesía romántica hispana se destaca la cubana Gertrudis Gómez de Avellaneda, defensora, como Sor Juana, de los derechos de la mujer. Su obra oscila entre la temática nacional y la universal (p. 154).

El Romanticismo en España va ligado a dos circunstancias históricas: la primera, la invasión napoleónica (1808) que trae a esta tierra el espíritu liberal europeo, el amor por el individualismo—el llamado culto al «yo». Por otra parte, a la caída de Napoleón sigue el absolutismo del rey Fernando VII, lo que hace que muchos jóvenes revolucionarios busquen refugio en el extranjero. Estos serán los liberales del mañana, que cuando vuelven del destierro, traen consigo a España la influencia ideológica y artística de los países en donde vivieron como emigrados. En cambio, junto a estos liberales, hay en la Península una clase de conservadores que rechaza las tendencias filosóficas y artísticas extranjeras. Estas dos vertientes se combinan para dar un carácter inconfundible al movimiento romántico español. Angel de Saavedra, Duque de Rivas (*Romances históricos*, 1841), se considera el primer romántico de la poesía tradicional; sin embargo, la poesía narrativa de leyendas y tradiciones históricas de José Zorrilla es más representativa de este tipo de poesía. El poeta de mayor importancia de la vertiente liberal es José de Espronceda (p. 151), activista político cuyos versos lanzan una protesta social rompiendo con toda convención artística.

El último romántico, o *postromántico*, fue Gustavo Adolfo Bécquer. El lirismo puro de sus *Rimas* (1871), su intimidad, su lenguaje sencillo, su mundo de ensueño y fantasía, hacen de Bécquer (p. 156) el precursor de la poesía modernista.

El Modernismo, a fines del siglo XIX, fue la corriente que renovó la temática y la técnica de la poesía hispánica (p. 383). Este movimiento reaccionó contra la objetividad del Realismo (p. 384) y el Naturalismo (p. 383) y contra el excesivo sentimentalismo del Romanticismo (p. 385). El resultado fue un arte depurado, ecléctico, que combinaba lo mejor de las tres corrientes estéticas francesas de la época: del Romanticismo, la intimidad y sonoridad del verso; del

Parnasianismo se derivó una poesía impersonal, objetiva, «arte por el arte»; y del Simbolismo se añadió los elementos de la vaguedad, del color, de la musicalidad, del ritmo y del *versolibrismo* que consiste en usar el verso libre.

La primera manifestación de un arte nuevo—el llamado «Primer Modernismo»—cuenta con cuatro representantes: el cubano José Martí (p. 158), el mexicano Manuel Gutiérrez Nájera (p. 160), el colombiano José Asunción Silva y el nicaragüense Rubén Darío (p. 162). Las figuras cumbres de este grupo son Martí, cuyo libro *Ismaelillo* (1882) inaugura el movimiento modernista, y Darío. A saber, la obra de éste, pasando por las tres fases del Modernismo, reúne en sí todas las características de las dos vertientes o caminos que seguiría el movimiento: el *cosmopolitismo* o tendencia a enfatizar lo universal, y el *mundonovismo* o preferencia por los temas del Nuevo Mundo. La primera fase de la obra de Darío puede apreciarse en *Azul* (1888), libro en verso y en prosa, en donde el escritor, siguiendo la fórmula del «arte por el arte», persigue la belleza ideal a través de la forma de sus composiciones. La plenitud del Modernismo se alcanza con la segunda fase. *Prosas profanas* (1896) [título que corresponde a «poemas no sagrados, escritos en el vernáculo o idioma popular»] muestra innovaciones lingüísticas y métricas que dan al verso nuevos ritmos. La tercera fase, de carácter local (mundonovista) y metafísico—*Cantos de vida y esperanza* (1905)—nos muestra a un Darío preocupado por el destino del hombre ante el dilema existencial.

Preocupaciones parecidas figuran en la temática de la poesía española de la Generación del 98 (p. 382). Frente a su propia crisis espiritual, poetas como Miguel de Unamuno (*Poesías*, 1907; *Romances del destierro*, 1928) se refugian en el sentimiento religioso, familiar y en la contemplación del suelo nativo. Pero los escritores que más sintieron la influencia del Modernismo son Ramón del Valle Inclán, cuya poesía (*Aromas de leyenda*, 1907) representa una visión mítica de Galicia, y Antonio Machado (p. 166), el poeta más destacado de la generación. Su obra maestra, *Campos de Castilla* (1902), muestra que la poesía tiene una misión: eternizar el momento.

Al declinar el Modernismo, la poesía sigue dos rumbos: el Postmodernismo y el Vanguardismo. La obra de Juan Ramón Jiménez (p. 168), figura cumbre de la poesía española de la segunda década del siglo XX, representa una especie de puente entre ambas corrientes: *Jardines lejanos* (1904) poesía conservadora del Postmodernismo, muestra una forma sencilla, rítmica y sensual. En cambio, la poesía revolucionaria vanguardista en *Diario de un poeta recién casado* (1916) es una poesía pura, «desnuda» que busca la esencia de las cosas.

El Postmodernismo hispanoamericano indica que aunque se había rechazado el concepto esteticista, el espíritu modernista proporcionaba ahora al artista el modo de expresar las emociones humanas de acuerdo con los más altos valores estéticos. Aparecen una serie de escritoras ilustres, entre ellas la chilena Gabriela Mistral

(p. 169), Premio Nóbel de Literatura en 1945, autora de *Los sonetos de la muerte* (1915), *Desolación* (1922) y *Lagar* (1954). En sus versos, como en los de Delmira Agustini, Alfonsina Storni y Juana de Ibarbourou (p. 175) se perfila la escritora moderna que reclama sus derechos como mujer y como ser humano.

En la poética vanguardista española figura la llamada Generación del 27 que incluye a Federico García Lorca, Rafael Alberti, Jorge Guillén, Pedro Salinas, Luis Cernuda, Dámaso Alonso (p. 181) y Vicente Aleixandre. Une a estos poetas tanto su amistad personal como la influencia del Ultraísmo—reacción artística de carácter anárquico y subversivo frente a la crisis espiritual ocasionada por la Primera Guerra Mundial y que postula una absoluta libertad en el dominio de la forma y de la temática. De allí que la obra de los poetas de este grupo presente tal característica. La figura más renombrada es García Lorca y entre sus obras resaltan el *Romancero gitano* (1928), el *Poema del cante jondo* (1931) y *El poeta en Nueva York* (1935) (p. 177).

Además de García Lorca, también Aleixandre se ha distinguido en su tierra así como en el extranjero. Premio Nóbel de Literatura en 1977, es tal vez el portavoz más elocuente de una nueva generación de poetas españoles que progresivamente tienden a expresar las realidades del hombre de nuestra época.

En Hispanoamérica es Vicente Huidobro (p. 173) quien abre las puertas a la poesía contemporánea de vanguardia con el Creacionismo. Esta tendencia estética consiste en suprimir lo emocional, lo ornamental y los nexos lógicos en el verso. (Ver el poema «Arte poética», p. 171.) Sin embargo, más representativos del panorama poético moderno son el peruano César Vallejo (*Los heraldos negros*, 1918; *Trilce*, 1922; *Poemas humanos*, 1930) (p. 171) y el chileno Pablo Neruda (p. 186), Premio Nóbel de Literatura en 1971. Impresionado por la Guerra Civil española, abandonó su antigua temática modernista (*Crepusculario*, 1923) y vanguardista (*Tentativa del hombre infinito*, 1925; *Residencia en la tierra*, 1935) para escribir obras como *España en el corazón* (1937), la *Tercera residencia* (1947) y particularmente *Canto general* (1950), en donde Neruda asume la postura de un poeta comprometido y de convicciones marxistas.

La poesía española e hispanoamericana de las últimas dos décadas está representada por escritores comprometidos cuyas obras abrazan numerosas causas políticas, sociales o, simplemente, humanitarias. En España el grupo de poetas más representativos es aquel en que se inscriben los que comenzaron a publicar sus obras entre los años de 1950 y 1960. Este grupo se distingue por la gran variedad de temperamentos y estilos, o sea, por el marcado individualismo de los poetas y por sus distintas técnicas. Hay posiblemente dos denominadores comunes dentro de tanta diversidad. Uno es, sin duda, la preocupación de cada miembro por acudir a la realidad circunstante e inmediata—el llamado *nunc et stans* (lo de ahora y de aquí) de los clásicos. Por eso, su temática enfoca todo aspecto de la existencia cotidiana, desde los problemas urbanos, hasta la búsqueda de una razón de ser. Otro factor que aúna a dichos poetas es su convicción de que el camino más indicado para descubrir la verdad hay que buscarlo en el propio acto de la creación artística. De ahí que su búsqueda de una realidad trascendente se transmuta en definiciones individuales de lo que es poesía y en subsecuentes postulados de nuevas teorías sobre el lenguaje. Se deduce de eso que las múltiples ambigüedades lingüísticas que caracterizan las distintas obras corresponden a los enigmas que confunden diariamente al artista y al resto de la humanidad con la que éste se identifica. La contribución de poetas como Gloria Fuertes (p. 188), Angel González, Angel Valente, Claudio Rodríguez y Carlos Sahagún radica en el hecho de que, en reacción contra la dictadura de Francisco Franco (1939–1975), epitomada por la censura y la represión, todos ellos celebraron la poesía como una forma de liberación. Todos concordaron en considerar sus creaciones poéticas antes que nada como un acto de comunicación y como libre expresión de su integridad personal.

La poesía hispanoamericana de los últimos años está representada por el nicaragüense Ernesto Cardenal (p. 192), también escritor comprometido; por la lírica negroide del cubano Nicolás Guillén (p. 183) y la del puertorriqueño Luis Palés Matos (p. 179), así como por la poesía en defensa del indio y de la mujer de la mexicana Rosario Castellanos (p. 369).

Finalmente, es de señalar la contribución original de Octavio Paz (p. 190). Su experimentación en la búsqueda de nuevas formas poéticas, entre ellas el poema *concreto* o espacial y su singular combinación de filosofías occidentales, orientales e indígenas, dan a este mexicano un lugar preponderante en la literatura universal actual (p. 190).

Práctica

Cuestionario

1. ¿Cuáles son los orígenes de la poesía? ¿Cuándo y cómo nació?
2. ¿Qué se entiende por «épica clásica»? ¿De qué manera se parece ésta a la épica medieval europea? ¿Qué se proponen hacer las dos?
3. ¿Qué epopeya produce en España el mester de juglaría? ¿Qué características colectivas del pueblo español ejemplifica y exalta esa obra en su contenido y estilo?
4. ¿A qué tipo de composición poética pertenece el *Libro de buen amor*? ¿Quién es su autor y de qué trata la obra?
5. ¿En qué consiste el *Romancero viejo*? ¿En qué época se produjo? ¿A qué fenómeno importante contribuyó dicha obra?
6. ¿Qué le debe la literatura española a Garcilaso de la Vega?

7. ¿Qué diferencias básicas existen entre el *culteranismo* y el *conceptismo*? ¿Quiénes son sus mayores exponentes? ¿En qué movimiento cultural se inscriben las dos corrientes?

8. ¿Qué representa Sor Juana Inés de la Cruz en Hispanoamérica? ¿Por qué?

9. Al siglo XVIII suelen asociarse dos corrientes. ¿Cuáles son? ¿Cuál de ellas afecta el pensamiento y cuál la expresión artística de la época?

10. ¿Qué características autóctonas o locales evidencia el Romanticismo hispanoamericano? ¿Qué rasgos independientes, propios, exhibe el movimiento romántico español?

11. ¿Por qué razones hay que separar a Gustavo Adolfo Bécquer de los demás románticos españoles? ¿Qué papel desempeña su obra en la evolución de la poesía española?

12. ¿De qué elementos o aspectos de la poesía romántica, simbolista y parnasiana francesa se vale el poeta modernista hispánico?

13. ¿A quién se le considera la figura más típica e importante de la poesía modernista y por qué?

14. ¿Qué lugar se reserva a la obra poética de Juan Ramón Jiménez?

15. ¿A qué movimiento pertenecen Gabriela Mistral, Alfonsina Storni y Juana de Ibarbourou? ¿Qué rasgos manifiesta dicho movimiento o corriente? ¿Qué característica general se perfila en las obras de las tres poetas hispanoamericanas?

16. ¿Dentro de qué corriente poética peninsular o española figuran Federico García Lorca y Dámaso Alonso?

17. ¿En qué consiste el Creacionismo? ¿Quién es su creador y qué impacto ha tenido en la evolución de la poesía hispánica?

18. ¿Qué se entiende por «poeta comprometido»? ¿Qué compromiso asumen los siguientes autores: Pablo Neruda, Ernesto Cardenal, Nicolás Guillén, Rosario Castellanos y Gloria Fuertes?

19. ¿Por qué ocupa Octavio Paz un lugar importante en la literatura contemporánea? ¿Cuáles han sido sus contribuciones a esa literatura?

Identificaciones

1. los *Milagros de Nuestra Señora*
2. juglar y trovador
3. *La Araucana*
4. el Marqués de Santillana
5. el ascetismo y el misticismo
6. la Ilustración
7. *Tabaré*
8. José Hernández
9. Gertrudis Gómez de Avellaneda
10. 1808
11. José Zorrilla y José de Espronceda
12. las *Rimas*
13. *Azul*
14. «poesía desnuda»
15. la Generación del 27

La poesía: Guía general para el lector

Aspectos formales

1. ¿Qué tipo de poema es éste? ¿Se trata de un soneto, romance, poema de versos libres o de otra forma?
2. ¿Cuál es el cómputo silábico de los versos? ¿Son versos de arte mayor o de arte menor?
3. ¿Qué clase de *rima* emplea el poeta?
4. ¿Cuál es el *ritmo* del poema? O sea, ¿cuáles son las sílabas del verso que llevan el acento rítmico?
5. De acuerdo con su estructura, ¿es un poema narrativo, lírico o dramático? ¿Es dialogado o se trata de un monólogo?
6. ¿Quién habla en el poema? ¿Hay algún cambio de voz? ¿A quién se dirige el poeta? ¿a sí mismo? ¿a un lector general o particular, etcétera?
7. Teniendo en cuenta el lenguaje empleado, ¿cuál es el tono del poema? ¿serio, humorístico, irónico, etcétera? Explíquelo.
8. ¿Qué figuras retóricas y tropos se utilizan? ¿metáforas, símiles, anáforas, onomatopeyas, retruécanos (*puns*), prosopopeyas, etcétera?

Aspectos conceptuales

1. Resuma brevemente el asunto del poema.
2. ¿Cuál es el tema o idea central de esta composición poética? ¿Hay algún subtema o idea secundaria?
3. ¿Cómo revelan el tema a) el título, b) las imágenes, c) los símbolos y d) las figuras retóricas?
4. Según su opinión, ¿cuál es el mensaje del poema?

Anónimo

Los romances (*ballads*) son composiciones en verso que aparecieron en colecciones (los romanceros) a partir del siglo XVI, pero que habrían circulado por España durante el siglo anterior. El romance tradicional está compuesto de un número indefinido de versos octosílabos con rima asonante en los pares. Los romances son de varios tipos: históricos, épicos, novelescos, religiosos, líricos. El anónimo «El conde Arnaldos» (c. 1440), ejemplo del romance novelesco, manifiesta la técnica fragmentarista típica del género: en la parte final del poema se ve lo que el gran investigador del romancero, Ramón Menéndez Pidal (1869–1968), ha llamado «saber callar a tiempo». «Doña Alda», un romance del ciclo carolingio, se basa en la epopeya francesa, la *Chanson de Roland* (Roldán).

Romance del conde Arnaldos

¡Quién hubiese tal ventura [1]
sobre las aguas del mar,
como hubo el conde Arnaldos
la mañana de San Juan! [2]
5 Con un falcón en la mano
la caza iba a cazar,
vio venir una galera
que a tierra quiere llegar. [3]
Las velas traía de seda,
10 la jarcia [4] de un cendal, [5]
marinero que la manda
diciendo viene [6] un cantar
que la mar facía [7] en calma,

los vientos hace amainar, [8]
15 los peces que andan en el hondo
arriba los hace andar,
las aves que andan volando
en el mástil las hace posar.
Allí fabló el conde Arnaldos,
20 bien oiréis lo que dirá:
—Por Dios te ruego, marinero,
dígasme ora [9] ese cantar—
Respondióle el marinero,
tal respuesta le fue a dar: [10]
25 —Yo no digo esta canción
sino a quien conmigo va.

[1] Quién.... Quién pudiera tener tanta felicidad
[2] mañana... el solsticio de verano, día que evoca la alegría y la magia
[3] quiere... se acerca lentamente
[4] *rigging and cordage*
[5] gasa (*gauze*) o seda
[6] diciendo... viene cantando
[7] ponía
[8] perder fuerza
[9] ahora
[10] le... le dio

Cuestionario

1. ¿Qué está haciendo el conde Arnaldos al comienzo del poema?
2. ¿Qué ve el conde?
3. ¿Qué efecto le produce el cantar del marinero?
4. ¿Qué le pide el conde al marinero?
5. ¿Cuál es la contestación del marinero, y cómo se puede interpretar dicha contestación?

Doña Alda

En París está doña Alda
la esposa[1] de don Roldán;
trescientas damas con ella
para la acompañar;
5 todas visten un[2] vestido,
todas calzan un calzar,[3]
todas comen a una mesa,
todas comían de un pan,
si no era doña Alda,
10 que era la mayoral.[4]
Las ciento hilaban[5] oro,
las ciento tejen[6] cendal,[7]
las ciento tañen[8] instrumentos
para doña Alda holgar.[9]
15 Al son de los instrumentos,
doña Alda adormido se ha;
ensoñado había un sueño,
un sueño de gran pesar.
Recordó despavorida[10]
20 y con un pavor muy grande,
los gritos daba tan grandes,
que se oían en la ciudad.
Allí hablaron sus doncellas,
bien oiréis lo que dirán:[11]
25 —¿Qué es aquesto,[12] mi señora?
¿Quién es el que os hizo mal?
—Un sueño soñé, doncellas,
que me ha dado gran pesar:
que me veía en un monte,

30 en un desierto lugar;
de so[13] los montes muy altos
un azor[14] vide[15] volar;
tras dél[16] viene una aguililla
que lo ahinca[17] muy mal.
35 El azor, con grande cuita[18]
metióse so mi brial;[19]
el aguililla, con grande ira,
de allí lo iba a sacar;
con las uñas lo despluma,
40 con el pico lo deshace—.
Allí habló la camarera,
bien oiréis lo que dirá;
—Aquese sueño, señora,
bien os lo entiendo soltar;[20]
45 el azor es vuestro esposo,
que viene de allén[21] la mar;
el águila sedes[22] vos,
con la cual ha de casar,
y aquel monte es la iglesia
50 donde os han de velar.[23]
—Si así es, mi camarera,
bien te lo entiendo pagar—.
Otro día de mañana
cartas de fuera le traen;
55 tintas venían de dentro,
de fuera escritas con sangre,
que su Roldán era muerto
en la caza de Roncesvalles.[24]

[1] prometida
[2] el mismo
[3] calzan... llevan los mismos zapatos
[4] principal
[5] *were spinning*
[6] *weave*
[7] *gauze*
[8] tocan
[9] divertir
[10] Recordó... se despertó espantada
[11] dijeron
[12] forma arcaica de **esto**
[13] bajo
[14] *hawk*
[15] forma antigua de **vi**
[16] tras... detrás de él
[17] persigue
[18] preocupación
[19] vestido o falda de seda
[20] entiendo... puedo interpretar
[21] allende; de parte de allá
[22] forma antigua de **sois**
[23] casar
[24] paso de los Pirineos y sitio de la derrota de Roldán

Cuestionario

1. ¿Qué tipo de descripción se presenta en la primera parte del poema?
2. ¿Cómo reacciona Doña Alda ante el sueño que tuvo?
3. ¿Qué es lo que soñó?

4. ¿Cómo interpreta la camarera el sueño de Doña Alda?

5. ¿Tiene razón la camarera? ¿Cuál es el desenlace de la historia?

Garcilaso de la Vega

Garcilaso de la Vega (c. 1501–1536) nació en Toledo, de familia noble. Soldado y cortesano, pasó cerca de cinco años en Italia y cultivó las formas poéticas italianas. Valiente guerrero, inspirado artista, profundo conocedor de la cultura clásica y hombre de intensa vida sentimental, Garcilaso es considerado como el hombre renacentista ejemplar. Es también el más celebrado exponente del Renacimiento español. La producción poética de Garcilaso consiste en una *epístola*, dos *elegías*, cinco *canciones* y treinta y ocho *sonetos*. Un tema presente en varias obras garcilasianas es el de su amor trágico por Isabel Freyre, dama portuguesa. En términos generales, se manifiesta la tristeza del poeta a través de los lamentos del amante desconsolado.

Soneto XI

Hermosas ninfas que en el río metidas,
contentas habitáis en las moradas[1]
de relucientes piedras fabricadas
y en colunas[2] de vidrio sostenidas;
   agora[3] estéis labrando embebecidas,[4]
o tejiendo las telas delicadas;
5 agora unas con otras apartadas,
contándoos los amores y las vidas;
   dejad un rato la labor, alzando
vuestras rubias cabezas a mirarme,
y no os detendréis mucho según ando;[5]
10   que o no podréis de lástima escucharme,
o convertido en agua aquí llorando,
podréis allá de espacio[6] consolarme.

[1] habitaciones
[2] columnas
[3] ahora (en el sentido de *whether you may be*)
[4] muy ocupadas
[5] según... debido a mi presente estado
[6] de... durante mucho tiempo

Cuestionario

1. ¿A quiénes se dirige el poeta?

2. ¿Qué están haciendo las ninfas?

3. ¿Por qué no se detendrán mucho las ninfas, o sea, cómo se explican las cláusulas del segundo terceto (versos 12–14)?

Soneto XIV

Como la tierna madre que el doliente[1]
hijo le está con lágrimas pidiendo
alguna cosa, de la cual comiendo,
sabe que ha de doblarse el mal que siente,
5   y aquel piadoso amor no le consiente
que considere el daño que haciendo
lo que le pide hace, va corriendo,
y doble el mal, y aplaca[2] el accidente,[3]
    así a mi esfuerzo y loco pensamiento,
10 que en su daño os me pide, yo querría
quitar este mortal mantenimiento.[4]
    Mas pídemelo,[5] y llora cada día
tanto, que cuanto quiere le consiento,
olvidando su muerte y aun la mía.

[1] enfermo
[2] mitiga, suaviza
[3] síntoma de una enfermedad
[4] sustento, alimento
[5] me lo pide

Cuestionario

1. ¿Qué figura retórica predomina en la primera parte del poema (versos 1–8)?
2. ¿Cuál es la situación de la madre?
3. ¿Qué relación tiene la situación del «yo» poético con la de la madre?

San Juan de la Cruz

San Juan de la Cruz (Juan de Yepes, 1542–1591) nació en Avila y estudió en la Universidad de Salamanca. Compañero de Santa Teresa de Jesús, tomó parte en la reforma de la orden de los Carmelitas, fundando los Carmelitas Descalzos. Sufrió por ello el encarcelamiento, y al liberarse, desempeñó oficios eclesiásticos en varias ciudades de España. Los escritos de San Juan de la Cruz incluyen la *Subida al Monte Carmelo*, *Noche oscura del alma*, *Llama de amor viva* y el *Cántico espiritual*. La obra poética de San Juan presenta la visión del místico que busca—a través de la contemplación pura—la separación del alma y del cuerpo para que aquélla, abandonando este mundo, se reúna con Dios. El resultado es una poesía amorosa «a lo divino»: la unión espiritual, simbolizada por la unión física de la Amada (el alma) con el Amado (Dios), que representa la última etapa del proceso místico.

Noche oscura

En una noche oscura
con ansias en amores inflamada,
¡oh dichosa ventura!
salí sin ser notada
5 estando ya mi casa sosegada.[1]
   A escuras,[2] y segura
por la secreta escala disfrazada,
¡oh dichosa ventura!
a escuras, y en celada,[3]
10 estando ya mi casa sosegada.
   En la noche dichosa,
en secreto, que nadie me veía,
ni yo miraba cosa,
sin otra luz y guía,
15 sino la que en el corazón ardía.
   Aquesta[4] me guiaba
más cierto que la luz del mediodía,
a donde me esperaba
quien yo bien me sabía,[5]
20 en parte donde nadie parecía.
   ¡Oh noche, que guiaste,
oh noche amable más que el alborada;[6]
oh noche, que juntaste
Amado con amada,
25 amada en el Amado transformada!
   En mi pecho florido,
que entero para él sólo se guardaba,
allí quedó dormido,
y yo le regalaba,[7]
30 y el ventalle[8] de cedros[9] aire daba.
   El aire de la almena,[10]
cuando yo sus cabellos esparcía,[11]
con su mano serena
en mi cuello hería,
35 y todos mis sentidos suspendía.
   Quedéme, y olvidéme,
el rostro recliné sobre el Amado,
cesó todo, y dejéme,
dejando mi cuidado
40 entre las azucenas[12] olvidado.

[1] tranquila
[2] A... forma arcaica de *a oscuras,* en la oscuridad
[3] en... ocultamente
[4] forma arcaica de *ésta*
[5] me... yo sabía bien
[6] amanecer
[7] acariciaba
[8] abanico
[9] *cedars*
[10] *battlement between openings at the top of a fortress*
[11] extendía, acariciaba
[12] lirios blancos

Cuestionario

1. ¿En qué condiciones sale el «yo» poético de su casa?
2. ¿Cuál podría ser el valor simbólico de la casa? ¿y el de la persona que sale?
3. ¿Cómo se puede interpretar el verso 25, «amada en el Amado transformada»?
4. ¿Qué tipo de imágenes se utilizan para presentar la escena final?

Que muero porque no muero

Vivo sin vivir en mí
y de tal manera espero,
que muero porque no muero.

En mí yo no vivo ya,
5 y sin Dios vivir no puedo;
pues sin él y sin mí quedo,
este vivir, ¿qué será?
Mil muertes se me hará,
pues mi misma vida espero,
10 muriendo porque no muero.

Esta vida que yo vivo
es privación de vivir;
y así, es contino[1] morir
hasta que viva contigo.
15 Oye, mi Dios, lo que digo,
que esta vida no la quiero;
que muero porque no muero.

Estando absente de ti,
¿qué vida puedo tener,
20 sino muerte padescer,
la mayor que nunca vi?
Lástima tengo de mí,
pues de suerte persevero,
que muero porque no muero.

25 El pez que del agua sale
aun de alivio no caresce,
que en la muerte que padesce,
al fin la muerte le vale.
¿Qué muerte habrá que se iguale
30 a mi vivir lastimero,
pues si más vivo, más muero?

Cuando me pienso aliviar
de verte en el Sacramento,[2]
háceme más sentimiento
35 el no te poder gozar;
todo es para más penar,
por no verte como quiero,
y muero porque no muero.

Y si me gozo, Señor,
40 con esperanza de verte,
en ver que puedo perderte
se me dobla mi dolor;
viviendo en tanto pavor
y esperando como espero,
45 muérome porque no muero.

Sácame de aquesta[3] muerte,
mi Dios, y dame la vida;
no me tengas impedida
en este lazo[4] tan fuerte;
50 mira que peno por verte,
y mi mal es tan entero,
que muero porque no muero.

Llórate mi muerte ya
y lamentaré mi vida
55 en tanto que detenida
por mis pecados está.
¡Oh mi Dios!, ¿cuándo será
cuando yo diga de vero:
vivo ya porque no muero?

[1] forma arcaica de **continuo**
[2] se refiere al sacramento de la Eucaristía, o comunión
[3] forma arcaica de **esta**
[4] vínculo; punto de unión

Cuestionario

1. ¿Cómo se emplea la antítesis *vivir/morir* en este poema?
2. ¿Qué significa en el contexto de este poema «que muero porque no muero»?
3. ¿Cuál es el sentido principal de la última estrofa?

Luis de Góngora

Luis de Góngora (1561–1627), nacido en Córdoba y educado en Salamanca, llegó a ser capellán real en Madrid. Hombre ingenioso y algo excéntrico, entró en animadas polémicas literarias con sus rivales Lope de Vega y Francisco de Quevedo. Góngora es el exponente máximo de la poesía barroca española y de un estilo culto—culteranista—que a veces se designa con el nombre de *gongorismo*, marcado por la ampliación e intensificación de todos los recursos poéticos y retóricos, con énfasis especial en la metáfora. Para Pedro Salinas, poeta y crítico del siglo XX, la poesía gongorina presupone la exaltación del poder de la palabra escrita, que puede igualar y aun superar la realidad objetiva. Entre las composiciones poéticas de Góngora figuran poemas extensos como la *Fábula de Polifemo y Galatea* y las *Soledades*, unos cien romances y doscientos sonetos. La tradición crítica de la poesía gongorina oscila entre dos puntos extremos: la alabanza inequívoca o la condenación de las formas de barroca expresión.

Soneto CIII

Descaminando, enfermo, peregrino
en tenebrosa noche, con pie incierto
la confusión pisando[1] del desierto,
voces en vano dio, pasos sin tino.[2]

5 Repetido latir, si no vecino,
distinto oyó de can[3] siempre despierto,
y en pastoral albergue[4] mal cubierto
piedad halló, si no halló camino.

Salió el sol, y entre armiños[5] escondida,
10 soñolienta[6] beldad con dulce saña[7]
salteó[8] al no bien sano pasajero.

[1] caminando
[2] pensar
[3] perro
[4] hospedaje
[5] *ermine*
[6] *sleepy*
[7] crueldad
[8] atacó

Pagará el hospedaje con la vida;
　　más le valiera errar en la montaña,
　　que morir de la suerte que yo muero.

Cuestionario

1. ¿En qué situación se encuentra el caminante?
2. ¿Qué significa «piedad halló, si no halló camino» (verso 8)?
3. ¿Por qué el caminante «Pagará el hospedaje con la vida» (verso 12)?
4. ¿Cómo se relaciona el «yo» poético con el caminante?

Soneto CLXVI

Mientras por competir con tu cabello
　　oro bruñido[1] al sol relumbra[2] en vano;
　　mientras con menosprecio en medio el llano[3]
　　mira tu blanca frente el lilio bello;

5　mientras a cada labio, por cogello,[4]
　　siguen más ojos que al clavel[5] temprano,
　　y mientras triunfa con desdén lozano[6]
　　del luciente cristal tu gentil cuello,

　　goza cuello, cabello, labio y frente,
10　antes que lo que fue en tu edad dorada
　　oro, lilio, clavel, cristal luciente,

　　no sólo en plata o viola[7] troncada
　　se vuelva, mas tú y ello juntamente
　　en tierra, en humo, en polvo, en sombra, en nada.

[1] burnished
[2] brilla
[3] terreno plano
[4] cogerlo, besarlo
[5] carnation
[6] suntuoso, orgulloso
[7] forma arcaica de **violeta**

Cuestionario

1. ¿Qué elementos sirven de base a la serie de comparaciones?
2. ¿De qué manera se hacen estas comparaciones? ¿De quién es el triunfo?
3. Según el que habla, ¿por qué debe la mujer gozar de su belleza durante la juventud?
4. ¿Qué efecto poético produce el segundo terceto (versos 12–14)?

Lope de Vega

Lope Félix de Vega Carpio (1562–1635) nació en Madrid, de familia humilde. Tuvo una vida tumultuosa, llena de crisis sentimentales y espirituales. Cultivó todos los géneros literarios y se considera una de las grandes figuras de la literatura universal. Lope de Vega es el fundador del teatro nacional (la *comedia* del Siglo de Oro), autor de cientos de obras de teatro y, junto con Pedro Calderón de la Barca (1600–1681), representa la culminación del arte dramático español. Lope expone los principios de la comedia en *El arte nuevo de hacer comedias en este tiempo* (1609). Entre sus obras dramáticas más conocidas figuran *Fuenteovejuna*, *La dama boba*, *El caballero de Olmedo*, *Peribáñez y el comendador de Ocaña*, *El villano en su rincón* y *El castigo sin venganza*. Como poeta lírico, su obra sigue las formas tradicionales y renacentistas y se basa en temas religiosos y profanos. Entre las obras religiosas se destacan los *Soliloquios*, las *Rimas sacras*, el *Romancero espiritual* y los *Triunfos divinos*, y entre las profanas las *Rimas humanas*, *La hermosura de Angélica* y la satírica *Gatomaquia*. El soneto «CXCI» forma parte de las *Rimas humanas* y el «XVIII», de las *Rimas sacras*. Al igual que el total de su producción y que su vida misma, la poesía lírica lopesca mezcla elementos antitéticos y contradictorios, alcanzando en todas sus manifestaciones una gran brillantez de estilo.

Rimas sacras, XVIII

¿Qué tengo yo, que mi amistad procuras?[1]
¿Qué interés se te sigue, Jesús mío,
que a mi puerta cubierto de rocío
pasas las noches del invierno oscuras?

5 ¡Oh cuánto fueron mis entrañas duras,
pues no te abrí! ¡Qué extraño desvarío,[2]
si de mi ingratitud el hielo frío
secó las llagas[3] de tus plantas[4] puras!

¡Cuántas veces el Angel me decía:
10 «Alma, asómate[5] agora a la ventana,
verás con cuánto amor llamar porfía»!

Y ¡cuántas, «Hermosura soberana,[6]
«mañana le abriremos», respondía,
para lo mismo responder mañana!

[1] buscas
[2] cosa fuera de la razón; locura
[3] heridas
[4] pies
[5] preséntate
[6] suprema

Cuestionario

1. ¿Cómo presenta el poeta a Jesucristo en este poema?
2. ¿Cómo trata el poeta a Jesucristo?
3. ¿Qué significan las palabras del ángel en el primer terceto (versos 9–11)?

4. ¿Cuál es la significación de los dos versos finales?

Rimas humanas, CXCI

Es la mujer del hombre lo más bueno,
y locura decir que lo más malo,
su vida suele ser y su regalo,
su muerte suele ser y su veneno.

5 Cielo a los ojos cándido y sereno,
que muchas veces al infierno igualo,
por raro al mundo su valor señalo,
por falso al hombre su rigor condeno.

Ella nos da su sangre, ella nos cría,
10 no ha hecho el cielo cosa más ingrata;
es un ángel, y a veces una arpía.[1]

Quiere, aborrece, trata bien, maltrata,
y es la mujer, al fin, como sangría,[2]
que a veces da salud y a veces mata.

[1] mujer monstruosa de las fábulas antiguas (*harpy*)
[2] *bloodletting*

Cuestionario

1. ¿Cómo es la mujer, según Lope?
2. ¿Qué tipo de lenguaje utiliza el poeta para caracterizar a la mujer?
3. ¿Por qué es la mujer «como sangría» (verso 13)?
4. ¿Cuál es el tono del soneto?

Francisco de Quevedo

Francisco de Quevedo (1580–1645), nacido en Madrid, representa—junto con Luis de Góngora—el apogeo de la literatura barroca española. Educado en Alcalá de Henares y en Valladolid, Quevedo sirvió de privado al Duque de Osuna en Italia y luego al Conde-Duque de Olivares en España. De carácter agudo y enigmático, Quevedo figuró en varios escándalos políticos de su época. Fue autor prodigioso: entre sus muchas obras se destacan la *Vida del Buscón* (novela picaresca), los *Sueños* (escritos satírico-morales) así como un gran número de poesías originales, de tipo humoroso, satírico, burlesco, moral y sagrado. En los sonetos de Quevedo se nota una mezcla de recursos culteranistas y conceptistas.

Amante agradecido a las lisonjas [1] mentirosas de un sueño

¡Ay, Floralba! Soñé que te... ¿Dirélo? [2]
Sí, pues que sueño fue: que te gozaba.
¿Y quién, sino un amante que soñaba
juntara tanto infierno a tanto cielo?

5   Mis llamas con tu nieve y con tu yelo, [3]
cual suele opuestas flechas de su aljaba, [4]
mezclaba Amor, y honesto [5] las mezclaba,
como mi adoración en su desvelo. [6]

    Y dije: «Quiera Amor, quiera mi suerte,
10 que nunca duerma yo, si estoy despierto,
y que si duermo, que jamás despierte».

    Mas desperté del dulce desconcierto;
y vi que estuve vivo con la muerte,
y vi que con la vida estaba muerto.

[1] adulaciones
[2] ¿Lo diré?
[3] hielo
[4] caja para llevar las flechas
[5] castamente, puramente
[6] (fig.) cuidado

Cuestionario
1. ¿Qué ha soñado el «yo» poético?
2. ¿Qué sentido tienen las palabras *infierno* y *cielo* en el verso 4?
3. ¿Cuál es el mensaje del primer terceto (versos 9–11)?
4. ¿Cómo se emplea la antítesis vivo/muerto en la estrofa final?

Represéntase la brevedad de lo que se vive y cuán nada parece [1] lo que se vivió

«¡Ah de la vida! [2]... ¿Nadie me responde?
¡Aquí de los antaños [3] que he vivido!
La Fortuna mis tiempos ha mordido; [4]
las Horas mi locura las esconde.

5   ¡Que sin poder saber cómo ni adónde
la salud y la edad se hayan huido!
Falta la vida, asiste [5] lo vivido,
y no hay calamidad que no me ronde.

[1] cuán... la poca importancia que parece tener
[2] ¡Ah... juego con la expresión «¡Ah de la casa!» (*Is anyone home?*). Aquí tiene la fuerza de «*Is there any life left?*»
[3] años pasados
[4] *chewed*
[5] está presente

Ayer se fue; mañana no ha llegado;
10 hoy se está yendo sin parar un punto:
soy un fue, y un será, y un es cansado.

En el hoy y mañana y ayer, junto
pañales[6] y mortaja,[7] y he quedado
presentes sucesiones[8] de difunto.

[6] *diapers*
[7] *shroud*
[8] etapas

Cuestionario

1. ¿Qué describe el poeta en la primera estrofa?
2. ¿Qué función tienen las imágenes temporales en el poema?
3. ¿Con qué propósito se emplean las palabras *pañales* y *mortaja* en el verso 13?

Sor Juana Inés de la Cruz

Nacida en México, Sor Juana Inés de la Cruz (Juana de Asbaje y Ramírez, 1651–1695) mostró durante toda su vida una precocidad y un afán intelectuales. Prodigio de la corte del Virrey en la ciudad de México, rechazó la vida seglar para ingresar en un convento (1669). Aun dentro del claustro, se mantuvo como centro intelectual—igual que religioso—de la vida mexicana. En 1694, Sor Juana abandonó los estudios para dedicarse al servicio y a la renuncia espirituales. Las obras poéticas de Sor Juana representan una extraordinaria síntesis del estilo gongorino, de la profundidad filosófica, de la ternura sentimental y de la visión mística. Se destacan los sonetos y el *Primero sueño*, poema filosófico al estilo de las *Soledades* de Góngora.

A su retrato

(Procura desmentir los elogios que a un retrato de la poetisa inscribió la verdad, que llama pasión.)

Este que ves, engaño colorido,
que del arte ostentando[1] los primores,[2]
con falsos silogismos[3] de colores
es cauteloso[4] engaño del sentido;

[1] mostrando
[2] belleza
[3] tipo de razonamiento filosófico
[4] cauto

5   éste, en quien la lisonja[5] ha pretendido
    excusar de los años los horrores,
    y venciendo del tiempo los rigores
    triunfar de la vejez y del olvido,
        es un vano artificio del cuidado,
10   es una flor al viento dedicada,
    es un resguardo[6] inútil para el hado:[7]
        es una necia diligencia[8] errada,
    es un afán[9] caduco[10] y, bien mirado,
    es cadáver, es polvo, es sombra, es nada.

[5] adulación
[6] defensa
[7] fortuna, destino
[8] esfuerzo
[9] deseo
[10] poco durable

Cuestionario

1. ¿Por qué el retrato es «engaño» (verso 4)?
2. ¿Con qué se compara el retrato?
3. ¿Qué técnica utiliza la poeta para intensificar el tema del poema?

A una rosa

(En que da moral censura a una rosa, y en ella a sus semejantes.)

Rosa divina que en gentil cultura
eres, con tu fragante sutileza,
magisterio purpúreo en la belleza,
enseñanza nevada a la hermosura.
5   Amago[1] de la humana arquitectura,
ejemplo de la vana gentileza,
en cuyo ser unió naturaleza
la cuna alegre y triste sepultura.
    ¡Cuán altiva[2] en tu pompa, presumida,
10   soberbia, el riesgo de morir desdeñas,
    y luego desmayada y encogida[3]
        de tu caduco[4] ser das mustias[5] señas,[6]
    con que con docta[7] muerte y necia vida,
    viviendo engañas y muriendo enseñas!

[1] imitación
[2] orgullosa
[3] tímida
[4] débil
[5] marchitas
[6] pruebas
[7] sabia

Cuestionario

1. ¿De qué es símbolo la rosa?
2. ¿Qué quiere decir «la humana arquitectura» en el verso 5?
3. ¿Por qué se habla de una unión entre *cuna* y *sepultura* (versos 7–8)?
4. ¿Cómo se puede interpretar el verso final?

José de Espronceda

José de Espronceda (1808–1842) es ejemplo vital de la doctrina romántica practicada en sus obras. Pasó la mayor parte de su juventud en Madrid, en donde compuso sus primeras poesías, luchó contra el absolutismo del rey Fernando VII y fue encarcelado por sus actividades políticas. En 1826, para cumplir con su deseo de «ver mundo», se presentó en Lisboa, donde se enamoró locamente de Teresa Mancha, hija de un coronel español. Trasladado el coronel a Londres, Espronceda persiguió a Teresa, ya casada con un comerciante rico. Luego sucedió lo que la historia llama el «rapto» de Teresa, aunque en realidad fue ella quien abandonó a su marido y huyó con el poeta a París. Tras una serie de aventuras, abandonos y reconciliaciones, vino la ruptura definitiva y la muerte de la amante, tema del famoso *Canto a Teresa*. En Madrid, Espronceda se dedicó de nuevo a la política, al periodismo y a la composición poética. Sus poemas más conocidos reflejan las características principales del romanticismo: énfasis en el individuo, presentación negativa de la sociedad, exotismo y predominio de la sensibilidad y de la imaginación sobre la razón. Entre estos poemas figuran el «Himno al Sol», «A Jarifa en una orgía», el «Canto del cosaco», «El mendigo», «El reo», la «Canción del pirata» y la obra maestra de Espronceda, *El estudiante de Salamanca*.

VI
Soledad del alma

Mi alma yace en soledad profunda,
árida, ardiente, en inquietud continua
cual la abrasada[1] arena del desierto
que el seco viento de la Libia agita.
5 Eterno sol sus encendidas llamas
doquier[2] sin sombra fatigoso vibra,
y aire de fuego en el quemado yermo[3]
bebe mi pecho y con afán respira,
cual si compuesto de inflamadas ascuas
10 mi corazón hirviéndome palpita,
y mi sangre agolpada por mis venas
con seco ardor calenturienta gira.
En vano busco la floresta[4] umbrosa[5]
o el manantial[6] del agua cristalina,
15 el bosque umbrío, la apacible fuente
lejos de mí, burlando mi fatiga,
huyen y aumentan mi fatal tormento
falaces[7] presentándose a mi vista.

[1] muy caliente
[2] dondequiera
[3] terreno despoblado, sin árboles
[4] terreno que abunda en plantas
[5] llena de sombra
[6] fuente
[7] engañosas

¡Triste de mí! de regalada sombra,
de dulces aguas, de templada brisa,
en fértil campo de verdura y flores
con grata calma disfruté yo un día,
cual abre el cáliz[8] de fragancia lleno
cándida rosa en la estación florida
fresco rocío regaló mi alma
abierta a la esperanza y las delicias.

[8] calyx

Cuestionario

1. Según el «yo» poético, ¿cuál es el estado de su alma?
2. ¿Qué tipo de imágenes usa el poeta para dar énfasis a ese estado?
3. ¿Hasta qué punto ha cambiado la situación del que habla?

Canción del pirata

Con diez cañones por banda,[1]
viento en popa, a toda vela,[2]
no corta el mar, sino vuela
un velero bergantín.[3]
5 Bajel[4] pirata que llaman,
por su bravura, el *Temido*,
en todo mar conocido
del uno al otro confín.[5]

La luna en el mar riela,[6]
10 en la lona[7] gime[8] el viento,
y alza[9] en blando movimiento
olas de plata y azul;
y ve el capitán pirata,
cantando alegre en la popa,
15 Asia a un lado, al otro Europa,
y allá a su frente Stambul.

«Navega, velero mío,
sin temor,
que ni enemigo navío,[10]
20 ni tormenta, ni bonanza[11]
tu rumbo a torcer[12] alcanza,
ni a sujetar tu valor.

25 Veinte presas[13]
hemos hecho
a despecho
del[14] inglés,
y han rendido[15]
sus pendones[16]
30 cien naciones
a mis pies.

Que es mi barco mi tesoro,
que es mi dios la libertad,
mi ley, la fuerza y el viento,
35 mi única patria, la mar.

Allá muevan feroz guerra
ciegos reyes
por un palmo[17] más de tierra;
que yo aquí tengo por mío
40 cuanto abarca el mar bravío,
a quien nadie impuso leyes.

[1] por... a cada lado
[2] a... a toda velocidad
[3] velero... barco de velas
[4] barco
[5] límite
[6] brilla
[7] tela usada para las velas
[8] (inf.: gemir) (fig.) se lamenta
[9] levanta
[10] nave, barco
[11] mar tranquilo
[12] cambiar
[13] barcos capturados
[14] a... a pesar del
[15] han entregado
[16] banderas o estandartes
[17] equivalente a 20 centímetros u 8 pulgadas

                Y no hay playa,
                sea cualquiera,
                ni bandera
45   de esplendor,[18]
                que no sienta
                mi derecho
                y dé pecho[19]
                a mi valor.

50 Que es mi barco, *etcétera*

                A la voz de «¡barco viene!»
                    es de ver
                cómo vira[20] y se previene
                a todo trapo[21] a escapar.
                Que yo soy el rey del mar,
55   y mi furia es de temer.

                En las presas
                yo divido
                lo cogido
                por igual.
60   Sólo quiero
                por riqueza
                la belleza
                sin rival.

    Que es mi barco, *etcétera*

65 Sentenciado estoy a muerte.
        Yo me río;
    no me abandone la suerte,
    y al mismo que me condena
    colgaré de alguna entena[22]
70 quizá en su propio navío.

                Y si caigo,
                ¿qué es la vida?
                Por perdida
                ya la di,
75   cuando el yugo[23]
                del esclavo,
                como un bravo
                sacudí.[24]

        Que es mi barco, *etcétera*

80   Son mi música mejor
            aquilones,[25]
        el estrépito[26] y temblor
        de los cables sacudidos,
        del negro mar los bramidos[27]
85   y el rugir[28] de mis cañones.

                Y del trueno
                al son violento,
                y del viento
                al rebramar,[29]
90   yo me duermo
                sosegado,[30]
                arrullado[31]
                por el mar.

        Que es mi barco mi tesoro,
95   que es mi dios la libertad,
        mi ley, la fuerza y el viento,
        mi única patria, la mar».

[18] de... lustre
[19] dé... (fig.) pague tributo
[20] muda de dirección
[21] a... a toda velocidad
[22] mástil
[23] *yoke*
[24] (me) quité
[25] vientos del norte
[26] estruendo, gran ruido
[27] ruidos del mar furioso
[28] ruido, estruendo
[29] bramar o soplar violentamente
[30] sereno
[31] adormecido

Cuestionario

1. ¿Cómo presenta el poeta el carácter del capitán pirata?
2. ¿Qué valores expresa el estribillo «Que es mi barco mi tesoro...»?
3. ¿Qué dice el pirata de los reyes (versos 35–40)?
4. ¿Cómo reacciona el pirata ante la muerte?
5. ¿Cuál es el efecto poético producido por la penúltima estrofa (versos 83–90)?
6. ¿Cuál es la visión social del poema?

Gertrudis Gómez de Avellaneda

Gertrudis Gómez de Avellaneda (1814–1873) nació en Cuba pero a la edad de veintidós años se trasladó a España, experiencia triste que la poeta inmortalizó en el soneto «Al partir». Vivió en Madrid y Andalucía donde se enamoró de cierto Ignacio de Cepeda cuyo amor no correspondido inspiró el poema «A El». La producción literaria de la Avellaneda, de carácter nítidamente romántico, incluye poesía, teatro, novela y prosa epistolar. Fue también una de las precursoras del feminismo literario. La temática de su poesía versa sobre el amor desdoblado en el amor por el hombre, por Dios y por el arte. Otras características de su lírica son el elemento pasional, las innovaciones métricas—particularmente el uso de la polimetría, versificación que contiene desde dos hasta diecisiete sílabas—y la capacidad de la poetisa de adaptar la forma a sus sentimientos.

Al partir

¡Perla del mar! ¡Estrella de Occidente!
¡Hermosa Cuba! tu brillante cielo
la noche cubre con su opaco velo
como cubre el dolor mi triste frente.

5 ¡Voy a partir!... La chusma[1] diligente
para arrancarme[2] del nativo suelo
las velas iza[3] y pronta a su desvelo[4]
la brisa acude de tu zona ardiente.

¡Adiós, patria feliz, Edén querido!
10 ¡Doquier[5] que el hado[6] en su furor me impela,
tu dulce nombre halagará[7] mi oído!

¡Adiós!... ¡Ya cruje[8] la turgente[9] vela...
el ancla[10] se alza,[11]... el buque,[12] estremecido,[13]
las olas corta y silencioso vuela!

[1] crew
[2] alejarme
[3] levanta
[4] acción de extender las velas
[5] dondequiera
[6] destino
[7] alegrará
[8] rustles
[9] abultada, hinchada
[10] áncora
[11] se levanta
[12] barco
[13] agitado

Cuestionario

1. ¿Qué describe la poeta en «Al partir»?
2. ¿Qué es lo que siente ella?
3. ¿Qué imágenes se utilizan para describir a Cuba? ¿y para describir los sentimientos de la poeta?

A El

Era la edad lisonjera[1]
en que es un sueño la vida,
era la aurora hechicera[2]
de mi juventud florida
5 en su sonrisa primera

cuando contenta vagaba
por el campo, silenciosa,
y en escuchar me gozaba
la tórtola[3] que entonaba
10 su querella[4] lastimosa.

Melancólico fulgor[5]
blanca luna repartía,
y el aura leve mecía[6]
con soplo murmurador
15 la tierna flor que se abría.

¡Y yo gozaba! El rocío,
nocturno llanto del cielo,
el bosque espeso[7] y umbrío,[8]
la dulce quietud del suelo,
20 el manso correr del río,

y de la luna el albor,[9]
y el aura que murmuraba
acariciando[10] a la flor,
y el pájaro que cantaba...
25 todo me hablaba de amor.

Y trémula, palpitante,
en mi delirio extasiada,
miré una visión brillante,
como el aire perfumada
30 como las nubes flotante.

Ante mí resplandecía
como un astro brillador,
y mi loca fantasía
al fantasma seductor
35 tributaba idolatría.

Escuchar pensé su acento
en el canto de las aves;
eran las auras su aliento
cargadas de aromas suaves,
40 y su estancia el firmamento.

¿Qué ser divino era aquél?
¿Era un ángel o era un hombre?
¿Era un Dios o era Luzbel?
¿Mi visión no tiene nombre?
45 ¡Ah! nombre tiene... ¡Era El!

El alma guardaba su imagen divina
y en ella reinabas, ignoto[11] señor,
que instinto secreto tal vez ilumina
la vida futura que espera el amor.

50 Al sol que en el cielo de Cuba destella[12]
del trópico ardiente brillante fanal[13]
tus ojos eclipsan, tu frente descuella,[14]
cual se alza[15] en la selva la palma real.

Del genio la aureola radiante sublime,
55 ciñendo[16] contemplo tu pálida sien,[17]
y al verte mi pecho palpita y se oprime
dudando si formas mi mal o mi bien.

Que tú eres, no hay duda, mi sueño adorado,
el ser que vagando mi mente buscó;
60 mas ¡ay! que mil veces el hombre arrastrado
por fuerza enemiga, su mal anheló.

Así vi a la mariposa
inocente, fascinada,
en torno a la luz amada
65 revolotear con placer.

Insensata se aproxima
y la acaricia insensata,
hasta que la luz ingrata
devora su frágil ser.

[1] agradable
[2] encantadora
[3] *turtledove*
[4] lamento
[5] brillo, resplandor
[6] (inf.: mecer) *was rocking*
[7] denso
[8] cubierto de sombra
[9] luz, como la del alba
[10] tocando suavemente
[11] desconocido
[12] relumbra, brilla
[13] *lighthouse*
[14] (inf.: descollar) sobresale
[15] se levanta
[16] (inf.: ceñir) rodeando, cercando
[17] *temple*

[18] *squirrel*
[19] morir

70 Y es fama que allá en los bosques
que adornan mi patria ardiente,
nace y crece una serpiente
de prodigioso poder.

Que exhala en torno su aliento
75 y la ardilla[18] palpitante,
fascinada, delirante,
corre... ¡Y corre a perecer![19]

¿Hay una mano de bronce,
fuerza, poder o destino,
80 que nos impele al camino
que a nuestra tumba trazó?...

¿Dónde van, dónde, esas nubes
por el viento compelidas?...
¿Dónde esas hojas perdidas
85 que del árbol arrancó?...

Vuelan, vuelan resignadas,
y no saben dónde van,
pero siguen el camino
que les traza el huracán.

90 Vuelan, vuelan en sus alas
nubes y hojas a la par,
ya a los cielos las levante,
ya las sumerja en el mar.

¡Pobres nubes! ¡pobres hojas
95 que no saben dónde van!...
Pero siguen el camino
que les traza el huracán.

Cuestionario

1. ¿Cómo describe la poeta «la edad lisonjera» (verso 1) de su vida?
2. ¿Cómo describe al hombre que ha entrado en su vida?
3. ¿Qué valor tiene la «mariposa» del verso 62?
4. ¿Cuáles han sido las consecuencias del amor para la poetisa?
5. ¿Qué importancia tiene el cambio de formas métricas (a partir de los versos 45 y 61) en cuanto a la interpretación del poema?

Gustavo Adolfo Bécquer

Gustavo Adolfo Bécquer (1836–1870) nació en Sevilla y luego se trasladó a Madrid, sin lograr ni éxito económico ni popularidad artística. Enfermizo durante toda la vida, Bécquer fue pintor además de escritor. Sus obras literarias abarcan la prosa y el verso. Sus *Leyendas* (veinte historias de tipo variado) y *Rimas* (setenta y seis composiciones poéticas) reflejan una sensibilidad romántica en cuanto a la selección de temas y a la subjetividad emotiva. Se reconoce a Bécquer como uno de los grandes maestros de la lírica española, tanto por la originalidad de sus versos como por la síntesis exquisita de métrica y contenido.

Rima XXI

¿Qué es poesía? —dices mientras clavas[1]
  en mi pupila tu pupila azul.
¿Qué es poesía? ¿Y tú me lo preguntas?
  Poesía... eres tú.

[1] fijas

Cuestionario

1. ¿En qué términos define Bécquer la poesía?
2. ¿Cómo se explica el verso final?

Rima LIII

  Volverán las oscuras golondrinas[1]
en tu balcón sus nidos a colgar,[2]
y otra vez con el ala a sus cristales,[3]
  jugando llamarán;

5   pero aquellas que el vuelo refrenaban
tu hermosura y mi dicha[4] a contemplar;
aquellas que aprendieron nuestros nombres,
  ésas... ¡no volverán!

  Volverán las tupidas[5] madreselvas[6]
10 de tu jardín las tapias[7] a escalar,
y otra vez a la tarde, aun más hermosas,
  sus flores se abrirán;

  pero aquellas cuajadas[8] de rocío,[9]
cuyas gotas mirábamos temblar
15 y caer, como lágrimas del día...
  ésas... ¡no volverán!

  Volverán del amor en tus oídos
las palabras ardientes a sonar;
tu corazón de su profundo sueño
20   tal vez despertará;

  pero mudo y absorto y de rodillas,
como se adora a Dios ante su altar,
como yo te he querido... desengáñate:[10]
  ¡así no te querrán!

[1] *swallows*
[2] Volverán... hipérbaton: el orden natural sería **las oscuras golondrinas volverán a colgar sus nidos en tu balcón.** Hay varios ejemplos de hipérbaton en el poema.
[3] ventanas
[4] buena fortuna
[5] espesas
[6] *honeysuckle*
[7] *fence*
[8] llenas
[9] *dew*
[10] no te engañes

Cuestionario

1. ¿Qué significación tienen los versos que repiten la palabra «Volverán»? ¿y los que repiten la palabra «pero»?
2. ¿Qué tipo de imágenes predominan en el poema?
3. ¿Cómo se puede interpretar la estrofa final?

José Martí

José Martí (1835–1895), político y hombre de letras, nació en Cuba de padres españoles. Cursó Derecho en España, sirvió de cónsul en Nueva York, colaboró en varios periódicos y fundó el partido revolucionario cubano. Gozó de gran fama como orador y traductor, y escribió numerosas obras innovadoras en prosa y verso, por las cuales se le conoce casi unánimemente como iniciador o «padre» del Modernismo. Se involucró en la lucha por la independencia de su patria, por la que al fin sacrificó su vida, al morir fusilado por los soldados españoles. Los versos de Martí se destacan por su caudal ideológico, simbólico y metafórico. Por lo tanto, aunque el poeta se mantiene dentro de los patrones técnicos de la lírica tradicional española, sobre todo en lo que concierne a la métrica, lo novedoso consiste en su voluntad de estilo—en el sello personal que Martí le impone a su poesía. Esta se distingue por el carácter sincero, pasional y romántico. En Martí se ve también al reformador social que batalla en pro de una humanidad sufrida, así como al artista atormentado por el conflicto entre su anhelo de perfección estética y su compromiso moral. Tales divergencias convergen en *Ismaelillo* (1882), *Versos sencillos* (1891), *Versos libres* (1913) y *Flores del destierro* (1932), traduciéndose en versos breves, de rimas inesperadas y de sintaxis compleja. En la prosa, así como en la lírica, la gran meta de Martí fue buscar nuevas formas de expresión dentro del sistema lingüístico tradicional, según lo muestran ciertos escritos clásicos como el cuento «La muñeca negra» y el célebre ensayo «Nuestra América».

Sobre mi hombro

Ved: sentado lo llevo
Sobre mi hombro:
¡Oculto va, y visible
Para mí solo!
5 El me ciñe[1] las sienes[2]
Con su redondo
Brazo, cuando a las fieras
Penas me postro:—
Cuando el cabello hirsuto
10 Yérguese[3] y hosco,[4]

Cual[5] de interna tormenta
Símbolo torvo,[6]
Como un beso que vuela
Siento en el tosco[7]
15 Cráneo: ¡su mano amansa[8]
El bridón loco[9]!—
Cuando en medio del recio[10]
Camino lóbrego,[11]
Sonrío, y desmayado
20 Del raro gozo,

[1] (inf.: ceñir) *encircles*
[2] *temples*
[3] (inf.: erguirse) *stands up (on end)*
[4] *sullen, gloomy*
[5] *Como*
[6] *stern, grim*
[7] *rough, coarse*
[8] *pacifica, tranquiliza*
[9] *bridón... spirited horse*
[10] *rigorous*
[11] *oscuro y triste*

La mano tiendo en busca
De amigo apoyo,—
Es que un beso invisible
Me da el hermoso
25 Niño que va sentado
Sobre mi hombro.

Cuestionario

1. ¿Qué aprendemos del hablante poético a través del poema?
2. ¿Qué tipo de imágenes se emplean en el poema?
3. ¿Qué valor tiene la frase «un beso invisible» (verso 23)?

Dos patrias

Dos patrias tengo yo: Cuba y la noche.
¿O son una las dos? No bien retira
Su majestad el sol, con largos velos[1]
Y un clavel[2] en la mano, silenciosa
5 Cuba cual[3] viuda triste me aparece.
¡Yo sé cuál es ese clavel sangriento
Que en la mano le tiembla! Está vacío
Mi pecho, destrozado está y vacío
En donde estaba el corazón. Ya es hora
10 De empezar a morir. La noche es buena
Para decir adiós. La luz estorba
Y la palabra humana. El universo
Habla mejor que el hombre.
          Cual bandera
15 Que invita a batallar, la llama roja
De la vela[4] flamea.[5] Las ventanas
Abro, ya estrecho en mí. Muda, rompiendo
Las hojas del clavel, como una nube
Que enturbia[6] el cielo, Cuba, viuda, pasa...

[1] *veils*
[2] *carnation*
[3] *como*
[4] *candle*
[5] *blazes*
[6] *oscurece*

Cuestionario

1. ¿Cómo se puede explicar el primer verso del poema?
2. ¿Cómo se puede interpretar la frase «El universo/Habla mejor que el hombre» (versos 12–13)?
3. ¿Qué significación tiene la palabra «viuda» en el último verso?

Manuel Gutiérrez Nájera

Manuel Gutiérrez Nájera (1859–1895), periodista, crítico, poeta y cuentista mexicano, murió prematuramente a causa del alcoholismo. Su contribución a la literatura hispánica estriba en su papel de iniciador del movimiento modernista en su país. A través de su famosa *Revista Azul*, se convirtió en portavoz de esa corriente en Hispanoamérica en la época de transición del romanticismo al modernismo. Producto de la clase burguesa capitalina y hombre de una fealdad física que le causó incalculable dolor toda la vida, Gutiérrez Nájera buscó en su propia creación artística la manera de evadirse. Sus obras en verso y en prosa, compuestas con el pseudónimo de «el Duque Job» atestiguan el logro de esa nobleza y hermosura que le habían sido negadas por la naturaleza. En dichas obras se encuentran, de hecho, una elegancia sensual y un refinamiento que dan a la vida el carácter de un monumento artístico. No obstante el tono triste y melancólico de algunas de ellas, las composiciones poéticas de Gutiérrez Nájera se distinguen por su musicalidad y por la belleza de sus imágenes plásticas. Su innovación abarca en la temática, la adaptación de motivos clásicos (en «Non omnis moriar» el autor reelabora el tema de Horacio para que dicho tema refleje su propio credo «esteticista»); en la métrica, la renovación de antiguas formas españolas y la búsqueda de nuevas combinaciones; y en la imaginería, la elección de imágenes cromáticas altamente sugestivas.

Para entonces

Quiero morir cuando decline el día
en alta mar y con la cara al cielo;
donde parezca un sueño la agonía,
y el alma, un ave que remonta el vuelo.

5 No escuchar en los últimos instantes,
ya con el cielo y con la mar a solas,
más voces ni plegarias[1] sollozantes[2]
que el majestuoso tumbo[3] de las olas.

Morir cuando la luz triste retira
10 sus áureas[4] redes de la onda verde,
y ser como ese sol que lento expira;
algo muy luminoso que se pierde.

Morir, y joven: antes que destruya
el tiempo aleve la gentil corona;
15 cuando la vida dice aún: «soy tuya»,
¡aunque sepamos bien que nos traiciona!

[1] *prayers, pleas*
[2] con lloros
[3] ondulación
[4] de color de oro

Cuestionario

1. ¿Cómo sería para el poeta la muerte ideal?
2. ¿Qué representa el «ave» del verso 4?
3. ¿Cuál es la idea central de los dos últimos versos?

Non omnis moriar[1]

¡No moriré del todo,[2] amiga mía!
De mi ondulante espíritu disperso
algo en la urna diáfana[3] del verso
piadosa guardará la poesía.

5 ¡No moriré del todo! Cuando herido
caiga a los golpes del dolor humano,
ligera tú, del campo entenebrido[4]
levantarás al moribundo hermano.

Tal vez entonces por la boca inerme[5]
10 que muda aspira la infinita calma,
oigas la voz de todo lo que duerme
con los ojos abiertos en mi alma.

Hondos recuerdos de fugaces días,
ternezas tristes que suspiran solas;
15 pálidas, enfermizas alegrías
sollozando[6] al compás de las violas...

Todo lo que medroso oculta el hombre
se escapará, vibrante, del poeta,
en áureo ritmo de oración secreta
20 que invoque en cada cláusula tu nombre.

Y acaso adviertas que de modo extraño
suenan mis versos en tu oído atento,
y en el cristal, que con mi soplo empaño,[7]
mires aparecer mi pensamiento.

25 Al ver entonces lo que yo soñaba,
dirás de mi errabunda[8] poesía:
era triste, vulgar lo que cantaba...
mas, ¡qué canción tan bella la que oía!

Y porque alzo[9] en tu recuerdo notas
30 del coro universal, vívido y almo;[10]
y porque brillan lágrimas ignotas[11]
en el amargo cáliz[12] de mi salmo;

porque existe la Santa Poesía
y en ella irradias[13] tú, mientras disperso
35 átomo de mi ser esconda el verso
¡no moriré del todo, amiga mía!

[1] Non... no se muere totalmente (*latín*)
[2] del... totalmente
[3] transparente
[4] oscuro
[5] sin defensa
[6] llorando
[7] oscurezco
[8] que vaga de una parte a
otra
[9] levanto
[10] santo, sagrado
[11] ignoradas
[12] *chalice*
[13] das luz

Cuestionario

1. ¿Quién será la «amiga mía» del primer verso?
2. ¿Cómo se pueden interpretar los versos 27 y 28 («era triste,... la que oía!»)?
3. ¿Cuál es la importancia del motivo *non omnis moriar* en el poema?

Rubén Darío

Rubén Darío (1867–1916), cuyo verdadero nombre era Félix Rubén García Sarmiento, fue poeta y prosista. A pesar de su humilde origen provincial—nació en Metapa, pequeño pueblo de Nicaragua—Darío llegó a ser el máximo exponente del cosmopolitismo latinoamericano y el líder indiscutible del movimiento modernista que tanto influyó sobre toda la literatura de habla española. Viajó extensamente por las Américas y Europa en calidad de diplomático y periodista. Sus obras reflejan su vida turbulenta y peripatética en la que se entregó con igual abandono al placer sensual, a las amistades intelectuales, a la lectura de los principales románticos, parnasianos y simbolistas de la época—particularmente los franceses y españoles—y, finalmente, a la meditación. En realidad, sus libros más decisivos—*Azul* (1888), *Prosas profanas* (1896), *Cantos de vida y esperanza* (1905) y *Canto errante* (1907)—reúnen en sí todos los valores caros a los varios representantes del modernismo en sus distintas etapas. Por lo tanto, allí se hace evidente la búsqueda de una nueva estética que; valiéndose de lo mejor de las corrientes literarias extranjeras y de la propia tradición española, y que convirtiendo el arte en el único fin del escritor, habría de devolver al poeta la dignidad perdida a causa del materialismo finisecular. En esas mismas obras está presente también la desilusión del modernista que insatisfecho con la persecución de un ideal artístico inalcanzable—la meta del esteticismo o «el arte por el arte»—se interioriza y busca la dimensión espiritual que le falta para finalizar su noble tarea.

El cisne[1]

Fue en una hora divina para el género humano.
El cisne antes cantaba sólo para morir.
Cuando se oyó el acento del Cisne wagneriano[2]
fue en medio de una aurora,[3] fue para revivir.

5   Sobre las tempestades del humano océano
se oye el canto del Cisne; no se cesa de oír,
dominando el martillo[4] del viejo Thor[5] germano
o las trompas que cantan la espada de Argantir.[6]

[1] *swan* (símbolo del modernismo)
[2] se refiere al compositor alemán Richard Wagner (1813–1883), en cuya ópera *Lohengrin* aparece la imagen del cisne
[3] (fig.), principio o primeros tiempos de una cosa
[4] *hammer*

¡Oh Cisne! ¡Oh sacro pájaro! Si antes la blanca Helena[7]
10 del huevo azul de Leda[8] brotó de gracia llena,
siendo de la Hermosura la princesa inmortal,

bajo tus blancas alas la nueva Poesía
concibe en una gloria de luz y de armonía
la Helena eterna y pura que encarna el ideal.

[5] dios mitológico escandinavo del trueno y de la agricultura; su símbolo es el martillo
[6] figura legendaria islandesa asociada con la lucha
[7] Helena de Troya, símbolo de la belleza femenina
[8] madre de Helena y amante de Júpiter (quien tomó forma de cisne para poseer a Leda)

Cuestionario

1. ¿Cómo ha cambiado la situación del cisne, según el primer cuarteto (versos 1–4)?
2. ¿Qué representan Thor y Argantir? ¿Qué representa Helena? ¿Por qué alude el poeta a estas figuras?
3. ¿Cómo será la «nueva Poesía»?

Canción de otoño en primavera

Juventud, divino tesoro,
¡ya te vas para no volver!
Cuando quiero llorar, no lloro...
y a veces lloro sin querer.

5　Plural ha sido la celeste
historia de mi corazón.
Era una dulce niña, en este
mundo de duelo y aflicción.

10　Miraba como el alba pura;
sonreía como una flor.
Era su cabellera[1] oscura
hecha de noche y de dolor.

15　Yo era tímido como un niño.
Ella, naturalmente, fue,
para mi amor hecho de armiño,[2]
Herodías y Salomé[3]...

20　Juventud, divino tesoro,
¡ya te vas para no volver...!
Cuando quiero llorar, no lloro,
y a veces lloro sin querer.

La otra fue más sensitiva,
25 y más consoladora y más
halagadora[4] y expresiva,
cual no pensé encontrar jamás.

Pues a su continua ternura
30 una pasión violenta unía.
En un peplo[5] de gasa pura
una bacante[6] se envolvía...

En sus brazos tomó mi ensueño[7]
35 y lo arrulló[8] como a un bebé...
Y lo mató, triste y pequeño,
falto de luz, falto de fe...

Juventud, divino tesoro,
¡te fuiste para no volver!
40 Cuando quiero llorar, no lloro,
y a veces lloro sin querer...

Otra juzgó que era mi boca
el estuche[9] de su pasión
45 y que me roería,[10] loca,
con sus dientes el corazón,

[1] pelo largo
[2] *ermine*
[3] Herodías, mujer de Herodes, hizo que su hija Salomé pidiera la cabeza de San Juan Bautista en pago de sus danzas
[4] placentera
[5] vestidura femenina usada en la antigua Grecia
[6] sacerdotisa de Baco, dios del vino
[7] sueño, fantasía
[8] *lulled to sleep*
[9] caja para guardar algo valioso
[10] comería vorazmente

poniendo en un amor de exceso
la mira de su voluntad,
mientras eran abrazo y beso
40 síntesis[11] de la eternidad:

y de nuestra carne[12] ligera
imaginar siempre un Edén,
sin pensar que la Primavera
45 y la carne acaban también...

Juventud, divino tesoro,
¡ya te vas para no volver!
Cuando quiero llorar, no lloro,
50 ¡y a veces lloro sin querer!

¡Y las demás!, en tantos climas,
en tantas tierras, siempre son,
si no pretexto de mis rimas,
55 fantasmas de mi corazón.

En vano busqué a la princesa
que estaba triste de esperar.
La vida es dura. Amarga y pesa.
60 ¡Ya no hay princesa que cantar!

Mas a pesar del tiempo terco,[13]
mi sed de amor no tiene fin;
con el cabello gris me acerco
a los rosales del jardín...

65   Juventud, divino tesoro,
¡ya te vas para no volver!...
Cuando quiero llorar, no lloro,
y a veces lloro sin querer...

¡Mas es mía el Alba[14] de oro!

[11] suma y compendio
[12] *flesh*
[13] obstinado
[14] primera luz del día

Cuestionario

1. ¿Cuál es la significación del estribillo «Juventud, divino tesoro...»?
2. ¿Cómo han sido las aventuras amorosas del poeta?
3. ¿Cómo se puede interpretar «si no pretexto de mis rimas,/fantasmas de mi corazón» (versos 55–56)?
4. ¿Qué significación tiene el verso final?
5. ¿Es éste un poema lírico o un poema narrativo? Justifíquese la respuesta.

Amado Nervo

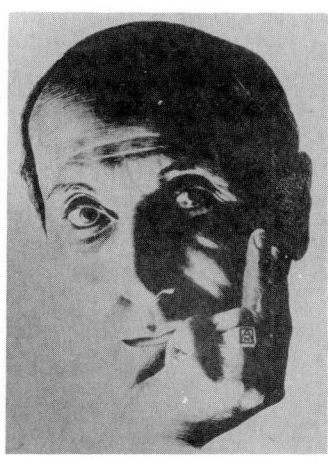

Amado Nervo (1870–1919), prolífico y versátil escritor mexicano, es uno de los representantes más populares del Modernismo hispanoamericano. En la temática de su poesía, género en que se distinguió de modo particular, se destacan el misticismo y el amor. Hombre humilde, de convicciones religiosas que oscilan entre el cristianismo y el panteísmo (*pantheism*), Nervo glorificó y ennobleció en sus versos el amor físico, considerando ese amor una de las vías que conducen a Dios y, de ahí, al descubrimiento de lo eterno. Aunque resultaría difícil encontrar en sus escritos más representativos—*Serenidad* (1914), *La amada inmóvil* (1915), *Elevación* (1917), *Místicas* (1898), *La hermana agua* (1901) y *El estanque de lotos* (1919)—la excentricidad que caracteriza gran parte del Modernismo, Nervo cabe, sin embargo, dentro del marco modernista por dos razones fundamentales. La primera es que, al igual que muchos de los modernistas, vivió en su propia «torre de marfil», prefiriendo la vida de meditación en Madrid, donde sirvió de embajador, a la de escritor comprometido en su país durante la Revolución Mexicana (1910–1917). La segunda es que la estética de Nervo revela el constante cuidado por experimentar con varios géneros y nuevas formas poéticas capaces de expresar la inquietud de su espíritu. Sus cuentos más representativos se encuentran en *Cuentos de juventud* (1898), *Almas que pasan* (1906) y *Cuentos misteriosos* (1921).

La pregunta

¡Y qué quieres ser tú? —dijo el Destino.
Respondí: —Yo, ser santo;
y repuso el Destino:
«Habrá que contentarse
5 con menos...»
   Pesaroso,[1]
aguardé[2] en mi rincón una pregunta
nueva:
   «¿Qué quieres ser?» —dijo el Destino
10 otra vez: —Yo, ser genio respondíle;
y él irónico: «Habrá que contentarse
con menos...»
   Mudo y triste
en mi rincón de sombra, ya no espero
15 la pregunta postrer,[3] a la que sólo
responderá mi trágico silencio...

[1] dolorido, triste
[2] esperé
[3] postrera, última

Cuestionario
1. ¿De qué manera se presenta «el Destino» en este poema?
2. ¿Cómo responde «el Destino» a las palabras del poeta?
3. ¿Cuál será «la pregunta postrer» (verso 15)?

Si tú me dices «¡Ven!»

Si Tú me dices: «¡Ven!», lo dejo todo...
No volveré siquiera la mirada
para mirar a la mujer amada...
Pero dímelo fuerte, de tal modo

5   que tu voz, como toque de llamada,[1]
vibre hasta en el más íntimo recodo[2]
del ser, levante el alma de su lodo[3]
y hiera el corazón como una espada.

Si Tú me dices: «¡Ven!», todo lo dejo.
10 Llegaré a tu santuario casi viejo,
y al fulgor[4] de la luz crepuscular;

mas he de compensarte mi retardo,[5]
difundiéndome,[6] ¡oh Cristo!, como un nardo[7]
de perfume sutil, ante tu altar.

[1] toque... señal para llamar
[2] rincón
[3] *mud*
[4] resplandor, brillo
[5] retraso, tardanza
[6] extendiéndome por todas partes
[7] tipo de flor (*spikenard*)

Cuestionario

1. ¿A quién va dirigido el poema?
2. Según el que habla, ¿qué características debe reunir la llamada para que él la obedezca?
3. ¿Cómo se puede interpretar «mas he de compensarte mi retardo» (verso 12)?

Antonio Machado

Antonio Machado (1875–1939) nació en Sevilla, y a los ocho años fue con su familia a vivir a Madrid. Cursó estudios en la Universidad de Madrid y residió tres años en París. Nombrado catedrático de francés en la ciudad de Soria, se casó en 1909 con Leonor, de dieciséis años. Los dos viajaron a París, donde Machado siguió clases de filosofía con Henri Bergson. De vuelta a Soria, muere Leonor en 1912. Víctima de una tristeza profunda, Machado aceptó varios cargos académicos, incluso un puesto en el Instituto Calderón de Madrid (1931). En el último año de la Guerra Civil española, salió el poeta de España y murió poco después en el sur de Francia. Creador de una poesía a la vez sencilla y profunda, de índole patriótica y espiritual, Machado publicó las siguientes colecciones: *Soledades* (1903), *Soledades, galerías y otros poemas* (1907), *Campos de Castilla* (1912) y *Nuevas canciones* (1925).

Proverbios y cantares, XXIX

Caminante, son tus huellas[1]
el camino, y nada más;
caminante, no hay camino:
se hace camino al andar.
5 Al andar se hace camino,
y al volver la vista atrás
se ve la senda que nunca
se ha de volver a pisar.[2]
Caminante, no hay camino,
10 sino estelas[3] en la mar.

[1] *tracks*
[2] *caminar*
[3] *wake*

Cuestionario

1. En términos simbólicos, ¿qué representa «el camino» en este poema? ¿Qué representa «la mar»?
2. ¿Qué efecto logra el poeta al repetir diversas formas del verbo *caminar*?
3. ¿Qué significa «se hace camino al andar» (verso 4)?
4. ¿Cómo se pueden interpretar los dos últimos versos?

La saeta[1]

¿Quién me presta una escalera
para subir al madero,
para quitarle los clavos
a Jesús el Nazareno?
5   Saeta popular

¡Oh la saeta, el cantar
al Cristo de los gitanos,
siempre con sangre en las manos,
siempre por desenclavar![2]
10 ¡Cantar del pueblo andaluz[3]
que todas las primaveras
anda pidiendo escaleras
para subir a la cruz!

¡Cantar de la tierra mía,
15 que echa flores
al Jesús de la agonía,
y es la fe de mis mayores!
¡Oh, no eres tú mi cantar!
¡No puedo cantar, ni quiero,
20 a ese Jesús del madero,[4]
sino al que anduvo en el mar!

[1] canción devota de Andalucía (región del sur de España) que se canta en la iglesia o en la calle durante ciertas ceremonias religiosas, especialmente en Semana Santa
[2] por... que se le quiten los clavos
[3] de Andalucía
[4] cruz de madera

Cuestionario

1. ¿Cómo es el Cristo de los gitanos?
2. ¿Cómo reacciona el poeta ante esta imagen de Cristo?
3. ¿Qué distinción se hace entre el «Jesús del madero» (verso 15) y el «que anduvo en el mar» (verso 16)?

Juan Ramón Jiménez

Juan Ramón Jiménez (1881–1958) nació en Moguer, Andalucía, y publicó durante su vida más de veinte libros de poesía, desde *Almas de violeta* (1900) hasta *Animal de fondo* (1949). Enfermizo y obsesionado por la idea de la muerte, Jiménez se retiró de los asuntos políticos y sociales de su época para dedicarse a la creación artística. Después de terminar los estudios universitarios en Sevilla, el poeta viajó a Madrid, donde entró en contacto con el gran poeta modernista Rubén Darío y con otras figuras literarias. También viajó al exterior, pero siempre volvió a buscar la soledad creadora de su pueblo natal. En una estancia prolongada en Norte América (1916–1927), se casó con Zenobia Camprubí Ayamar, traductora del poeta indio Rabindranath Tagore y desde entonces colaboradora de su esposo. Jiménez volvió varias veces a España, y pasó los últimos años de su vida en Puerto Rico. En 1956 se le otorgó el Premio Nóbel. De la trayectoria poética de Juan Ramón Jiménez puede decirse que fue como un proceso continuo hacia la desnudez o pureza poética, una búsqueda caracterizada por una revisión constante de la materia previa y recogida nuevamente en sus *Antolojías*. La ortografía de este título refleja el deseo del autor de romper con las normas convencionales de la escritura.

Intelijencia, dame

¡Intelijencia, dame
el nombre exacto de las cosas!
... Que mi palabra sea
la cosa misma,
5   creada por mi alma nuevamente.
Que por mí vayan todos
los que no las conocen, a las cosas;
que por mí vayan todos
los que ya las olvidan, a las cosas;
10 que por mí vayan todos
los mismos que las aman, a las cosas...
¡Intelijencia, dame
el nombre exacto, y tuyo,
y suyo, y mío, de las cosas!

Cuestionario

1. ¿A quién o a qué se dirige el poeta en este poema?
2. ¿Qué pide el poeta?
3. ¿Cómo se puede interpretar «creada por mi alma nuevamente» (verso 5)?
4. ¿Qué significa la frase «el nombre exacto de las cosas»?

Vino, primero, pura

Vino, primero, pura,
vestida de inocencia.
Y la amé como un niño.

Luego se fue vistiendo
5 de no sé qué ropajes.
Y la fui odiando, sin saberlo.

Llegó a ser una reina,
fastuosa[1] de tesoros...
¡Qué iracundia de yel[2] y sin sentido!

10   ... Mas se fue desnudando.
Y yo le sonreía.

Se quedó con la túnica
de su inocencia antigua.
Creí de nuevo en ella.

15   Y se quitó la túnica.
y apareció desnuda toda...
¡Oh pasión de mi vida, poesía
desnuda, mía para siempre!

[1] ostentosa
[2] iracundia... rabia, ira

Cuestionario

1. ¿Cuál es el sujeto del poema?
2. ¿Qué técnica emplea el poeta para presentar ese sujeto? O sea, ¿qué tipo de comparación se introduce?
3. ¿Cuál es el proceso descrito en el poema?

Gabriela Mistral

Gabriela Mistral (1885–1957), poeta y prosista chilena postmodernista, es sin duda la escritora latinoamericana más renombrada del siglo veinte. Lucila Godoy Alcaya—su verdadero nombre—nació en Vicuña, pueblecito rural y pobre. Allí principió, a la edad de trece años, su carrera de educadora y humanista que la llevaría a recorrer Latinoamérica, Estados Unidos y Europa, por cuenta de su país y como delegada de la Liga de Naciones. A temprana edad, la muerte trágica de su primero y único novio imprimió en Mistral el sello de la desolación, de la tristeza y, finalmente, de la fe en Dios que caracteriza su vida y su obra artística. Su poesía, de claro timbre femenino, por la que ganaría en 1945 el Premio Nóbel de Literatura, refleja el rol de amiga de los desvalidos y madre de todo niño desamparado que desempeñó hasta la muerte. El tema favorito de sus principales obras— *Desolación* (1922), *Ternura* (1925), *Tala* (1938) y *Lagar* (1954)—es por lo tanto, su amor apasionado, tierno, de mujer frustrada que se convierte a la larga en amor materno, amor a Dios, a la humanidad y a la naturaleza.

Meciendo [1]

[1] *rocking*
[2] errante

El mar sus millares de olas
mece, divino.
Oyendo a los mares amantes,
mezo a mi niño.

5 El viento errabundo [2] en la noche
mece los trigos.
Oyendo a los vientos amantes,
mezo a mi niño.

10 Dios padre sus miles de mundos
mece sin ruido.
Sintiendo su mano en la sombra
mezo a mi niño.

Cuestionario

1. ¿Cómo se emplea el verbo *mecer* en este poema?
2. ¿Qué semejanzas hay entre el contenido y la forma de las distintas estrofas?
3. ¿Cuáles son los sentimientos de la poetisa al mecer a su niño?

Yo no tengo soledad

[1] desolación

Es la noche desamparo [1]
de las sierras hasta el mar.
Pero yo, la que te mece,
¡yo no tengo soledad!

5 Es el cielo desamparo
si la luna cae al mar.
Pero yo, la que te estrecha,
¡yo no tengo soledad!

Es el mundo desamparo
10 y la carne triste va.
Pero yo, la que te oprime,
¡yo no tengo soledad!

Cuestionario

1. ¿Qué tipo de contraste se presenta en este poema?
2. ¿Cómo se puede interpretar el verso 10, «y la carne triste va»?
3. ¿Por qué no tiene soledad el «yo» poético?

César Vallejo

César Vallejo (1892–1938), poeta y prosista peruano vanguardista, se destaca por sus tendencias existencialistas. Nacido de familia pobre, hispano-india, resintió de modo particular la injusticia política y social de su país. Encarcelado por su activismo político de raíces marxistas, eligió, al salir, la vía del destierro. Murió en París. Su primer libro de versos, *Los heraldos negros* (1918), deja percibir rasgos modernistas en la imaginería y en la visión—algo romántica—de la tierra peruana y del indígena. Sin embargo, las notas dominantes en esta colección de versos son el tono personal, íntimo, y la temática de la solidaridad humana. Los poemas de su segunda obra, *Trilce* (1922), compuestos en la cárcel, muestran a un Vallejo más rebelde y audaz que rompe con la retórica y el metro, que crea nuevas palabras o altera las convencionales—todo esto con el fin de poner en libertad el lenguaje y producir un verso flexible, totalmente autónomo. No obstante el haber caído en pleno Vanguardismo, Vallejo sigue preocupándose por los mismos temas: el dolor, la soledad, la agonía del hombre contemporáneo agobiado por la incoherencia de su existencia. Entre otras colecciones de poesías hay que mencionar, por su importancia universal, *Poemas humanos* (1939), tipo de diario personal inspirado por la crisis económica de 1930, y *España, aparta de mí este cáliz* (1939), la más alta expresión de humanitarismo frente al holocausto que fue, para el poeta, la Guerra Civil española.

Yuntas [1]

Completamente. Además, ¡vida!
Completamente. Además, ¡muerte!

Completamente. Además, ¡todo!
Completamente. Además, ¡nada!

5 Completamente. Además, ¡mundo!
Completamente. Además, ¡polvo!

Completamente. Además, ¡Dios!
Completamente. Además, ¡nadie!

Completamente. Además, ¡nunca!
10 Completamente. Además, ¡siempre!

Completamente. Además, ¡oro!
Completamente. Además, ¡humo!

Completamente. Además, ¡lágrimas!
Completamente. Además, ¡risas!...

15 ¡Completamente!

[1] un par de bueyes u otros animales que trabajan juntos

1. ¿Cómo se puede interpretar el juego de oposiciones en el poema?
2. ¿Qué valor tiene la yuxtaposición *lágrimas/risas* al final del poema?
3. ¿Qué significa la palabra *completamente* en el poema?

El momento más grave de la vida

Un hombre dijo:

—El momento más grave de mi vida estuvo en la batalla del Marne,[1] cuando fui herido en el pecho.

Otro hombre dijo:

5 —El momento más grave de mi vida, ocurrió en un maremoto de Yokohama,[2] del cual salvé milagrosamente, refugiado bajo el alero[3] de una tienda de lacas.[4]

Y otro hombre dijo:

—El momento más grave de mi vida acontece cuando duermo de 10 día.

Y otro dijo:

—El momento más grave de mi vida ha estado en mi mayor soledad.

Y otro dijo:

15 —El momento más grave de mi vida fue mi prisión en una cárcel del Perú.

Y otro dijo:

—El momento más grave de mi vida es el haber sorprendido de perfil[5] a mi padre.

20 Y el último hombre dijo:

—El momento más grave de mi vida no ha llegado todavía.

[1] río de Francia, escenario de varias batallas de la Primera Guerra Mundial
[2] puerto japonés, escenario de un maremoto (*seaquake*)
[3] *eaves*
[4] *lacquer*
[5] *in profile*

Cuestionario

1. ¿Qué tipo de paralelismo se ve en el poema?
2. ¿Cómo se pueden interpretar los versos 18 y 19 «El momento más grave de mi vida es el haber sorprendido de perfil a mi padre»?
3. ¿Qué elemento distingue este poema de la prosa?

Vicente Huidobro

Vicente Huidobro (1893–1948), poeta, prosista y dramaturgo chileno, es conocido principalmente por su papel de teórico de la nueva poesía hispánica y por ser el fundador del Creacionismo. De acuerdo con la doctrina creacionista, cimentada en las escuelas de vanguardia europeas—el futurismo, el cubismo y el dadaísmo en particular—la obra poética había de dejar de imitar la naturaleza o el llamado «mundo real». En cambio el poeta, convertido por su poder creativo en un «pequeño dios», había de originar nuevas realidades. Esta teoría implicó para la nueva estética, tanto en Hispanoamérica como en España, la completa autonomía del arte y, para el poema, su independencia radical del autor o circunstancia. Para obtener estos resultados el creacionismo se vale de cualquier recurso capaz de producir una comunicación antilógica, o sea, contraria a las normas del discurso convencional. De ahí surge la experimentación con palabras inventadas (neologismos), juegos onomatopéyicos y fonémicos de palabras o frases (jitanjáforas), falta de puntuación y de coherencia verbal y otros tantos artificios novedosos. El eje de la técnica creacionista es, en todo caso, la metáfora, especialmente aquella que asombra por su atrevimiento y originalidad. Entre los muchos libros de Huidobro hay que destacar *El espejo de agua* (1916), que contiene «Arte poética», poema sumamente significativo por contener la síntesis de la teoría creacionista, y *Altazor, o el viaje en paracaídas* (1931), obra en siete cantos de carácter autobiográfico y existencial en la que se funden las técnicas más logradas del autor.

Arte poética [1]

Que el verso sea como una llave
Que abra mil puertas.
Una hoja cae; algo pasa volando;
Cuanto miren los ojos creado sea,
5 Y el alma del oyente quede temblando.

Inventa mundos nuevos y cuida tu palabra;
El adjetivo, cuando no da vida, mata.

Estamos en el ciclo de los nervios.
El músculo cuelga,[2]
10 Como recuerdo, en los museos;
Mas no por eso tenemos menos fuerza:
El vigor verdadero
Reside en la cabeza.

15 Por qué cantáis la rosa, ¡oh Poetas!
Hacedla florecer en el poema;

[1] doctrina o teoría literaria (del *latín:* «ars poetica»)
[2] *hangs*

Sólo para nosotros
Viven todas las cosas bajo el Sol.

El poeta es un pequeño Dios.

Cuestionario

1. Según el poeta, ¿cómo debe ser la poesía?
2. ¿Cómo se puede interpretar el verso 7, «El adjetivo, cuando no da vida, mata»?
3. ¿A qué podría referirse «el ciclo de los nervios» (verso 8)?
4. ¿Qué significación tiene la «rosa» de los versos 14 y 15?
5. ¿Por qué es el poeta «un pequeño Dios» (verso 18)?

La capilla aldeana*

[1] emite
[2] *mantle;* aquí, la palabra tiene una implicación religiosa

Ave
canta
suave
que tu canto encanta
5   sobre el campo inerte
sones
vierte[1]
y ora-
ciones
10   llora.
Desde
la cruz santa
el triunfo del sol canta
y bajo el palio[2] azul del cielo
15 deshoja tus cantares sobre el suelo.

Cuestionario

1. ¿De qué clase de poesía es ejemplo este poema?
2. ¿Qué tipo de imágenes emplea el poeta?
3. ¿Cuáles son los casos de encabalgamiento en este poema?

* Fragmento

Juana de Ibarbourou

Juana de Ibarbourou (1895–1979) no experimentó la angustia y desesperación de otras poetas postmodernistas hispanoamericanas. En cambio, lo que caracteriza la lírica temprana de esta uruguaya plenamente realizada como esposa, madre y escritora es, sobre todo, la alegría de vivir. En su primera y mejor obra, *Las lenguas de diamante* (1918), Ibarbourou expone su manifiesto humano y artístico: el deseo de amar y de ser amada, libre de toda restricción moral o religiosa, y su percepción de la vida como algo bello, puro y real que la poeta identifica con las formas sensuales e íntimas de la naturaleza—el agua del arroyo, la flor, el campo oloroso. El culto a los placeres de la vida se contrasta en su poesía con la obstinación de no aceptar la muerte como una realidad definitiva. Por consiguiente, uno de sus temas favoritos es el de la transmigración del cuerpo. A través de dicho tema Ibarbourou expresa la esperanza de triunfar sobre la muerte—representada por la sombra, el frío, la noche—y de volver a vivir asumiendo alguna forma bella, algo como la luz, simbolizada a menudo en sus poemas por la imagen de la llama. Aunque en las obras posteriores—*La rosa de los vientos* (1930), *Perdida* (1950) y *Romances del destino* (1955)—asome el pesimismo de la mujer que contempla ya de cerca la muerte, no faltan todavía aquellas notas de amor a la vida y las imágenes expresivas con las que siempre se ha identificado en el mundo hispánico a esta poeta.

La higuera [1]

Porque es áspera y fea;
Porque todas sus ramas son grises,
Yo le tengo piedad a la higuera.

En mi quinta [2] hay cien árboles bellos:
5   Ciruelos [3] redondos,
Limoneros rectos
Y naranjos de brotes [4] lustrosos.

En las primaveras,
Todos ellos se cubren de flores
10   En torno a la higuera.

Y la pobre parece tan triste
Con sus gajos [5] torcidos que nunca
De apretados capullos [6] se visten...

Por eso,
15 Cada vez que yo paso a su lado
Digo, procurando
Hacer dulce y alegre mi acento:
—Es la higuera el más bello
De los árboles todos del huerto.

[1] *fig tree*
[2] casa de campo
[3] *plum trees*
[4] *buds*
[5] ramas de árbol
[6] brotes

20   Si ella escucha,
        Si comprende el idioma en que hablo,
        ¡Qué dulzura tan honda hará nido[7]
        En su alma sensible de árbol!

            Y tal vez, a la noche,
25   Cuando el viento abanique[8] su copa,[9]
        Embriagada[10] de gozo le cuente:
        —Hoy a mí me dijeron hermosa.

[7] hará... se establecerá un nido (*nest*)
[8] (inf.: abanicar) *fans*
[9] ramaje que forma la parte superior de un árbol
[10] (fig.) llena

Cuestionario

1. ¿Por qué siente la poeta piedad por la higuera?
2. ¿Cómo está descrita la higuera?
3. ¿Qué dice la voz poética a la higuera y por qué se lo dice?
4. ¿Cómo se puede interpretar la estrofa final?

Rebelde

        Caronte:[1] yo seré un escándalo en tu barca.
        Mientras las otras sombras recen, giman,[2] o lloren,
        y bajo tus miradas de siniestro patriarca
        las tímidas y tristes, en bajo acento, oren,

5   yo iré como una alondra[3] cantando por el río
        y llevaré a tu barca mi perfume salvaje,
        e irradiaré en las ondas del arroyo sombrío
        como una azul linterna que alumbrará en el viaje.

10   Por más que tú no quieras, por más guiños[4] siniestros
        que me hagan tus dos ojos, en el terror maestros,
        Caronte, yo en tu barca seré como un escándalo.

        Y extenuada[5] de sombra, de valor y de frío,
        cuando quieras dejarme a la orilla del río
        me bajarán tus brazos cual conquista de vándalo.[6]

[1] barquero mitológico del infierno que llevaba las almas de los muertos a través del río Estigia (*Styx*)
[2] (inf.: gemir) quejarse de dolor
[3] *lark*
[4] *winks*
[5] debilitada
[6] conquista... prisionera de los bárbaros vándalos

Cuestionario

1. ¿Por qué será «un escándalo» en la barca de Caronte la que habla?
2. En la segunda estrofa, ¿con qué se compara la hablante?
3. ¿Qué valor dramático tiene la frase «cual conquista de vándalo» (verso 14)?
4. ¿Qué tipo de rebeldía se presenta en el poema?

Federico García Lorca

Federico García Lorca (1898–1936) nació en un pueblo de Granada, España. Cursó Derecho y Filosofía y Letras en las Universidades de Granada y de Madrid. En la capital, llegó a conocer—y a encantar—a muchas figuras literarias y artísticas de primer orden. Pintor, pianista, poeta y dramaturgo, Lorca viajó por España al frente del teatro universitario La Barraca. Luego, dio conferencias sobre arte y literatura, y viajó por Europa y por parte de los Estados Unidos, cursando estudios en Columbia University. Gozó de gran éxito con las obras dramáticas *Bodas de sangre, Yerma* y *La casa de Bernarda Alba.* Publicó varios libros de poesía, entre ellos *Libro de poemas, Poema del Cante Jondo, Canciones, Romancero gitano* y *Poeta en Nueva York.* Se juntan en la poesía lorquiana la atracción por el ambiente andaluz, el interés por el folklore y la creación de imágenes fuertes y apasionadas. Lorca fue asesinado al principio de la Guerra Civil española; este hecho le convirtió en símbolo de las víctimas del barbarismo fascista.

Canción de jinete [1]

Córdoba.
Lejana y sola.

Jaca [2] negra, luna grande,
y aceitunas en mi alforja. [3]
5 Aunque sepa los caminos
yo nunca llegaré a Córdoba.

Por el llano, por el viento,
jaca negra, luna roja.

La muerte me está mirando
10 desde las torres de Córdoba.

¡Ay qué camino tan largo!
¡Ay mi jaca valerosa!
¡Ay que la muerte me espera,
antes de llegar a Córdoba!

15 Córdoba.
Lejana y sola.

[1] el que monta a caballo
[2] caballo
[3] bolsa con provisiones para el camino

Cuestionario

1. ¿Cuál es el tono del poema?
2. ¿Cómo se presenta la muerte en este poema?
3. ¿Qué función tiene la repetición de los primeros versos al final del poema?

Romance sonámbulo

Verde que te quiero verde.
Verde viento. Verdes ramas.
El barco sobre la mar
y el caballo en la montaña.
5 Con la sombra en la cintura,
ella sueña en su baranda,[1]
verde carne,[2] pelo verde,
con ojos de fría plata.
Verde que te quiero verde.
10 Bajo la luna gitana,
las cosas la están mirando
y ella no puede mirarlas.

Verde que te quiero verde.
Grandes estrellas de escarcha,[3]
15 vienen con el pez de sombra
que abre el camino del alba.[4]
La higuera[5] frota su viento
con la lija[6] de sus ramas,
y el monte, gato garduño,
20 eriza sus pitas agrias.[7]
¿Pero quién vendrá? ¿Y por dónde...
Ella sigue en su baranda,
verde carne, pelo verde,
soñando en la mar amarga.

25 Compadre, quiero cambiar
mi caballo por su casa,
mi montura[8] por su espejo,
mi cuchillo por su manta.
Compadre, vengo sangrando,
30 desde los puertos de Cabra.
Si yo pudiera, mocito,
ese trato se cerraba.
Pero yo ya no soy yo,
ni mi casa es ya mi casa.
35 Compadre, quiero morir
decentemente en mi cama.
De acero,[9] si puede ser,
con las sábanas de holanda.
¿No ves la herida que tengo
40 desde el pecho a la garganta?
Trescientas rosas morenas

lleva tu pechera[10] blanca.
Tu sangre rezuma[11] y huele
alrededor de tu faja.[12]

45 Pero yo ya no soy yo,
ni mi casa es ya mi casa.
Dejadme subir al menos
hasta las altas barandas,
¡dejadme subir!, dejadme
50 hasta las verdes barandas.
Barandales de la luna
por donde retumba[13] el agua.

Ya suben los dos compadres
hacia las altas barandas.
55 Dejando un rastro de sangre.
Dejando un rastro de lágrimas.
Temblaban en los tejados
farolillos[14] de hojalata.[15]
Mil panderos[16] de cristal,
60 herían la madrugada.

Verde que te quiero verde,
verde viento, verdes ramas.
Los dos compadres subieron.
El largo viento dejaba
65 en la boca un raro gusto
de hiel,[17] de menta y de albahaca.[18]
¡Compadre! ¿Dónde está, dime?
¿Dónde está tu niña amarga?
¡Cuántas veces te esperó!
70 ¡Cuántas veces te esperara,
cara fresca, negro pelo,
en esta verde baranda!

Sobre el rostro del aljibe[19]
se mecía[20] la gitana.
75 Verde carne, pelo verde,
con ojos de fría plata.
Un carámbano[21] de luna
la sostiene sobre el agua.
La noche se puso íntima

[1] railing
[2] piel
[3] frost
[4] la primera luz del día
[5] fig tree
[6] sandpaper
[7] monte... Se compara el monte, con sus cactos, a un gato con el pelo erizado.
[8] silla de montar
[9] steel
[10] shirt front
[11] oozes
[12] sash, belt
[13] resuena
[14] small lanterns
[15] tin
[16] tambores; aquí, el sentido es figurado
[17] bile
[18] sweet basil
[19] cisterna
[20] se... was rocking
[21] icicle

80 como una pequeña plaza.   Verde viento. Verdes ramas.   ²²policías

  Guardias civiles²² borrachos 85 El barco sobre la mar.

  en la puerta golpeaban.   Y el caballo en la montaña.

  Verde que te quiero verde.

Cuestionario

1. En la primera estrofa del poema se habla de una mujer. ¿Qué se dice acerca de ella?
2. ¿Qué pide el «mocito» al «compadre»? ¿Qué contesta éste?
3. ¿Qué le ha pasado al «mocito»?
4. ¿A dónde se dirigen los dos compadres?
5. ¿A quién busca el «mocito»?
6. ¿Cómo se puede interpretar la última estrofa del poema?
7. ¿Qué tipo de imágenes emplea Lorca en este poema?
8. ¿Cómo se puede entender la frase «Verde que te quiero verde»?
9. ¿Cuáles son los elementos lingüísticos más significativos del «Romance sonámbulo»?

Luis Palés Matos

Luis Palés Matos (1898–1959), nacido de padres de raza blanca en Puerto Rico, posee la distinción de haber introducido la poesía negra en la literatura contemporánea de Hispanoamérica, al mismo tiempo que inauguraba el movimiento vanguardista en su país. Palés Matos sintió la influencia del Modernismo como muchos otros escritores de su generación. Sin embargo, a partir de *Tuntún de pasa y grifería* (1937), el poeta se une definitivamente al Vanguardismo. El resultado es una poesía que a través de su temática y técnica muestra un profundo conocimiento del negro y de su cultura. A saber, *Tuntún* contiene temas populares afro-antillanos expresados con cierta ironía—temas en que la negritud del puertorriqueño o del cubano es tratada más como toda una serie de características humanas—la alegría ante la angustia, ante la pobreza y el dolor, la sencillez, etcétera—que como un factor racial. No obstante eso, según se puede ver en el poema «Danza negra», Palés Matos se sirve del habla local y hasta de palabras inventadas por él mismo para captar el colorido, el ritmo y los efectos musicales o sonoros que son típicos de la raza negra de las Antillas.

Danza negra

Calabó y bambú.
Bambú y calabó.
El Gran Cocoroco[1] dice: tu—cu—tú.
La Gran Cocoroca dice: to—co—tó.
5 Es el sol de hierro que arde en Tombuctú.[2]

Es la danza negra de Fernando Póo.[3]
El cerdo[4] en el fango[5] gruñe: pru—pru—prú.
El sapo en la charca[6] sueña: cro—cro—cró.
Calabó y bambú.
10 Bambú y calabó.

Rompen los junjunes[7] en furiosa ú.
Los gongos[8] trepidan[9] con profunda ó.
Es la raza negra que ondulando va
en el ritmo gordo del mariyandá.[10]
15 Llegan los botucos[11] a la fiesta ya.
Danza que te danza la negra se da.

Calabó y bambú.
Bambú y calabó.
El Gran Cocoroco dice: tu—cu—tú.
20 La Gran Cocoroca dice: to—co—tó.

Pasan tierras rojas, islas de betún:[12]
Haití, Martinica, Congo, Camerún,[13]
las papiamentosas[14] antillas[15] del ron[16]
y las patualesas[17] islas del volcán,
25 que en el grave son
del canto se dan.

Calabó y bambú.
Bambú y calabó.
Es el sol de hierro que arde en Tombuctú.
30 Es la danza negra de Fernando Póo.
El alma africana que vibrando está
en el ritmo gordo del mariyandá.

Calabó y bambú.
Bambú y calabó.
35 El Gran Cocoroco dice: tu—cu—tú.
La Gran Cocoroca dice: to—co—tó.

[1] jefe de algunas tribus africanas
[2] ciudad de la República de Mali (Sahara Meridional)
[3] isla del Golfo de Guinea
[4] puerco
[5] *mud*
[6] agua detenida en el suelo
[7] instrumentos musicales, semejantes al violín, de ciertas tribus negras
[8] instrumentos musicales de percusión
[9] tiemblan; vibran
[10] baile de los negros puertorriqueños
[11] jefes de las tribus negras de Fernando Póo
[12] *mineral tar*
[13] Haití... países de donde han venido los esclavos negros
[14] *gibberish, slang*
[15] *Antilles, West Indies*
[16] *rum*
[17] Se refiere al *patois*, tipo de dialecto de las Antillas francesas.

Cuestionario

1. Se menciona varias veces en el poema la palabra *ritmo*. ¿Qué tipo de ritmo tiene la «danza negra»?
2. ¿Qué clase de palabras predominan en el poema?
3. ¿Cómo reacciona usted como lector ante este poema?

El gallo

Un botonazo[1] de luz,
luz amarilla, luz roja.
En la contienda,[2] disparo
de plumas luminosas.
5 Energía engalanada[3]
de la cresta a la cola
—ambar, oro, terciopelo—[4]
lujo que se deshoja
con heroico silencio
10 en la gallera estentórea.[5]

Rueda de luz trazada
ante la clueca[6] remolona,[7]
la capa del ala abierta
y tendida en ronda...

15 Gallo, gallo del trópico.
Pico que destila auroras.
Relámpago congelado.
Paleta[8] luminosa.
¡Ron[9] de plumas que bebe
20 la Antilla[10] brava y tórrida!

[1] golpe dado con el botón de una espada
[2] pelea
[3] adornada
[4] *velvet*
[5] ruidosa
[6] gallina que empolla huevos
[7] perezosa
[8] tabla de colores del pintor
[9] *rum*
[10] isla del archipiélago de las Antillas (*West Indies*)

Cuestionario

1. ¿Cómo está descrito el gallo de este poema?
2. ¿Qué tipo de imágenes emplea el poeta?
3. ¿Cómo se puede interpretar «¡Ron de plumas que bebe la Antilla brava y tórrida!» (versos 19–20)?

Dámaso Alonso

Dámaso Alonso (1898–   ), catedrático de literatura española en la Universidad de Madrid y profesor visitante en numerosas universidades europeas y norteamericanas, ha efectuado durante muchos años una síntesis entre la creación poética y la crítica literaria. Conocido por sus investigaciones filológicas y analíticas (entre ellas, estudios sobre la poesía de Góngora), publicó en 1944 *Hijos de la ira*, una colección poética que refleja los temas y la angustia de la España de la posguerra. Se juntan en esta obra una subjetividad desesperada y un espíritu universalista. Entre sus otras colecciones poéticas figura *Hombre y Dios* (1955), también de honda base conceptual. Por mucho tiempo, fue director de la Real Academia Española de la Lengua.

Insomnio

Madrid es una ciudad de más de un millón de cadáveres[1]
    (según las últimas estadísticas).
A veces en la noche yo me revuelvo y me incorporo en
    este nicho en el que hace 45 años que me pudro,[2]
5 y paso largas horas oyendo gemir[3] al huracán, o ladrar los
    perros, o fluir blandamente la luz de la luna.
Y paso largas horas gimiendo como el huracán, ladrando
    como un perro enfurecido, fluyendo como la leche
    de la ubre caliente de una gran vaca amarilla.
10 Y paso largas horas preguntándole a Dios, preguntándole
    por qué se pudre lentamente mi alma,
por qué se pudren más de un millón de cadáveres en esta
    ciudad de Madrid,
por qué mil millones de cadáveres se pudren lentamente
15   en el mundo.
Dime, ¿qué huerto[4] quieres abonar[5] con nuestra podredumbre?
¿Temes que se te sequen[6] los grandes rosales del día,
las tristes azucenas[7] letales de tus noches?

[1] Madrid... el número de habitantes de Madrid en el año 1940
[2] me... *I rot*; en este caso, *I have been rotting*
[3] lamentarse
[4] *orchard*
[5] fertilizar
[6] se te marchiten
[7] *lilies*

Cuestionario

1. ¿Qué indican las «estadísticas» de la primera estrofa?
2. ¿Qué representan los «45 años que me pudro» (verso 4)?
3. ¿Cuál es la relación entre las imágenes de las estrofas 3 y 4?
4. ¿A quién dirige el poeta las preguntas de las estrofas finales?
5. ¿Cómo se pueden interpretar estas preguntas?

Vida del hombre

Oh niño mío, niño mío,
¡cómo se abrían tus ojos
contra la gran rosa del mundo!

Sí,
5 tú eras ya una voluntad.
Y alargabas la manecita
por un cristal transparente
que no ofrecía resistencia:
el aire,
10 ese dulce cristal
transfundido por el sol.

Querías coger la rosa.
Tú no sabías
que ese cristal encendido
15 no es cristal, que es un agua verde,
agua salobre[1] de lágrimas,
mar alta y honda.

Y muy pronto,
ya alargabas tras la mano
20 de niño, tu hombro ligero,
tus alas de adolescente.

[1] con sabor a sal

¡Y allá se fue el corazón
viril!
Y ahora,
25 ay, no mires,
no mires, porque verás
que estás solo,
entre el viento y la marea.[2]
(Pero ¡la rosa, la rosa!)

30 Y una tarde
(¡olas inmensas del mar, olas que ruedan los vientos!)
se te han de cerrar los ojos contra la rosa lejana,
¡tus mismos ojos de niño!

[2] *tide*

Cuestionario

1. ¿Qué tipo de comentarios hace el padre sobre el niño?
2. ¿Cómo se emplea la imagen de la rosa en este poema?
3. ¿Qué representa la «tarde» de la última estrofa?

Nicolás Guillén

Nicolás Guillén (1902–) nació en Cuba de sangre española y africana. Comunista desde temprana edad, pertenece a la élite de activistas latinoamericanos que incluye a renombrados, poetas como César Vallejo, Pablo Neruda y Ernesto Cardenal. Habiéndose establecido en París, volvió a Cuba sólo tras el triunfo de Fidel Castro cuya causa revolucionaria sigue apoyando. Es quizás el representante más lúcido de la poesía popular de las Antillas—poesía en la que coexisten el amor a la lírica tradicional de España y el elemento folklórico afroantillano. Su obra poética suele dividirse en tres categorías. A la primera pertenece *Motivos de son* (1930), obra en que se funden el romance castellano y lo folklórico y pintoresco de la raza negra. Son notables aquí la imitación del habla dialéctica, graciosa, de los barrios pobres de La Habana, captada a través de las onomatopeyas propias del lenguaje negroide, y el ritmo sensual y musical de uno de los bailes típicos de Cuba, el son. La segunda categoría, sin descuidar la atención al folklore, al ritmo de canto popular, ni a los juegos onomatopéyicos (las jitanjáforas que suenan a voces negras), introduce motivos de poeta comprometido: preocupaciones sociales, raciales y humanas. La nota de mayor resonancia es la protesta contra la explotación socio-económica del negro y del mulato por parte del imperialismo yanqui. La tercera vertiente de la poética de Guillén es aquélla donde se sintetiza su arte. Influenciado más que nunca por la poesía de su amigo e ídolo Federico García Lorca y por los viajes por Latinoamérica y los países comunistas, el poeta mulato intensifica su lirismo militante, universalizando su temática.

Sensemayá (Canto para matar a una culebra[1])

¡Mayombe–bombe–mayombé!
¡Mayombe–bombe–mayombé!
¡Mayombe–bombe–mayombé!

La culebra tiene los ojos de vidrio;
5 la culebra viene, y se enreda[2] en un palo;
con sus ojos de vidrio en un palo,
con sus ojos de vidrio.
La culebra camina sin patas;
la culebra se esconde en la yerba;
10 caminando se esconde en la yerba;
¡caminando sin patas!

¡Mayombe–bombe–mayombé!
¡Mayombe–bombe–mayombé!
¡Mayombe–bombe–mayombé!

15 Tú le das con el hacha, y se muere:
¡dale[3] ya!
¡No le des con el pie, que te muerde,
no le des con el pie, que se va!

Sensemayá, la culebra,
20 sensemayá.
Sensemayá, con sus ojos,
sensemayá.
Sensemayá con su lengua,
sensemayá.
25 Sensemayá con su boca,
sensemayá!

La culebra muerta no puede comer;
la culebra muerta no puede silbar:[4]
no puede caminar,
30 no puede correr!
La culebra muerta no puede mirar;
la culebra muerta no puede beber,
no puede respirar,
no puede morder!

[1] serpiente
[2] se envuelve
[3] dale un golpe con el hacha
[4] *hiss*

35   ¡Mayombe–bombe–mayombé!
      Sensemayá, la culebra...
      ¡Mayombe–bombe–mayombé!
      Sensemayá, no se mueve...
      ¡Mayombe–bombe–mayombé!
40   *Sensemayá, la culebra...*
      ¡Mayombe–bombe–mayombé!
      ¡Sensemayá, se murió!

Cuestionario

1. ¿Cómo describe el poeta a la culebra?
2. ¿Cómo se presenta el acto de matar a la culebra?
3. ¿Cuáles son los recursos lingüísticos más significativos del poema?

No sé por qué piensas tú

No sé por qué piensas tú,
soldado, que te odio yo,
si somos la misma cosa
yo,
5 tú.

Tú eres pobre, lo soy yo;
soy de abajo,[1] lo eres tú;
¿de dónde has sacado tú,
soldado, que te odio yo?

10 Me duele que a veces tú
te olvides de quién soy yo;
caramba,[2] si yo soy tú,
lo mismo que tú eres yo.

Pero no por eso yo
15 he de malquererte,[3] tú;
si somos la misma cosa,
yo,
tú,
no sé por qué piensas tú,
20 soldado, que te odio yo.

Ya nos veremos yo y tú,
juntos en la misma calle,
hombro con hombro,[4] tú y yo,
sin odios ni yo ni tú,
25 pero sabiendo tú y yo,
a dónde vamos yo y tú...
¡No sé por qué piensas tú,
soldado, que te odio yo!

[1] de... de la clase baja, del pueblo
[2] exclamación
[3] odiarte
[4] hombro... luchando juntos

Cuestionario

1. ¿Qué actitud tiene el que habla hacia el soldado a quien se dirige?
2. ¿En qué sentido son los dos «la misma cosa» (verso 16)?
3. ¿Cuál será el futuro de los dos?

Pablo Neruda

Pablo Neruda (1904–1973), nacido en Chile Neftalí Ricardo Reyes, es tal vez el poeta más prestigioso de Hispanoamérica en el siglo XX y uno de los grandes valores de la poesía mundial. Lo comprueban los muchos honores que recibió—entre ellos el Premio Nóbel de Literatura (1971). Viajó extensamente por Latinoamérica, Europa y el Oriente en calidad de diplomático y, como su compatriota Gabriela Mistral, se identificó con las víctimas de la guerra, la injusticia social y la tiranía. Político de convicciones marxistas, falleció poco después del golpe de estado militar que puso fin al gobierno social-democrático de Salvador Allende. Su obra poética se caracteriza por una constante evolución temática y técnica que ha llevado a algunos críticos a dividirla en cuatro distintas etapas. En las primeras dos, que incluyen *Crepusculario* (1923) y *Veinte poemas de amor y una canción desesperada* (1924), Neruda se mantiene dentro del Modernismo, con su temática amorosa de tono romántico y lenguaje tradicional. A partir de *Residencia en la tierra* (1925–1947)—influenciada por el espectáculo de la Guerra Civil española—la lírica nerudiana entra en la fase surrealista, la tercera. Su poesía pasa a ser hermética—lingüísticamente caótica—introspectiva, de tendencias filosóficas e ideológicas que manifiestan la inquietud espiritual del poeta y su visión apocalíptica del mundo. La cuarta y última etapa, en la que figuran *Canto general* (1950), *Odas elementales* (1954) y *Navegaciones y regresos* (1959), destaca una poesía comprometida, a veces política, más sencilla que la anterior y de fácil acceso a las masas a quienes el poeta se dirige y con quienes quiere compartir el amor que siente por el suelo, por la naturaleza y por el hombre de América.

Me gustas cuando callas

Me gustas cuando callas porque estás como ausente,
y me oyes desde lejos, y mi voz no te toca.
Parece que los ojos se te hubieran volado
y parece que un beso te cerrara la boca.

5 Como todas las cosas están llenas de mi alma
emerges de las cosas, llena del alma mía.
Mariposa de sueño, te pareces a mi alma,
y te pareces a la palabra melancolía.

Me gustas cuando callas y estás como distante.
10 Y estás como quejándote, mariposa en arrullo.[1]
Y me oyes desde lejos, y mi voz no te alcanza:[2]
déjame que me calle con el silencio tuyo.

Déjame que te hable también con tu silencio
claro como una lámpara, simple como un anillo.
15 Eres como la noche, callada y constelada.[3]
Tu silencio es de estrella, tan lejano y sencillo.

[1] cantarcillo para adormecer a los niños
[2] no... no la puedes oír
[3] llena de estrellas

Me gustas cuando callas porque estás como ausente.
Distante y dolorosa como si hubieras muerto.
Una palabra entonces, una sonrisa bastan.
20 Y estoy alegre, alegre de que no sea cierto.

Cuestionario

1. ¿Qué representa el silencio para el poeta?
2. ¿Cómo describe el poeta a la amada?
3. ¿Por qué está alegre el poeta, según los últimos versos?

Verbo

Voy a arrugar¹ esta palabra,
voy a torcerla,²
sí,
es demasiado lisa,³
5 es como si un gran perro o un gran río
le hubiera repasado lengua o agua
durante muchos años.

Quiero que en la palabra
se vea la aspereza,
10 la sal ferruginosa,⁴
la fuerza desdentada⁵
de la tierra,
la sangre
de los que hablaron y de los que no hablaron.

15 Quiero ver la sed
adentro de las sílabas:
quiero tocar el fuego
en el sonido:
quiero sentir la oscuridad
20 del grito. Quiero
palabras ásperas
como piedras vírgenes.

¹ *wrinkle*
² *twist it*
³ plana
⁴ que contiene hierro
⁵ sin dientes

Cuestionario

1. ¿Qué representa el «Verbo» del título a lo largo del poema?
2. ¿En qué sentido se emplean las palabras *aspereza* (verso 9) y *ásperas* (verso 21)?
3. ¿Qué significa «la sed adentro de las sílabas» (versos 15–16)?

Gloria Fuertes

Gloria Fuertes (1918–   ) nació en Madrid de una familia muy humilde. Superando serios obstáculos como la pobreza y su condición de mujer en los años sombríos de la Guerra Civil y de la dictadura de Francisco Franco, Fuertes ha logrado alcanzar una posición destacada entre los escritores e intelectuales españoles de la actualidad. Su carrera principió con la publicación de cuentos y poemas infantiles en revistas en las que trabajaba de redactora. Más tarde fundó la revista poética *Arquero*. En 1961 Fuertes consiguió una beca Fulbright y viajó a los Estados Unidos con el cargo de profesora visitante en Bucknell University. Fuertes pertenece a la segunda generación de poetas españoles de la posguerra que florecieron en las décadas de los años cincuenta y sesenta. Lo que caracteriza y agrupa a dichos poetas es su notorio anticonformismo patente en la originalidad de su lenguaje y en su visión ecuménica de la poesía. La lírica de Fuertes se distingue por un lenguaje directo, coloquial y espontáneo. Otro aspecto fundamental de dicha poesía es un humorismo de doble impacto e intención. A nivel lingüístico, tal humorismo, engendrado por juegos de palabras, errores gramaticales intencionales, elipsis y otras estratagemas similares, causa la risa espontánea del lector. En un segundo plano, el semiótico, ese humorismo distancia al lector del asunto inmediato del poema, induciéndole a descubrir intelectual y objetivamente toda una serie de significaciones extratextuales. Dentro del proceso evolutivo de las obras de Fuertes figuran: *Canciones para niños* (1950), *Antología y poemas del suburbio* (1954), *Poeta de guardia* (1968), *Cómo atar los bigotes al tigre* (1969) e *Historia de Gloria (Amor, humor y desamor)* (1980).

Sale caro¹ ser poeta

Sale caro, señores, ser poeta.
La gente va y se acuesta tan tranquila
—que después del trabajo da buen sueño—.
Trabajo como esclavo llego a casa,
5　me siento ante la mesa sin cocina,
me pongo a meditar lo que sucede.
La duda me acribilla² toda espanta;³
comienzo a ser comida por las sombras
las horas se me pasan sin bostezo⁴
10　el dormir se me asusta se me huye
—escribiendo me da la madrugada⁵—.
Y luego los amigos me organizan recitales,
a los que acudo⁶ y leo como tonta,
y la gente no sabe de esto nada.
15　Que me dejo la linfa⁷ en lo que escribo,
me caigo de la rama de la rima
asalto las trincheras⁸ de la angustia

¹ Sale... Cuesta mucho, es difícil
² molesta
³ inspira miedo
⁴ *yawn*
⁵ las primeras horas de la mañana
⁶ asisto
⁷ (fig.) agua
⁸ *trenches*

me nombran su héroe los fantasmas,
me cuesta respirar cuando termino.
20 Sale caro señores ser poeta.

Cuestionario

1. Según el poema, ¿por qué «sale caro ser poeta»?
2. ¿Qué valor tiene el verso 8, «comienzo a ser comida por las sombras»?
3. ¿Cuál es el tono del poema?

Mis mejores poemas

Mis mejores poemas,
sólo los lee una persona;
son unas cartas tontas
con mucho amor por dentro
5 faltas de ortografía[1]
y agonía precoz.[2]

Mis mejores poemas
no son tales, son cartas,
que escribo porque eso,
10 porque no puedo hablar,
porque siempre está lejos...
como todo lo bueno,
—que todo lo que vale nunca está—
como Dios
15 como el mar.
Soy de Castilla y tengo
un cardo[3] por el alma,
pero quiero tener un olivo en la voz,
soy de Castilla seca,
20 soy tierra castellana,
pero quiero tener a mi amor en mi amor.
Da risa decir eso, AMOR, a estas horas,
AMOR a estas alturas de inmobiliaria[4] y comité,
pero yo digo AMOR AMOR sé lo que digo.
25 —Mis mejores poemas son cartas que lloré—.
Un poema se escribe
una carta se llora,
una noche se puede parir[5] o desnacer,
Yo parí y he robado

[1] faltas... errores en la escritura
[2] que ocurre antes de lo acostumbrado
[3] *thistle*
[4] compañía, empresa
[5] dar a luz

—he hecho de todo un poco—
pero mi mejor verso...

un Telegrama es.

Cuestionario

1. ¿A quién se refiere el segundo verso, «sólo los lee una persona»?
2. ¿Por qué compara la poeta sus versos con las cartas?
3. ¿Cómo se pueden interpretar las palabras finales del poema, «mi
   mejor verso.../un Telegrama es»?

Octavio Paz

Octavio Paz (1914–   ) es posiblemente el principal escritor contemporáneo de México y uno de los más sobresalientes de la literatura hispánica. Aunque su producción literaria abarca poesía, ensayo, cuento y crítica, el renombre de Paz radica en sus obras poéticas y ensayísticas. De su poesía cabe mencionar *Libertad bajo palabra* (1949), *Piedra de sol* (1958), *La estación violenta* (1958), *Viento entero* (1962) y *Ladera este* (1969). La temática de Paz incluye la soledad, la inquietud existencial, la falta de comunicación entre los hombres y la búsqueda de la identidad. Para Paz, cuyas bases filosóficas se fundan tanto en las creencias occidentales como en las orientales y en las de su propia cultura azteca, esa búsqueda ha de conducir al reencuentro con el amor universal. Ya que la poesía ofrece, según Paz, la posibilidad de superar la soledad individual y comunicarse con los otros, la misión del poeta es cambiar al hombre y a su sociedad, liberándolos de todo tirano. Este mismo anhelo de libertad y solidaridad incondicional que caracteriza el pensamiento revolucionario, marxista, de Paz, es patente en la total autonomía que el poeta concede a la palabra. De acuerdo con ese pensamiento, el poema, igual que el mundo o la sociedad, es esencialmente un espacio. Las palabras, como los individuos en su estructura social, una vez colocadas dentro de un cierto espacio—la escritura—dejan de ser controladas por su creador, el poeta, cobran vida propia y acaban por efectuar cambios en el artista mismo. Esto explica el interés de Paz por la poesía concreta o espacial.

El sediento [1]

Por buscarme, Poesía,
en ti me busqué:
deshecha[2] estrella de agua,
se anegó[3] en mi ser.
5 Por buscarte, Poesía,
en mí naufragué.[4]

Después sólo te buscaba
por huir de mí:
¡espesura[5] de reflejos
10 en que me perdí!
Mas luego de tanta vuelta
otra vez me vi:

[1] que tiene sed; (fig.) que desea algo ansiosamente
[2] destruida
[3] se sumergió
[4] me perdí como en un naufragio (*shipwreck*)
[5] algo denso, tupido

el mismo rostro anegado
en la misma desnudez;
15 las mismas aguas de espejo
en las que no he de beber;
y en el borde del espejo,
el mismo muerto de sed.

Cuestionario

1. ¿Cómo se presenta la relación entre el poeta y la poesía en cada una de las estrofas?
2. ¿Cómo se podrían interpretar los versos «las mismas aguas de espejo en las que no he de beber» (versos 15–16)?
3. ¿Qué valor tiene el uso de la palabra *sed* en el título del poema y en el último verso?

Cifra[1]

[1] número, signo

Cuestionario

1. ¿Qué figura representa el poema?
2. ¿Qué relación existe entre las distintas palabras del poema?
3. ¿Qué significa el título del poema?

Ernesto Cardenal

Ernesto Cardenal (1925–), poeta, crítico, escultor, revolucionario y político, nació en Granada, Nicaragua. A los dieciocho años Cardenal emprendió en México los estudios universitarios que terminaría a los veinticuatro en Columbia University de Nueva York, doctorándose en filosofía. De vuelta a Nicaragua se involucró en la política, participando en cierta ocasión en un malaventurado atentado contra el entonces dictador Anastasio Somoza. Este incidente, junto con un disgusto amoroso, contribuyó a una crisis espiritual que le indujo a dedicarse a la vida religiosa. Actualmente alterna su vida entre los cargos políticos que ha asumido por cuenta del gobierno sandinista y las actividades religiosas, humanitarias, artísticas y literarias que desempeña en la comuna católica fundada por él en la remota Isla de Mancarrón situada en el Gran Lago de Nicaragua. La obra poética de Cardenal suele dividirse en dos fases: el período que precede a su conversión espiritual en 1956 y la época que le sigue. Típico de la primera fase es el largo poema «La ciudad desheredada», de carácter pasional, en el que crítica con amargura a Granada, la ciudad natal que pasa a simbolizar para el poeta la traición de la mujer amada y el fin de sus sueños románticos. La segunda fase produce la poesía *exteriorista*. Esta se desliga del verbalismo surrealista de la fase inicial, cediendo el paso a una poesía testimonial, comprometida, que revela la postura de un nuevo catolicismo latinoamericano luchando valientemente en pro de los derechos humanos. Entre las obras de Cardenal cabe mencionar *Gethsemani, Ky* (1960), *Epigramas: poemas* (1961), *Salmos* (1967), *Oración por Marilyn Monroe y otros poemas* (1965) y *Poemas* (1971).

Epigramas [1]

Te doy, Claudia, estos versos, porque tú eres su dueña.
Los he escrito sencillos para que tú los entiendas.
Son para ti solamente, pero si a ti no te interesan,
un día se divulgarán[2] tal vez por toda Hispanoamérica...
5 Y si al amor que los dictó, tú también lo desprecias,
otras soñarán con este amor que no fue para ellas.
Y tal vez verás, Claudia, que estos poemas,
(escritos para conquistarte a ti) despiertan
en otras parejas enamoradas que los lean
10 los besos que en ti no despertó el poeta.

*

Cuídate, Claudia, cuando estés conmigo,
porque el gesto más leve, cualquier palabra, un suspiro
de Claudia, el menor descuido,
tal vez un día lo examinen eruditos,
15 y este baile de Claudia se recuerde por siglos.

[1] poemas breves y satíricos a imitación de los epigramas de la antigüedad clásica
[2] se... serán difundidos

Claudia, ya te lo aviso.

*

De estos cines, Claudia, de estas fiestas,
de estas carreras de caballos,
no quedará nada para la posteridad
20 sino los versos de Ernesto Cardenal para Claudia
        (si acaso)
y el nombre de Claudia que yo puse en esos versos
y los de mis rivales, si es que yo decido rescatarlos
del olvido, y los incluyo también en mis versos
25 para ridiculizarlos.

*

Esta será mi venganza:
Que un día llegue a tus manos el libro de un poeta famoso
y leas estas líneas que el autor escribió para ti
y tú no lo sepas.

*

30 Me contaron que estabas enamorada de otro
y entonces me fui a mi cuarto
y escribí ese artículo contra el Gobierno
por el que estoy preso.[3]

*

De pronto suena en la noche una sirena
35 de alarma, larga, larga,
el aullido[4] lúgubre[5] de la sirena
de incendio o de la ambulancia blanca de la muerte,
como el grito de la cegua[6] en la noche,
que se acerca y se acerca sobre las calles
40 y las casas y sube, sube, y baja
y crece, crece, baja y se aleja
creciendo y bajando. No es incendio ni muerte:
                    Es Somoza[7] que pasa.

*

Yo he repartido papeletas clandestinas,
gritado: ¡VIVA LA LIBERTAD! en plena calle
45 desafiando[8] a los guardias armados.
Yo participé en la rebelión de abril:
pero palidezco[9] cuando paso por tu casa
y tu sola mirada me hace temblar.

[3] en la cárcel
[4] grito quejumbroso como
    el de una fiera
[5] triste, fúnebre
[6] fantasma
[7] Anastasio Somoza, ex-
    dictador de Nicaragua
    (1932–1956)
[8] retando, provocando
[9] me pongo pálido

SOMOZA DESVELIZA LA ESTATUA DE SOMOZA EN EL ESTADIO SOMOZA

No es que yo crea que el pueblo me erigió[10] esta estatua
porque yo sé mejor que vosotros que la ordené yo mismo.
Ni tampoco que pretenda pasar con ella a la posteridad
porque yo sé que el pueblo la derribará[11] un día.
55 Ni que haya querido erigirme a mí mismo en vida
el monumento que muerto no me erigiréis vosotros:
sino que erigí esta estatua porque sé que la odiáis.

[10] construyó
[11] destruirá

*

Nuestros poemas no se pueden publicar todavía.
Circulan de mano en mano, manuscritos,
60 o copiados en mimeógrafo. Pero un día
se olvidará el nombre del dictador
contra el que fueron escritos,
y seguirán siendo leídos.

*

Al perderte yo a ti tú y yo hemos perdido:
65 yo porque tú eras lo que yo más amaba
y tú porque yo era el que te amaba más.
Pero de nosotros dos tú pierdes más que yo:
porque yo podré amar a otras como te amaba a ti
pero a ti no te amarán como te amaba yo.

*

70 Muchachas que algún día leáis emocionadas estos versos
y soñéis con un poeta:
sabed que yo los hice para una como vosotras
y que fue en vano.

Cuestionario

1. ¿Cuál es la actitud del hablante poético hacia Claudia?
2. Según el primer poema, ¿por qué se han escrito los versos?
3. Según el cuarto poema, ¿cuál será «la venganza» del poeta?
4. En el quinto poema, el poeta dice que está preso. ¿Por qué?
5. ¿Cuál es la actitud del poeta hacia Somoza?
6. ¿Cuál es la paradoja del amor en los dos últimos poemas?

Bertalicia Peralta

Bertalicia Peralta (1939–   ) nació en la Ciudad de Panamá, Panamá. Poeta, prosista, periodista y profesora de música, Peralta es una de las voces más resonantes del feminismo literario latinoamericano. Ha mostrado sencillamente suficiente valor para hacer escuchar su voz ante los problemas que enfrenta hoy la mujer. Sus obras, en las que se nota cierta afinidad con la postura filosófica y la irreverente ironía de la mexicana Rosario Castellanos, han sido justamente aclamadas en su tierra y en el extranjero. El mérito artístico de dichos escritos se explica por las traducciones que de ellos se han hecho al inglés, polaco, italiano, alemán y portugués, por los premios nacionales e internacionales que han ganado, así como por la creciente presencia de la escritora en las antologías literarias. Uno de sus cuentos para niños, «Historia de la nube blanca y la semilla de mango», alcanzó tanta popularidad que de él se ha hecho una adaptación para la televisión educativa. Fundadora y co-editora de la revista literaria *El Pez Original* (1961–1968) dedicada a la nueva literatura panameña, Peralta organiza y anima anualmente un concurso nacional de literatura infantil a través de una de sus columnas en el diario *Crítica*. Entre su mejor poesía cabe señalar *Sendas fugitivas* (1962) y *Piel de gallina* (1982). De sus obras narrativas, las más notables son *Casa partida* (1971), *Barcarola y otras fantasías incorregibles* (1973) y *Muerte en enero* (1974).

La libertad

Andaba persiguiendo la libertad
como quien persigue taxis
en la tarde

la libertad que es sólo ésta
5 de quedarme a solas
con mi cruz y mi enjarme[1]
de ilusiones gigantes

libertad que es la de sentarme
frente al escritorio vital
10 de la esperanza cada día

la libertad ahora comprendo
huele
como un montón de flores invisibles

[1] un grupo grande, confuso, caótico (de cosas)

1. ¿Qué valor tiene el símil, «como quien persigue taxis/en la tarde» (versos 2–3)?
2. ¿Cuál es la actitud de la poeta hacia la libertad?
3. ¿Cómo se puede interpretar la estrofa final?

El silencio

El silencio es la masa de una gota
      de agua que no cae
se produce o no se produce

  el silencio puede también permanecer
5   en el tiempo sin permanecer
el silencio es finalmente
objeto de sutilezas
como la luz / auténtico
como el agua / rígido
10 como la certeza / inencontrado

la flaqueza[1] de la mente
el estruendo[2] de la noche
      el vaho[3] de un ojo luminoso

el silencio como la muerte
15   como el amor
          es todo
o no es

[1] debilidad
[2] bullicio, confusión
[3] aliento

Cuestionario

1. ¿Qué figura utiliza la poeta para describir el silencio?
2. Para la poeta, ¿cómo es el silencio?

El drama

Introducción al drama

I / *El teatro*

Al comenzar el estudio del drama, la primera pregunta que uno se debe hacer es ¿qué es el teatro? Generalmente la gente asocia el concepto de teatro con algo que no es verdadero sino simulado, imitado. Lo demuestra la frase común **estás haciendo teatro** que es tanto como decir que una persona no está actuando de una manera espontánea, sino fingida. Según Aristóteles (384–322 a. C.), filósofo griego y autor de la *Poética*, donde se estudian los distintos géneros poéticos, el origen de la poesía dramática radica en la tendencia innata en el hombre de imitar, lo cual establece una de las diferencias entre él y los animales. El hombre aprende a través de la imitación; por eso el niño actúa de manera simulada para adaptarse al modelo presentado por los mayores, por ejemplo, cuando él está sentado y quieto durante una visita. Más tarde, cuando crece, se da cuenta de que ésa no era la realidad sino una mimesis, o *imitación de la realidad*. El hombre también lucha por adaptarse a una realidad modélica, y a través de ese proceso se da cuenta de que toda acción humana es, de una u otra manera, una manifestación teatral. Podría decirse entonces que el drama toma los elementos que lo integran de la vida diaria y los coloca en un esquema determinado que constituye el teatro. Aunque existen muchas maneras de aproximarse al teatro, la consideración anterior parece la más simple: es decir, la obra dramática sería como una extensión de la vida diaria sometida a un esquema determinado, con sus fluctuaciones entre risas y lágrimas—comedia o tragedia—tal como lo concibió Aristóteles.

La diferencia entre la vida y el teatro es que en el teatro, el autor—el dramaturgo—controla la situación dramática desde afuera; mientras que en la vida, las personas involucradas en una situación generalmente no pueden controlar dicha situación desde adentro.

La perspectiva dramática carece de narrador—esa voz que contaba la historia en la narrativa—y el autor es solamente una persona que observa las situaciones propias de la vida de cada día y las organiza dando forma a esos pedazos de vida a los que se llama *drama*. No se puede negar que esos fragmentos de la vida diaria no son realidad, sino una imitación de la realidad basada en la visión o interpretación del dramaturgo. Por eso se dice que el teatro es «mimesis», es decir, imitación de un aspecto de la vida real. Por consiguiente se podría decir que el propósito del dramaturgo es seleccionar el material de su drama de tal manera que el espectador pueda encontrar a través de la experiencia dramática un orden, una iluminación del caos de su diaria existencia, o quizás un reflejo escénico del caos mundial.

II / *Análisis del teatro: Partes integrantes*

Algunas veces se hace la distinción entre drama y teatro, diciendo que el drama es el texto escrito y teatro, la representación de dicho texto. Lo que sí se puede afirmar es que el texto dramático es un texto doble; por una parte se caracteriza y se estructura a través del diálogo de los personajes; por otra, ese texto contiene muchas indicaciones para su representación, a las cuales se les llama *acotaciones* o *direcciones de escena*. También se denominan con la palabra griega *didascalia* (διδασκαλία). Sin embargo, hay que tener en cuenta que se llama acotaciones no sólo a las indicaciones escénicas—ya que hay textos que no las tienen (véase *El nietecito*, p. 242)—sino a todo elemento que indique algo referente a la teatralidad del texto.

Por consiguiente, se puede decir que aunque el texto dramático está formado sólo por palabras escritas, éstas tienen un doble destino. Unas se destinan a su realización oral en la representación por medio del diálogo; otras tienen una función imperativa y sirven para configurar el escenario. En el texto escrito alternan los diálogos y las acotaciones de escena, pero sólo aparecen simultáneamente en la representación. Teniendo esto presente, se puede decir que el texto dramático se compone de dos planos: uno *textual* y otro *escénico;* de tal manera, que la articulación de estos dos planos forme una estructura coherente.

I. Plano textual   texto principal—texto dicho por los personajes (el
    (literario)   diálogo)
                       texto secundario—acotaciones de escena

II. Plano espectacular → espacio escénico—formado por los personajes,
    (extraliterario)   decorados, luces, música, etcétera

Estas tres categorías, texto principal, texto secundario y espacio escénico, definen el texto dramático. Por lo tanto, es necesario considerar el estudio del género dramático en su doble aspecto de *texto literario*, que se realiza mediante la *lectura*, y *texto espectacular*, que se realiza a través de la representación. El elemento literario se dirige a la mente, el elemento extraliterario a los sentidos; pero ambos se cruzan en la representación.

III / *Plano textual o literario*

Teniendo en cuenta que el propósito de este libro es un acercamiento a la literatura, el análisis del teatro se centrará en el estudio del texto dramático o literario. Lo primero que hay que hacer notar es que el código comunicativo, emisor-mensaje-receptor, queda definido en el teatro a dos niveles.

Código comunicativo teatral

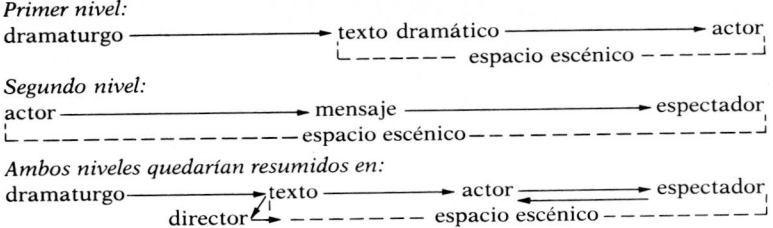

Primer nivel:
dramaturgo ⟶ texto dramático ⟶ actor
espacio escénico

Segundo nivel:
actor ⟶ mensaje ⟶ espectador
espacio escénico

Ambos niveles quedarían resumidos en:
dramaturgo ⟶ texto ⟶ actor ⟶ espectador
director espacio escénico

Al analizar este código hay que considerar que la relación entre el espectador y el actor es recíproca, no sólo en el teatro contemporáneo en el cual el actor incita al espectador a participar en el drama, sino también en el sentido, más general, de involucrarlo en el proceso dramático. Es decir, un texto dramático se presenta como una «conversación»; es un diálogo entre dos personajes (*yo/tú–tú/yo*). Esta conversación está compuesta no sólo de elementos verbales sino también de elementos mímicos (gestos, ademanes, etcétera). A la escenificación de esta conversación asiste el espectador: sabe que los personajes le «están diciendo algo» y, aunque él no participe en la conversación, todo lo que se hace en el espacio escénico tiene una significación, sirve para comunicar un mensaje. Por lo tanto, la función del espectador consiste en descubrir y dar significación a esa conversación que se le entrega por partes a través de la interacción de los actores en el espacio escénico. El espectador es, pues, un creador de significados.

Así como al hablar de la narrativa se podía decir que toda lectura es incompleta ya que el texto admite varias lecturas—por ser literario—también se puede afirmar que el texto dramático admite diversas puestas en escena—por ser artístico—y el espectador puede realizar diversas *interpretaciones* buscando siempre relaciones nuevas. Esto significa que cuando el dramaturgo escribe una obra dramática, tiene presente no sólo que ésta va a ser leída—como sucede en la narrativa—sino también que va a ser representada ante un público por medio de unos actores guiados por un director. Teniendo en cuenta todo lo dicho, se puede deducir que el teatro implica un «proceso dialógico» a cinco niveles de comunicación: 1) comunicación entre el dramaturgo y el actor, 2) comunicación entre los diversos actores ya que cada uno es a la vez destinatario y emisor—es decir, recibe mensajes y responde a ellos, 3) comunicación recíproca entre el actor y el espectador, 4) comunicación entre el dramaturgo y el espectador a través del actor (y del director) y 5) comunicación de los espectadores entre sí y de cada espectador consigo mismo. De ahí que se pueda decir que la tensión dramática supone una tensión de la comunicación.

El *diálogo*

El diálogo es uno de los componentes fundamentales del discurso teatral: es la lengua puesta en acción. Sin diálogo no hay teatro, teniendo a la vez muy en cuenta que incluso los silencios dicen algo, comunican algo y, por lo tanto, son parte del discurso. Se puede decir, pues, que la obra dramática es un conjunto de diálogos presentados por unos personajes que se van construyendo a través de esos mismos diálogos. Los personajes quedan caracterizados por la forma cómo intervienen en el diálogo así como por su descripción física y por sus acciones.

Si comparamos el diálogo de la narrativa con el de la obra dramática, podemos ver el contraste siguiente:

Narrativa	Drama
diálogo escrito	diálogo oral
diálogo referido	diálogo directo
diálogo aprehendido en la lectura	diálogo aprehendido en la representación

Por consiguiente, se puede afirmar que el diálogo dramático es un diálogo oral, actuado, en lugar de ser un diálogo escrito como el de la narrativa. El teatro, como «mimesis»—imitación de la realidad—es y no es el mundo en que vivimos. En la actuación de los personajes, todas las manifestaciones orales, tales como hablar, cantar, reír, llorar, se presentan directamente sin intermediario escrito. Esto significa que el texto dramático pierde su valor como texto descriptivo-narrativo y se transforma en elemento motor de la «mimesis», la cual da existencia escénica a los personajes. No hay necesidad de insistir en establecer la diferencia entre el texto narrativo y el texto dramático, pero sí conviene señalar que en el texto narrativo la primera persona **yo** está subordinada a la tercera **él** porque el narrador, generalmente, se refiere a los personajes en tercera persona. Sin embargo, en el texto teatral, es la tercera persona **él** la que está subordinada al **yo** porque los personajes presentan en primera persona la situación.

La obra dramática puede presentar el diálogo en verso, en prosa o en una combinación de verso y prosa, pero en cualquier caso, el diálogo es el instrumento del cual se sirve el actor para dar vida a la obra. De la selección de las palabras que componen el diálogo depende el que éste tenga un tono serio o humorístico, elevado o común.

Además del diálogo propiamente dicho, hay que considerar el *monólogo* o *soliloquio* que generalmente se desarrolla cuando el personaje está solo en escena. Consiste en las reflexiones que éste se hace en voz alta sobre la situación específica en que se encuentra. Es célebre el monólogo de Hamlet «*To be or not to be*» y el monólogo de Segismundo «¿Qué es la vida?» en la obra de Calderón de la Barca, *La vida es sueño*.

También son importantes los *apartes*, que son frases que dice un personaje y que se supone que los demás personajes no oyen, pero que sirven para dar a conocer al público los pensamientos de quien las dice o ciertas intenciones secretas. Los apartes tienen una función parecida a la que tenía el coro griego del teatro antiguo: sirven de intermediarios entre el espectador y la obra.

Al considerar el diálogo de las obras que figuran en la sección antológica, vemos que en *El nietecito* (p. 242), Benavente usa un diálogo flexible, ingenioso y un lenguaje fluido; es un diálogo lleno de ideas más que de acción. Los personajes, de acuerdo con su medio social, usan muchas expresiones populares: ***too, na, comío***, etcétera.

El lenguaje de *El hombre que se convirtió en perro* (p. 254) es diferente del lenguaje convencional; no se trata solamente del uso del *voseo*—*divertite, podés*, etcétera—sino que se trata de dar mucha fuerza a la expresión para poner de relieve las ideas fundamentales que se agitan en el drama. Esto, según Pedro Bravo-Elizondo en *Teatro hispano-americano de crítica social* (1975), conduce a un lenguaje casi telegráfico derivado del fluir de la conciencia (*stream of consciousness*) y de la irrupción de la tensión interna producida por el choque del individuo con su medio ambiente; es decir, que la sintaxis oracional se sustituye por palabras aisladas. Por ejemplo, en la página 255 se ve la elipsis de los elementos sintácticos quedando solamente, primero la palabra aislada y luego sólo las letras iniciales: «Tornero... ¡NO! Mecánico... ¡NO! S... N... R... N... F... N...».

Los personajes o dramatis personae

Así como la obra dramática no existiría sin el autor, tampoco podría existir sin el actor, aunque aquél hubiera creado el texto dramático, porque el teatro es representación y, por lo tanto, el actor nace de la necesidad de *re-crear*, de *re-presentar* la obra del autor. El actor es una persona que habla y que se mueve en el escenario, pero su esencia consiste en que *represente* a alguien, que *signifique* a una persona; de ahí su nombre de *personaje*. Es por eso un cuerpo vivo, un ser humano que se convierte en personaje a través de una mimesis, es decir, imitando a otra persona, sintiéndose otra persona impuesta por el texto. De ahí que podríamos usar la siguiente fórmula para representar a un personaje:

actor + texto = personaje

Los personajes del teatro, aunque tienen cierta semejanza con las personas reales, difieren de éstas en algunos aspectos: primero, porque se mueven en un mundo imaginario, y segundo, porque han sido creados por el autor para transmitirnos su mensaje y generalmente sólo presentan unas cuantas características predominantes que sirven para definirlos.

Un personaje está constituido por frases pronunciadas por él y frases pronunciadas sobre él; esto significa que el personaje puede constituirse de dos maneras: directa e indirectamente. Un personaje está directamente constituido cuando le conocemos a través de lo que él mismo dice y hace; y está indirectamente constituido si le conocemos a través de lo que nos dicen los otros acerca de él. Los personajes, además de hablar, se mueven en el escenario (*stage*), hacen gestos, van vestidos de una manera determinada y todo esto es también *lenguaje* que tiene su propia significación para entender el drama; de ahí que se pueda decir que los personajes tienen un valor *sintáctico* porque desempeñan una función en el desarrollo de la acción comparable a la función de las palabras en el desarrollo de la frase.

Es necesario notar que los personajes están ordenados para el desarrollo de la acción dramática, es decir, que desempeñan una función determinada. Teniendo en cuenta su función, los personajes se clasifican en *actantes* y *actores*. Son actantes los que de cualquier manera, aunque sea de un modo pasivo, contribuyen al progreso de la acción. Actante es más inclusivo que personaje ya que los animales y los objetos y hasta los conceptos pueden ser actantes. Por ejemplo, la llave maestra en *El viejo celoso* (p. 230) tiene la función de actante.

Los actores son aquéllos que no sólo contribuyen a que avance la acción sino que son portadores de las ideas, es decir, de la significación temática del drama; por lo tanto, además de un valor sintáctico tienen un valor *semántico*.

Otra consideración acerca de los personajes es su relación con la escenografía o ambientación (*setting*) ya que los personajes son producto de su medio ambiente y éste influye en su carácter.

Al igual que en la narrativa, el teatro necesita de la figura de un protagonista que represente el interés principal de la acción. Las características del protagonista varían según el esquema de la representación, o sea, según se trate de la tragedia o de la comedia. La tragedia como forma estética teatral celebra el hecho de que aunque el ser humano tenga que aceptar lo que no tiene solución, su *espíritu* triunfa sobre su destino. Paradójicamente, la muerte del héroe es común; pero es el espíritu del héroe, quien supo luchar a pesar de sus limitaciones, lo que constituye el drama trágico.

La comedia, sin embargo, se basa en el sentido cómico de la vida; es decir que, a pesar de nuestros fracasos, a pesar de que la vida nos tire al suelo muchas veces, nos levantamos y seguimos viviendo porque la vida continúa. Es como el mecanismo de esos muñecos llamados «tentempié» («*roly-poly*» *toy*) que llevan un peso en la base y que, aunque movidos en cualquier dirección, siempre vuelven a quedar derechos.

Según Aristóteles, el héroe trágico es un hombre grande y noble, totalmente idealizado a pesar de sus defectos. Sin embargo, este héroe tiene una debilidad, denominada *falla trágica*, que lo conduce a la catástrofe—catástrofe que es más impresionante mientras más elevada sea la imagen que se tiene del héroe.

Cuando empieza la representación se establece una relación entre el héroe y el público. El público se identifica con el personaje y vive todos los acontecimientos que está viviendo el protagonista, o sea, que se crea un sentimiento de *empatía*. El público acompaña al héroe en su **vía dolorosa** y cuando se produce la catástrofe, el espectador aterrorizado, vibra con grandes emociones.

La pregunta que aquí se hace necesaria es, ¿qué emociones eran las que Aristóteles quería que conmovieran al público? Son simplemente dos: la *compasión* y el *miedo*—*compasión* al ver que el héroe trágico pasa tantos sufrimientos y *miedo* o *temor* porque, siendo él un ser humano como nosotros, comprendemos que lo mismo que le pasa a él nos podría ocurrir a nosotros. La tragedia griega no constituía una diversión, sino una *purificación* que se producía por medio de esas dos emociones que acabamos de mencionar; a esta purificación los griegos la denominaron «*catarsis*» (κάταρσις). Por consiguiente, la base del análisis de la tragedia consiste en presentar el fenómeno trágico como la imitación (mimesis) de una acción grave que provoca *compasión* y *temor* y que opera una catarsis o purificación por medio de las emociones producidas.

Se podría concluir que la tragedia encarna la jornada simbólica del héroe desde la ignorancia hasta la percepción; el héroe trágico actúa, sufre y, a través de su sufrimiento, aprende; esto es lo que se entiende por percepción o «*anagnórisis*» (ἀναγνώρισις). Aristóteles limita la tragedia a la presentación de héroes de gran estatura moral, como antes se ha mencionado, mientras que la comedia se preocupa del hombre común con sus problemas personales.

En la comedia moderna predomina un tipo de humor nacido de la crueldad de la vida—el *humor negro*—que a veces se asocia con lo grotesco. Desde el siglo XVIII se considera lo grotesco como concepto estético; hoy día nace de la visión de un mundo caótico, deformado por la ruptura de formas y leyes tradicionales. La obra *El hombre que se convirtió en perro* (p. 254) ofrece un ejemplo de lo grotesco al mezclar lo humano con lo animal en el hombre convertido en perro.

El reconocimiento de lo cómico y lo trágico es útil como análisis preliminar de una obra dramática; pero, es importante señalar que la mejor distinción es la que se hace teniendo como base la obra misma. Por ejemplo, decir que la comedia tiene un final feliz o que la muerte y la tragedia son inseparables no es analizar una obra dramática, ni tampoco lo es el repetir lo que los personajes **dicen** y **hacen;** lo importante es preguntarse **por qué, cómo, dónde** y **cuándo** lo dicho ha sido dicho y lo hecho ha sido hecho.

El espectador

No hay teatro sin público ya que el signo teatral está constituido por la conexión entre actor y espectador. En realidad, el público—los espectadores—es siempre el que da sentido a la acción teatral que de lo contrario sería una cadena de palabras dichas al viento, algo sin sentido. Si se observa con cuidado la representación de una obra dramática se puede ver la importancia del espectador especialmente en los *monólogos* y en los *apartes*.

El monólogo es una forma de incorporar estructuralmente al público como personaje invisible de la acción, ya que si no existiera el espectador, el personaje no tendría ningún oyente/receptor del mensaje implícito en el monólogo. Del mismo modo, los apartes no son otra cosa que una manera sutil de hacer al espectador cómplice de la acción dramática. El espectador debe evitar la adopción de una distancia crítica; él debe ser parte integrante y penetrar en la acción llevado por el ritmo de la obra. La respuesta del espectador consiste en deconstruir el drama de tal manera que los fragmentos que lo integran se relacionen con su mundo y le hagan sentir una especie de iluminación a través de la experiencia dramática. Por consiguiente, entre el actor y el espectador existen dos relaciones importantes: una relación física y otra intelectual que tiene lugar cuando el espectador percibe el mensaje de la obra.

El texto secundario: Las acotaciones de escena

Una vez estudiados la organización y funcionamiento del texto en su dimensión de diálogo actualizado por los personajes, se tiene que pasar a considerar la otra dimensión, o sea, la dimensión escénica. A este respecto hay que considerar que en el texto dramático existen unas normas de representación que hacen posible la teatralidad de dicho texto, o sea, su escenificación. Estas normas, de carácter imperativo, son las que anteriormente hemos denominado acotaciones escénicas o didascalia. Las acotaciones escénicas son de dos clases: escritas y habladas. Las acotaciones habladas forman parte del texto principal y se hallan integradas en el diálogo de los personajes. Por ejemplo, muchas veces se anuncia por medio del diálogo que alguien va a llegar, o se informa de algo que tiene lugar fuera del escenario. Las acotaciones escénicas escritas aparecen formando parte del texto dramático, generalmente con caracteres en letra cursiva o itálica y contienen información relacionada con la puesta en escena de la obra.

Algunos autores, como Ramón del Valle-Inclán, dan a las acotaciones de escena un papel muy especial: son muy literarias, esto es, para ser leídas, y, algunas de ellas, totalmente irrealizables por el director de escena. Dice Valle-Inclán en *Martes de Carnaval:* «El Teniente aparece sentado en una banqueta de campamento. Tiene a la niña cabalgada y la contempla con ojos vidriados y lánguidos de perro cansino (*hang dog*). Manolita... tiene el aire triste, la tristeza absurda de esas muñecas emigradas en los desvanes». Sería totalmente difícil que un actor pudiera imitar los ojos vidriados y lánguidos de un perro cansino o que una actriz pudiera reproducir la tristeza absurda de las muñecas emigradas en los desvanes.

Por medio del análisis de las acotaciones o direcciones de escena se puede averiguar el uso que de ellas hace el dramaturgo para efectuar los cambios de escena, prefigurar (*to foreshadow*) los acontecimientos, caracterizar a los personajes, dar unidad a la acción, etcétera; lo importante es saber que en la obra dramática nada es gratuito y que cualquier indicación es significativa.

IV / *Plano espectacular*

El espectáculo es la representación teatral en su conjunto—el texto puesto en escena, la experiencia estética gozada por el espectador. Ya se ha comentado al hablar de «arte y estética» la capacidad que tiene el arte de producir placer estético, por un lado, y de provocar una respuesta inteligente ante la situación que se presenta, por el otro. En el caso de la narrativa y de la poesía, el elemento central de la experiencia estética es la palabra; pero en el teatro no se puede dejar de tomar en cuenta su fin último, o sea, la representación teatral.

Así como en el plano literario, por ser forma escrita, se utilizan los signos del sistema lingüístico, en el plano espectacular se utilizan objetos, los cuales, por el hecho de estar en el escenario, o sea, en un espacio escénico, tienen una significación especial. Se podría decir que si el teatro tiene una gran capacidad de comunicación es precisamente por esa capacidad del escenario de transformar en algo significante todo lo que aparece en el espacio escénico. El espacio escénico está definido por dos puntos: el concepto mismo de escenario, en donde tienen lugar las relaciones actor/espectador, y el contenido visual de dicho escenario. En el teatro contemporáneo tiene gran importancia el espacio escénico y algunas obras tienen lugar en una habitación cualquiera, una cárcel, la calle, una estación del metro, un viejo mercado, etcétera, como espacio escénico. Por ejemplo, para representar una obra relacionada con la guerra civil española y a fin de crear la atmósfera del exilio, se utilizó como espacio escénico una estación de ferrocarril llena de maletas y de viajeros ansiosos.

Estructura de la obra dramática

El término estructura viene de la arquitectura y en la literatura adquiere el significado de *organización*. En cuanto a la obra dramática hay que distinguir entre la *estructura externa* de la obra y la *estructura de la acción dramática*.

1. *Estructura externa*. La unidad básica de la estructura dramática es la *escena*. Se puede definir la escena como una parte de la obra durante la cual el escenario está ocupado por los mismos personajes. Si entra o sale un nuevo personaje, se produce otra escena. De este modo se pueden distinguir fácilmente las partes integrantes de una obra. Hay otras unidades mayores como los *actos* o las *jornadas*—usadas en el Siglo de Oro—pero éstas son divisiones convencionales. En general, los actos constituyen una especie de interrupción que proporciona un descanso a los actores y a los espectadores.
2. *Estructura de la acción dramática*. Se entiende por acción dramática el conjunto de elementos que contribuyen al desarrollo de

la trama de la obra dramática. Al considerar la acción de un drama hay que tener presente no sólo lo que ocurre en la obra sino también el orden en el que los acontecimientos o eventos ocurren. Por eso, el momento en el cual se levanta el telón es trascendente para la obra porque ahí empieza a desarrollarse la acción. Para Aristóteles la acción era la parte más importante, era el alma de la tragedia, mucho más importante que la historia que se contaba y que los personajes; de ahí que poco importara el hecho de que en el teatro griego el espectador conociera la historia que se iba a representar de antemano porque lo que importaba era la manera cómo se desarrollaban los acontecimientos ya fuera para enfatizar el suspenso o la ironía. Los componentes de la estructura de la acción se relacionan con los diferentes grados de emoción o de percepción que despierta la obra y corresponden a los momentos de menor o mayor intensidad. Estos elementos constitutivos se ordenan en forma de pirámide y son: a) *exposición;* b) *incidente* o *complicación* (*rising action*); c) *nudo* o *clímax* y d) *desenlace* (*falling action*).

a. *Exposición.* Es la presentación de la información necesaria acerca de los personajes o acerca de la historia para que el espectador pueda entender la obra dramática.
b. *Incidente* o *complicación.* Son ciertas palabras o acciones que provocan el conflicto o lucha entre fuerzas opuestas que pueden ser protagonista y antagonista o el protagonista consigo mismo. El incidente produce una tensión dramática que va creciendo hasta el clímax.
c. *Nudo* o *clímax.* Es el punto de máxima tensión y constituye definitivamente un punto decisivo. Este cambio radical en el destino del personaje fue llamado por Aristóteles «peripecia».
d. *Desenlace.* El desenlace representa un descenso del movimiento dramático desde el punto culminante que es el clímax, hacia la conclusión o *resolución.*

V / *Otras formas y técnicas dramáticas*

El entremés

La palabra *entremés* viene del latín *inter-medium* y es precisamente eso, un intermedio. A mediados del siglo XVI, la palabra *entremés* pasó a significar una obra de teatro corta, de carácter cómico, que se representaba en el intermedio (*intermission*) de las obras serias para aligerar la gravedad de la acción.

Los entremeses anteriores a Cervantes eran por lo general de tono grosero y de mal gusto; fue Cervantes el que dio a esta forma dramática un nuevo impulso estético. Uno de los mejores entremeses de

Cervantes es *El viejo celoso* (p. 230). Además de Cervantes cultivaron este género autores como Lope de Vega y Francisco de Quevedo, pero el más importante es Luis Quiñones de Benavente.

El sainete

En el siglo XVIII surgió otra forma dramática denominada *sainete*, muy similar al entremés excepto que éste se representaba después de la comedia. El autor más famoso de sainetes fue Ramón de la Cruz.

El metateatro

El metateatro es el «teatro dentro del teatro» (*play-within-a-play*). Según Lionel Abel en *Metatheatre* (1963), esta técnica sirve para expresar dos ideas principales: la primera, que el mundo es un escenario, un teatro, y nosotros unos simples personajes que cubiertos tras la máscara tenemos que desempeñar nuestro papel; y la segunda, que la vida es un sueño y que, por consiguiente, las reacciones y expresiones de los hombres no son verdaderas, sino ilusorias, ficticias.

El metateatro en sí mismo no es una invención contemporánea; se sabe que Shakespeare lo experimentó en su obra *Hamlet*. Sin embargo, lo que sí es contemporáneo es el uso que los dramaturgos hacen de esa técnica en nuestro tiempo.

VI / *Formas dramáticas contemporáneas*

Frente al teatro proclamado por Aristóteles cuyo centro es la *acción* estructurada de acuerdo con una secuencia ordenada de partes, aparece modernamente otro teatro hecho de símbolos, de fragmentos que funcionan como episodios, es decir, como unidades independientes. Este es el teatro de la *crueldad* de Artaud, el teatro *épico* de Brecht y el teatro del *absurdo* de Ionesco.

Las primeras manifestaciones del teatro episódico se ven en el teatro de Esquilo (*Aeschylus*, 525–456 a.C.). Este tipo de teatro permite una sobreacumulación de materiales dramáticos ya que representa historias enteras a lo largo de los episodios; esto hace que casi no necesite exposición porque todo acontecimiento forma parte del drama. Sin embargo, en el teatro aristotélico como la obra principia cerca del clímax, es necesario que haya una exposición que explique los acontecimientos que tuvieron lugar antes del principio de la obra.

Resumiendo, se podría decir que el teatro aristotélico produce una *catarsis*—purificación; que el teatro de ideas, o de tesis, como el de Benavente, pide una respuesta; pero que el teatro episódico es inocente, no pide nada. Por ejemplo en *La historia del hombre que se convirtió en perro* (p. 254), lo que el espectador percibe es una serie de episodios, material casi sin desarrollar, pero organizado de tal manera que el espectador lo puede relacionar con su propio e íntimo caos; o sea, se establece una relación estrecha entre el teatro y lo que preocupa y obsesiona al espectador, el cual se convierte así en participante de la acción. La obra no ofrece soluciones; el final representa una supresión de la progresión episódica dejando al espectador con un sentimiento ambivalente porque aunque el drama técnicamente haya terminado, la problemática que él se ha planteado no termina.

El teatro de la crueldad

El francés Antonin Artaud (1896–1948), en *El teatro y su doble*, vuelve al teatro primitivo, a lo que éste tenía de ceremonial dionisíaco. Es un teatro total en donde caben todas las manifestaciones humanas tales como el humor, el delirio, la violencia; y además, es también un espectáculo total ya que Artaud quería que el teatro pudiera competir con el circo, con el cine, con el *music-hall*, etcétera. Es de señalar que las manifestaciones de violencia y erotismo propias de este teatro tienen como objetivo despertar a los espectadores pasivos y obligarlos a tomar conciencia de las distintas problemáticas que rodean hoy al ser humano.

El teatro épico

El alemán Bertolt Brecht (1898–1956), el hombre de teatro más importante y el teórico teatral más riguroso del siglo XX, fue el iniciador del teatro épico. Sus obras *Madre coraje* y *El círculo de tiza caucasiano* le dieron gran renombre. Brecht define el teatro no por su estructura, sino el papel que desempeña en la vida de los hombres. Es decir, el dramaturgo debe presentar en el drama aquellas ideas que ayuden a cambiar el mundo—de ahí que su teatro tenga una función humana y social.

Podría decirse entonces que la estética de Brecht es ética, no aristotélica. Conviene aquí recordar los principios de la estética aristotélica, que consistía en producir un *acercamiento* de las situaciones dramáticas y de los personajes al espectador a fin de que tuviera lugar la *empatía* primero y, más tarde, la *catarsis*. (Es importante notar que Aristóteles no habla en su *Poética* de teatro épico, sino de poesía épica, de tragedia y de comedia.)

Sin embargo, en el teatro épico lo que se trata de producir es un *alejamiento*, un *distanciamiento* entre la acción y el espectador. Este distanciamiento se ha denominado en español **efecto V,** expresión que se origina en la palabra alemana «*Verfremdung*» (*alienation*). Brecht logra ese alejamiento mediante diversas técnicas entre las que se puede señalar dos: 1) el uso de la narración—por eso se llama épico, y 2) la utilización de marionetas, o sea, personajes que actúan como si fueran muñecos. Estos personajes-muñeco son en sí mismos seres alejados de nosotros y ajenos también a nuestro mundo sentimental. Precisamente este *distanciamiento sentimental* es la condición que Brecht cree necesaria para que se produzca el *acercamiento intelectual.* Es decir que lo que Brecht se propone es que se originen ideas que puedan cambiar el mundo.

El teatro del absurdo

Eugene Ionesco (1912–), rumano de nacimiento, es el iniciador del teatro del absurdo. Su filosofía del absurdo la recibió de otros autores, pero principalmente del gran maestro del absurdo Alfred Jarry. La obra que le dio gran fama fue *La cantante calva.* Meditando sobre la literatura del absurdo que se había desarrollado en Francia y obsesionado por el pensamiento de que «la vida es absurda» porque los hombres no son hombres sino que se han convertido en robots y marionetas, porque son seres conformistas, incapaces de controlar los hechos de la vida y, lo que es todavía peor, obsesionado por la idea de que es inútil luchar, Ionesco experimentó ese sentimiento de angustia, tan común en la Europa de posguerra, que se siente ante un mundo que se va deshumanizando.

Teniendo esta filosofía—lo absurdo de la vida—como base, elabora Ionesco su teatro del absurdo que es un nuevo tipo de drama que está cerca de la tragedia. Sin embargo, y a diferencia de otras formas dramáticas, en el teatro del absurdo no suele producirse desenlace alguno; el desenlace lo tiene que construir el espectador ante ese ejemplo de la frustración de las ilusiones humanas que le ofrece el dramaturgo en la obra dramática. No falta en el teatro del absurdo la nota de humor, pero es un humor negro de cuyas situaciones nos reímos por no ponernos a llorar a gritos.

Práctica

A. En una obra dramática no hay un narrador que comente, como en el caso de la novela y del cuento. El dramaturgo depende del diálogo para crear una situación dramática y para revelar el carácter de los personajes. Léanse los trozos siguientes y contéstense las preguntas:

1. ¿Cómo se presenta la interacción entre los personajes, en términos del ambiente general de la obra y en términos de la creación de tipos individuales?

2. ¿Cuáles son los elementos lingüísticos más significativos del trozo? ¿Cuáles son las peculiaridades más pronunciadas del lenguaje de cada personaje? (O sea, ¿sirve el lenguaje para identificar al personaje?)

3. ¿Qué objetos y símbolos se ven en estos trozos y qué importancia tienen?

4. ¿Cuáles son los aspectos visuales más sobresalientes de cada escena?

5. Si hay acotaciones, ¿cuál es su función?

a. (El trozo es del primer acto de *Death of a Salesman*, 1949, de Arthur Miller. Biff, el hijo mayor del protagonista Willy Loman, discute con su madre el estado físico y mental del padre.)

BIFF: Why didn't you ever write me about this, Mom?

LINDA: How would I write to you? For over three months you had no address.

BIFF: I was on the move. But you know I thought of you all the time. You know that, don't you, pal?

LINDA: I know, dear, I know. But he likes to have a letter. Just to know that there's still a possibility for better things.

BIFF: He's not like this all the time, is he?

LINDA: It's when you come home he's always the worst.

BIFF: When I come home?

LINDA: When you write you're coming, he's all smiles, and talks about the future, and—he's just wonderful. And then the closer you seem to come, the more shaky he gets, and then, by the time you get here, he's arguing, and he seems angry at you. I think it's just that maybe he can't bring himself to—open up to you. Why are you so hateful to each other? Why is that?

BIFF: (*evasively*). I'm not hateful, Mom.

LINDA: But you no sooner come in the door than you're fighting!

BIFF: I don't know why, I mean to change. I'm tryin', Mom, you understand?

LINDA: Are you home to stay now?

BIFF: I don't know. I want to look around, see what's doin'.

LINDA: Biff, you can't look around all your life, can you?

BIFF: I just can't take hold, Mom. I can't take hold of some kind of a life.

LINDA: Biff, a man is not a bird, to come and go with the springtime.

BIFF: Your hair . . . (*He touches her hair.*) Your hair got so gray.

LINDA: Oh, it's been gray since you were in high school. I just stopped dyeing it, that's all.

BIFF: Dye it again, will ya? I don't want my pal looking old. (*He smiles.*)

LINDA: You're such a boy! You think you can go away for a year and . . . You've got to get it into your head now that one day you'll knock on this door and there'll be strange people here—

BIFF: What are you talking about? You're not even sixty, Mom.

LINDA: But what about your father?

BIFF: (*lamely*). Well, I meant him too.

. . .

LINDA: Biff, dear, if you don't have any feeling for him, then you can't have any feeling for me.

BIFF: Sure I can, Mom.

LINDA: No. You can't just come to see me, because I love him. (*With a threat, but only a threat, of tears*) He's the dearest man in the world to me, and I won't have anyone making him feel unwanted and low and blue. You've got to make up your mind now, darling, there's no leeway any more. Either he's your father and you pay him that respect, or else you're not to come here. I know he's not easy to get along with—nobody knows that better than me—but . . .

. . .

BIFF: Stop making excuses for him! He always, always wiped the floor with you! Never had an ounce of respect for you.

. . .

LINDA: I don't say he's a great man. Willy Loman never made a lot of money. His name was never in the paper. He's not the finest character that ever lived. But he's a human being, and a terrible thing is happening to him. So attention must be paid. He's not to be allowed to fall into his grave like an old dog. Attention, attention must be finally paid to such a person.

b. (En la segunda escena de *A Streetcar Named Desire*, 1947, de Tennessee Williams, Stanley Kowalski aparece discutiendo con su esposa Stella a causa de la hermana de ésta—Blanche DuBois—quien los visita temporalmente.)

It is six o'clock the following evening. Blanche is bathing. Stella is completing her toilette. Blanche's dress, a flowered print, is laid out on Stella's bed.

Stanley enters the kitchen from outside, leaving the door open on the perpetual "blue piano" around the corner.

STANLEY: What's all this monkey doings?

STELLA: Oh, Stan! (*She jumps up and kisses him, which he accepts with lordly composure.*) I'm taking Blanche to Galatoire's for supper and then to a show, because it's your poker night.

STANLEY: How about my supper, huh? I'm not going to no Galatoire's for supper!

STELLA: I put you a cold plate on ice.

STANLEY: Well, isn't that just dandy!

STELLA: I'm going to try to keep Blanche out till the party breaks up because I don't know how she would take it. So we'll go to one of the little places in the Quarter afterwards and you'd better give me some money.

STANLEY: Where is she?

STELLA: She's soaking in a hot tub to quiet her nerves. She's terribly upset.

STANLEY: Over what?

STELLA: She's been through such an ordeal.

STANLEY: Yeah?

STELLA: Stan, we've—lost Belle Reve!

STANLEY: The place in the country?

STELLA: Yes.

STANLEY: How?

STELLA: (*vaguely*) Oh, it had to be—sacrificed or something. (*There is a pause while Stanley considers. Stella is changing into her dress.*) When she comes in be sure to say something nice about her appearance. And, oh! Don't mention the baby. I haven't said anything yet, I'm waiting until she gets in a quieter condition.

STANLEY: (*ominously*) So?

STELLA: And try to understand her and be nice to her, Stan.

BLANCHE: (*singing in the bathroom*) "From the land of the sky blue water, they brought a captive maid!"

STELLA: She wasn't expecting to find us in such a small place. You see I'd tried to gloss things over a little in my letters.

STANLEY: So?

STELLA: And admire her dress and tell her she's looking wonderful. That's important with Blanche. Her little weakness!

STANLEY: Yeah. I get the idea. Now let's skip back a little to where you said the country place was disposed of.

STELLA: Oh!—yes . . .

STANLEY: How about that? Let's have a few more details on that subject.

STELLA: It's best not to talk much about it until she's calmed down.

STANLEY: So that's the deal, huh? Sister Blanche cannot be annoyed with business details right now!

STELLA: You saw how she was last night.

STANLEY: Uh-hum, I saw how she was. Now let's have a gander at the bill of sale.

STELLA: I haven't seen any.

STANLEY: She didn't show you no papers, no deed of sale or nothing like that, huh?

STELLA: I seems like it wasn't sold.

STANLEY: Well, what in hell was it then, give away? To charity?

STELLA: Shhh! She'll hear you.

STANLEY: I don't care if she hears me. Let's see the papers!

STELLA: There weren't any papers, she didn't show any papers, I don't care about papers.

STANLEY: Have you ever heard of the Napoleonic code?

STELLA: No, Stanley, I haven't heard of the Napoleonic code and if I have, I don't see what it—

STANLEY: Let me enlighten you on a point or two, baby.

STELLA: Yes?

STANLEY: In the state of Louisiana we have the Napoleonic code according to which what belongs to the wife belongs to the husband and vice versa. For instance if I had a piece of property, or you had a piece of property—

STELLA: My head is swimming!

STANLEY: All right. I'll wait till she gets through soaking in a hot tub and then I'll inquire if *she* is acquainted with the Napoleonic code. It looks to me like you have been swindled, baby, and you're swindled under the Napoleonic code I'm swindled *too*. And I don't like to be *swindled*.

c. (La siguiente escena de *En la ardiente oscuridad*, 1950, del dramaturgo español Antonio Buero Vallejo, ocurre en un instituto para ciegos. Los estudiantes del instituto viven cómoda y confiadamente hasta la llegada de Carlos, un ciego poco dispuesto a aislarse del mundo de los videntes. Se nota cierta competencia entre Carlos e Ignacio, otro estudiante, representante del *status quo*. Todos los que hablan en este trozo del segundo acto son estudiantes ciegos.)

ANDRÉS: (*Reservado.*) Yo he pensado también mucho en esas cosas. Y creo que con la ceguera no sólo carecemos de un poder a distancia, sino de un placer también. Un placer maravilloso, seguramente. ¿Cómo supones tú que será?

. . .

IGNACIO: (*Accionando para él solo con sus manos llenas de anhelo y violencia, subraya inconscientemente la calidad táctil que sus presunciones ofrecen.*) Pienso que es como si por los ojos entrase continuamente un cosquilleo[1] que fuese removiendo nuestros nervios y nuestras vísceras... y haciéndonos sentir más tranquilos y mejores.

ANDRÉS: (*Con un suspiro.*) Así debe ser.

[1] *tickling*

² *clears his throat*
³ *cuttingly*
⁴ *gang*

MIGUEL: ¡Hola, chicos!

PEDRO: Hola, Miguelín.

ANDRÉS: Llegas a tiempo para decirnos cómo crees tú que es el placer de ver.

MIGUEL: ¡Ah! Pues de un modo muy distinto a como lo ha explicado Ignacio. Pero nada de eso importa, porque a mí se me ha ocurrido hoy una idea genial—¡no os riáis!—, y es la siguiente: Nosotros no vemos. Bien. ¿Concebimos la vista? No. Luego la vista es inconcebible. Luego los videntes no ven tampoco.

(*Salvo* IGNACIO, *el grupo ríe a carcajadas.*)

PEDRO: ¿Pues qué hacen, si no ven?

MIGUEL: No os riáis, idiotas. ¿Qué hacen? Padecen una alucinación colectiva. ¡La locura de la visión! Los únicos seres normales en este mundo de locos somos nosotros.

(*Estallan otra vez las risas.* MIGUEL *ríe también.*)

IGNACIO: (*Cuya voz profunda y melancólica acalla las risas de los otros.*) Miguelín ha encontrado una solución, pero absurda. Nos permitiría vivir tranquilos si no supiéramos demasiado bien que la vista existe. (*Suspira.*) Por eso tu hallazgo no nos sirve.

MIGUEL: (*Con repentina melancolía en la voz.*) Pero, ¿verdad que es gracioso?

IGNACIO: (*Sonriente.*) Sí. Tú has sabido ocultar entre risas, como siempre, lo irreparable de tu desgracia.

. . .

CARLOS: (*Con tono mesurado.*) No entiendo bien algunas cosas. Sabéis que soy un hombre práctico. ¿A qué fin razonable os llevaban vuestras palabras? Eso es lo que no comprendo. Sobre todo cuando no encuentro en ellas otra cosa que inquietud y tristeza.

MIGUEL: ¡Alto! También había risas... (*De nuevo con involuntaria melancolía.*) provocadas por la irreparable desgracia de este humilde servidor.

(*Risas.*)

CARLOS: (*Con tono de creciente decisión.*) Siento decirte, Miguelín, que a veces no eres nada divertido. Pero dejemos eso. (*Vibrante.*) A ti, Ignacio (*Este se estremece ante el tono de* CARLOS), a ti, es a quien quiero preguntar algo: ¿Quieres decir con lo que nos has dicho que los invidentes formamos un mundo aparte de los videntes?

IGNACIO: (*Que parece asustado, carraspea.*²) Pues... yo he querido decir...

CARLOS: (*Tajante.*³) No, por favor. ¿Lo has querido decir, sí o no?

IGNACIO: Pues..., sí. Un mundo aparte... y más desgraciado.

CARLOS: ¡Pues no es cierto! Nuestro mundo y el de ellos es el mismo. ¿Acaso no estudiamos como ellos? ¿Es que no somos socialmente útiles como ellos? ¿No tenemos también nuestras distracciones? ¿No hacemos deportes? (*Pausa breve.*) ¿No amamos, no nos casamos?

IGNACIO: (*Suave.*) ¿No vemos?

CARLOS: (*Violento.*) ¡No, no vemos! Pero ellos son mancos, cojos, paralíticos; están enfermos de los nervios, del corazón o del riñón; se mueren a los veinte años de tuberculosis o los asesinan en las guerras... O se mueren de hambre.

ALBERTO: Eso es cierto.

CARLOS: ¡Claro que es cierto! La desgracia está muy repartida entre los hombres, pero nosotros no formamos rancho⁴ aparte en el mundo. ¿Quieres una prueba definitiva? Los matrimonios entre nosotros y los videntes. Hoy son muchos; mañana serán la regla... Hace tiempo que habríamos conseguido mejores resultados si nos hubiésemos atrevido a pensar así en lugar de salmodiar[5] lloronamente el «no hay prenda como la vista», de que hablabas antes. (*Severo, a los otros.*) Y me extraña mucho que vosotros, viejos ya en la institución, podáis dudarlo ni por un momento. (*Pausa breve.*) Se comprende que dude Ignacio... No sabe aún lo grande, lo libre y hermosa que es nuestra vida. No ha adquirido confianza; tiene miedo a dejar su bastón... ¡Sois vosotros quienes debéis ayudarle a confiar!

[5] *singsong*

B. Analícense los fragmentos siguientes, tomándose en cuenta:
1. La revelación del carácter del que habla
2. Los elementos lingüísticos
3. Los elementos temáticos
4. Los aspectos emotivos o intelectuales (pensando en la presencia de un público)

    a. GEORGE: When I was sixteen and going to prep school, during the Punic Wars, a bunch of us used to go into New York on the first day of vacations, before we fanned out to our homes, and in the evening this bunch of us used to go to this gin mill owned by the gangster-father of one of us—for this was during the Great Experiment, or Prohibition, as it is more frequently called, and it was a bad time for the liquor lobby, but a fine time for the crooks and the cops—and we would go to this gin mill, and we would drink with the grown-ups and listen to the jazz. And one time, in the bunch of us, there was this boy who was fifteen, and he had killed his mother with a shotgun some years before—accidentally, completely accidentally, without even an unconscious motivation, I have no doubt, no doubt at all—and this one evening this boy went with us, and we ordered our drinks, and when it came his turn he said, I'll have bergin . . . give me some bergin, please . . . bergin and water. Well, we all laughed . . . he was blond and he had the face of a cherub, and we all laughed, and his cheeks went red and the color rose in his neck, and the assistant cook who had taken our order told people at the next table what the boy had said, and then they laughed, and then more people were told and the laughter grew, and more people and more laughter, and no one was laughing more than us, and none of us more than the boy who had shot his mother. And soon, everyone in the gin mill knew what the laughter was about, and everyone started ordering bergin, and laughing when they ordered it. And soon, of course, the laughter became less general, but it did not subside, entirely, for a very long time, for always at this table or that someone would order bergin and a new area of laughter would rise. We drank free that night, and we were bought champagne by the management, by the gangster-father of one of us. And, of course, we suffered the next day, each of us, alone, on his train, away from New York, each of us with a grown-up's hangover . . . but it was the grandest day of my . . . youth.

                                          (Edward Albee, *Who's Afraid of Virginia Woolf?*, 1962)

    b. (Este es un fragmento de la versión romántica de *Don Juan Tenorio*—el famoso seductor de mujeres—en donde él mismo explica el programa típico de sus seducciones.)

        D. JUAN: Partid los días del año
                entre las que ahí encontráis.
                Uno para enamorarlas,

otro para conseguirlas,
otro para abandonarlas,
dos para sustituirlas
y una hora para olvidarlas.
                (José Zorrilla,
            Don Juan Tenorio, 1844)

c. (Isabel—protagonista de *Rosas de otoño*—reacciona aquí frente a la desigualdad de la mujer ante el hombre.)

ISABEL: ...es mi orgullo de mujer, que en nuestra desigual condición ante el hombre admite todas las desigualdades, todas las humillaciones, menos la de que nunca tengan el derecho de decirnos: «¿Con qué razón me acusas?» ¡Ah! Eso no; son más penosos nuestros deberes, pues más fuertes nosotras para cumplirlos... Y así no podrán decir que somos iguales; pero nosotras también podemos decirles: «¿Iguales no? Decís bien, somos mejores».

                (Jacinto Benavente, *Rosas de otoño*, 1905)

d. (Un padre habla con su hijo, que todavía está en la cuna.)

PADRE: (*Al* HIJO *en la cuna.*) Sí, serás feliz. Tendrás que serlo. Así mi sacrificio no será en vano. Por ahora no comprendes lo que es la vida, ni las humillaciones por las que tiene que pasar un padre para sacar los suyos adelante. Pero no importa. Al final veré en ti lo que yo no he podido ser. ¡Lo que no me han dejado ser!... Sí, yo las he pasado negras, todavía las estoy pasando. Pero tendré la recompensa algún día. Tú serás mi sueño, mi inalcanzable sueño hecho realidad en ti... Serás mi prolongación ideal. Yo no he podido ser lo que he querido, sino lo que me han dejado ser. Para mí fueron los restos, los desperdicios de la vida. ¡Un asco! Bueno, de todos modos he llegado a ser alguien. Otros son todavía menos que yo, pese a que tu madre no lo quiere reconocer. Ella dice que soy un fracasado. Dice que la cacé[1] dormida. Que ella no se ha separado de mí por compasión. Constantemente me dice que no me quiere. Que yo soy un peso muerto en su vida. Cuando se pone a decir esas cosas me dan ganas de matarla, pero pienso en ti, hijo mío. Si ella no te cuida mientras voy al trabajo, ¿quién va a cuidarte? Yo, pese a mis esfuerzos, gano escasamente lo indispensable para ir tirando.[2] No he tenido suerte. Siempre otros más fuertes que yo me han echado a la cuneta. ¡Así! (*Hace un gesto y se cae, pero no quiere enterarse que se ha caído.*) No he tenido suerte. ¡La suerte no se puede fabricar! Tu madre dice que soy tonto. Yo no digo tanto. Simplemente (*justificándose*) creo que soy demasiado bueno. Eso debió ser. Un hombre demasiado bueno que se ha dejado pisar.[3] Te pisan una vez y después ya se establece la costumbre. Te usan de estribo o de peldaño para otros trepar. Eso es lo que pasa. Cuando te das cuenta y quieres reaccionar, ya es tarde. (*Como guiando al* HIJO.) ¡Cuidado! ¡No te dejes pisotear! ¡Dale, dale un codazo! ¡Que se te adelanta aquel otro! ¡Venga, hazle la zancadilla![4] ¿Es que no me oyes? ¡Eso, eso! ¡Muy bien! (*Estrepitosas carcajadas.*) Ser bueno es peligroso. Tu madre hubiera preferido que yo fuera un caníbal, pero que supiera buscarme la suerte. Yo tengo que callarme cuando ella me dice esas cosas. Pienso en ti y me río por dentro. Algún día sé que vengarás las ofensas y las humillaciones que tu padre ha sufrido para sacarte adelante. Por ahora eres muy pequeño y de todo esto que te digo no comprendes ni una palabra.

                (José Ruibal, «El padre», 1969)

[1] *caught*
[2] sobreviviendo
[3] se... *has let himself get walked over*
[4] *trick*

e. (Don Diego—un caballero de unos sesenta años—piensa casarse con una jovencita, doña Paquita. En este trozo, habla con ella y con su madre.)

DON DIEGO: ¡Mandar, hija mía!... En estas materias tan delicadas los padres que tienen juicio no mandan. Insinúan, proponen, aconsejan; eso, sí; todo eso sí; ¡pero mandar!... ¿Y quién ha de evitar después las resultas funestas de lo que mandaron?... Pues ¿cuántas veces vemos matrimonios infelices, uniones monstruosas verificadas solamente porque un padre tonto se metió a mandar lo que no debiera?... ¡Eh! No, señor; eso no va bien... Mire usted, doña Paquita, yo no soy de aquellos hombres que se disimulan los defectos. Yo sé que ni mi figura ni mi edad son para enamorar perdidamente a nadie, pero tampoco he creído imposible que una muchacha de juicio y bien criada llegase a quererme con aquel amor tranquilo y constante que tanto se parece a la amistad, y es el único que puede hacer los matrimonios felices. Para conseguirlo no he ido a buscar a ninguna hija de familia[1] de estas que viven en una decente libertad... Decente, que yo no culpo lo que no se opone al ejercicio de la virtud. Pero ¿cuál sería entre todas ellas la que no estuviese ya prevenida en favor de otro amante más apetecible que yo? Y en Madrid. ¡Figúrese usted en un Madrid!...[2] Lleno de estas ideas, me pareció que tal vez hallaría en usted todo cuanto deseaba. Yo soy ingenuo; mi corazón y mi lengua no se contradicen jamás. Esto mismo le pido a usted, Paquita: sinceridad. El cariño que a usted la tengo no la debe hacer infeliz... Su madre de usted no es capaz de querer una injusticia, y sabe muy bien que a nadie se le hace dichoso por fuerza. Si usted no halla en mí prendas que la inclinen, si siente algún otro cuidadillo en su corazón, créame usted, la menor disimulación en esto nos daría a todos muchísimo que sentir.

(Leandro Fernández de Moratín,
El sí de las niñas, 1801)

[1] chica criada en casa y no, como doña Paquita, en un convento
[2] una ciudad como Madrid

(Este es el famoso soliloquio de Segismundo en el segundo acto de *La vida es sueño*. El protagonista se refiere a la imposibilidad de distinguir entre realidad y sueño. El trozo tiene que ver con la acción misma de la obra y con el concepto metafórico de la vida como sueño. En términos teológicos, el **despertar** representa la entrada a la vida eterna.)

SEGISMUNDO: ...pues estamos
en mundo tan singular,
que el vivir sólo es soñar;
y la experiencia me enseña
que el hombre que vive, sueña
lo que es, hasta despertar.

Sueña el rey que es rey, y vive
con este engaño mandando,
disponiendo y gobernando;
y este aplauso, que recibe
prestado, en el viento escribe,
y en cenizas le convierte
la muerte (¡desdicha fuerte!):
¿que hay quien intente reinar,
viendo que ha de despertar
en el sueño de la muerte?

Sueña el rico en su riqueza,
que más cuidados le ofrece;
sueña el pobre que padece
su miseria y su pobreza;

sueña el que a medrar empieza,
sueña el que afana y pretende,
sueña el que agravia y ofende,
y en el mundo, en conclusión,
todos sueñan lo que son,
aunque ninguno lo entiende.

Yo sueño que estoy aquí
destas prisiones cargado,
y soñé que en otro estado
más lisonjero me vi.
¿Qué es la vida?, un frenesí;
¿qué es la vida?, una ilusión,
una sombra, una ficción,
y el mayor bien es pequeño;
que toda la vida es sueño,
y los sueños, sueños son.

(Pedro Calderón de la Barca,
La vida es sueño, 1635)

Panorama histórico y categorías fundamentales

La palabra *drama* viene del griego «drao» (δράω) que quiere decir *hacer*, así que *drama* (δρᾶμα) viene a significar *acción*. Por lo tanto, se podría definir el drama como «la representación artística de una acción interesante de la vida humana». Sin embargo, en contraste con la narrativa que relata la acción o la poesía lírica que expresa los sentimientos del autor, la obra dramática coloca en un espacio determinado a unos *actores* que presentan de nuevo o *representan* la acción que el dramaturgo ha creado. El teatro es, pues, arte y como toda obra de arte es comunicación. La historia del género dramático comienza con sus dos formas principales: la *tragedia* y la *comedia* cuyas raíces se examinarán a continuación.

La tragedia es de origen griego. No nació de una manera espontánea, sino como resultado de una evolución. La tragedia griega se originó de la lírica coral de carácter sagrado. Entre las múltiples ceremonias del pueblo griego estaban los cultos a Dionisos, dios del vino—el dios Baco de los romanos—símbolo de la alegría y de la fertilidad, pero también representación del ciclo *nacimiento*, *muerte* y *regeneración* de la naturaleza. En estas fiestas, mientras que el coro cantaba en honor de su dios, se sacrificaba un macho cabrío (*male goat*). De ahí que se denominara «canto del macho cabrío» (*goat song*) a aquel aspecto de la ceremonia que celebraba el lado más serio de Dionisos, que es lo que significa la palabra *tragedia*.

Lo interesante es que más tarde se fueron introduciendo algunos cambios. Primero se dividió el coro en dos partes, una formada por el coro mismo y la otra por un solo cantante que respondía al coro, quedando así constituido el personaje principal, el héroe, que más tarde se denominaría *protagonista* de la tragedia. Al establecerse esta división se dio el paso más importante, pues surgió el *diálogo* que es el elemento esencial de la poesía dramática. Luego se introdujo un segundo actor y más tarde un tercero. En realidad, el teatro griego no necesitaba más personajes porque, a excepción del protagonista, los otros podían representar varios papeles simplemente cambiándose de máscara. Hoy día el teatro ha vuelto a emplear esa técnica, y ha denominado a ese personaje múltiple *personaje comodín*. Este funciona casi como el *joker*, carta que en el juego de naipes se usa para realizar varias jugadas. El dramaturgo Osvaldo Dragún emplea el *comodín* en la obra *El hombre que se convirtió en perro* (p. 254).

Es preciso mencionar que en Grecia el teatro no era pura diversión, sino un acto patriótico-cultural. Sólo había teatro en las fiestas dionisíacas. El coro, que significa el pueblo, conservó en las representaciones dramáticas griegas un papel importante porque era un intermediario entre los actores y el público y al mismo tiempo representaba el punto de vista del dramaturgo quien a través del coro dirigía las emociones del público. Las interpretaciones del coro eran, por consiguiente, muy poéticas. El contenido de la obra no era lo que atraía al espectador, ya que lo que se representaba eran leyendas o mitos de todos conocidos. Lo importante era el arte de que se valía el dramaturgo para presentar una historia determinada. Es decir, el público sabía más que el protagonista y esta ironía dramática o trágica producía una gran emoción en el auditorio al ver cómo el héroe se encaminaba ciegamente hacia la catástrofe.

Cabe añadir que la tragedia es la forma más antigua del teatro y que los mayores autores clásicos son los griegos Esquilo, Eurípides, Sófocles y el romano Séneca. *Edipo Rey* de Sófocles es un gran ejemplo de tragedia; sin embargo, Shakespeare tiene obras a las que muy bien se pudiera llamar tragedias, como *Julius Caesar* y *Macbeth*. Hasta en nuestro propio tiempo existen dramas como *Death of a Salesman* de Arthur Miller o *Bodas de Sangre* de Federico García Lorca, que también podrían alcanzar la altura de la tragedia.

La comedia nació de las alegres canciones que el pueblo griego cantaba en las fiestas y orgías que tenían lugar durante la vendimia (*grape harvest*). La palabra *comedia* se deriva del griego «comos» (κῶμος) que quiere decir **festín.** El carácter sexual y grosero de las primeras representaciones, cuyos temas giraban en torno a los ritos dionisíacos de la fertilidad, se perdió en gran parte al crearse la *comedia antigua.* Aquí el elemento que vino a predominar fue la *sátira.* Esta condujo con el tiempo a un nuevo y refinado tipo de representación, la *comedia nueva,* forma más convencional que fue luego imitada y perfeccionada por los grandes comediógrafos romanos Plauto y Terencio.

Pero, ¿qué se entiende por **tono cómico,** tanto en las representaciones clásicas como en las contemporáneas? Se podría afirmar que se refiere a la manera alegre y divertida de presentar situaciones de la vida real, mostrando cuánto hay de ridículo en los seres humanos y en la vida misma. Por lo tanto, así como la tragedia presenta la parte dolorosa de la vida, la comedia muestra la parte cómica.

Hay que hacer una distinción entre la comedia propiamente dicha y la *farsa.* En primer lugar, así como la comedia tiene un propósito ético o político, la farsa carece de todo mensaje; su único propósito es hacer reír. Por otra parte, la diferencia entre la comedia y la farsa está en el tipo de cosa que produce la risa. En la comedia la risa es provocada por las personas ridículas y así es reflexiva. Al contrario, en la farsa la risa es causada por situaciones ridículas y, por lo tanto, resulta explosiva.

En la Europa medieval, con su gran fervor religioso, las obras dramáticas se construyeron alrededor de temas litúrgicos, por ejemplo el Nacimiento y la Resurrección de Cristo. En España, el teatro medieval produjo dos categorías de obras: una de tipo religioso o sagrado, otra de carácter burlesco, profano o secular. Dentro del teatro sagrado se encuentran los *autos o misterios,* breves piezas que se representaron, primero en latín, luego en lenguaje popular, en las iglesias. La más antigua obra dramática de que se tiene conocimiento es el anónimo *Auto de los Reyes Magos* de fines del siglo XII o principios del XIII. Compuesto para celebrar la fiesta de la Epifanía (6 de enero), es decir, la adoración de los Reyes Magos a Jesús, el fragmento que se conserva dramatiza en verso el dilema de Gaspar, Melchor y Baltasar, quienes debaten entre ellos si deben seguir o no la estrella maravillosa.

Si los fragmentos que se conservan de este auto testimonian la existencia de un temprano teatro sagrado en España, la primera noticia histórica que se conoce de la representación de una pieza la proporciona el estreno (*first performance*) de la *Representación del Nacimiento de Nuestro Señor* de Gómez Manrique a mediados del siglo XV.

De las primitivas representaciones burlescas poco se sabe, excepto que se llamaban *farsas o juegos de escarnio*—piezas cómicas con fin paródico en idioma vulgar que se representaban tanto dentro como fuera de las iglesias. Su importancia consiste en que iniciaron el drama secular destinado simplemente a entretener.

El primer dramaturgo hispano y secularizador del drama español es Juan del Encina. En sus piezas se notan las dos vertientes del teatro tradicional: la religiosa (las *Representaciones sagradas*) y la profana (*Auto del Repelón*). Las obras más representativas de Encina son sus *Eglogas,* piezas en verso de tipo pastoril o bucólico, en las que se representan los conflictos amorosos de los protagonistas, que son pastores. En estas composiciones se nota por lo tanto la evolución del drama litúrgico medieval hacia la nueva actitud renacentista con su énfasis en las pasiones humanas.

Una obra dramática de relieve en el desarrollo del teatro español es la *Celestina o Comedia de Calisto y Melibea* (1499) de Fernando de Rojas. La acción, a la vez poética y violenta, versa sobre los desdichados amores de dos jóvenes de noble familia, Calisto y Melibea, que se conocen por casualidad en la huerta de ésta. Mediante la intervención de Celestina, una vieja alcahueta (*go-between*) contratada por los criados de Calisto, el ingenuo joven logra subir con una escalera de cuerda a las habitaciones de su amada. La obra termina trágicamente con la caída accidental y fatal de Calisto, con el suicidio de Melibea que se arroja desde lo alto de una torre, con el asesinato de Celestina y la pena de muerte a que están sometidos los criados culpables del homicidio.

A pesar de no ser representable por su extensión—ha sido denominada también novela dramática—la obra contiene varios elementos que la colocan dentro del género teatral. En verdad, su estructura es la de una obra de teatro. Lo confirman principalmente su forma dialogada, su división en actos (veintiuno) y el título que se le dio en la edición definitiva de Sevilla: *Tragicomedia de Calisto y Meli-*

bea (1502). Literariamente, la *Celestina*, por su espíritu humanista evidente en la autonomía o libre albedrío concedido a los personajes y en la fusión de risa y llanto, de amor y odio, de dulzura y extremada violencia, abre caminos para la *comedia* o drama español del Siglo de Oro y, a la postre, para el drama romántico del siglo XIX.

Antes de considerar el extraordinario fenómeno que fue el arte dramático español renacentista, hay que señalar que se acostumbra a dividir su desarrollo en dos etapas. A la primera corresponden aquellas obras que ponen las bases para un teatro nacional. La segunda fase, la que representa la plenitud de la *comedia* del Siglo de Oro, es el período que comienza con Lope de Vega. Dentro del drama anterior a Lope se encuentran: Gil Vicente que escribió tanto en castellano, como en portugués; Bartolomé de Torres Naharro, el primer escritor que dio reglas sobre la composición de las obras de teatro; Lope de Rueda, creador de los *pasos* o breves escenas de la vida diaria que consolidaron el teatro popular; y Juan de la Cueva, quien enfatizó la tradición épica con sus piezas de temas nacionales. Cervantes, además de predominar en el campo de la narrativa, no deja de distinguirse también en el género dramático donde destacan sus *Ocho comedias y ocho entremeses* (1615). En los *entremeses*—breves cuadros populares al estilo de los *pasos*—Cervantes satiriza las malas costumbres y los vicios de su tiempo. En *El viejo celoso* (p. 230), por ejemplo, Cervantes se ríe de uno de los tipos sociales, el marido burlado.

Así como Cervantes es considerado el padre de la narrativa, tal como se pone de manifiesto en el *Quijote*, así también se puede decir que la comedia o drama español del Siglo de Oro—siglo XVII, el más fértil de la literatura peninsular—debe su mayor tributo a Lope de Vega. En su *Arte nuevo de hacer comedias* (1609), Lope sugiere una serie de medidas destinadas a enfatizar la autonomía y el individualismo del dramaturgo español. Sus preceptos están magistralmente aplicados a sus propias comedias, las más destacadas y típicas de la época. Rompiendo con la tradición clásica y volviendo la mirada hacia la Edad Media, pero sin olvidar las tendencias humanistas, Lope propuso un teatro original, popular, basado en la tradición ideológica y artística de su país. Ante todo, según decía Lope, el drama debía satisfacer totalmente al público que pagaba para ser entretenido. Por lo tanto, las nuevas normas de Lope favorecen la espontaneidad, el énfasis en la acción en vez de la caracterización y abogan por la fidelidad en el lenguaje. Este lenguaje debía reproducir el habla de las distintas categorías sociales. Luego, para mantener viva la atención del auditorio, Lope optaba por prolongar el suspenso de la comedia hasta mediados del último acto—el tercero. Lope también sugiere que se alterne regularmente lo trágico con lo cómico, una convención manifestada también en la presentación de una pieza corta y liviana entre una acción dramática y otra—de allí viene el entremés, cuyo nombre significa intermedio (*interlude*). Queda consolidado así el papel del *gracioso*, personaje cuya función era la de representar el elemento cómico y contrastante dentro de la estructura total de la obra. Las comedias más conocidas de Lope son las que tratan del tema de la *honra* o del honor. En esta categoría figuran obras como *Peribáñez y el comendador de Ocaña* (1613), *El mejor alcalde el rey* (1614) y *Fuenteovejuna* (1619). También de gran éxito e influencia en la dramaturgia del siglo XVII son las *comedias de capa y espada* (*cloak-and-dagger plays*), en donde miembros de las altas clases sociales luchan por conquistar el amor o defender el honor de una dama, casi siempre con la complicidad de sus fieles servidores, los *graciosos*. Típica de esta clase es la comedia *Amar sin saber a quién* (1630) de Lope de Vega.

Entre los seguidores de la tradición dramática establecida por Lope de Vega, los escritores más distinguidos del Siglo de Oro son: Tirso de Molina, Juan Ruiz de Alarcón y Pedro Calderón de la Barca, cada uno con características ideológicas y estilísticas propias. Tirso ha contribuido con *El burlador de Sevilla* (1630), no sólo a las letras españolas sino a la literatura mundial, creando el famoso personaje de Don Juan Tenorio, el legendario libertino y seductor de mujeres. El papel de Juan Ruiz de Alarcón es algo singular. A saber, Alarcón nació en México, lo que le calificaría como el primer dramaturgo hispanoamericano. Sin embargo, habiéndose trasladado permanentemente a Madrid, cultivó allí las letras y ha de considerarse ante todo escritor español. Efectivamente, el teatro de Alarcón retrata con fidelidad y con un fuerte espíritu moralizador a ciertos *tipos* de la sociedad española de su época. Su mejor comedia es *La verdad sospechosa* (1630), en la que se estudia con destreza al personaje del mentiroso.

Es importantísimo el papel de Pedro Calderón de la Barca en el desarrollo del arte dramático hispánico. Para evaluar su obra hay que tener presente que por su formación jesuita, Calderón siente de modo especial la inquietud espiritual y el ambiente de introspección que predomina en España durante la Contrarreforma (reforma católica destinada a combatir la reforma protestante) y que pertenece a la corriente artística del Barroco. Como artista sigue dos caminos: uno le lleva a enriquecer con efectos escénicos, simbolismo y poesía, la forma dramática tradicional—el auto sacramental. El otro conduce a Calderón a abandonar o a alterar los temas nacionales y populares observando el mundo subjetivamente, desde adentro. El resultado es un teatro que se desvía de la simplicidad y espontaneidad tradicionales y pone su énfasis en la profundidad de las ideas y la perfecta composición y forma del drama. Estos cambios son evidentes en ciertas piezas históricas como *El alcalde de Zalamea* (c. 1642), en donde el dramaturgo usa marginalmente los eventos sobre los cuales gira el drama, para crear en cambio, una serie de personajes verosímiles y complejos. En las tragedias de honor (*El médico de su honra*, 1635), en que se plantea el tema del honor conyugal, se defiende el derecho del marido de matar a su esposa tras la menor sospecha de infidelidad. *La vida es sueño* (1635) muestra la distancia que separa el arte dramático barroco con su énfasis en la educación moral y en los efectos sensoriales y llamativos, del teatro realista anterior cuyo único fin era entretener. De hecho, en su obra cumbre Calderón crea una pieza sumamente filosófica y al mismo tiempo de innegable timbre poético. En ella el dramaturgo, utilizando una compleja abstracción, propone que la vida no es otra cosa sino un gran sueño que puede acabar en cualquier momento.

El arte dramático colonial cuenta en la América Hispana con dos figuras de relieve. El primer dramaturgo es el español Fernán González de Eslava, cuyos *entremeses* de carácter picaresco y popular son lo mejor que hay en la dramaturgia del siglo XVI. No existen dramaturgos nativos de América hasta la época barroca en que aparece Sor Juana Inés de la Cruz. Inspirada por el drama de Calderón de la Barca, la monja mexicana introduce en su teatro (*Los empeños de una casa, El Divino Narciso*, 1689) elementos locales, tales como un *gracioso* mexicano, bailes y canciones folklóricos y hasta unas referencias a ritos aztecas.

En la época neoclásica atraviesan el teatro peninsular español dos corrientes distintas: el Neoclasicismo francés, de poco éxito, representado por Vicente García de la Huerta (*Raquel*, 1778), Leandro Fernández de Moratín (*El sí de las niñas*, 1806) y el teatro popular de Ramón de la Cruz. Sus *sainetes* o breves piezas algo parecidas a los entremeses, pero en verso, son la forma favorita de la época. Se trata de cuadros satíricos llenos de realismo que retratan las clases media y baja—su lenguaje, sus costumbres y el comportamiento de los varios y distintos tipos sociales.

El teatro neoclásico produce sólo una obra de mérito artístico en Hispanoamérica—*Ollantay*, pieza auténticamente indígena que contiene valiosos elementos históricos y artísticos, por lo cual se han hecho de ella traducciones y adaptaciones en varios idiomas. Fue descubierta—o posiblemente escrita—por el padre Antonio Valdez en el Perú y difundida en 1827.

El Romanticismo, con su espíritu de renovación artística y su énfasis en la autonomía del escritor, no deja de afectar al género dramático. El dramaturgo español no se ve obligado a buscar el ambiente romántico fuera de su casa, sino que siguiendo el camino que le habían trazado los *comediantes* del Siglo de Oro y luego Ramón de la Cruz, vuelve con renovado ardor a su propia tradición y se inspira en su rico pasado literario. Sobresale entre ellos Angel de Saavedra, Duque de Rivas, cuyo drama *Don Alvaro o la fuerza del sino* (1813) inspiró la ópera *La forza del destino* del italiano Giuseppe Verdi (1813– 1901), y ejemplifica el melodrama *romántico* con sus amantes virtuosos, víctimas de un destino cruel. El color local, los efectos escénicos, la gran cantidad de personajes, todo esto comprimido en cinco actos que pueden abarcar muchos años y ocurrir en distintos lugares, son características del drama romántico.

Otros logros del teatro romántico español son *El trovador* (1836) de García Gutiérrez, fuente de otra gran ópera de Verdi (*Il trovatore*) y *Don Juan Tenorio* (1844) de José Zorrilla. Esta obra, basada en *El burlador de Sevilla* de Tirso de Molina, resultó aun más popular que la comedia original y fue fuente de inspiración de muchos escritos y composiciones musicales.

El dramaturgo más importante del Romanticismo hispanoamericano es Manuel Ascencio Segura y su obra de mayor relieve es *Ña Catita* (1856), comedia reconocida como obra clásica del teatro peruano. El mérito de esta obra se deriva de la diestra caracterización de Ña (Doña) Catita, especie de *Celestina* y de los pintorescos cuadros de costumbres limeñas.

La influencia del teatro social con fin reformista del dramaturgo noruego Henrik Ibsen (1828–1906) se hace sentir por toda Europa en la segunda mitad del siglo XIX. En contraste con los efectos emocionales que buscaba el teatro romántico, las piezas de carácter social o realista contienen una *tesis* que es su razón de ser. Como tal, el propósito del drama ya no es entretener. El dramaturgo, igual que el novelista o el cuentista, siente la necesidad de retratar con fidelidad la realidad física y psicológica de su gente, con la esperanza de mejorar sus condiciones sociales. Es lo que se proponen hacer en España autores como Manuel Tamayo y Baus (*Un drama nuevo*, 1867) y José Echegaray (*El gran galeoto*, 1881). Echegaray fue el primer escritor hispánico en recibir el Premio Nóbel de Literatura (1904).

Así como en la narrativa, también en el género dramático hay que reservar a Galdós un lugar especial. Sus piezas, que representan el llamado *teatro de ideas y realista*, le colocan entre los grandes dramaturgos de España. Aunque varias de sus comedias y dramas son apenas arreglos escénicos de novelas (*Doña Perfecta*, 1876; *La loca de la casa*, 1892) o piezas en las que el autor sostiene una tesis que exalta por lo regular la voluntad, el estoicismo y el trabajo frente a los prejuicios que frustran la iniciativa individual, lo mejor de la dramaturgia galdosina se encuentra en aquella producción en la que ocurre la perfecta fusión del realismo social con la postura filosófica del autor. Es el caso de *El abuelo* (1904), drama que en sí reúne armoniosamente *ideas* y *emoción*. Aquí un viejo conde tiene que adivinar cuál de sus dos nietas, que tanto se parecen una a otra, es su legítima heredera. Al final, el anciano, al descubrir que la verdadera nieta no es la que parecía serlo exteriormente, sino la otra, la bastarda, aprende una lección muy importante, o sea, que la única nobleza es la que proviene del corazón y no la que se hereda mediante la sangre.

El realismo hispanoamericano tenía sus propios motivos para poner sus obras al servicio de una causa social, según se vio al discutir la narrativa. Asimismo, el dramaturgo del Nuevo Mundo hispánico encontró que su modalidad artística presentaba una excelente oportunidad de crear un teatro auténtico en el que figurarían temas americanos, un lenguaje genuino y técnicas creadas para este tipo novedoso de obra dramática: el teatro *criollista*.

Los primeros intentos dramáticos son de tipo gauchesco, en su mayor parte refundiciones y adaptaciones de obras maestras como el *Santos Vega* (1872) de Hilario Ascasubi y el *Martín Fierro* de José Hernández. A pesar de varios otros esfuerzos por originar un teatro realista fuera de la Argentina, el único dramaturgo criollista de fama internacional es el uruguayo Florencio Sánchez. En su teatro Sánchez abandona la fórmula gauchesca de tipo sentimentalista y costumbrista para examinar no tanto los problemas sociales de un Río de la Plata en transición, sino los hondos conflictos psicológicos y morales de sus habitantes. Esto es lo que se percibe en la obra más celebrada de Sánchez, *La gringa* (1904). Aquí se dramatiza simbólicamente la problemática social y humana con la que se enfrentan el emigrante europeo y el descendiente del gaucho—conflicto del que surgirán un nuevo país y un nuevo tipo de gente.

La Generación del 98 con su fervor regenerativo también deja sus huellas en el género dramático y España gana otro Premio Nóbel (1922). Esta vez el honor le corresponde a Jacinto Benavente, quien renovó el teatro nacional modernizándolo y acercándolo al teatro de otros países europeos. Su producción podría dividirse en varias clases: las piezas cosmopolitas (*La noche del sábado*, 1903); la comedia al estilo de la farsa italiana de *la commedia dell'arte* (*Los intereses creados*, 1907); los dramas pasionales y trágicos (*Más fuerte que el amor*, 1906) y los dramas rurales (*La malquerida*, 1913). *El nietecito* (1909), que aparece en la sección antológica de este libro (p. 241), pertenece a los dramas negros de Benavente. Aquí el dramaturgo se vale de su profundo conocimiento de la psicología humana para dar un toque moderno a una antigua historia popular. En su versión, Benavente hace que un niño, inocente, pero poseedor de una sabiduría instintiva, insospechada por sus padres, dé a éstos una lección moral humillante, pero valiosísima.

Otro dramaturgo de esta generación es Ramón del Valle Inclán (p. 23). Sus farsas en prosa y en verso constituyen una nueva estética de cuño neo-vanguardista. Más que irreverentes retratos de la sociedad española de la época, son caricaturas grotescas o «esperpénticas» de escenas de la vida diaria, que el autor distorsiona hasta reducirlas a una farsa monstruosa. Típicas de este tipo de producción son las farsas en prosa *Los cuernos de Don Friolera* (1921), de asunto farsesco, con incidentes brutales, y *La cabeza del Bautista* (1924), drama popular y moderno que presenta a los personajes bíblicos de Herodes, Salomé y San Juan Bautista como muñecos grotescos que luchan en vano contra sus instintos sexuales y materialistas.

Figura cumbre de la poesía de la Generación del 27, Federico García Lorca se distingue también como dramaturgo. El suyo es un teatro eminentemente poético cuya fuente de inspiración es principalmente la tradición literaria y folklórica de su tierra. Sus obras de teatro se inscriben en dos vertientes: la vertiente puramente lírica y la dramática. En la primera categoría se destacan piezas como *La zapatera prodigiosa* (1930) y *Amor de Perlimplín con Belisa en su jardín* (1931). En la clase de obras dramáticas figura la trilogía compuesta por *Bodas de sangre* (1933), *Yerma* (1934) y *La casa de Bernarda Alba* (1936). En estas piezas se encuentran los temas tan caros al autor del *Romancero gitano*. Por lo tanto, dentro de una atmósfera poética, semi-real, el amor viene representado como una fuerza instintiva, vital, mágica, en lucha constante contra la realidad cotidiana, o sea, contra el orden social y moral. Simbolizada por la mujer, dicha fuerza irónicamente encamina al hombre hacia una muerte trágica, particularmente dolorosa para el personaje femenino cuyo destino es un vivir frustrado en sus varios papeles de madre, amante y hermana. Esto se puede ver en el drama *La casa de Bernarda Alba* (p. 271) reproducido en este libro—drama en el cual, singularmente, la crítica social se impone al consabido lirismo. Aquí la víctima es la menor de cinco hijas solteras, sacrificada a causa del conflicto entre su pasión amorosa y el celo exagerado de una madre obsesionada por salvaguardar la honra familiar.

Tres figuras importantes del teatro moderno español son Alejandro Casona, Antonio Buero Vallejo y Alfonso Sastre. Algunas obras de Casona, influenciadas por el elemento psicológico del teatro de Benavente y por el mundo poético de Lorca, giran alrededor de la muerte, enfocando de modo particular el choque de la realidad con la fantasía (*La dama del alba*, 1940). Buero Vallejo, en cambio, se vale de la realidad física—los personajes y el ambiente de sus piezas—y reviste esa realidad de significaciones simbólicas destinadas a representar la realidad metafísica. Dentro del teatro psicológico y existencial más reciente, uno de los representantes de mayor relieve es Sastre. En sus obras, la muerte violenta que persigue a los personajes sirve como vehículo para la visión trágica de la vida que caracteriza al autor. Típica del teatro de Sastre es la pieza *La cornada* (1960).

El teatro contemporáneo de Hispanoamérica cuenta con una serie de autores que siguen en cierto sentido el camino trazado por Florencio Sánchez. Sin embargo, el impacto de las dos guerras mundiales, particularmente la segunda, da un ímpetu extraordinario al género dramático. Se abrevian como nunca las distancias intercontinentales. El teatro experimental europeo irrumpe en el Nuevo Mundo con aportes, primero del irlandés George Bernard Shaw (1856–1950), del italiano Luigi Pirandello (1867–1936), del francés Jean Giraudoux (1882–1944) y de Lorca; y luego, en tiempos más recientes, con la contribución, entre otros, del alemán Bertolt Brecht (1898–1956) y de los norteamericanos Tennessee Williams (1914–1983) y Arthur Miller (1915–   ). Nace así en Hispanoamérica un teatro híbrido donde se funden lo americano con lo universal, lo poético con lo filosófico e ideológico, lo real con lo irreal y así sucesivamente. La influencia de las obras existencialistas, del «teatro del absurdo» y «de concientización» (*consciousness-raising*) se hace patente en un número considerable de dramaturgos que se esfuerzan sinceramente por utilizar temas y recursos artísticos propios para crear un teatro genuinamente hispanoamericano. Es éste en gran parte un teatro comprometido y de protesta. Entre los nombres más destacados cabe señalar los de los mexicanos Xavier Villaurrutia, Rodolfo Usigli y Emilio Carballido, de los argentinos Samuel Eichenbaum, Conrado Nalé Roxlo, Roberto Arlt, Carlos Gorostiza, Osvaldo Dragún y Griselda Gambaro. Asimismo, hay que indicar el teatro del guatemalteco Carlos Solórzano y de la puertorriqueña Lucía Quintero. En este libro se han incluido piezas que ponen de manifiesto la hermandad ideológica y la contribución individual de tres representantes de la nueva dramaturgia hispanoamericana. En *El hombre que se convirtió en perro* (p. 254) Dragún muestra otro aspecto patético de la vida. Combinando su postura existencialista con el compromiso político, el autor dramatiza la problemática del hombre moderno, obligado a sacrificar su integridad personal y a deshumanizarse para sobrevivir en una sociedad cada vez más tecnocrática e impersonal. Lucía Quintero ilustra su creación, el «teatro oblicuo», con *1 × 1 = 1, pero 1 + 1 = 2* (p. 261). En dicho teatro, donde nada es convencional o directo, las piezas—todas breves, sin principio ni conclusión—se caracterizan por su ambigüedad y por una idea que se repite indefinidamente en el diálogo. La obra de Quintero reproducida aquí se desarrolla en un sanatorio, que más que nada es una especie de prisión para dementes peligrosos, donde irónicamente los únicos locos son los propios miembros del personal médico. A través de un marcado humor negro, de circunstancias inesperadas y de diálogos espontáneos, pero irracionales, Quintero expresa su visión absurda y trágica de la vida.

Práctica

Cuestionario

1. ¿Qué significa literalmente el término «drama»? ¿Cuál es la diferencia básica entre el género dramático y la narrativa o la poesía?
2. ¿Qué papeles desempeñaron desde los orígenes de la tragedia los siguiente: ¿el coro? ¿el protagonista? ¿el «personaje comodín»?
3. ¿En qué se diferencian la tragedia de la comedia y ésta de la farsa?
4. ¿Cuál es la primera obra dramática española y a qué siglo se remonta?
5. ¿Por qué se considera *La Celestina* una obra-clave en la evolución del teatro español? En otras palabras, ¿qué elementos *estruc-*

turales y *conceptuales* hacen de ella una obra eminentemente dramática de tipo humanista, precursora de la «comedia» del Siglo de Oro y de las piezas románticas del siglo XIX?

6. ¿Qué importancia tiene el *Arte nuevo de hacer comedias* de Lope de Vega en la historia del teatro español? ¿Qué precedentes establece el libro respecto a lo siguiente: ¿el público? ¿la acción? ¿la caracterización? ¿el lenguaje? ¿la estructura dramática en lo que concierne a la división en actos y a los elementos cómicos y trágicos?

7. ¿A qué se debe la popularidad del personaje de Don Juan? ¿Qué elementos han hecho que, universalmente y a través de los siglos, Don Juan sea considerado un personaje simpático, a pesar de su carácter libertino y pecaminoso?

8. ¿En qué sentido se podría decir que Pedro Calderón de la Barca, al escribir su obra maestra, *La vida es sueño*, rompe con la tradición dramática española? ¿Qué elementos barrocos de la pieza muestran su carácter innovador?

9. En España, ¿qué características despliega el melodrama romántico del siglo XIX en cuanto a caracterización, ambiente, trama, tema, estructura de la pieza y efectos escénicos? Mencione tres dramaturgos españoles sobresalientes y sus respectivas obras maestras.

10. ¿Qué representa *La gringa* para el teatro hispanoamericano? ¿De qué trata el asunto?

11. ¿Dentro de qué grupo de escritores españoles cabe Jacinto Benavente? ¿A qué se debe su fama? ¿A qué categoría de su producción teatral pertenece la pieza *El nietecito?*

12. ¿Qué características temáticas y estilísticas sobresalen en el teatro de Federico García Lorca? ¿En qué sentido es típica del teatro lorquiano *La casa de Bernarda Alba* y en qué respecto se aleja de las demás obras?

13. ¿Qué debe el teatro del español Alejandro Casona al de Benavente y al de García Lorca? ¿Qué temas enfocan las piezas de Casona?

14. ¿En qué consiste la «hermandad» que une a los dramaturgos contemporáneos del «nuevo teatro» hispanoamericano? Es decir, ¿qué preocupaciones comparten?

Identificaciones

1. Dionisos y Baco
2. la comedia y la farsa
3. el *Auto de los Reyes Magos*
4. Calisto y Melibea
5. los entremeses
6. el «gracioso»
7. *El burlador de Sevilla*
8. la comedia de capa y espada
9. Ramón de la Cruz
10. *Ollantay*
11. José Echegaray
12. el teatro «criollista»
13. Alfonso Sastre
14. el «teatro del absurdo» y «de concientización»

El drama: Guía general para el lector

1. ¿Cuál es el marco escénico de la obra? ¿Se explica en detalle o no?
2. ¿Quiénes son los personajes y cuáles son las relaciones entre ellos? ¿Cuáles son actores y cuáles son actantes?
3. ¿Qué situación dramática se presenta en la obra? ¿Cómo progresa la acción de la obra? ¿Cuáles son las etapas de esa acción?
4. ¿Cuáles son las divisiones formales del texto?
5. ¿Cómo se puede clasificar el diálogo de la obra? ¿Cuáles son los elementos lingüísticos más significativos? ¿Son breves o largas las oraciones? ¿Se identifican los personajes a través de lo que dicen?
6. ¿Qué importancia tienen las acotaciones escénicas?
7. ¿Cuál es el tema principal de la obra? ¿Cuáles son los temas secundarios? ¿Tiene la obra un fin didáctico o comprometido?
8. En la obra, ¿se pone más énfasis en la creación de una empatía entre actor y espectador (lector) o en una separación sentimental y un acercamiento intelectual a la situación dramática? ¿Hay ejemplos de metateatro?
9. ¿Cuáles son los aspectos visuales sobresalientes de la obra?
10. Si usted fuera director, ¿cómo montaría la obra en el escenario?

Miguel de Cervantes Saavedra

Miguel de Cervantes Saavedra (1547–1616), nació en Alcalá de Henares, ciudad universitaria cerca de Madrid. Su fecundidad literaria, su profundo don de observación, su hondo concepto de la vida, la riqueza de sus descripciones hacen de su obra una joya de la literatura de todos los tiempos y de todos los pueblos. Sería imposible dar una idea de su gigantesca obra. *Don Quijote*, su creación máxima, es el libro más leído y más traducido a otras lenguas después de la Biblia. Poeta, dramaturgo y novelista, escribió las *Novelas ejemplares* (1613), llenas de vida y color; *La Galatea* (1585), que es una especie de novela pastoril; y otras muchas obras. Entre sus comedias hay que mencionar *El cerco de Numancia* y *El trato de Argel*, además de sus encantadores *Entremeses*.

Entremés de El viejo celoso

(*Salen* DOÑA LORENZA *y* CRISTINA, *su criada, y* HORTIGOSA, *su vecina*)

DOÑA LORENZA: Milagro ha sido éste, señora Hortigosa, el no haber dado la vuelta a la llave mi duelo, mi yugo y mi desesperación.[a] Este es el primer día, después que me casé con él, que hablo con
5   persona fuera de casa. ¡Que fuera le vea yo de esta vida a él y a quien con él me casó!

HORTIGOSA: Ande, mi señora doña Lorenza, no se queje tanto, que con una caldera vieja se compra otra nueva.[b]

---

[a] Milagro... Ha sido un milagro el que mi marido no haya cerrado la puerta. (Es importante notar cómo la esposa llama al marido duelo (*grief*), yugo (*yoke, oppressive authority*) y desesperación para indicar su característica de viejo celoso.
[b] con... Al morir el viejo, con su dinero ella podría conseguir un marido joven.

DOÑA LORENZA: Y aun con esos y otros semejantes villancicos o refranes me engañaron a mí. ¡Que malditos sean sus dineros, fuera de las cruces;[1] malditas sus joyas, malditas sus galas y maldito todo cuanto me da y promete! ¿De qué me sirve a mí todo aquesto,[2] si en mitad de la riqueza estoy pobre, y en medio de la abundancia con hambre?

CRISTINA: En verdad, señora tía, que tienes razón: que más quisiera yo andar con un trapo[3] atrás y otro adelante, y tener un marido mozo, que verme casada y enlodada[4] con ese viejo podrido[5] que tomaste por esposo.

DOÑA LORENZA: ¿Yo lo tomé, sobrina? A la fe, diómele quien pudo y yo, como muchacha, fui más presta al obedecer que al contradecir. Pero si yo tuviera tanta experiencia de estas cosas, antes me tarazara la lengua con los dientes que pronunciar aquel sí,[c] que se pronuncia con dos letras y da por llorar dos mil años. Pero yo imagino que no fue otra cosa sino que había de ser ésta, y que las que han de suceder forzosamente no hay prevención ni diligencia humana que las prevenga.

CRISTINA: ¡Jesús y del mal viejo! Toda la noche: «Daca el orinal,[6] toma el orinal; levántate, Cristinica, y caliéntame unos paños, que me muero de la ijada;[7] dame aquellos juncos,[8] que me fatiga la piedra[9]». Con más ungüentos y medicinas en el aposento que si fuera una botica. Y yo, que apenas sé vestirme, tengo que servirle de enfermera. ¡Pux, pux, pux! ¡Viejo clueco,[d] tan potroso[10] como celoso, y el más celoso del mundo!

DOÑA LORENZA: Dice la verdad mi sobrina.

CRISTINA: ¡Pluguiera[11] a Dios que nunca yo la dijera en esto!

HORTIGOSA: Ahora bien, señora doña Lorenza: vuesa merced[12] haya lo que le tengo aconsejado, y verá cómo se halla muy bien con mi consejo. El mozo es como un jinjo[13] verde: quiere bien, sabe callar y agradecer lo que por él se hace; y pues los celos y el recato[14] del viejo no nos dan lugar a demandas ni a respuestas, resolución y buen ánimo, que, por la orden que hemos dado, yo le pondré al galán en su aposento de vuesa merced y le sacaré si bien[15] tuviese el viejo más ojos que Argos[e] y viese más que un zahorí,[f] que dicen que ve siete estados debajo de la tierra.

DOÑA LORENZA: Como soy primeriza,[16] estoy temerosa, y no querría, a trueco del gusto, poner a riesgo la honra.

CRISTINA: Eso me parece, señora tía, a lo del cantar de Gómez Arias:[17]

Señor Gómez Arias,
doleos de mí:
soy niña y muchacha;
nunca en tal me vi.

---

[c] antes... antes me mordiera la lengua para no pronunciar el sí en la boda
[d] viejo... decrépito como una gallina clueca (hatching hen)
[e] gigante mitológico que tenía cien ojos y, por ello, símbolo de la vigilancia
[f] persona de la que se dice que ve lo oculto, incluso lo que está bajo tierra

[1] fuera... excepto las cruces que llevaban grabadas las monedas
[2] forma arcaica de **esto**
[3] pedazo de tela
[4] bogged down
[5] rotten
[6] Dame el orinal (chamberpot)
[7] me... el costado me duele
[8] planta medicinal
[9] kidney stone
[10] afflicted with a hernia
[11] placiera, quisiera (imperfecto de subjuntivo del verbo **placer**)
[12] vuesa... vuestra merced (usted)
[13] jujube-tree
[14] circunspección
[15] si... aunque
[16] sin experiencia
[17] personaje proverbial de un cantar popular

DOÑA LORENZA: Algún espíritu malo debe de haber en ti, sobrina, según las cosas que dices.

CRISTINA: Yo no sé quién habla; pero yo sé que haría todo aquello que
55 la señora Hortigosa ha dicho, sin faltar punto.

DOÑA LORENZA: ¿Y la honra, sobrina?

CRISTINA: ¿Y el holgarnos,[18] tía?

DOÑA LORENZA: ¿Y si se sabe?

CRISTINA: ¿Y si no se sabe?

60 DOÑA LORENZA: ¿Y quién me asegurará a mí que no se sepa?

HORTIGOSA: ¿Quién? La buena diligencia, la sagacidad, la industria y, sobre todo, el buen ánimo y mis trazas.[19]

CRISTINA: Mire, señora Hortigosa: trayanosle[20] galán, limpio, desenvuelto, un poco atrevido y, sobre todo, mozo.

65 HORTIGOSA: Todas estas partes tiene el que he propuesto, y otras dos más: que es rico y liberal.

DOÑA LORENZA: Que no quiero riquezas, señora Hortigosa; que me sobran las joyas, y me ponen en confusión las diferencias de colores de mis muchos vestidos. Hasta eso no tengo que desear, que Dios
70 le dé salud a Cañizares: más vestida me tiene que un palmito,[21] y con más joyas que la vidriera[22] de un platero rico. No me clavara él las ventanas, cerrara las puertas, visitara a todas horas la casa, desterrara de ella los gatos y los perros, solamente porque tienen nombre de varón: que, a trueco[23] de que no hiciera esto y otras
75 cosas no vistas en materia de recato, yo le perdonara sus dádivas y mercedes.

HORTIGOSA: ¿Qué, tan celoso es?

DOÑA LORENZA: Digo que le vendían el otro día una tapicería[24] a bonísimo precio, y por ser de figuras[25] no la quiso, y compró otra de
80 verduras[26] por mayor precio, aunque no era tan buena. Siete puertas hay antes que se llegue a mi aposento, fuera de la puerta de la calle, y todas se cierran con llave, y las llaves no me ha sido posible averiguar dónde las esconde de noche.

CRISTINA: Tía, la llave de loba[27] creo que se la pone entre las faldas de
85 la camisa.[28]

DOÑA LORENZA: No lo creas, sobrina: que yo duermo con él y jamás le he visto ni sentido que tenga llave alguna.

CRISTINA: Y más, que toda la noche anda como trasgo[29] por toda la casa, y si acaso dan alguna música en la calle, les tira de pedradas
90 porque se vayan. Es un malo, es un brujo, es un viejo: que no tengo más que decir.

DOÑA LORENZA: Señora Hortigosa, váyase, no venga el gruñidor[30] y la halle conmigo, que sería echarlo a perder todo. Y lo que ha de hacer, hágalo luego: que estoy tan aburrida, que no me falta sino
95 echarme una soga al cuello[31] por salir de tan mala vida.

HORTIGOSA: Quizá con esta que ahora se comenzará se le quitará toda esa mala gana y le vendrá otra más saludable y que más le contente.

---

[18] divertirnos
[19] planes
[20] forma arcaica de **tráiganosle**
[21] (fig.) como un palmito (*dwarf fan-palm*): bien vestido
[22] vitrina
[23] a cambio
[24] *tapestry*
[25] personajes históricos o mitológicos
[26] escenas de la naturaleza
[27] la... *master-key*
[28] las... *folds of nightshirt*
[29] fantasma
[30] *grumbler*
[31] echarme... *to hang me*

32 doy... me voy
33 un... un fraile jovencito
34 me divierta
35 diablillo
36 me divertiré
37 si... si el señor
38 estaba... estaba tranquilo
   y perdí mi tranquilidad
39 quemarse
40 que la golpean

CRISTINA: Así suceda, aunque me costase a mí un dedo de la mano:
que quiero mucho a mi señora tía, y me muero de verla tan pensativa y angustiada en poder de este viejo y reviejo, y más que
viejo, y no me puedo hartar de decirle viejo.

DOÑA LORENZA: Pues en verdad que te quiere bien, Cristina.

CRISTINA: ¿Deja por eso de ser viejo? Cuanto más que yo he oído decir
que siempre los viejos son amigos de niñas.

HORTIGOSA: Así es la verdad, Cristina. Y adiós, que en acabando de comer doy la vuelta.³² Vuesa merced esté muy en lo que dejamos
concertado, y verá cómo salimos y entramos bien en ello.

CRISTINA: Señora Hortigosa, hágame merced de traerme a mí un
frailecico pequeñito³³ con quien yo me huelgue.³⁴

HORTIGOSA: Yo se lo traeré a la niña pintado.

CRISTINA: Que no lo quiero pintado, sino vivo, vivo, chiquito, como
unas perlas.

DOÑA LORENZA: ¿Y si lo ve tío?

CRISTINA: Diréle yo que es un duende,³⁵ y tendrá dél miedo, y hol-
garéme³⁶ yo.

HORTIGOSA: Digo que yo le traeré, y adiós. (*Vase.*)

CRISTINA: Mira, tía: si Hortigosa trae al galán y a mi frailecico, y si
señor³⁷ los viere no tenemos más que hacer sino cogerle entre
todos y ahogarle, y echarle en el pozo o enterrarle en la caballeriza.

DOÑA LORENZA: Tal eres tú, que creo lo harías mejor que lo dices.

CRISTINA: Pues no sea el viejo celoso, y déjenos vivir en paz, pues no le
hacemos mal alguno, y vivimos como unas santas. (*Entranse.*)

(*Salen* CAÑIZARES, *viejo, y un* COMPADRE *suyo*)

CAÑIZARES: Señor compadre, señor compadre: el setentón que se casa
con quince,ᵍ o carece de entendimiento, o tiene gana de visitar el
otro mundo lo más presto que le sea posible. Apenas me casé con
doña Lorencica, pensando tener en ella compañía y regalo y persona que se hallase en mi cabecera y me cerrase los ojos al tiempo
de mi muerte, cuando me embistieron una turbamulta de trabajos y desasosiegos: tenía casa, y busqué casar; estaba posado, y
desposéme.³⁸

COMPADRE: Compadre, error fue, pero no muy grande; porque, según
el dicho del Apóstol, mejor es casarse que abrasarse.³⁹

CAÑIZARES: Que no había qué abrasar en mí, señor compadre, que con
la menor llamarada quedara hecho ceniza. Compañía quise, compañía busqué, compañía hallé; pero Dios lo remedie, por quien
El es.

COMPADRE: ¿Tiene celos, señor compadre?

CAÑIZARES: Del sol que mira a Lorencica, del aire que le toca, de las
faldas que la vapulan.⁴⁰

ᵍ setentón... hombre de setenta años que se casa con una muchacha muy joven

COMPADRE: ¿Dale ocasión?

CAÑIZARES: ¡Ni por pienso[41]! No tiene por qué, ni cómo, ni cuándo, ni
adónde. Las ventanas, amén de estar con llave, las guarnecen
rejas y celosías;[42] las puertas jamás se abren; vecina no atraviesa
mis umbrales,[43] ni le atravesará mientras Dios me diere vida.
Mirad, compadre: no les vienen los malos aires a las mujeres de ir
a los jubileos,[44] ni a las procesiones, ni a todos los actos de regoci-
jos públicos; donde ellas se mancan,[45] donde ellas se estropean y a
donde ellas se dañan, es en casa de las vecinas y de las amigas.
Más maldades encubre una mala amiga que la capa de la noche;
más conciertos se hacen en su casa y más se concluyen que en una
asamblea.

COMPADRE: Yo así lo creo. Pero si la señora doña Lorenza no sale
de casa, ni nadie entra en la suya, ¿de qué vive descontento mi
compadre?

CAÑIZARES: De que no pasará mucho tiempo en que no caiga Lorencica en lo que le falta, que será un mal caso, y tan malo, que en
sólo pensarlo le temo, y de temerle me desespero, y de desesperarme vivo con disgusto.

COMPADRE: Y con razón se puede tener ese temor, porque las mujeres
querrían gozar enteros los frutos del matrimonio.

CAÑIZARES: La mía los goza doblados.[46]

COMPADRE: Ahí está el daño, señor compadre.

CAÑIZARES: No, no, ni por pienso; porque es más simple Lorencica que
una paloma, y hasta ahora no entiende nada de esas filaterías.[47] Y
adiós, señor compadre, que me quiero entrar en casa.

COMPADRE: Yo quiero entrar allá y ver a mi señora Lorenza.

CAÑIZARES: Habéis de saber, compadre, que los antiguos latinos usaban de un refrán que decía: *Amicus usque ad aras*, que quiere
decir: «El amigo, hasta el altar»; infiriendo que el amigo ha de
hacer por su amigo todo aquello que no fuere contra Dios. Y yo
digo que mi amigo, *usque ad portam*, hasta la puerta: que ninguno
ha de pasar mis quicios.[48] Y adiós, señor compadre, y perdóneme.
(*Entrase.*)

COMPADRE: En mi vida he visto hombre más recatado, ni más celoso,
ni más impertinente. Pero éste es de aquellos que traen la soga
arrastrando[h] y de los que siempre vienen a morir del mal que
temen. (*Entrase el* COMPADRE.)

DOÑA LORENZA *y* CRISTINA

CRISTINA: Tía, mucho tarda tío, y más tarda Hortigosa.

DOÑA LORENZA: Más[49] que nunca él acá viniese, ella tampoco; porque
él me enfada, y ella me tiene confusa.

---

[h] traen... que siempre piensan en lo malo que les puede ocurrir

[41] Ni... *Don't even think of it!*
[42] las... *are surrounded by railings and lattices*
[43] *thresholds*
[44] *ecclesiastical solemnities*
[45] se dañan
[46] dos veces
[47] verbosidad
[48] *frame jamb of a door*
[49] Mejor

50 salga (futuro de
subjuntivo)
51 un pequeño favor
52 cien mil diablos

CRISTINA: Todo es probar, señora tía, y cuando no saliere⁵⁰ bien, darle
del codo.

185

DOÑA LORENZA: ¡Ay sobrina! Que estas cosas, o yo sé poco, o sé que
todo el daño está en probarlas.

CRISTINA: A fe, señora tía, que tiene poco ánimo, y que si yo fuera de
su edad, que no me espantarían hombres armados.

DOÑA LORENZA: Otra vez torno a decir y diré cien mil veces, que Sa-
190 tanás habla en tu boca. Mas ¡ay!, ¿cómo se ha entrado señor?

CRISTINA: Debe de haber abierto con la llave maestra.

DOÑA LORENZA: ¡Encomiendo yo al diablo sus maestrías y sus llaves!

(*Sale* CAÑIZARES)

195 CAÑIZARES: ¿Con quién hablabais, doña Lorenza?

DOÑA LORENZA: Con Cristinica hablaba.

CAÑIZARES: Miradlo bien, doña Lorenza.

DOÑA LORENZA: Digo que hablaba con Cristinica. ¿Con quién había de
hablar? ¿Tengo yo, por ventura, con quién?

200 CAÑIZARES: No querría que tuvieseis algún soliloquio con vos misma,
que redundase en mi perjuicio.

DOÑA LORENZA: Ni entiendo esos circunloquios que decís, ni aun los
quiero entender; y tengamos la fiesta en paz.

CAÑIZARES: Ni aun las vísperas no querría yo tener una guerra con
205 vos.ⁱ Pero ¿quién llama a aquella puerta con tanta prisa? Mira,
Cristina, quién es, y si es pobre, dale limosna y despídele.

CRISTINA: ¿Quién está ahí?

HORTIGOSA: La vecina Hortigosa es, señora Cristina.

CAÑIZARES: ¿Hortigosa y vecina? ¡Dios sea conmigo! Pregúntale,
210 Cristina, lo que quiere, y dáselo, con condición que no atraviese
esos umbrales.

CRISTINA: Y ¿qué quiere, señora vecina?

CAÑIZARES: El nombre de vecina me turba y sobresalta. Llámala por
su propio nombre, Cristina.

215 CRISTINA: Responda. Y ¿qué quiere, señora Hortigosa?

HORTIGOSA: Al señor Cañizares quiero suplicar un poco,⁵¹ en que me
va la honra, la vida y el alma.

CAÑIZARES: Decidle, sobrina, a esa señora que a mí me va todo eso y
más en que no entre acá dentro.

220 DOÑA LORENZA: ¡Jesús, y qué condición tan extravagante! ¿Aquí no estoy delante de vos? ¿Hanme de comer de ojoʲ? ¿Hanme de llevar
por los aires?

CAÑIZARES: ¡Entre con cien mil Bercebuyes,⁵² pues vos lo queréis!

ⁱ Ni... Como Lorenza en la línea anterior dice que desea tener la fiesta en paz, Cañizares responde que no sólo la fiesta
sino que ni siquiera las vísperas (*holiday eve*) quiere tener una guerra con ella.
ʲ Hanme... *Are they going to keep staring at me?*

CRISTINA: Entre, señora vecina.

225 CAÑIZARES: ¡Nombre fatal para mí es el de vecina!

(*Sale* HORTIGOSA *y trae un guadamecí;*[53] *y en las pieles de las cuatro esquinas han de venir pintados Rodamonte, Mandricardo, Rugero y Gradoso,*[54] *y Rodamonte venga pintado como arrebozado.*[55])

HORTIGOSA: Señor mío de mi alma, movida e incitada de la buena fama
230   de vuesa merced, de su gran caridad y de sus muchas limosnas, me
he atrevido de venir a suplicar a vuesa merced me haga tanta
merced, caridad y limosna y buena obra de comprarme este
guadamecí, porque tengo un hijo preso por unas heridas que dio a
un tundidor,[56] y ha mandado la Justicia que declare el cirujano, y
235   no tengo con qué pagarle, y corro peligro no le echen otros embar-
gos,[57] que podrían ser muchos, a causa que es muy travieso mi
hijo, y querría echarle hoy o mañana, si fuese posible, de la cárcel. La obra es buena; es guadamecí, nuevo, y, con todo eso, le
daré por lo que vuesa merced quisiere darme por él: que en más
240   está la monta,[58] y como esas cosas[59] he perdido yo en esta vida.
Tenga vuesa merced de esta punta,[60] señora mía, y descojámosle,[61]
porque no vea el señor Cañizares que hay engaño en mis palabras.
Alce más, señora mía, y mire cómo es bueno de caída.[62] Y las pinturas de los cuadros parecen que están vivas. (*Al alzar y mostrar*
245   *el guadamecí entra por detrás de él un galán, y como* CAÑIZARES *ve*
los retratos, dice:)

CAÑIZARES: ¡Oh, qué lindo Rodamonte! Y ¿qué quiere el señor re-
bozadito[63] en mi casa? Aun si supiese que tan amigo soy yo de
estas cosas y de estos rebocitos,[64] espantaríase.[65]

250 CRISTINA: Señor tío, yo no sé nada de rebozados, y si él ha entrado en
casa, la señora Hortigosa tiene la culpa: que a mí el diablo me
lleve si dije ni hice nada para que él entrase. No, en mi conciencia; aun el diablo sería si mi señor tío me echase a mí la culpa de
su entrada.

255 CAÑIZARES: Yo ya lo veo, sobrina, que la señora Hortigosa tiene la
culpa; pero no hay de qué maravillarse, porque ella no sabe mi
condición, ni cuán enemigo soy de aquestas pinturas.

DOÑA LORENZA: Por las pinturas lo dice Cristinica, y no por otra cosa.

CRISTINA: Pues por ésas digo yo. ¡Ay, Dios sea conmigo! Vuelto se me
260   ha el ánima al cuerpo, que ya andaba por los aires.[66]

DOÑA LORENZA: ¡Quemado vea yo ese pico de once varas! En fin: quien
con muchachos se acuesta,[k] etcétera, etcétera.

CRISTINA: ¡Ay desgraciada, y en qué peligro pudiera haber puesto
toda la baraja[67]!

265 CAÑIZARES: Señora Hortigosa, yo no soy amigo de figuras rebozadas

[k]quien... proverbio que quiere decir que no se debe confiar en gente de poca edad y seso.

[53]cuero adornado con
pinturas
[54]personajes de la literatura caballeresca
[55]cubierto para no ser
visto
[56]*shearer of cloth*
[57]*offenses*
[58]el valor
[59]como... cosas como ésas
[60]de... de este extremo
[61]*spread open*
[62]de... *the effect of falling*
[63]cubierto
[64]hipocresías
[65]se asustaría
[66]Vuelto... *I have recovered*
[67]toda... todo este plan

ni por rebozar. Tome este doblón,[68] con el cual podrá remediar su necesidad, y váyase de mi casa lo más presto que pudiere;[69] y ha de ser luego, y llévese su guadamecí.

270 HORTIGOSA: Viva vuesa merced más años que Matusalén, en vida de mi señora doña..., no sé cómo se llama, a quien suplico me mande, que la serviré de noche y de día, con la vida y con el alma, que la debe de tener ella como la de una tortolina simple.

CAÑIZARES: Señora Hortigosa, abrevie[70] y váyase, y no se esté ahora juzgando almas ajenas.

275 HORTIGOSA: Si vuesa merced hubiere menester algún pegadillo[71] para la madre, téngolos milagrosos, y si para mal de muelas, sé unas palabras que quitan el dolor como por la mano.

CAÑIZARES: Abrevie, Señora Hortigosa, que doña Lorenza ni tiene madre, ni dolor de muelas; que todas las tiene sanas y enteras, 280 que en su vida se ha sacado muela alguna.

HORTIGOSA: Ella se las sacará, placiendo al Cielo, porque le dará muchos años de vida, y la vejez es la total destrucción de la dentadura.

CAÑIZARES: ¡Aquí de Dios, que no será posible que me deje esta vecina! 285 ¡Hortigosa, o diablo, o vecina, o lo que eres, vete con Dios y déjame en mi casa!

HORTIGOSA: Justa es la demanda, y vuesa merced no se enoje, que ya me voy. (*Vase.*)

CAÑIZARES: ¡Oh vecinas, vecinas! Escaldado quedo aún de[72] las buenas 290 palabras de esta vecina, por haber salido por boca de vecina.

DOÑA LORENZA: Digo que tenéis condición de bárbaro y de salvaje. Y ¿qué ha dicho esta vecina para que quedéis con la ojeriza[73] contra ella? Todas vuestras buenas obras las hacéis en pecado mortal. Dístele dos docenas de reales, acompañados con otras dos docenas 295 de injurias, ¡boca de lobo, lengua de escorpión y silo de malicias!

CAÑIZARES: No, no; a mal viento va esta parva.[74] No me parece bien que volváis[75] tanto por vuestra vecina.

CRISTINA: Señora tía, éntrese allá dentro y desenójese, y deja a tío, que parece que está enojado.

300 DOÑA LORENZA: Así lo haré, sobrina, y aun quizá no me verá la cara en estas dos horas; y a fe que yo se la dé a beber, por más que la rehúse. (*Entrase.*)

CRISTINA: Tío, ¿no ve cómo ha cerrado de golpe? Y creo que va a buscar una tranca[76] para asegurar la puerta.

305 DOÑA LORENZA: (*Dentro.*) ¡Cristinica, Cristinica!

CRISTINA: ¿Qué quiere, tía?

DOÑA LORENZA: ¡Si supieses qué galán me ha deparado[77] la buena suerte! Mozo, bien dispuesto, pelinegro, y que le huele la boca a mil azahares.[78]

310 CRISTINA: ¡Jesús, y qué locuras, y qué niñerías! ¿Está loca, tía?

DOÑA LORENZA: No estoy sino en todo mi juicio;[79] y en verdad que, si le vieses, que se te alegrase el alma.

[68] moneda antigua de oro
[69] pueda (futuro de subjuntivo)
[70] resuma
[71] Si... Si Ud. necesita algún emplasto (*plaster*)
[72] Escaldado... me torturan aún
[73] *ill-will*
[74] a... esto se pone mal
[75] que... que defiendas
[76] *bar across a door to prevent entrance*
[77] me ha dado
[78] *orange blossoms*
[79] *I am perfectly sound in mind*

CRISTINA: ¡Jesús, y qué locuras, y qué niñerías! Ríñala,[80] tío, porque no se atreva, ni aun burlando, a decir deshonestidades.

315 CAÑIZARES: ¡Bobear, Lorenza! Pues ¡a fe que no estoy yo de gracia para sufrir esas burlas!

DOÑA LORENZA: Que no son sino veras, y tan veras, que en este género no pueden ser mayores.

CRISTINA: ¡Jesús, y qué locuras, y qué niñerías! ¡Y dígame, tía: ¿está

320 ahí también mi frailecito?

DOÑA LORENZA: No, sobrina; pero otra vez vendrá, si quiere Hortigosa, la vecina.

CAÑIZARES: Lorenza, di lo que quisieres; pero no tomes en tu boca el nombre de vecina, que me tiemblan las carnes en oírle.

325 DOÑA LORENZA: También me tiemblan a mi por amor de la vecina.

CRISTINA: ¡Jesús, y qué locuras, y qué niñerías!

DOÑA LORENZA: ¡Ahora echo de ver quién eres, viejo maldito; que hasta aquí he vivido engañada contigo!

CRISTINA: ¡Ríñala, tío; ríñala, tío; que se desvergüenza mucho!

330 DOÑA LORENZA: Lavar quiero a un galán las pocas barbas que tiene en una bacía[81] llena de agua de ángeles, porque su cara es como la de un ángel pintado.

CRISTINA: ¡Jesús, y qué locuras, y qué niñerías! ¡Despedácela, tío!

CAÑIZARES: No la despedazaré yo a ella, sino a la puerta que la encubre.

335 DOÑA LORENZA: No hay para qué: vela aquí abierta. Entre, y verá cómo es verdad cuanto le he dicho.

CAÑIZARES: Aunque sé que te burlas, sí entraré, para desenojarte. (*Al entrar Cañizares, danle con una bacía de agua en los ojos; él vase a limpiar; acuden sobre él Cristina y Doña Lorenza, y en este ínterin*

340 *sale el galán y vase.*) ¡Por Dios, que por poco me cegaras, Lorenza! ¡Al diablo se dan las burlas que se arremeten a los ojos!

DOÑA LORENZA: ¡Mirad con quién me casó mi suerte sino con el hombre más malicioso del mundo! ¡Mirad cómo dio crédito a mis mentiras, por su... fundadas en materia de celos, que menoscaban,[82]

345 y asendereada sea mi ventura[83]! ¡Pagad vosotros, cabellos, las deudas de este viejo! ¡Llorad vosotros, ojos, las culpas de este maldito! ¡Mirad en lo que tiene mi honra y mi crédito, pues de las sospechas hace certezas; de las mentiras, verdades; de las burlas, veras, y de los entretenimientos, maldiciones! ¡Ay, que se me

350 arranca el alma!

CRISTINA: Tía, no dé tantas voces, que se juntará la vecindad.

JUSTICIA: (*Dentro.*) ¡Abran esas puertas! ¡Abran luego! ¡Si no, echarélas en el suelo!

DOÑA LORENZA: Abre, Cristinica, y sepa todo el mundo mi inocencia y

355 la maldad de este viejo.

CAÑIZARES: ¡Vive Dios, que creí que te burlabas! ¡Lorenza, calla!

(*Entran el* ALGUACIL, *y los* MUSICOS, *y el* BAILARIN *y* HORTIGOSA.)

---

80 *scold her*
81 recipiente en donde ponen el agua los barberos
82 deterioran
83 ascendereada... desgraciada sea mi suerte

ALGUACIL: ¿Qué es esto? ¿Qué pendencia[84] es ésta? ¿Quién daba aquí voces?

360 CAÑIZARES: Señor, no es nada; pendencias son entre marido y mujer, que luego se pasan.

MUSICOS: Por Dios, que estábamos mis compañeros y yo, que somos músicos, aquí, pared y medio,[85] en un desposorio,[86] y a las voces hemos acudido con no pequeño sobresalto, pensando que era
365 otra cosa.

HORTIGOSA: Y yo también, en mi ánima pecadora.

CAÑIZARES: Pues, en verdad, señora Hortigosa, que si no fuera por ella que no hubiera sucedido nada de lo sucedido.

HORTIGOSA: Mis pecados lo habrán hecho: que soy tan desdichada,
370 que, sin saber por dónde ni por dónde no, se me echan a mí las culpas que otros cometen.

CAÑIZARES: Señores, vuesas mercedes todos se vuelvan norabuena,[87] que yo les agradezco su buen deseo; que ya yo y mi esposa quedamos en paz.

375 DOÑA LORENZA: Sí quedaré, como le pida primero perdón a la vecina, si alguna cosa mala pensó contra ella.

CAÑIZARES: Si a todas las vecinas de quien yo pienso mal hubiese de pedir perdón, sería nunca acabar; pero, con todo eso, yo se lo pido a la señora Hortigosa.

380 HORTIGOSA: Y yo le otorgo, para aquí y para delante de Pero García.[1]

MUSICOS: Pues en verdad que no habemos de haber venido en balde; toquen mis compañeros, y baile el bailarín, y regocíjense las paces con esta canción.

CAÑIZARES: Señores, no quiero música; yo la doy por recibida.

385 MUSICOS: Pues aunque no la quiera (*Cantan.*)

> El agua de por San Juan
> quita vino y no da pan;[88]
> las riñas de por San Juan
> *todo el año paz nos dan.*

390
> Llover el trigo en las eras,[89]
> las viñas estando en cierne,[90]
> no hay labrador que gobierne
> bien sus cubas y paneras;[91]
395
> mas las riñas más de veras
> si suceden por San Juan
> *todo el año paz nos dan.*　　　　(*Baila.*)

> Por la canícula ardiente[92]
> está la cólera a punto;
400
> pero pasado aquel punto
> menos activa se siente.
> Y así el que dice no miente

[1]Y... Y yo se lo doy ahora y siempre. (Pero García es una figura del *folklore* español.)

[84]*quarrel*
[85]pared... en el vecindario
[86]boda
[87]en hora buena
[88]quita... no favorece las cosechas de la uva y del trigo
[89]*threshing floors*
[90]las... *the vines being in their infancy*
[91]cubas... recipientes para el vino y para el pan
[92]Por... período del año en el que el calor es más fuerte

405 que las riñas por San Juan
todo el año paz nos dan.   (Baila.)
    Las riñas de los casados
como aquésta siempre sean
para que después se vean
sin pensar regocijados.
410 Sol que sale tras nublados
es contento tras afán;
las riñas de por San Juan
todo el año paz nos dan.

CAÑIZARES: Porque vean vuesas mercedes las revueltas y vueltas en
415 que me ha puesto una vecina, y si tengo razón de estar mal con las
vecinas.

DOÑA LORENZA: Aunque mi esposo está mal con las vecinas, yo beso a
vuesas mercedes las manos, señoras vecinas.

CRISTINA: Y yo también. Mas si mi vecina me hubiera traído mi fraile-
420 cito, yo la tuviera por mi mejor vecina. Y adiós, señoras vecinas.

FIN DEL ENTREMES
«EL VIEJO CELOSO»

Cuestionario

1. ¿Qué tipo de matrimonio se presenta en «El viejo celoso»?
2. ¿Cuál es la situación de doña Lorenza?
3. ¿Cómo se podría caracterizar al celoso?
4. ¿De qué imágenes se sirve Cañizares para explicar al compadre sus celos?
5. ¿Qué significa el juego de palabras «tenía casa y busqué casar; estaba posado y desposéme» pronunciadas por Cañizares?
6. Según Cañizares, ¿de dónde les vienen los «malos aires», es decir, las malas costumbres a las mujeres?
7. ¿Por qué no quería Cañizares que Hortigosa entrara en su casa?
8. ¿Cuál es el motivo de la visita de Hortigosa?
9. ¿Qué oculta la vecina detrás del guadamecí? ¿Cuál es la ironía de la frase dicha por Cañizares, «¡Oh, qué lindo Rodamonte!»?
10. ¿Compra Cañizares el guadamecí? ¿Cómo ayuda Cañizares a la vecina a remediar su situación?
11. ¿Tiene razón Cañizares para desconfiar de las vecinas?
12. ¿Cuál es el desenlace de «El viejo celoso»? ¿Por qué está Lorenza tan agradecida con su vecina?

Identificaciones

1. «Y yo, que apenas sé vestirme, tengo que servirle de enfermera»
2. la llave de loba

3. «frailecico»
4. Rodamonte, Mandricardo, Rugero y Gradoso
5. el galán
6. «Las riñas de por San Juan / todo el año paz nos dan»

Temas

1. Explicación de la validez de la cita siguiente, según se deduce de la lectura del entremés: «el setentón que se casa con quince, o carece de entendimiento, o tiene gana de visitar el otro mundo lo más presto que le sea posible»
2. La organización de la materia dramática en «El viejo celoso»
3. El ingenio de Cervantes a través de la obra: creación dramática, lingüística y satírica
4. Hacia una interpretación temática de «El viejo celoso»
5. «El viejo celoso», ¿tragedia o comedia?

Jacinto Benavente

Jacinto Benavente (1866–1954) es uno de los autores más trascendentes del teatro español de la primera mitad del siglo XX. Su obra ha sido objeto de crítica muy apasionada a favor y en contra; pero la verdad es que él, que poseía un ingenio muy fino, infundió nueva vida al drama español al crear una comedia de signo realista, casi costumbrista, en la que se satirizaba los defectos y los vicios de la alta burguesía española. Fue un escritor muy fecundo; entre lo mejor de su producción cabe citar *La noche del sábado* (1903), *Los malhechores del bien* (1905), *Los intereses creados* (1907), *Señora ama* (1908) y *La malquerida* (1913). Escribió también un teatro lírico formado en su mayor parte por cuentos fantásticos. Ganó el premio Nóbel de Literatura en 1922.

El nietecito
Comedia en un acto inspirada en un cuento de los hermanos Grimm

Reparto
Personajes: MARTINA, JUAN, EL ABUELO, TIO SATURIO, EL NIETO

ACTO UNICO
Casa pobre

5 ## ESCENA PRIMERA

MARTINA y JUAN

MARTINA: Te digo que no hay paciencia...

JUAN: Pero mujer... Y ¿qué quieres que yo le haga? Es mi padre...

MARTINA: ¡Tu padre! ¡Tu padre! Razón para que no anduviera mur-
10 murando[1] de mí por todo el pueblo. Ayer tuve una muy gorda[2] en
el arroyo[3] con la Patro, la de Matías el sordo..., hoy he tenido otra
en la plaza con la del tío Piporro... Y es tu padre, que va diciendo
por ahí[4] que aquí le tratamos como a un perro, después de haberle
gastado la hacienda[5]... ¡Buena cuenta hubiera dado de todo[a]! Ya
15 veíamos el paso que llevaba[6]... Si nosotros no nos hubiéramos
hecho el cargo[7]... Y de mí, ¿qué motivos tiene para quejarse?... El
es quien me trata como a una cualquier cosa, y siempre está
gruñendo[8] por todo... Yo, ¿en qué le falto[9]? Dilo tú... ¿Le falto yo
en algo a tu padre? Dilo, hombre... Que parece que le quieres dar
20 la razón todavía... Esto me faltaba... Seré yo la que está de más en
esta casa[10]... ¿No es eso?

JUAN: ¡Calla, mujer! Si yo no digo nada... Lo que te digo es que a las
personas, en llegando a cierta edad, hay que dispensarlas[11] más
de cuatro cosas. Padre va para los ochenta... Pero él quiere ha-
25 cerse la ilusión de que todavía puede valerse[b] y de que es muy
nuevo[12]... Y como está hecho a[13] mandar siempre en todos y a que
todos le obedezcamos, no se hace a verse arrinconado[14]...

MARTINA: Para lo que le conviene ya sabe valerse, ya. En casa, mucho
lloriquear y mucho quejarse de achaques[15]..., pero para andar por
30 ahí de corro en corro[16] a despellejarnos[17] bien terne[18] está. Ahora
mismo estará en la solana[19] con todos los holgazanes y cuchare-
teras[20] del pueblo, contándoles si le damos de comer en un rincón
y si duerme en el suelo sobre un montón de paja... Como si es-

---

[1] gossiping
[2] tuve... me peleé
[3] río muy pequeño
[4] por todas partes
[5] haberle... haber gastado el dinero de él
[6] el... rápidamente iba gas-tando todo lo que tenía
[7] nos... nos hubiéramos encargado
[8] grumbling
[9] ¿en... ¿qué daño le hago?
[10] la... *I'm the fifth wheel around here.*
[11] perdonarlas
[12] muy joven
[13] está acostumbrado a
[14] no... *he doesn't like to be pushed into a corner.*
[15] old-age aches and pains
[16] de grupo en grupo
[17] hablar muy mal de nosotros
[18] fuerte
[19] lugar para tomar el sol y charlar con la gente
[20] busybodies

---

[a] Buena... *He would have blown the whole bundle.*
[b] puede... es capaz de hacer las cosas sin ayuda de otra persona

tuviera para dormir en una cama... Para caerse como la otra
35   noche y que nos dé un susto, ni se le pudiera poner a la mesa, para
romperlo todo, que me ha dejado sin platos y sin vasos... Hasta la
cazuela de barro[21] me ha roto esta mañana... Así es que le tengo
esta escudilla[22] de madera para que coma...

JUAN: ¡Mujer! ¡La del perro!

40 MARTINA: La he fregao[c] muy bien... Nos dejaría sin cazuelas... Está
too[23] temblón... Y que yo creo que lo hace adrede[24] pa[25]
desesperarme.

JUAN: ¡Mujer! Eso, no.

MARTINA: Todos los viejos tienen muy mala intención... Y tu padre la
45   ha tenido siempre conmigo pa ver de[26] que tú y yo tengamos cuestiones. Se goza en eso.

JUAN: ¡Mujer!

MARTINA: Mira ande[27] viene Antolín... Se lleva el chico pa que le oiga
hablar mal de nosotros... A bien que me lo cuenta too...

50 **ESCENA II**

    DICHOS,[d] *y el* ABUELO *y el* NIETO

ABUELO: No corras, demonio... Me trae a la rastra[28]... Condenao de
chico[29]...

NIETO: Pa qué está usté[30] tan viejo...

55 ABUELO: ¡A ver si te doy! ¿Es éste el respeto que ties[31] a tu abuelo? Por
supuesto, así te enseñan. No ties tú la culpa, no.

MARTINA: Eso, eso. Soliviante[32] usté también al chico.

ABUELO: ¿Os parece decente cómo me trata? Delante de todos me ha
levantado la mano.[33]

60 JUAN: ¡Antolín!

ABUELO: Si uno de mis hijos se hubiera atrevío[34] a tanto con mi padre...
la mano le corto... Ya lo creo.

MARTINA: Como vuelvas a ir con el abuelo a parte ninguna... ¿Qué te
tengo dicho?

65 NIETO: Si es él que quiere llevarme siempre consigo... y no quiere que
me aparte de su lao[35]..., y yo me canso...; no quiere más que estar
sentao.

ABUELO: Y él no quiere más que hacer barrabasadas[36]... Con todos
tiene que meterse[37]... Anda, anda, que buena crianza[38] te están
70   dando. Ya verás cuando tengas que ir a servir a un amo o servir al
rey,[39] ya aprenderás, ya...

NIETO: ¡Ay madre!

MARTINA: ¿Qué te pasa?

NIETO: Que el abuelo siempre me está diciendo que me van a pegar
75   mucho cuando sea grande.

---

[c]fregado, lavado (El habla popular suprime la letra *d* intervocálica en las terminaciones *-ado* e *-ido*.)
[d]Se refiere a los personajes que ya estaban en el escenario durante la Escena I.

[21]cazuela... *earthen pan*
[22]plato para tomar sopa
[23]todo (habla popular)
[24]lo... lo hace a propósito
[25]para (habla popular)
[26]pa... para hacer
[27]por donde (habla popular)
[28]Me... Me hace andar más de prisa de lo que puedo.
[29](Condenado) maldito
[30]usted (habla popular)
[31]tienes (habla popular)
[32]haga que tenga una actitud rebelde
[33]me... ha intentado pegarme
[34]atrevido
[35]lado
[36]acciones perversas
[37]Con... Molesta a todo el mundo
[38]educación
[39]servir... ser soldado

MARTINA: No sabe más que atemorizar al muchacho. ¡Se goza en eso!

ABUELO: Le digo lo que tie[40] que pasar, pa que lo sepa, que no es hijo de rico.

80 MARTINA: Pasará lo que pasamos toos..., pero no sé qué saca usté[41] con decírselo. Calla, mi rey... Que el abuelo no sabe lo que se dice...

ABUELO: Así, así..., pa que me respete... Anda, pégame, hijo..., pa dar gusto a tu madre..., que quisiera verme muerto...

JUAN: Vamos, padre.

85 ABUELO: Y hace bien. Si mi hijo se lo consiente... Pa que tu madre, que en gloria esté,[e] delante de mí le hubiera faltao a mi padre,[42] que Dios perdone... Pue que del primer zurrío[f]...

MARTINA: Los viejos no se acuerdan ustedes de naa.[43] Siempre creen ustedes que en su tiempo eran otras cosas.

ABUELO: En mi tiempo había más respeto a los padres y más temor
90 de Dios.

MARTINA: Tampoco los viejos serían tan casquivanos,[44] ni querrían presumir de mozos.[45]

ABUELO: Mi padre murió de noventa años, y, mientras vivió, en nuestra casa no se oyó más voz que la suya...

95 MARTINA: Claro está. Como que le dejaron ustedes solo y así murió, con el perro al lao por toda compañía...

ABUELO: ¡Mientes, deslenguada,[46] mientes!

MARTINA: El deslenguado y el escandaloso es usted, que nos anda desacreditando con too el pueblo... A mí y a su hijo...

100 ABUELO: Lo que hago es no decirle a nadie lo que yo paso..., cuando toos me dicen que no debiera pasar por ello.

MARTINA: Los que quisieran gobernar en la casa de uno, como si en la del que más y el que menos no hubiera que poner orden...

JUAN: Bueno. ¿Queréis dejarlo ya? Calla tú, y usté, padre... Vamos a
105 comer, que es la hora...

MARTINA: Too está listo.

JUAN: Pues a comer.

ABUELO: Yo, a mi rincón.

MARTINA: Aquí tie usted.

110 NIETO: La cazuela del perro.

MARTINA: ¿Te pues[47] callar, condenao?

ABUELO: Esta no se rompe; ya pues estar tranquila.

MARTINA: Así nos quitamos de disgustos. ¿No te gusta?

JUAN: Es que no tengo gana. Almorcé mucho.

115 NIETO: Póngame usted más, madre.

MARTINA: Toma... ¿Lo ve usté? Si hubiera sío[48] de barro... Luego dirán...

ABUELO: Es que hoy estoy más temblón que nunca... No sé qué tengo.

MARTINA: ¿Qué ha de tener usté? Lo que tendremos todos si Dios no se
120 acuerda antes de nosotros[49]... Años...

[40] tiene
[41] no... no sé qué gana usted
[42] le... se hubiera portado mal con mi padre
[43] nada
[44] irresponsables
[45] presumir... querer pasar por jóvenes
[46] *bigmouth*
[47] puedes
[48] sido
[49] si... si no nos morimos antes

---

[e]que... expresión que se usa al mencionar a una persona que ya está muerta (*May she rest in peace.*)
[f]Pue... Puede ser que de la primera paliza (*spanking*).

ABUELO: Años y penas..., que es lo mismo, cuando a la vejez no hay el consuelo de los hijos...

MARTINA: Quéjese usted. ¿Quiere usted más?

ABUELO: No..., no quiero más... Toma..., no se caiga otra vez...

125 JUAN: ¡Ea!..., yo voy pa la herrería,[50] que dejé un pico[51] a afilar[52]...

MARTINA: ¿No quieres la ensalada?

JUAN: No.

MARTINA: No has comío[53] nada. ¿Qué tienes?

JUAN: ¿Qué he de tener? (*Sale.*)

130 MARTINA: ¿Qué ha de tener? Que usté ha de desazonarnos[54] a todos...

ABUELO: Yo tenía que ser... ¡Ay, si los hombres supieran ser hombres! Cría hijos con las fatigas del mundo, pa que cualquier mujer los gobierne luego..., que le pegarían a uno si ello se lo mandaran[55]...

MARTINA: Así me paga usté más de cuatro cuestiones que yo le evito
135 con su hijo. A usté hay que dejarle...

ABUELO: Más dejao que estoy[56]...

NIETO: Déme usté otro cacho pan,[57] madre.

MARTINA: Toma... Y ahí te dejo con el abuelo... A ver si no tenemos pelea...

140 NIETO: Yo voy con usté, madre...

MARTINA: Que no vienes..., que voy a llegarme a casa[58] de una vecina que está muy mala[59] y no hacen falta chicos...

NIETO: Yo no me quedo con el abuelo.

MARTINA: ¡Mira que te doy[60]!

145 NIETO: Ya le diré a padre que me ha pegao[61] usté por culpa del abuelo.

ABUELO: Sí, sí... Contra mí todos... Toda mi sangre...

MARTINA: Ahí se queda usté. (*Sale.*)

ESCENA III

El ABUELO *y el* NIETO

150 ABUELO: ¿No me das un cacho de pan?

NIETO: Si usté ya ha comío.

ABUELO: Anda, anda, que era por probarte la voluntad... y por si podía comer en esta casa un cacho de pan que no fuera amargo...

NIETO: Que no me haga usted miedos, abuelo.

155 ABUELO: ¿Yo?... ¡Pobre de mí! (*Asoma a la puerta*[62] *el* TIO SATURIO. *Sale el* NIETO.)

ESCENA IV

El ABUELO *y el* TIO SATURIO

SATURIO: La paz de Dios. Ave María...

160 ABUELO: Sin pecado[g]... ¡Ah! Que eres tú, Saturio.

SATURIO: Yo mesmo.

---

[50] *blacksmith shop*
[51] *pick*
[52] *to sharpen*
[53] comido
[54] ponernos nerviosos
[55] si... si les mandaran hacerlo
[56] Más... Más abandonado que estoy
[57] cacho... pedazo de pan
[58] llegarme... ir a casa
[59] está enferma
[60] Mira... *You're going to get it!*
[61] pegado
[62] Asoma... Llega

---

[g] Sin... respuesta a la salutación anterior «Ave María» y que se refiere a la Virgen María

ABUELO: ¿De ánde vienes?

SATURIO: De ande mismo siempre... ¡Qué! ¿No está la Martina?

ABUELO: Mismo ahora[63] salió... ¿Cómo te pinta[64]?

165 SATURIO: Viviendo vamos... ¿Y usté?

ABUELO: No tan bien como tú. Que tú al fin y a la postre[65]... te bandeas solo[66]...

SATURIO: ¡Tan solo!

ABUELO: ¿Supiste de tus hijos?

170 SATURIO: De denguno[67] de ellos sé, va pa tres años... ¡Siete hijos escarriados[68] por el mundo! De alguno sé que vive muy regularcitamente... Le escribí por si en algo quería valerme[69]...

ABUELO: Y no tuviste respuesta... ¿Y tus hijas?

SATURIO: Esas son peores..., que aún tienen valor para pedirme a
175 mí..., sabiendo cómo vivo, de las buenas almas[70]..., que van faltando más cada día...

ABUELO: Ese es el consuelo... Que a mí aún me dolería más hallar caridad en los extraños, cuando no la tienen mis hijos... No habiéndola en parte denguna, señal será de que no la hay en el mundo...

180 SATURIO: Mala cosa es llegar a viejo; pero nunca creí recibir este pago.

ABUELO: ¿De los hijos, dices? No esperes otro. Muchas veces, de mozuelos[71]..., andábamos a nidos,[h] y nos traíamos pa casa las nidadas de pájaros... y los poníamos en jaulas..., y era de ver cómo los padres venían de muy lejos para dar de comer a sus hijos... y no
185 les asustaban nuestras voces ni nuestros cantazos[72]... Pero una vez que cazamos a los padres y dejamos en el nido a los hijos que ya volaban... denguno vino a ver a los padres... Entonces no tenía uno capacidá[73]... Pero bien había que aprender..., bien... Que si en el mundo tuviera que ser que los hijos fueran los que cuidaran a
190 los padres, y no los padres a los hijos, ya se hubiera acabao[74] el mundo, tío Saturio...

SATURIO: ¡Qué razón tie usté! Vaya..., conservarse,[75] que cuando Dios no se acuerda de nosotros, por algo será... Luego daré la vuelta por si tien[76] voluntad de dejarme algo... que usté ya sé que no
195 puede...

ABUELO: ¿Qué voy a darte yo? Que te mires en mí, que peor que tú lo paso... en casa de mis hijos.

SATURIO: Con Dios, abuelo.

ABUELO: Anda con Dios, Saturio...

200 **ESCENA V**

El ABUELO, MARTINA *y* JUAN; *luego, el* NIETO

JUAN: Entra pa casa y no me sofoques[77]...

MARTINA: Pero ¿no lo ves tú? ¿No lo estás viendo? ¡Que en todas partes tengan que decirme algo por culpa de tu padre!...

---

[h]andábamos... íbamos a coger nidos (*nests*) de pájaros

[63]Mismo... Ahora mismo
[64]¿Cómo... ¿Cómo te va?
[65]al... *after all*
[66]te... *you can look out for yourself*
[67]ninguno (habla popular)
[68]descarriados, perdidos (habla popular)
[69]por... por si podía ayudarme un poco
[70]vivo... vivo de caridad
[71]de... cuando éramos muchachos
[72]golpes de piedra
[73]capacidad (habla popular)
[74]acabado
[75]cuidarse
[76]tienen
[77]enojes

205 JUAN: Si no fueras ande no te llaman...

MARTINA: ¿Qué le ha ido usté contando a la de Críspulo[78]?

ABUELO: Yo, na.[79] ¿Tú crees que no se sabe too en el pueblo? Yo nada digo, no por ti, por mi hijo..., que más vergüenza pasaría yo de contarlo que vosotros de hacerlo y él de consentirlo...

210 MARTINA: Pero ¿tú oyes?...

JUAN: Calla, que... (*Entra el* NIETO *con unos pedazos de madera, un martillo y clavos.*)

NIETO: Padre... Déme usté unos clavos pa apañar[80] esto.

JUAN: Déjame ahora... ¿Qué andas haciendo ahí?

215 NIETO: Esto...

JUAN: ¿Qué es eso?

NIETO: Una escudilla como la del perro...

JUAN: ¿Eh? Y ¿quién te ha mandao a ti...? ¿Pa qué haces eso?

NIETO: Pa daros de comer cuando seáis viejos, como el abuelo...

220 ABUELO: ¡Ah! ¡Los hijos!

JUAN: ¿Eh? ¿Qué dice este hijo?

MARTINA: ¡Jesús!...

JUAN: Ya lo oyes...

MARTINA: ¡Señor!

225 JUAN: Nos está merecío[81] nos está merecío... Ven acá... ¡Padre! ¡Perdóneme usté, perdóneme usté!

MARTINA: Sí, señor... ¡Perdónenos usté!

ABUELO: Ya lo veis..., ya lo veis... Todo se paga. Hijo eres, padre serás; cual hiciste, tal tendrás...

230 JUAN: Ven a pedir perdón al abuelo y a quererle mucho y a respetarle mucho... como yo...

ABUELO: Como tú me respetes, eso es..., no como tú le digas...

MARTINA: Se sentará usted a la mesa... aunque lo rompa usté too, y tendrá usté su buena cama; y tú..., ya estás tirando eso[82]...

235 JUAN: No... Aquí siempre..., siempre delante... como en un altar...

NIETO: Yo no creí hacer mal alguno.

ABUELO: No, hijo mío..., al contrario... Mucho bien, mucho bien has hecho... Ven que te dé un beso. Ahora, sí; ahora eres mi nietecito... ¡Bendito seas! (*Telón.*)

240

FIN DE
«EL NIETECITO»

[78] a... a la mujer de Críspulo
[79] nada
[80] hacer, arreglar
[81] merecido
[82] ya... tira eso inmediatamente

Cuestionario

1. ¿Quiénes son los personajes, y cómo afecta al espectador/lector la actitud de cada uno de dichos personajes?
2. ¿Cuál es la actitud de Martina hacia el abuelo? ¿la del nieto?
3. ¿Cuál es la filosofía del abuelo respecto al comportamiento del nieto?
4. ¿Cuál es la situación familiar del tío Saturio?

5. ¿Cuál es el ejemplo (la analogía) que presenta el abuelo al discutir la situación de los viejos con el tío Saturio?
6. ¿Cuál es el punto decisivo de la obra? ¿el desenlace?

Identificaciones

1. «En casa mucho lloriquear y mucho quejarse de achaques»
2. la escudilla
3. Antolín
4. «un cacho de pan»
5. la de Críspulo
6. «cual hiciste, tal tendrás»

Temas

1. La tensión dramática en «El nietecito»
2. El realismo dramático de la obra
3. El ambiente social de «El nietecito»
4. La universalidad temática de «El nietecito»
5. T. S. Eliot llama **correlato objetivo** (*objective correlative*) a un objeto, evento o situación que, a base de elementos impersonales u objetivos, produce—según el contexto específico—una reacción emotiva o subjetiva. Señálese el uso de un correlato objetivo en «El nietecito».

José Ruibal

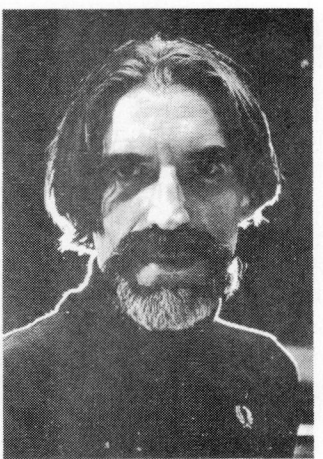

José Ruibal (1925–   ) nació en Pontevedra, España. Educado en Santiago de Compostela, comenzó a publicar su poesía a los veinte años. Se trasladó a Madrid en 1948, y en 1951 viajó a la América del Sur, dedicándose durante unos diez años al periodismo. Ha viajado extensamente por Europa, lo cual le ha dado la oportunidad de entrar en contacto con las más avanzadas corrientes dramáticas de la época. Desde 1967 se ha dedicado totalmente al teatro, y su producción dramática es copiosa. Entre sus obras más conocidas figuran *El asno* (1962), *El hombre y la mosca* (1968), *La máquina de pedir* (1969) y las obras cortas—manifestaciones por excelencia del arte de Ruibal—«El rabo», «El padre» y «Los ojos» (1968). Las comedias de Ruibal se han divulgado principalmente en los Estados Unidos, en donde han sido traducidas al inglés y representadas.

Los ojos

Personajes: MADRE, NIÑO

Luz matinal. Habitación de niño, pulcra[1] y arregladísima. Juguetes y libros de cuentos colocados muy ordenadamente en estantes y repisas.[2] Bicicletas y coches de distintos tamaños colocados en
5 *batería.[3] Patines. Balones y pelotas de colores. Globos. Muñecos y animales de trapo,[4] terciopelo[5] y plástico. Un buró de colores donde estudia y trabaja el NIÑO. Un tocadiscos abierto. Un puñal clavado en un lugar visible. Un biombo[6] detrás del cual se supone que hay una cama para el NIÑO. Pero nada de esto es esencial. Basta saber*
10 *que están ahí. MADRE entra con un aspirador[7] y un disco. Corre la cortina y entra el sol. Enchufa[8] el aspirador y coloca el disco. Mecánicamente sigue el ritmo de la conversación del disco, acompañando su voz con algunas expresiones de su cara, pero sin abrir la boca. Incansablemente arregla lo ya arreglado, limpia lo ya limpio.*

15 DISCO: «Despiértate, bichito mío, despiértate... ¡Es horrible cómo has dejado el cuarto! Dentro de nada está aquí el coche del colegio y tendrás que salir pitando.[9] Anda, rico, levántate. Papá no quiere que salgas sin desayunar.

(Toma unos cuadernos del buró.)

20 ¿Y eso? ¡No has hecho los deberes[10]! Papá quiere que comas mucho para que seas un fuertote. Así nadie se meterá contigo.[11] ¡A veces eres un bruto con tus compañeros! Eso me disgusta, ya lo sabes. Quiero que te respeten, pero que seas bueno y generoso. Levántate, cariño. ¡El desayuno se está enfriando! No te olvides de
25 tomar el zumo[12] de naranja. Necesitas vitaminas. ¡Cómo! ¿Otra vez has roto el osito?

(Coge el oso, le da un beso y le cose la tripa.[13])

¡Pobre osito lindo! ¡Eres un animal! Despiértate, bichito mío, despiértate. Los juguetes no son para romper ¡tontísimo! No debes
30 seguir haciendo disparates.[14] No importa que te ocultes para hacer el mal: mis ojos te ven en todas partes, son ojos de madre. Pero tienes suerte. Si tu padre supiera todos los disparates que haces en un solo día, ¡qué sé yo qué te haría! Te he preparado un desayuno riquísimo. ¿Adivinas qué[15] te he puesto en el pan tostado?

35 *(Se queda escuchando una respuesta que no llega.)*

Pero no hagas lo que todos los días: comer el pan y dejar lo otro. ¡Eso es comer como los perros! Ya estás en edad de comprender lo que debe o no debe hacerse. Prométeme que no lo vas a hacer

[1] limpia
[2] estantes... *bookshelves*
[3] en serie
[4] animales... *stuffed animals*
[5] *velvet*
[6] *screen*
[7] *vacuum cleaner*
[8] *she plugs in*
[9] corriendo
[10] tareas escolares
[11] se... te atacará
[12] jugo
[13] *belly*
[14] tonterías
[15] ¿Adivinas... *Guess what?*

más. Pero sin ocultaciones, porque al final mis ojos todo lo ven.
40   Eres un niño monísimo.[16] Papá y yo estamos muy orgullosos de ti.
¡Da asco[17] cómo has puesto el cuarto! Cuando salimos te dejé
arropado.[18] ¿Por qué te levantaste? Sabes que te lo tengo prohibido. Y sabes que siempre me entero. A mis ojos no se les escapa
nada. Para mis ojos, las paredes son transparentes. Cualquier día,
45   al regresar del teatro o del cine, te encontramos muerto. Y todo
por tu estupidez. Por hacer diabluras.[19] Por revolverlo todo y
poner el cuarto hecho un asco. ¡Pero despiértate, amor mío! Ya
sabes lo que dice Papá: quien no sea ordenado de pequeño, de mayor será un desastre. Eso te espera, pese a mis consejos. El orden
50   es un hábito, una costumbre que se mezcla con la sangre. ¡Pichon-
cito,[20] arriba! ¡Vete a desayunar!»
MADRE: (*Escucha un ruido de coche en la calle.*) Sí, es el coche. (*Suena
un claxon.*) Ya está ahí, dormiloncete. ¡Sal pitando! Otra vez sin
desayunar. ¡Si tu padre se entera! Voy a prepararte un bocadillo
55   para que lo comas durante el viaje. Sal corriendo, querido.

(*Sale la* MADRE *y deja el aspirador en marcha. El* NIÑO *sale
apresuradamente, coge sus cosas del buró, las mete de un mano-
tazo en la cartera, vuelve a destripar el oso y saca un revólver de
juguete, hace unos disparos[21] hacia la puerta y vuelve a meter el
60   revólver en el oso. Apaga el aspirador y sale arreglándose la ropa.
MADRE entra con un bocadillo.*)

¿Para qué disparas? Las armas son para jugar pacíficamente. No
a lo bestia. ¡Ay, si lo sabe tu padre! Toma el bocadillo, querido.

(*Comprende que ya no está.*)

65   ¡Pero si ya se ha ido! Todos los días igual. ¡Qué pesadilla! (*Llori-
queando.*) ¡Oh, qué desgraciada soy! (*Se sienta en el buró. Sin darse
cuenta va comiendo el bocadillo. Cuando termina, se calma. Ve el
oso destripado de nuevo.*)
¡Qué horror! Otra vez te ha roto ese bruto.

70   (*Coge el oso con ternura.*)

Te coseré muy fuerte. ¿Quieres su bocadillo? (*Lo busca.*) Está
riquísimo.

(*Se da cuenta de que se lo ha comido ella. Como atragantándose.[22]*)

¡Por eso estoy engordando como una idiota!

75   (*Gime. Oscuro.* MADRE, *vestida para salir de noche, arregla constantemente cosas.*) Ya sabes, sé bueno. Te he dejado ahí el vaso de agua
con azúcar. Duérmete pronto y sueña cosas hermosas y buenas.
Ya sabes que yo también veo tus sueños. A veces no me gusta

[16] muy lindo
[17] Da... Da náuseas
[18] cubierto con ropa
[19] cosas malas
[20] expresión cariñosa (*little pigeon*)
[21] tiros
[22] *choking*

lo que sueñas, son groserías. Papá y yo vamos al teatro. Hasta
mañana, cariño. No te muevas, que estás muy bien arropadito.
Hijo, no debes darle tanto la lata a tu padre[23] cuando vuelve del
trabajo. El necesita descansar. Hoy estaba tan cansado que se
quedó dormido mientras veía el programa deportivo. ¡Con lo que
a él le gusta el programa deportivo! Pero se durmió. Seguramente
también se dormirá en el teatro. Pero a mí hay que sacarme de
casa, si no me pudriré aquí,[24] entre estas paredes de cristal. Tu
padre es buenísimo. Eres cruel con él, le acuchillas a preguntas.[25]
Luego, claro, él se aburre y te dice a todo que sí, o a todo que no.
Y soy yo quien paga las consecuencias. Tu padre dice que yo
te maleduco.[26] No sabe que estoy todo el santo día con mis ojos
fijos en ti.

(*Como si lo tuviera delante.*)

«Hijo, haz esto..., hijo, hazme esto otro..., no te metas el dedo en
la nariz, marrano...; cariño, átate los zapatos...; ¡no juegues con
las armas como un asesino!...; amor, no te olvides del bocadillo...;
bestia, no rompas los libros...; has sido buenísimo, toma para
lo que tú quieras comprarte...; cochino, límpiate los zapatos al
entrar en casa...; cuidado con las chicas, son peligrosas...» Bueno,
que sueñes con los angelitos. Y no te levantes. A ver cómo cumples
por una vez tu palabra. Dejo todo arreglado, ya veremos mañana.
Mis ojos todo lo descubren. Si te levantas, esta vez se lo digo a
papá, aunque se disguste. No voy a tragármelo[27] yo todo. Pero
papá es un santo. Y necesita todo nuestro cariño. Cariño y tranquilidad, le dijo el médico. Si quieres ser un hijo modelo, ofrécele
tu buen comportamiento. Te será fácil: basta que no le acoses[28]
cuando regresa del trabajo. Al llegar le das un besito, le dices que
le quieres y te vienes al cuarto a estudiar. Así dormirá tranquilo
mientras mira la televisión. Le distrae muchísimo el programa
deportivo. De este modo, además de ser un buen hijo, serás un excelente estudiante. Estaremos muy orgullosos de ti. La gente cree
que ya lo estamos, pero la gente no ve las cosas desagradables que
ven mis ojos. No debes escaparte a la salida del colegio, sino venir
para casa a estudiar. Aquí también puedes divertirte, no te falta
de nada. Vamos a regalarte un proyector de cine. Así no tendrás
necesidad de escaparte para ver una película. ¡No me gusta que
vuelvas a ir con chicas al cine! Por ahora eres un mocoso.[29] Tu
padre está muy preocupado. Teme que hieras a alguna con tu
nuevo rifle. Sé bueno. Papá se lo merece todo. Ahora está cansado
y, sin embargo, sale. Lo hace por mí. Claro, yo no me voy a pudrir
en esta casa. Sigue mis indicaciones y ya verás qué fácil es ser
bueno. Hasta mañana, niñito lindo.

(*Apaga la luz y sale. Después de un rato de silencio, el* HIJO *se
levanta a oscuras, tropieza y tira algo que cae ruidosamente al*

23 darle... *annoy your father
so much*
24 me... me consumiré aquí
25 acuchillas... haces
muchísimas preguntas
26 *I am spoiling you*
27 callármelo
28 no le molestes
29 *just a little kid*

suelo. Asustado, vuelve a la cama. El sol se filtra por las cortinas.
Entra la MADRE *con los discos. Duda cuál poner. Se decide por uno.*)

[30] explotan
[31] miren cuidadosamente
[32] gritar
[33] un establo
[34] le... le clava el puñal
[35] se... cae violentamente

DISCO: Cariño, la hora de levantarse.

(*Al ver los objetos tirados por el suelo.*)

¡Oh, no! ¡Esto es demasiado! ¡Mis ojos estallan[30]! Creí que te habías corregido. ¡Estúpido de niño! ¡Ay, si tu padre se entera de esto! Seguro que te echa de casa.

(*Comienza a arreglar con energía.*)

Lo estoy viendo: te levantaste a fumar. Te he visto. Hace dos días encontré cigarrillos en tus bolsillos. No dije nada porque pensé que a lo mejor no eran tuyos. Ya sabes que mis ojos todo lo descubren. No hay rendija de este cuarto que mis ojos no escudriñen.[31]

(*Coge una foto de una revista.*)

¡Qué asco, una mujer desnuda! Estás perdido. Eres un vicioso. Un degenerado. Te he visto con una chica por la calle. Ya sé quién es. ¡Bonita fresca la niña! Prométeme que serás bueno. Yo te quiero, ya lo sabes. Y tu padre también.

(*Ve, por primera vez, el cuchillo clavado.*)

¡Socorro, un cuchillo espantoso! ¡Esto es un arma de delincuentes! ¡Se lo diré a tu padre!

(*Va a salir, pero da vuelta.*)

Se disgustaría muchísimo. No está bien, por eso todavía no ha salido para el trabajo. Irá más tarde. No sé si me habrá oído chillar.[32] No quisiera disgustarle. Está afeitándose. Levántate, querido, y desayunas con nosotros.

(*Termina de arreglar.*)

Tienes que prometerme no volver a hacer de tu cuarto una cuadra.[33] Ven, dame un beso y vamos a ver a papá.

(*Sale el* NIÑO *a medio vestir. Coge el cuchillo y va hacia su* MADRE. *Ella se queda paralizada. Quiere gritar, pero no encuentra su voz; el* HIJO, *brutalmente, le apuñala[34] los ojos. La* MADRE *se derrumba.[35]*)

MADRE: ¡Mis ojos! ¡Mis ojos! ¡Ay, mis ojos!

(*Después de un silencio, en actitud para ella inexplicable.*)

Pero..., ¿qué le dije? Sí. Le dije..., le dije que tenía que ser bueno...,
160   bueno..., bueno...
HIJO: Ten cuidado, mamá. Arrópate bien, mamá. Come tu bocadillo,
        mamá. Tus ojos ya no lo verán todo..., todo..., todo...

OSCURO

Cuestionario

1. ¿Cómo presenta el dramaturgo el espacio escénico?
2. ¿Cuántos personajes hay? ¿Cómo son presentados?
3. ¿Habla y actúa la madre espontánea o mecánicamente? ¿Cómo se podría comprobar?
4. ¿Cuál es el papel del disco en el drama?
5. ¿Cuáles son las imágenes más repetidas de los monólogos?
6. ¿Es el rifle un correlato objetivo en esta obra? ¿Hay otros ejemplos?
7. ¿Cuál es el desenlace de la obra?

Identificaciones

1. el osito
2. «A mis ojos no se les escapa nada»
3. el programa deportivo
4. «¡Qué asco, una mujer desnuda!»

Temas

1. Ruibal distingue entre escribir *para* el público y escribir *contra* el público. Analice si el propósito de esta obra ha sido escribir *para* o *contra* el público. Considere el fin estético en uno y otro caso.
2. Los diferentes niveles de interpretación de «Los ojos»
3. La reacción del lector (espectador) ante el desenlace de la obra
4. Los aspectos visuales de la obra

Osvaldo Dragún

Osvaldo Dragún (1929–) nació en Entre Ríos, Argentina. Es uno de los renovadores de la dramaturgia argentina. Estrenó su primera obra, *La Peste viene de Melos*, en 1956. Preocupado por la problemática de la deshumanización del hombre contemporáneo, en su obra Dragún manifiesta no sólo la influencia del existencialismo sino también el compromiso político. Además de las célebres *Historias para ser contadas*, es autor de *Heroica de Buenos Aires* (1966), obra ganadora del premio Casa de las Américas, *Túpac Amaru, Historia de mi esquina, El jardín del infierno, Nos dijeron que éramos inmortales, Milagro en el Mercado Viejo* y otras. Su producción dramática es conocida en toda la América Latina y Europa.

Historia del hombre que se convirtió en perro

Personajes: ACTRIZ, ACTOR 1.°, ACTOR 2.°, ACTOR 3.°

ACTOR 2.°: Amigos, la tercera historia vamos a contarla así...

ACTOR 3.°: Así como nos la contaron esta tarde a nosotros.

ACTRIZ: Es la «Historia del hombre que se convirtió en perro».

5   ACTOR 3.°: Empezó hace dos años, en el banco de una plaza. Allí, señor..., donde usted trataba hoy de adivinar[1] el secreto de una hoja.

ACTRIZ: Allí, donde extendiendo los brazos apretamos[2] al mundo por la cabeza y los pies y le decimos: «¡suena, acordeón, suena!»

ACTOR 2.°: Allí le conocimos. (*Entra el* ACTOR 1.°) Era... (*Lo señala.*) así

10   como lo ven, nada más. Y estaba muy triste.

ACTRIZ: Fue nuestro amigo. El buscaba trabajo, y nosotros éramos actores.

ACTOR 3.°: El debía mantener a su mujer, y nosotros éramos actores.

ACTOR 2.°: El soñaba con la vida, y despertaba gritando por la noche.

15   Y nosotros éramos actores.

ACTRIZ: Fue nuestro gran amigo, claro. Así como lo ven... (*Lo señala.*) Nada más.

TODOS: ¡Y estaba muy triste!

ACTOR 3.°: Pasó el tiempo. El otoño...

20   ACTOR 2.°: El verano...

ACTRIZ: El invierno...

ACTOR 3.°: La primavera...

ACTOR 1.°: ¡Mentira! Nunca tuve primavera.

[1] *to guess*
[2] estrechamos con fuerza

ACTOR 2.°: El otoño...

25 ACTRIZ: El invierno...

ACTOR 3.°: El verano. Y volvimos. Y fuimos a visitarlo, porque era nuestro amigo.

ACTOR 2.°: Y preguntamos: «¿Está bien?» Y su mujer nos dijo...

ACTRIZ: No sé.

30 ACTOR 3.°: ¿Está mal?

ACTRIZ: No sé.

ACTORES 2.° Y 3.°: ¿Dónde está?

ACTRIZ: En la perrera.[3] (ACTOR 1.° *en cuatro patas.*)

ACTORES 2.° Y 3.°: ¡Uhhh!

35 ACTOR 3.°: (*Observándolo.*)

> Soy el director de la perrera,
> y esto me parece fenomenal.
> Llegó ladrando[4] como un perro
> (requisito principal);
40 > y si bien[5] conserva el traje,[6]
> es un perro, a no dudar.

ACTOR 2.°: (*Tartamudeando.*[7])

> S–s–soy el v–veter–r–inario.
> y esto–to–to es c–claro p–para mí.
45 > Aun–que p–parezca un ho–hombre,
> es un p–pe–perro el q–que está aquí.

ACTOR 1.°: (*Al público.*) Y yo, ¿qué les puedo decir? No sé si soy hombre o perro. Y creo que ni siquiera ustedes podrán decírmelo al final. Porque todo empezó de la manera más corriente.[8] Fui a una fá-
50 brica a buscar trabajo. Hacía tres meses que no conseguía nada, y fui a buscar trabajo.

ACTOR 3.°: ¿No leyó el letrero? «NO HAY VACANTES[9]».

ACTOR 1.°: Sí, lo leí. ¿No tiene nada para mí?

ACTOR 3.°: Si dice «No hay vacantes», no hay.

55 ACTOR 1.°: Claro. ¿No tiene nada para mí?

ACTOR 3.°: ¡Ni para usted, ni para el ministro!

ACTOR 1.°: ¡Ahá! ¿No tiene nada para mí?

ACTOR 3.°: ¡NO!

ACTOR 1.°: Tornero[10]...

60 ACTOR 3.°: ¡NO!

ACTOR 1.°: Mecánico...

ACTOR 3.°: ¡NO!

ACTOR 1.°: S[a]...

ACTOR 3.°: N[11]...

65 ACTOR 1.°: R...

ACTOR 3.°: N...

ACTOR 1.°: F...

[3] casita para el perro
[4] *barking*
[5] aunque
[6] conserva... va vestido como un hombre
[7] *stuttering*
[8] común
[9] *No Vacancies*
[10] *Lathe operator*
[11] No

---

[a] Se refiere a otros trabajos que no se mencionan; lo mismo las iniciales R y F.

ACTOR 3.º: N...

ACTOR 1.º: ¡Sereno[12]! ¡Sereno! ¡Aunque sea de sereno!

70 ACTRIZ: (*Como si tocara un clarín.*[13]) ¡Tutú, tu-tu-tú! ¡El patrón[14]!

(LOS ACTORES 2.º y 3.º *hablan por señas.*[15])

ACTOR 3.º: (*Al público*) El perro del sereno, señores, había muerto la
noche anterior, luego de [16] veinticinco años de lealtad.

ACTOR 2.º: Era un perro muy viejo.

75 ACTRIZ: Amén.

ACTOR 2.º: (*Al* ACTOR 1.º) ¿Sabe ladrar?

ACTOR 1.º: Tornero.

ACTOR 2.º: ¿Sabe ladrar?

ACTOR 1.º: Mecánico...

80 ACTOR 2.º: ¿Sabe ladrar?

ACTOR 1.º: Albañil[17]...

ACTORES 2.º Y 3.º: ¡NO HAY VACANTES!

ACTOR 1.º: (*Pausa.*) ¡Guau..., guau[18]!...

ACTOR 2.º: Muy bien, lo felicito...

85 ACTOR 3.º: Le asignamos diez pesos diarios de sueldo, la casilla y la
comida.

ACTOR 2.º: Como ven, ganaba diez pesos más que el perro verdadero.

ACTRIZ: Cuando volvió a casa me contó del empleo conseguido. Estaba borracho.

90 ACTOR 1.º: (*A su mujer.*) Pero me prometieron que apenas un obrero
se jubilara,[19] muriera o fuera despedido me darían su puesto.
¡Divertite,[b] María, divertite! ¡Guau..., guau!... ¡Divertite, María,
divertite!

ACTORES 2.º Y 3.º: ¡Guau..., guau!... ¡Divertite, María, divertite!

95 ACTRIZ: Estaba borracho, pobre...

ACTOR 1.º: Y a la otra noche empecé a trabajar... (*Se agacha*[20] *en cuatro
patas.*)

ACTOR 2.º: ¿Tan chica le queda la casilla?

ACTOR 1.º: No puedo agacharme tanto.

100 ACTOR 3.º: ¿Le aprieta aquí[21]?

ACTOR 1.º: Sí.

ACTOR 3.º: Bueno, pero vea, no me diga «sí». Tiene que empezar a
acostumbrarse. Dígame: «¡Guau..., guau!»

ACTOR 2.º: ¿Le aprieta aquí? (*El* ACTOR 1.º *no responde.*) ¿Le aprieta

105 aquí?

ACTOR 1.º: ¡Guau..., guau!...

ACTOR 2.º: Y bueno... (*Sale.*)

ACTOR 1.º: Pero esa noche llovió, y tuve que meterme en la casilla.

ACTOR 2.º: (*Al* ACTOR 3.º) Ya no le aprieta...

Columna lateral de notas:
[12] *Night watchman*
[13] *bugle*
[14] dueño, jefe
[15] por medio de signos
[16] después de
[17] *Bricklayer*
[18] *Bow-wow...bow-wow!*
[19] se retirara del trabajo
[20] *He squats*
[21] ¿Le... ¿Siente presión
aquí?

---

[b] Diviértete (Modo peculiar llamado **voseo** prevalente en Centro América y la Argentina. Consiste en usar la partícula
vos y las terminaciones verbales correspondientes en lugar de **tú**.)

110 ACTOR 3.°: Y está en la casilla.

ACTOR 2.°: (*Al* ACTOR 1.°) ¿Vio cómo uno se acostumbra a todo?

ACTRIZ: Uno se acostumbra a todo...

ACTORES 2.° Y 3.°: Amén...

ACTRIZ: Y él empezó a acostumbrarse.

115 ACTOR 3.°: Entonces, cuando vea que alguien entra, me grita: «¡Guau..., guau!» A ver...

ACTOR 1.°: (*El* ACTOR 2.° *pasa corriendo.*) ¡Guau..., guau!... (*El* ACTOR 2.° *pasa sigilosamente.*[22]) ¡Guau..., guau!... (*El* ACTOR 2.° *pasa agachado.*) ¡Guau..., guau..., guau!... (*Sale.*)

120 ACTOR 3.°: (*Al* ACTOR 2.°) Son diez pesos por día extras en nuestro presupuesto[23]...

ACTOR 2.°: ¡Mmm!

ACTOR 3.°: ... pero la aplicación que pone el pobre, los merece...

ACTOR 2.°: ¡Mmm!

125 ACTOR 3.°: Además, no come más que el muerto[24]...

ACTOR 2.°: ¡Mmm!

ACTOR 3.°: ¡Debemos ayudar a su familia!

ACTOR 2.°: ¡Mmm! ¡Mmm! ¡Mmm! (*Salen.*)

ACTRIZ: Sin embargo, yo lo veía muy triste, y trataba de consolarlo
130 cuando él volvía a casa. (*Entra* ACTOR 1.°) ¡Hoy vinieron visitas!...

ACTOR 1.°: ¿Sí?

ACTRIZ: Y de los bailes en el club, ¿te acordás[25]?

ACTOR 1.°: Sí.

ACTRIZ: ¿Cuál era nuestro tango?

135 ACTOR 1.°: No sé.

ACTRIZ: ¡Cómo que no! «Percanta que me amuraste[26]...» (*El* ACTOR 1.° *está en cuatro patas.*) Y un día me trajiste un clavel... (*Lo mira, y queda horrorizada.*) ¿Qué estás haciendo?

ACTOR 1.°: ¿Qué?

140 ACTRIZ: Estás en cuatro patas... (*Sale.*)

ACTOR 1.°: ¡Esto no lo aguanto[27] más! ¡Voy a hablar con el patrón!

(*Entran los* ACTORES 2.° *y* 3.°)

ACTOR 3.°: Es que no hay otra cosa...

ACTOR 1.°: Me dijeron que un viejo se murió.

145 ACTOR 3.°: Sí, pero estamos de economía.[28] Espere un tiempo más, ¿eh?

ACTRIZ: Y esperó. Volvió a los tres meses.

ACTOR 1.°: (*Al* ACTOR 2.°) Me dijeron que uno se jubiló...

ACTOR 2.°: Sí, pero pensamos cerrar esa sección. Espere un tiempito más, ¿eh?

150 ACTRIZ: Y esperó. Volvió a los dos meses.

ACTOR 1.°: (*Al* ACTOR 3.°) Déme el empleo de uno de los que echaron[29] por la huelga[30]...

ACTOR 3.°: Imposible. Sus puestos quedarán vacantes...

ACTORES 2.° Y 3.°: ¡Como castigo! (*Salen.*)

[22] en silencio
[23] *budget*
[24] Se refiere al perro que se había muerto.
[25] ¿te acuerdas? (**voseo**)
[26] «Percanta... «Mujer que me abandonaste...»
[27] resisto
[28] estamos... tenemos que economizar
[29] *fired*
[30] *strike*

155 ACTOR 1.°: Entonces no pude aguantar más... ¡y planté[31]!

ACTRIZ: ¡Fue nuestra noche más feliz en mucho tiempo! (*Lo toma del brazo.*) ¿Cómo se llama esta flor?

ACTOR 1.°: Flor...

ACTRIZ: ¿Y cómo se llama esa estrella?

160 ACTOR 1.°: María.

ACTRIZ: (*Ríe.*) ¡María me llamo yo!

ACTOR 1.°: ¡Ella también..., ella también! (*Le toma una mano y la besa.*)

ACTRIZ: (*Retira la mano.*) ¡No me muerdas[32]!

ACTOR 1.°: No te iba a morder... Te iba a besar, María...

165 ACTRIZ: ¡Ah!, yo creía que me ibas a morder... (*Sale. Entran los* ACTORES 2° *y* 3°)

ACTOR 2.°: Por supuesto...

ACTOR 3.°: ... a la mañana siguiente...

ACTORES 2.° Y 3.°: Debió volver a buscar trabajo.

170 ACTOR 1.°: Recorrí varias partes, hasta que en una...

ACTOR 3.°: Vea, éste... No tenemos nada. Salvo que[33]...

ACTOR 1.°: ¿Qué?

ACTOR 3.°: Anoche murió el perro del sereno.

ACTOR 2.°: Tenía treinta y cinco años, el pobre...

175 ACTORES 2.° Y 3.°: ¡El pobre!...

ACTOR 1.°: Y tuve que volver a aceptar.

ACTOR 2.°: Eso sí, le pagábamos quince pesos por día. (*Los* ACTORES 2.° Y 3.° *dan vueltas.*) ¡Hmm!... ¡Hmmm!... ¡Hmmm!...

ACTORES 2.° Y 3.°: ¡Aceptado! ¡Que sean quince! (*Salen.*)

180 ACTRIZ: (*Entra.*) Claro que 450 pesos no nos alcanza[34] para pagar el alquiler[35]...

ACTOR 1.°: Mirá,[36] como yo tengo la casilla, mudáte vos[37] a una pieza[38] con cuatro o cinco muchachas más, ¿eh?

ACTRIZ: No hay otra solución. Y como no nos alcanza tampoco para

185 comer...

ACTOR 1.°: Mirá, como yo me acostumbré al hueso, te voy a traer la carne a vos,[39] ¿eh?

ACTORES 2.° Y 3.°: (*Entrando.*) ¡El directorio accedió!

ACTOR 1.° Y ACTRIZ: El directorio accedió... ¡Loado sea[40]!

190 (*Salen los* ACTORES 2.° Y 3.°)

ACTOR 1.°: Yo ya me había acostumbrado. La casilla me parecía más grande. Andar en cuatro patas no era muy diferente de andar en dos. Con María nos veíamos en la plaza... (*Va hacia ella.*) Porque vos no podéis entrar en mi casilla; y como yo no puedo entrar en

195 tu pieza... Hasta que una noche...

ACTRIZ: Paseábamos. Y de repente me sentí mal...

ACTOR 1.°: ¿Qué te pasa?

ACTRIZ: Tengo mareos.

---

31 ¡y abandoné el trabajo!
32 *bite*
33 Salvo... Con la excepción de
34 no... no es suficiente
35 *rent*
36 Mira (*voseo*)
37 múdate tú (*voseo*)
38 cuarto
39 ti
40 ¡Loado... *Blessed be!*

ACTOR 1.º: ¿Por qué?

200 ACTRIZ: (*Llorando.*) Me parece... que voy a tener, un hijo...

ACTOR 1.º: ¿Y por eso llorás[41]?

ACTRIZ: ¡Tengo miedo..., tengo miedo!

ACTOR 1.º: Pero ¿por qué?

ACTRIZ: ¡Tengo miedo..., tengo miedo! ¡No quiero tener un hijo!

205 ACTOR 1.º: ¿Por qué, María? ¿Por qué?

ACTRIZ: Tengo miedo... que sea... (*Musita*[42] «*perro*». *El* ACTOR 1.º *la mira aterrado,*[43] *y sale corriendo y ladrando. Cae al suelo. Ella se pone de pie.*) ¡Se fue..., se fue corriendo! A veces se paraba, y a veces corría en cuatro patas...

210 ACTOR 1.º: ¡No es cierto, no me paraba! ¡No podía pararme! ¡Me dolía la cintura si me paraba! ¡Guau!... Los coches se me venían encima[44]... La gente me miraba... (*Entran los* ACTORES 2.º Y 3.º) ¡Váyanse! ¿Nunca vieron un perro?

ACTOR 2.º: ¡Está loco! ¡Llamen a un médico! (*Sale.*)

215 ACTOR 3.º: ¡Está borracho! ¡Llamen a un policía! (*Sale.*)

ACTRIZ: Después me dijeron que un hombre se apiadó[45] de él, y se le acercó cariñosamente.[46]

ACTOR 2.º: (*Entra.*) ¿Se siente mal, amigo? No puede quedarse en cuatro patas. ¿Sabe cuántas cosas hermosas hay para ver, de pie,

220 con los ojos hacia arriba? A ver, párese[47]... Yo lo ayudo... Vamos, párese...

ACTOR 1.º: (*Comienza a pararse, y de repente:*) ¡Guau..., guau!... (*Lo muerde.*) ¡Guau..., guau!... (*Sale.*)

ACTOR 3.º: (*Entra.*) En fin, que cuando, después de dos años sin verlo,

225 le preguntamos a su mujer: «¿Cómo está?», nos contestó...

ACTRIZ: No sé.

ACTOR 2.º: ¿Está bien?

ACTRIZ: No sé.

ACTOR 3.º: ¿Está mal?

230 ACTRIZ: No sé.

ACTORES 2.º Y 3.º: ¿Dónde está?

ACTRIZ: En la perrera.

ACTOR 3.º: Y cuando veníamos para acá, pasó al lado nuestro un boxeador...

235 ACTOR 2.º: Y nos dijeron que no sabía leer, pero que eso no importaba porque era boxeador.

ACTOR 3.º: Y pasó un conscripto[48]...

ACTRIZ: Y pasó un policía...

ACTOR 2.º: Y pasaron..., y pasaron..., y pasaron ustedes. Y pensamos

240 que tal vez podría importarles la historia de nuestro amigo...

ACTRIZ: Porque tal vez entre ustedes haya ahora una mujer que piense: «¿No tendré..., no tendré...?» (*Musita: «perro».*)

ACTOR 3.º: O alguien a quien le hayan ofrecido el empleo del perro del sereno...

[41] lloras (**voseo**)
[42] She mutters
[43] con terror
[44] se... *were running over me*
[45] se... tuvo compasión
[46] con mucho afecto
[47] póngase de pie
[48] soldado

245 **ACTRIZ:** Si no es así, nos alegramos.

ACTOR 2.°: Pero si es así, si entre ustedes hay alguno a quien quieran convertir en perro, como a nuestro amigo, entonces... Pero, bueno, entonces esa..., ¡esa es otra historia! (*Telón.*)

FIN

Cuestionario

1. ¿Cómo se presentan los personajes a sí mismos?
2. ¿Cuál es el conflicto del protagonista?
3. ¿Por qué razón no puede conseguir trabajo el protagonista?
4. ¿Qué tipo de trabajo consigue por fin?
5. ¿En qué sentido es un «conformista» el protagonista?
6. ¿Cuáles son las manifestaciones específicas de ese conformismo?
7. ¿Cómo reacciona la mujer frente al nuevo estado de su marido?
8. ¿Cómo se presenta el hombre convertido en perro al final de la obra?

Identificaciones

1. El perro del sereno
2. «¡No hay vacantes!»
3. María
4. «Percanta que me amuraste»
5. «No te iba a morder... te iba a besar»
6. El boxeador, el conscripto, el policía, usted, nosotros

Temas

1. Los personajes de la obra: actores, actantes, el personaje comodín
2. La transformación progresiva del protagonista
3. El tema de la sociedad versus el individuo: ¿integración o enajenación?
4. Los elementos del humor en la obra
5. La ironía y la parodia en esta pieza de Dragún
6. El lenguaje de la obra: función y variación
7. Los aspectos simbólicos de la «Historia del hombre que se convirtió en perro»

Lucía Quintero

Lucía Quintero nació en San Juan de Puerto Rico de padres venezolanos y cursó sus primeros estudios en los Estados Unidos; reside actualmente en Venezuela. Como escritora, es conocida principalmente por su variada y singular producción dramática que ella ha denominado «teatro oblicuo». Efectivamente, en dicho teatro nada es convencional o directo. Las piezas son breves y giran en torno a una sola idea que se repite continuamente en el diálogo. Como no hay conclusión en ninguna de ellas, las piezas de Quintero se caracterizan por su ambigüedad. La acción se desarrolla en ambientes que varían desde la humilde tienda de una ciega hasta un misterioso convento, o según se ve en la obra escogida para esta antología, un sanatorio. En las obras teatrales de Quintero el lenguaje es muy particular y de intenso poder comunicativo. A través de este lenguaje, tan espontáneo e irracional como los personajes que lo usan, la escritora expresa, con una especie de humor negro, su visión absurda, trágica, de la vida. Entre sus obras publicadas figuran *La brea y las plumas* (1963), *Viejo con corbata colorada* (1963) y *Verde angustiario* (1968).

1 × 1 = 1, pero 1 + 1 = 2

Personajes: UN HOMBRE, UNA MUJER, ENFERMERA, DOCTOR

ESCENA I

(Dividida por un tabique, que separa celdas contiguas de un sana-
torio. Hay puertas con cerrojos; y ventanas altas con tela metálica.
5 *El mobiliario de las celdas es idéntico: camita de hierro, mesita y*
bacinilla.[1] En una celda, está un HOMBRE joven tocando la ober-
tura de Guillermo Tell con los dedos sobre la mesita. La tararea[2]
con alegría.
   La MUJER entra cabizbaja con la ENFERMERA. Al oír el cerrojo, el
10 HOMBRE *deja de tocar y se arrima a la pared para oír lo que dicen.)*

ENFERMERA: *(Abriendo la puerta.)* Espero que esté cómoda aquí en su cuarto. Está elaborado para su comodidad y para la seguridad personal y comunal de los pacientes. Permanecerá cerrada hasta que se decida su estado de gravedad. Si algo necesita, me grita.

15 MUJER: ¿Gritar? ¡Qué primitivo!

ENFERMERA: No importa lo que le parezca. Es la costumbre.

MUJER: ¿Llaman cuarto a esta celda? *(Busca agua.)* ¡Ni hay agua! ¿Grito cuando tenga sed? ¿Y lo mismo para ir al baño? ¿Qué hago si usted está ocupada y no llega a tiempo?

20 ENFERMERA: Tiene una bacinilla. *(Se la muestra.)* Es la costumbre.

[1] *chamber pot*
[2] *imita un ritmo*

MUJER: Una barbaridad. Nada de esto me dijo el Doctor. Quiero hablarle.

(*Va hacia la puerta y la* ENFERMERA *la impide.*)

ENFERMERA: Le aconsejo que si quiere estar bien, no se queje. Si
25   quiere ir al baño, la llevaré ahora. Pero hay horas fijas para todo.
Ya se acostumbrará. Usted está en reposo dirigido y hasta la comida se le servirá aquí. ¿Quiere ir al baño o no?

MUJER: ¡No! Quiero salir de aquí.

ENFERMERA: Por ahora no puede. Pórtese bien y bien pronto saldrá.
30   Los demás van al comedor y pasean y hacen sus vidas. (*Sale.*)
¡Hasta que me necesite!

MUJER: (*Se sienta en la camita, agotada.*) ¡Encarcelada! ¡Cómo me han engañado!

HOMBRE: (*Se acerca a la pared y silba ³ la obertura.*) Espero que esté
35   cómoda aquí porque aquí permanecerá hasta que se decida su estado de gravedad, si me necesita grite—y demás ¡blah! (*En tono jovial.*) ¡Bienvenida! Me alegra tener compañía otra vez. Hacía meses...

MUJER: (*Se levanta, asustada.*) ¡Enfermera! ¡Enfermera!
40 HOMBRE: No se asuste. Soy yo.

MUJER: ¿Quién es ese yo? Parece que estuviera en el cuarto, digo celda.

HOMBRE: Soy su vecino de la celda contigua. (*Silba.*)

MUJER: ¿Para qué silba?
45 HOMBRE: Para no aburrirme. También canto. (*Le canta.*)

MUJER: ¡Enfermera!

HOMBRE: No llame a esa burra. Va a creer que está usted peor de lo que está.

MUJER: ¿Qué sabe usted cómo estoy yo?
50 HOMBRE: Se le nota que está asustada; eso es todo. No vaya a dudar de sí misma. Yo le ayudaré.

MUJER: ¿En qué puede usted ayudarme?

HOMBRE: En divertirla. La ayudaré a pasar el tiempo alegre.

MUJER: ¿Cómo es posible estar alegre en esto? Estará usted loco...
55   Creía este era un sanatorio de mujeres...

HOMBRE: Es mixto; pero separan sexos. Sólo estas dos celdas están contiguas.

MUJER: (*Toca la pared que los separa.*) Pero la división es frágil ¡de cartón piedra ⁴... tenía que tocarme a mí! ¿Es verdad que usted no
60   grita?

HOMBRE: Hace bien en dudar. Dude de todo, menos de sí misma porque la pondrán en prueba. Todo es una hipocresía.

MUJER: Me doy cuenta que la celda no está de acuerdo con la entrada y el recibo lujoso...

5 molestar
6 ¿Le... Are you mad?
7 Si... If you were in your senses
8 temper tantrums
9 aislamiento... total confinement
10 black crayon
11 servir... serve as a standard
12 bolts

65 HOMBRE: Para engañar a los familiares—a quienes se les prohibe la entrada a los llamados cuartos.

MUJER: ¡Ojalá usted fuera prohibido también!

HOMBRE: Estamos muy separados. Golpearé la pared para que se dé cuenta que no es tan frágil. Yo la llamo mi lienzo fuerte. Oiga. (*Da*
70 *unos golpes fuertes con los puños.*)

MUJER: Se va a lastimar las manos.

HOMBRE: Ya no hay nada que me lastime.

MUJER: Me ha convencido. La pared no es frágil. Pero nuestra separación sí lo es. Me va a fastidiar[5] usted con esta... intimidad.

75 HOMBRE: Una vez intenté derribar la pared...

MUJER: ¿Con los puños? (*Asustada.*) ¿Le dan rabias a usted[6]?

HOMBRE: Me dio esa vez por el tratamiento que suministraban a su predecesora... estaba enamorado de ella...

MUJER: Si estuviera usted cuerdo,[7] no le darían rabietas.[8]

80 HOMBRE: Cuando doy golpes es porque estoy fastidiado. El fastidio produce reacciones curiosas... ya verá. Prefiero conversar...

MUJER: La conversación cansa. Yo vine aquí y que a descansar.

HOMBRE: Con ese pretexto, nos encarcelan a todos.

MUJER: ¿Hay muchos?

85 HOMBRE: No los he contado.

MUJER: Estoy cansada de hablar.

HOMBRE: No tiene que contestarme. Al principio, todos preferimos estar solos con nuestros pensamientos. Queremos disfrutar del uno por uno...

90 MUJER: ¿El uno por uno?

HOMBRE: El aislamiento total[9]... después es insoportable. También dibujo...

MUJER: ¿Con qué? Parece que se distrae...

HOMBRE: ¿No quería descansar? No tiene que contestarme. Estoy
95 acostumbrado a hablar solo...

MUJER: A hablar solo... ¿Con qué dibuja? ¿Lo permiten?

HOMBRE: Ni se dan cuenta. Lo único que limpian es el piso. Tengo un carboncillo[10] escondido. Lo encontré en la cocina.

MUJER: ¿Cuándo le dejaron entrar en la cocina?

100 HOMBRE: Yo ya tengo derecho a paseos y a comer afuera.

MUJER: ¿Cuándo dan ese derecho?

HOMBRE: Después de las dos semanas del encerramiento inicial.

MUJER: ¿Dos semanas de esto con usted a mi costado?

HOMBRE: Es el reglamento del sanatorio que debe servir (*En tono bur-*
105 *lón*) de medida[11] para ajustar las acciones y los pensamientos del paciente...

MUJER: ¡Se burla usted de ellos!...

HOMBRE: ¡Detesto la ineptitud e hipocresía encubierta!

MUJER: (*Reflexionando.*) Las celdas y cerrojos[12] no se usan en la prác-
110 tica moderna...

HOMBRE: ¿Quién le dijo a usted que estábamos en ambiente moderno? ¡El que salga cuerdo después de este encerramiento, bien cuerdo está!

MUJER: ¡Calle! Si no me asusta con sus acciones, lo hará con sus
115   palabras.

(*Callan los dos y se apartan de la pared.*)

ESCENA II
(*Después de una pausa silenciosa, la* MUJER *habla.*)

MUJER: Hay que hacer ruido para sentirse uno vivo...

120   (*El* HOMBRE *permanece silencioso, tarareando.*[13])

MUJER: ¡Dije que hay que hacer ruido para sentirse uno vivo! (*En voz alta.*) Que hay que hacer ruido...

HOMBRE: (*Sin dejar la tonada.*[14]) ¡Ya la oí!

MUJER: ¿Por qué no me contestaba?

125   HOMBRE: ¿No quería sentirse sola?

MUJER: ¡No se burle de mí... nunca he estado en una celda sola!

HOMBRE: Ya se acostumbrará. ¿Qué más puede hacer uno?

MUJER: No quiero llegar a silbar[15] y a cantar... ¿Cuánto tiempo hace que está usted aquí?

130   HOMBRE: Un año cumplido.

MUJER: ¡Qué horror! Un año en una celda como ésta. ¿Es igual?

HOMBRE: Igual. Y la prefiero al pelotón.[16] Dejan la luz encendida toda la noche... entre luz, quejas y gritos no se puede dormir. Me trajeron por insomnio...

135   MUJER: ¿Lo trajeron?

HOMBRE: Mi familia quería deshacerse de mi presencia noctambular.[17]

MUJER: Lo dice sin rencor.

HOMBRE: Superé la etapa. La dibujaré si me describe sus rasgos. (*Dibuja largos trazos en la pared.*) Imaginar es alucinante.[18] Quiero
140   saber cómo es...

MUJER: ¿Cómo es que no se dan cuenta de sus dibujos? Eso de dibujar en paredes es anormal...

HOMBRE: Yo mismo borro lo que dibujo. Además es terapia...

MUJER: ¡Qué asco! Si mi ventana no estuviera tan alta, diría que está
145   cubierta de vómitos...

HOMBRE: La celda la han ocupado algunas desenfrenadas.[19] Cuando no les gustaba la comida, la tiraban. Fíjese en los golpes en la pared, y en la puerta...

MUJER: ¿Usted me ve por alguna rendija[20]? ¿O está acostumbrado a
150   seguirle los pasos a uno? ¡Qué inconveniente!

HOMBRE: No se preocupe. Uno oye lo que quiere y nada más. Ni las voces se oyen si uno no habla en voz alta. ¿No se ha dado cuenta de que hemos estado hablando en voz alta?

MUJER: (*En voz más baja.*) ¿Me oye ahora? He perdido todo el derecho

[13] imitando un ritmo
[14] *tune*
[15] *to whistle*
[16] *firing squad*
[17] durante la noche
[18] fascinante
[19] muy locas
[20] abertura estrecha y larga

21 *cornered*
22 ¿Y... *And your features?*
23 *facciones... delicate features*
24 *absurda*
25 *manchas de tinta*

155 a la vida privada... me siento acorralada²¹... usted medirá mis pasos...

HOMBRE: Quítese los zapatos. ¿Le desagrada mi voz?

MUJER: Francamente no; es agradable; es... bueno, ¿qué importa?

HOMBRE: ¿Y sus rasgos²²? Por su voz, diría es encantadora. Me alegro
160   haya venido.

MUJER: ¡Pues yo no! ¿Cómo es usted?

HOMBRE: Soy joven, alto, delgado, rubio, de facciones finas.²³

MUJER: Ajá, así soy yo.

HOMBRE: (*Deja de dibujar.*) ¡Mentira! Su voz es de morena.

165 MUJER: Me aburre su deseo de intimidad. ¿No puede respetar nuestra
    división?

HOMBRE: Yo la respeté. Estábamos callados. Uno por uno; usted allá
    y yo acá... y usted me habló.

MUJER: Si le hablo no me doy tanta cuenta del ambiente. Me agrada
170   más sumar el uno y uno porque la suma es dos... dos seres distin-
    tos y separados.

HOMBRE: Al aburrirse, no existe la distinción entre suma y multipli-
    cación... (*Canta una canción disparatada.*²⁴)

MUJER: ¿Por qué canta? Me dijo hacía ruido cuando estaba aburrido.
175   (*Canta al mismo son.*)

HOMBRE: ¡Qué voz más bella! (*Pausa en silencio.*)

MUJER: ¿Por qué el silencio repentino?

HOMBRE: ¿No lo dijo usted antes, que cansaba el hablar?

MUJER: Si deja de hablar, creo está haciendo algo...

180 HOMBRE: ¿Malo? Estoy dibujándola...

MUJER: Si no me ha visto...

HOMBRE: Tengo que imaginármela...

MUJER: Soy alta, esbelta, de piernas y brazos largos—de adoles-
    cente—como para inspirar una caricatura. ¿De veras que dibuja?

185 HOMBRE: ¿Por qué lo duda? ¿Y las facciones son regulares?

MUJER: Boca larga y nariz no tan larga; ojos largos y cejas...

HOMBRE: Largas también, sin duda. (*Murmura.*) ¿No quedó el dibujo
    que la pincelada oscura de tu ceja escribió velozmente en la pared
    con su punto decisivo?

190 MUJER: ¿Qué murmura? ¿No me cree?

HOMBRE: Murmuro unas palabras del poeta alemán Rilke.ª ¿No lo
    conoce?

MUJER: Sí, y me gusta mucho. ¿Puede recitar algo de él?

HOMBRE: Ahora no. Prefiero delinear su retrato.

195 MUJER: ¡Me imagino la pared llena de borrones²⁵ y una gran línea!

HOMBRE: ¡La ceja larga!

(*Ríen los dos.*)

ª poeta neo-romántico alemán. Su poesía lírica casi mística demuestra gran facilidad en la rima, el metro y el ritmo. Sus poemas *Das Stundenbuch* (*Poemas del Libros de horas*) son un buen ejemplo. Otras obras como *Neue Gedichte* (*Nuevos poemas*) se caracterizan por su corte impresionista y simbólico.

ESCENA III

(*La* ENFERMERA *entra, cuaderno en mano.*)

200 ENFERMERA: Estoy de guardia. Al pasar, me pareció la oí hablando y cantando. ¿Acostumbra hablar sola? (*Sin esperar contestación.*) Mala señal. (*Escribe en el cuaderno.*) Habla y canta a solas.

MUJER: Hablaba con el vecino uno por uno.

ENFERMERA: (*La mira con angustia.*) Con él... (*Escribe.*) Se imagina
205 tiene compañía en el cuarto...

MUJER: Escriba celda, no cuarto.

ENFERMERA: (*Dice en voz alta y escribe.*) Se imagina que está en una cárcel... no se ha dado cuenta en dónde está...

MUJER: ¡Yo no he dicho eso!

210 HOMBRE: (*En voz baja.*) No pierda su voz explicándole a la Enfermera; la atormentará... es una (*en voz alta*) ¡burra!

ENFERMERA: (*A la* MUJER.) ¿A quién ha llamado burra?

MUJER: Al vecino.

ENFERMERA: Su vecin–o es hombre, burr–o, por consiguiente; y yo oí
215 que me llamaba burr–a. ¿Desde cuándo habla usted sola?

MUJER: (*Impaciente.*) Hablo con el vecino.

ENFERMERA: Nada me gustan esos ademanes²⁶ conmigo, señorita. (*Untuosa, con superioridad.*) Algunos se imaginan personas, otros animales... alucinaciones comunes (*escribe*)... lo suyo es una
220 burra en femenino de vecino masculino...

MUJER: ¡Usted sí que está equivocada!

ENFERMERA: (*Oficiosa.*) Es común creerse que es la otra persona quien anda mal. Procure calmarse. Le traeré la receta que le dejó el Doctor... por si acaso...

225 HOMBRE: (*En voz alta y fuerte.*) ...¡por si acaso no está uno tieso y mudo, que es lo normal aquí! ¡Burra!

ENFERMERA: No crea me va a asustar con esa voz de hombre...

MUJER: Soy ventrílocua.

ENFERMERA: (*Escribiendo.*) Tengo que darle un reporte completo al
230 Doctor... dice usted que lo quieren a uno mudo y tieso...

MUJER: Y le piden a uno que grite para llamar...

HOMBRE: (*Ríe, divertido.*) Nada tiene sentido. ¡Es una abstracción de lo absurdo o un absurdo de abstracción!

ENFERMERA: ¿Cuántas voces tiene usted? Y se ríe como... La cosa se
235 pone fea;²⁷ ya le noto la agresividad.

MUJER: (*Agresiva.*) ¿Qué agresividad?

HOMBRE: (*En tono más bajo.*) Hay que disimular toda emoción...

ENFERMERA: La palabra emoción la oí perfectamente. Su emoción es excitación que puede resultar en depresión con síntomas de
240 agresividad peligrosa. Voy por la receta, hay que calmarla.

HOMBRE: ¡Aunque la maten para hacerlo... la van a desesperar!

ENFERMERA: Me dice en una de sus voces que cree la van a matar, que está desesperada...

MUJER: (*A la pared.*) Cállese para que esta mujer no crea que soy ²⁸ mess

245   ventrílocua de veras... cree que estoy desesperada...

ENFERMERA: Desesperación y depresión son la misma cosa... ¡qué mal
    está! ¡Hablándole a la pared... se dará golpes contra ella!

MUJER: (*Se calma.*) Mire, apelo a su sentido común... soy actriz y me
    gusta cambiar de voz cuando ensayo... cambiar de voz no tiene

250   nada de particular para una actriz, ¿comprende?

HOMBRE: ¿De veras que es actriz? Por eso tiene la voz... no le explique
    nada a la burra...

MUJER: ¡Por favor, cállese!

ENFERMERA: Si no he dicho palabra... voy a buscar al Doctor. (*Sale de*

255   *prisa*.)

ESCENA IV

(*La* MUJER *se dirige a la pared.*)

MUJER: Le ruego, que no hable cuando regrese con el Doctor. Ya me
    ha comprometido como para no salirme de este lío.²⁸ Ojalá él

260   tenga más sentido común... ¡Yo no quiero estar aquí un año junto
    a usted!

HOMBRE: ¡Seríamos tan felices!

MUJER: ¡Qué locura!

HOMBRE: ¡Una actriz! ¡Cómo nos divertiremos!

265   (*Entran la* ENFERMERA *y el* DOCTOR, *abriendo y cerrando el cerrojo.*)

ENFERMERA: (*Excitada.*) Ya ve, Doctor, está agresiva, excitada y
    depresiva.

DOCTOR: No le noto ningún síntoma. Exagera usted.

ENFERMERA: Doctor, ¿me desautoriza usted ante la enfermo, enferma?

270   Ya no sé lo que digo...

DOCTOR: Me parece usted es la excitada. Hablaremos afuera.

HOMBRE: (*Entonando.*) La burra se excitó, la burra...

ENFERMERA: ¿Oye eso, Doctor? Me llama burra en otra voz y dice que
    es ventrílocua... cambia de voz para insultarme... ¿y usted no

275   llama a eso excitación?

DOCTOR: (*Atento.*) Efectivamente, oí otra voz... puede ser... (*A la* MUJER.)
    ¿Es o no es usted ventrílocua?

MUJER: (*Ríe.*) No lo soy.

ENFERMERA: Miente. Me lo dijo... y esas voces... usted mismo oyó el

280   cambio cuando me llamó burra...

DOCTOR: (*A la* ENFERMERA.) Le dije que hablaríamos afuera...

HOMBRE: (*En voz más baja.*) ¿Está usted junto a la pared? ¿Se da
    cuenta por qué la quería derribar una vez? Son unos burros...

(*La* MUJER *ríe, el* HOMBRE *también.*)

285 DOCTOR: Oí claramente la palabra burros... y una doble risa...

ENFERMERA: Doctor, ¿traigo la inyectadora?

DOCTOR: (*A la* MUJER.) ¿Entonces es usted ventrílocua?

MUJER: (*Disimulando.*) Estaba bromeando... será el eco.

DOCTOR: El eco (*sonreído*) no va a decir cosas diferentes. Tenga la
290   bondad de darme una demostración... en su caso es importante...

HOMBRE: ¿Por qué es importante en su caso?

MUJER: ¡Cállese!

DOCTOR: ¿Me dice que me calle? Um–m, esto es interesante.

HOMBRE: Interesante es ella...

295 DOCTOR: (*Fascinado.*) Sumamente interesante... lo que no comprendo
    es cómo puede emitir sonidos de la pared... parecen golpes... y no
    la ha tocado... podría ser...

HOMBRE: ¡Soy yo, burro, yo golpeo la pared!

ENFERMERA: Otra vez con el burro y la burra. ¿No oye, doctor?

300 DOCTOR: (*Ignorando la* ENFERMERA.) Ese yo a quien usted se refiere es
    su *id*, su *ego*. ¿Quién representa para usted?

HOMBRE: ¿Qué va a saber ella?

ENFERMERA: Me dice que no sé nada, doctor... ¡Supongo ya ha oído lo
    suficiente para darse cuenta que se trata de un caso de agresión
305   perturbadora!

HOMBRE: ¡Perturbadora!

MUJER: ¡Cállese!

DOCTOR: (*A la* ENFERMERA.) ¡Cállese!

ENFERMERA: Doctor, ¿me manda a callar? ¡Es el colmo de los colmos [29]!
310   Ya no soporto más... (*Sale y deja la puerta abierta.*)

MUJER: (*Se asoma.*) Hay un pasillo muy largo...

HOMBRE: ¿Esperaba encontrar salida?

DOCTOR: ¿Esperaba encontrar salida? Ahora me tiene usted repi-
    tiendo... Interesante su poder...

315 HOMBRE: (*Fingiendo agresividad.*[30]) ¡Voy a derribar[31] la pared! (*Da
    golpes.*)

DOCTOR: ¿Es su íntimo deseo... derribar la pared? ¿Qué espera en-
    contrar al otro lado?

HOMBRE: ¡A mí!

320 DOCTOR: Está buscando su *alter ego*... quizás tenía razón la Enfer-
    mera... es un caso... curioso... en dos semanas, ya veremos...

MUJER: (*A la pared, furiosa.*) ¡Es su culpa! ¡Dos semanas en esta celda
    asquerosa[32]!

HOMBRE: (*Silba la obertura y se acompaña con ritmo tamboril.*) No se
325   desespere, tenemos confundido al doctor...

DOCTOR: Señorita, yo no estoy confundido, estoy intrigado...

(*Entra la* ENFERMERA *con una inyectadora.*)

ENFERMERA: ¿Se ha decidido, Doctor? Supongo que ya no le queden
    dudas.

330 DOCTOR: (*A la* ENFERMERA.) No me apresure... que usted está más ex-
    citada que la paciente.

[29] ¡Es... *This is the last straw!*
[30] Fingiendo... *Pretending aggressiveness*
[31] destruir
[32] que da náusea

[33] entre dos personas
[34] deceiving

ENFERMERA: ¿Yo excitada? (*Ríe exageradamente.*)

DOCTOR: (*Reflexionando.*) Estoy sospechando... es mucha ventriloquía cantar, silbar, hablar en doble voz y producir sonidos en la pared... ¡Vaya a ver (*a la* ENFERMERA) si el paciente del 545 está en su cuarto ahora mismo!

335

ENFERMERA: Eso le toca a un enfermero... yo no entro sola al cuarto de ese loco...

DOCTOR: ¡Ya le he dicho que esa apelación no se usa! Los pacientes son enfermos, no locos... ¡Vaya en seguida y traiga aquí al señor Márquez! (*Se acerca a la pared.*) Señor Márquez, ¿me oye?

340

ENFERMERA: ¡Ahora sí que he visto y oído todo! Ya no se sabe quién está enfermo o enferma... ¡Me voy a buscar al director! (*Sale*)

DOCTOR: (*A la* MUJER.) Tengo que seguirla. Creo está peor que usted... de paso, le abriré al señor Márquez—sospecho que la ventriloquía es un entredós[33]—(*Sale y deja la puerta abierta. Se oye el cerrojo de otra celda.*)

345

HOMBRE: Va a darse cuenta de todo...

MUJER: Dejó la puerta abierta.

HOMBRE: No se entusiasme, que el pasillo conduce al consultorio del director. Ciérrelo aquí conmigo, y no le hable en absoluto... todavía podemos vencerlo.

350

MUJER: (*Sale al pasillo y cierra la puerta del* HOMBRE.) ¡Que se diviertan!

DOCTOR: Señorita, ¿me oye? Abra la puerta, o le irá muy mal.

355

(*La* MUJER *no contesta.*)

HOMBRE: ¿A qué debo su visita, Doctor?

DOCTOR: Quería comprobar si ha estado usted hablando con la paciente del 546... si nos han estado engañando.[34] ¿Y ese dibujo en la pared? Bonita mujer... se parece a su vecina. ¿La ha visto usted ya?

360

HOMBRE: Jamás.

DOCTOR: ¿Y no la conoce?

HOMBRE: No.

DOCTOR: Es impresionante el parecido. Llámela usted, a ver si contesta...

365

HOMBRE: (*A la pared.*) Señorita... ¡Señorita!

(*La* MUJER *no contesta y sale por el pasillo.*)

DOCTOR: Entonces, ¿no se puede oír a través de la pared?

HOMBRE: Yo no sé, doctor.

370

DOCTOR: ¿Quién habrá cerrado este cuarto? Me parece que al salir del 546, pasé el cerrojo, ¿sería la burra de Enfermera? Ahora hay que esperar.

TELON

Cuestionario

1. ¿A quién representan los personajes? ¿Por qué razón el autor no les ha dado un nombre determinado?
2. ¿Dónde tiene lugar la acción de esta obra dramática?
3. ¿Quién es el *yo* a quien la mujer oye hablar?
4. ¿Cómo podría ser descrito el Hombre?
5. ¿Qué se sabe acerca de la Mujer?
6. ¿Cuál es el ambiente de la obra? ¿De qué recursos se vale el autor para crear dicho ambiente?
7. ¿Quiénes son los personajes secundarios, y cuál es su papel en la obra?
8. ¿Cuál es el conflicto del drama, y cómo se desarrolla?
9. ¿Cuál es el desenlace de la obra?
10. ¿Cómo se divide la pieza estructuralmente? ¿Cómo se justifica técnicamente esa división?
11. ¿Cómo se podría explicar el título de la pieza?

Identificaciones

1. la pared
2. «su voz es de morena»
3. burra
4. ventrílocua

Temas

1. El valor temático de las citas siguientes:
   a. «Hay que disimular toda emoción»
   b. «Todo es una hipocresía»
   c. «Ya no se sabe quién está enfermo o enferma» (La Enfermera)
2. La obra de Lucía Quintero como ejemplo del tema del aislamiento en la vida humana
3. El diálogo entre el Hombre y la Mujer: lo que dicho diálogo pone de manifiesto
4. El simbolismo de esta obra

Federico García Lorca[a]

La casa de Bernarda Alba
Drama de mujeres en los pueblos de España

Personajes

BERNARDA (60 años)
MARIA JOSEFA (madre de Bernarda, 80 años)
ANGUSTIAS (hija de Bernarda, 39 años)
5 MAGDALENA (hija de Bernarda, 30 años)
AMELIA (hija de Bernarda, 27 años)
MARTIRIO (hija de Bernarda, 24 años)
ADELA (hija de Bernarda, 20 años)
LA PONCIA (criada, 60 años)
10 CRIADA (50 años)
PRUDENCIA (50 años)
MENDIGA
MUJER 1ª
MUJER 2ª
15 MUJER 3ª
MUJER 4ª
MUCHACHA
MUJERES DE LUTO

El poeta advierte que estos tres actos tienen la intención de un docu-
20 mental fotográfico.

ACTO PRIMERO

*Habitación blanquísima del interior de la casa de Bernarda. Muros
gruesos. Puertas en arco con cortinas de yute[1] rematadas[2] con
madroños y volantes.[3] Silla de anea.[4] Cuadros con paisajes invero-*
25 *símiles de ninfas o reyes de leyenda. Es verano. Un gran silencio
umbroso[5] se extiende por la escena. Al levantarse el telón está la
escena sola. Se oyen doblar[6] las campanas. Sale la* CRIADA.

CRIADA: Ya tengo el doble de esas campanas metido entre las sienes.[7]
LA PONCIA: (*Sale comiendo chorizo y pan.*) Llevan ya más de dos horas
30 de gori-gori.[8] Han venido curas de todos los pueblos. La iglesia
está hermosa. En el primer responso se desmayó la Magdalena.
CRIADA: Es la que se queda más sola.

[1] *jute (type of fabric)*
[2] *trimmed*
[3] madroños... *tassels and ruffles*
[4] *wicker*
[5] *gloomy*
[6] *toll*
[7] *temples*
[8] imitación por el pueblo del canto funeral

---

[a] Véase la introducción a Lorca en la página 177.

LA PONCIA: Era la única que quería al padre. ¡Ay! ¡Gracias a Dios que estamos solas un poquito! Yo he venido a comer.

35 CRIADA: ¡Si te viera Bernarda!...

LA PONCIA: ¡Quisiera que ahora que no come ella, que todas nos muriéramos de hambre! ¡Mandona[9]! ¡Dominanta! ¡Pero se fastidia[10]! Le he abierto la orza[11] de los chorizos.[12]

CRIADA: (Con tristeza, ansiosa.) ¿Por qué no me das para mi niña, 40 Poncia?

LA PONCIA: Entra y llévate también un puñado[13] de garbanzos.[14] ¡Hoy no se dará cuenta!

VOZ: (Dentro.) ¡Bernarda!

LA PONCIA: La vieja. ¿Está bien cerrada?

45 CRIADA: Con dos vueltas de llave.

LA PONCIA: Pero debes poner también la tranca.[15] Tiene unos dedos como cinco ganzúas.[16]

VOZ: ¡Bernarda!

LA PONCIA: (A voces.) ¡Ya viene! (A la CRIADA.) Limpia bien todo. Si Ber-50 narda no ve relucientes las cosas me arrancará[17] los pocos pelos que me quedan.

CRIADA: ¡Qué mujer!

LA PONCIA: Tirana de todos los que la rodean. Es capaz de sentarse encima de tu corazón y ver cómo te mueres durante un año sin que 55 se le cierre esa sonrisa fría que lleva en su maldita cara. ¡Limpia, limpia ese vidriado!

CRIADA: Sangre en las manos tengo de fregarlo[18] todo.

LA PONCIA: Ella, la más aseada;[19] ella, la más decente; ella, la más alta. ¡Buen descanso ganó su pobre marido!

60 (Cesan las campanas.)

CRIADA: ¿Han venido todos sus parientes?

LA PONCIA: Los de ella. La gente de él la odia. Vinieron a verlo muerto y le hicieron la cruz.

CRIADA: ¿Hay bastantes sillas?

65 LA PONCIA: Sobran.[20] Que se sienten en el suelo. Desde que murió el padre de Bernarda no han vuelto a entrar las gentes bajo estos techos. Ella no quiere que la vean en su dominio. ¡Maldita sea!

CRIADA: Contigo se portó bien.

LA PONCIA: Treinta años lavando sus sábanas; treinta años comiendo 70 sus sobras;[21] noches en vela cuando tose; días enteros mirando por la rendija[22] para espiar a los vecinos y llevarle el cuento; vida sin secretos una con otra, y sin embargo, ¡maldita sea! ¡Mal dolor de clavo le pinche en los ojos[23]!

CRIADA: ¡Mujer!

75 LA PONCIA: Pero yo soy buena perra; ladro cuando me lo dicen y muerdo los talones[24] de los que piden limosna cuando ella me azuza;[25] mis hijos trabajan en sus tierras y ya están los dos casados, pero un día me hartaré.[26]

[9] ¡Cómo le gusta mandar!
[10] se... she'll get hers
[11] earthen pot
[12] type of sausage
[13] fistful
[14] chickpeas
[15] bar
[16] picklocks
[17] me... she'll pull out
[18] limpiarlo
[19] neat
[20] More than enough.
[21] leftovers
[22] crack (in the shutters)
[23] ¡Mal... May she feel the pain of a nail in her eyes!
[24] heels
[25] me... sets me on them
[26] cansaré

CRIADA: Y ese día...

80 LA PONCIA: Ese día me encerraré con ella en un cuarto y le estaré escupiendo un año entero. «Bernarda, por esto, por aquello, por lo otro», hasta ponerla como un lagarto[27] machacado por los niños, que es lo que es ella y toda su parentela. Claro es que no la envidio la vida. Le quedan cinco mujeres, cinco hijas feas, que quitando

85 Angustias, la mayor, que es la hija del primer marido y tiene dineros, las demás, mucha puntilla bordada,[28] muchas camisas de hilo,[29] pero pan y uvas por toda herencia.

CRIADA: ¡Ya quisiera tener yo lo que ellas!

LA PONCIA: Nosotras tenemos nuestras manos y un hoyo en la tierra[30]

90 de la verdad.

CRIADA: Esa es la única tierra que nos dejan a las que no tenemos nada.

LA PONCIA: (En la alacena.[31]) Este cristal tiene unas motas.[32]

CRIADA: Ni con jabón ni con bayetas[33] se le quitan.

(Suenan las campanas.)

95 LA PONCIA: El último responso. Me voy a oírlo. A mí me gusta mucho cómo canta el párroco. En el «Pater Noster» subió la voz que parecía un cántaro[34] de agua llenándose poco a poco; claro es que al final dio un gallo,[35] pero da gloria oírlo. Ahora que nadie como el antiguo sacristán Tronchapinos. En la misa de mi madre, que

100 esté en gloria,[36] cantó. Retumbaban las paredes, y cuando decía Amén era como si un lobo hubiese entrado en la iglesia. (Imitándolo.) ¡Améé-én! (Se echa a toser.)

CRIADA: Te vas a hacer el gaznate[37] polvo.

LA PONCIA: ¡Otra cosa hacía polvo yo! (Sale riendo.)

105 (La CRIADA limpia. Suenan las campanas.)

CRIADA: (Llevando el canto.) Tin, tin, tan. Tin, tin, tan. ¡Dios lo haya perdonado!

MENDIGA: (Con una niña.) ¡Alabado sea Dios[38]!

CRIADA: Tin, tin, tan. ¡Que nos espere muchos años! Tin, tin, tan.

110 MENDIGA: (Fuerte y con cierta irritación.) ¡Alabado sea Dios!

CRIADA: (Irritada.) ¡Por siempre!

MENDIGA: Vengo por las sobras.

(Cesan las campanas.)

CRIADA: Por la puerta se va a la calle. Las sobras de hoy son para mí.

115 MENDIGA: Mujer, tú tienes quien te gane.[39] ¡Mi niña y yo estamos solas!

CRIADA: También están solos los perros y viven.

MENDIGA: Siempre me las dan.

CRIADA: Fuera de aquí. ¿Quién os dijo que entraseis? Ya me habéis dejado los pies señalados.[40] (Se van. Limpia.) Suelos barnizados con

120 aceite, alacenas, pedestales, camas de acero, para que traguemos quina[41] las que vivimos en las chozas de tierra con un plato y una

[27] lizard
[28] puntilla... *embroidered lace*
[29] *linen*
[30] un... (fig.) una tumba
[31] *kitchen cabinet*
[32] manchas
[33] trapos para limpiar
[34] *earthen container*
[35] dio... cantó desentonadamente
[36] que... *imprecation in respect to the dead*
[37] garganta
[38] ¡Alabado... *Praise God!*
[39] te... gane el pan para ti
[40] pies... ensuciado el suelo con los pies
[41] traguemos... tengamos envidia

⁴² *stiff*
⁴³ *funeral congregation*
⁴⁴ *thrashing floor*
⁴⁵ *como... muy fuerte*

cuchara. Ojalá que un día no quedáramos ni uno para contarlo. (*Vuelven a sonar las campanas.*) Sí, sí, ¡vengan clamores! ¡Venga caja con filos dorados y toalla para llevarla! ¡Que lo mismo estarás
125 tú que estaré yo! Fastídiate, Antonio María Benavides, tieso[42] con tu traje de paño y tus botas enterizas. ¡Fastídiate! ¡Ya no volverás a levantarme las enaguas detrás de la puerta de tu corral! (*Por el fondo, de dos en dos, empiezan a entrar* MUJERES DE LUTO, *con pañuelos grandes, faldas y abanicos negros. Entran lentamente hasta*
130 *llenar la escena. La* CRIADA, *rompiendo a gritar.*) ¡Ay Antonio María Benavides, que ya no verás estas paredes ni comerás el pan de esta casa! Yo fui la que más te quiso de las que te sirvieron. (*Tirándose del cabello.*) ¿Y he de vivir yo después de verte marchar? ¿Y he de vivir?

135 (*Terminan de entrar las doscientas* MUJERES *y aparece* BERNARDA *y sus cinco* HIJAS.)

BERNARDA: (*A la* CRIADA.) ¡Silencio!
CRIADA: (*Llorando.*) ¡Bernarda!
BERNARDA: Menos gritos y más obras. Debías haber procurado que
140 todo esto estuviera más limpio para recibir al duelo.[43] Vete. No es este tu lugar. (*La* CRIADA *se va llorando.*) Los pobres son como los animales; parece como si estuvieran hechos de otras sustancias.
MUJER 1ª: Los pobres sienten también sus penas.
BERNARDA: Pero las olvidan delante de un plato de garbanzos.
145 MUCHACHA: (*Con timidez.*) Comer es necesario para vivir.
BERNARDA: A tu edad no se habla delante de las personas mayores.
MUJER 1ª: Niña, cállate.
BERNARDA: No he dejado que nadie me dé lecciones. Sentarse. (*Se sientan. Pausa. Fuerte.*) Magdalena, no llores; si quieres llorar te
150 metes debajo de la cama. ¿Me has oído?
MUJER 2ª: (*A* BERNARDA.) ¿Habéis empezado los trabajos en la era[44]?
BERNARDA: Ayer.
MUJER 3ª: Cae el sol como plomo.[45]
MUJER 1ª: Hace años no he conocido calor igual.

155 (*Pausa. Se abanican todas.*)

BERNARDA: ¿Está hecha la limonada?
LA PONCIA: Sí, Bernarda. (*Sale con una gran bandeja llena de jarritas blancas que distribuye.*)
BERNARDA: Dale a los hombres.
160 LA PONCIA: Ya están tomando en el patio.
BERNARDA: Que salgan por donde han entrado. No quiero que pasen por aquí.
MUCHACHA: (*A* ANGUSTIAS.) Pepe el Romano estaba con los hombres del duelo.
165 ANGUSTIAS: Allí estaba.

BERNARDA: Estaba su madre. Ella ha visto a su madre. A Pepe no lo ha visto ella ni yo.

MUCHACHA: Me pareció...

BERNARDA: Quien sí estaba era el viudo de Darajalí. Muy cerca de tu tía. A ese lo vimos todas.

MUJER 2ª: (Aparte, en voz baja.) ¡Mala, más que mala!

MUJER 3ª: (Lo mismo.) ¡Lengua de cuchillo!

BERNARDA: Las mujeres en la iglesia no deben de mirar más hombre que al oficiante, y ese porque tiene faldas. Volver la cabeza es buscar el calor de la pana.[46]

MUJER 1ª: (En voz baja.) ¡Vieja lagarta recocida[47]!

LA PONCIA: (Entre dientes.[48]) ¡Sarmentosa por calentura de varón[49]!

BERNARDA: ¡Alabado sea Dios!

TODAS: (Santiguándose.[50]) Sea por siempre bendito y alabado.

BERNARDA: ¡Descansa en paz con la santa compaña de cabecera[51]!

TODAS: ¡Descansa en paz!

BERNARDA: Con el ángel San Miguel
y su espada justiciera.

TODAS: ¡Descansa en paz!

BERNARDA: Con la llave que todo lo abre
y la mano que todo lo cierra.

TODAS: ¡Descansa en paz!

BERNARDA: Con los bienaventurados
y las lucecitas del campo.

TODAS: ¡Descansa en paz!

BERNARDA: Con nuestra santa caridad
y las almas de tierra y mar.

TODAS: ¡Descansa en paz!

BERNARDA: Concede el reposo a tu siervo Antonio María Benavides y dale la corona de tu santa gloria.

TODAS: Amén.

BERNARDA: (Se pone en pie y canta.) «Requiem aeternam donat eis Domine[52]».

TODAS: (De pie y cantando al modo gregoriano.) «Et lux perpetua luceat eis[53]». (Se santiguan.)

MUJER 1ª: Salud para rogar por su alma. (Van desfilando.)

MUJER 3ª: No te faltará la hogaza[54] de pan caliente.

MUJER 2ª: Ni el techo para tus hijas. (Van desfilando[55] todas por delante de BERNARDA y saliendo.)

(Sale ANGUSTIAS por otra puerta que da al patio.)

MUJER 4ª: El mismo trigo de tu casamiento lo sigas disfrutando.

LA PONCIA: (Entrando con una bolsa.) De parte de los hombres esta bolsa de dineros para responsos.[56]

BERNARDA: Dales las gracias y échales una copa de aguardiente.[57]

MUCHACHA: (A MAGDALENA.) Magdalena...

[46] el... (fig.) el calor de los hombres
[47] ¡Vieja... You old bag!
[48] Entre... Under her breath.
[49] ¡Sarmentosa... Itching to have a man!
[50] Haciéndose la señal de la cruz
[51] santa... God's presence at your head (in the coffin)
[52] Requiem... Que el Señor le dé el descanso eterno. (latín)
[53] Et... Y brille para ellos la luz eterna. (latín)
[54] pan grande
[55] pasando
[56] oraciones por los muertos
[57] licor muy fuerte

BERNARDA: (*A* MAGDALENA, *que inicia el llanto.*) Chiss. (*Salen todas. A las que se han ido.*) ¡Andar[58] a vuestras casas a criticar todo lo que habéis visto! ¡Ojalá tardéis muchos años en pasar el arco de mi puerta!

LA PONCIA: No tendrás queja ninguna. Ha venido todo el pueblo.

BERNARDA: Sí; para llenar mi casa con el sudor de sus refajos[59] y el veneno de sus lenguas.

AMELIA: ¡Madre, no hable usted así!

BERNARDA: Es así como se tiene que hablar en este maldito pueblo sin río, pueblo de pozos,[60] donde siempre se bebe el agua con el miedo de que esté envenenada.

LA PONCIA: ¡Cómo han puesto la solería[61]!

BERNARDA: Igual que si hubiese pasado por ella una manada de cabras.[62] (*La* PONCIA *limpia el suelo.*) Niña, dame el abanico.

ADELA: Tome usted. (*Le da un abanico redondo con flores rojas y verdes.*)

BERNARDA: (*Arrojando el abanico al suelo.*) ¿Es este el abanico que se da a una viuda? Dame uno negro y aprende a respetar el luto de tu padre.

MARTIRIO: Tome usted el mío.

BERNARDA: ¿Y tú?

MARTIRIO: Yo no tengo calor.

BERNARDA: Pues busca otro, que te hará falta. En ocho años que dure el luto no ha de entrar en esta casa el viento de la calle. Hacemos cuenta que hemos tapiado[63] con ladrillos puertas y ventanas. Así pasó en casa de mi padre y en casa de mi abuelo. Mientras, podéis empezar a bordar[64] el ajuar.[65] En el arca tengo veinte piezas de hilo con el que podréis cortar sábanas y embozos.[66] Magdalena puede bordarlas.

MAGDALENA: Lo mismo me da.

ADELA: (*Agria.*) Si no quieres bordarlas, irán sin bordados. Así las tuyas lucirán más.

MAGDALENA: Ni las mías ni las vuestras. Sé que yo no me voy a casar. Prefiero llevar sacos al molino.[67] Todo menos estar sentada días y días dentro de esta sala oscura.

BERNARDA: Eso tiene ser mujer.

MAGDALENA: Malditas sean las mujeres.

BERNARDA: Aquí se hace lo que yo mando. Ya no puedes ir con el cuento a tu padre. Hilo y aguja para las hembras.[68] Látigo[69] y mula para el varón. Eso tiene la gente que nace con posibles.[70]

(*Sale* ADELA.)

VOZ: ¡Bernarda! ¡Déjame salir!

BERNARDA: (*En voz alta.*) ¡Dejadla ya!

(*Sale la* CRIADA.)

[58](coloquial) Andad
[59]*underskirts*
[60]*wells*
[61]suelo
[62]manada... *flock of goats*
[63]cerrado
[64]*embroider*
[65]*trousseau*
[66]*upper hem of a top sheet*
[67]*mill*
[68]Hilo... *Needle and thread for the females.*
[69]*whip*
[70]con... con dinero

255 CRIADA: Me ha costado mucho sujetarla. A pesar de sus ochenta años, tu madre es fuerte como un roble.

BERNARDA: Tiene a quién parecerse. Mi abuelo fue igual.

CRIADA: Tuve durante el duelo que taparle varias veces la boca con un costal[71] vacío porque quería llamarte para que le dieras agua de 260 fregar siquiera para beber, y carne de perro, que es lo que ella dice que tú le das.

MARTIRIO: ¡Tiene mala intención!

BERNARDA: (*A la* CRIADA.) Dejadla que se desahogue[72] en el patio.

CRIADA: Ha sacado del cofre[73] sus anillos[74] y los pendientes[75] de ama-265 tista;[76] se los ha puesto, y me ha dicho que se quiere casar.

(*Las* HIJAS *ríen.*)

BERNARDA: Ve con ella y ten cuidado que no se acerque al pozo.

CRIADA: No tengas miedo que se tire.

BERNARDA: No es por eso... Pero desde aquel sitio las vecinas pueden 270 verla desde su ventana.

(*Sale la* CRIADA.)

MARTIRIO: Nos vamos a cambiar de ropa.

BERNARDA: Sí, pero no el pañuelo de la cabeza. (*Entra* ADELA.) ¿Y Angustias?

275 ADELA: (*Con intención.*) La he visto asomada a las rendijas del por-tón.[77] Los hombres se acaban de ir.

BERNARDA: ¿Y tú a qué fuiste también al portón?

ADELA: Me llegué a ver si habían puesto[78] las gallinas.

BERNARDA: ¡Pero el duelo de los hombres habría salido ya!

280 ADELA: (*Con intención.*) Todavía estaba un grupo parado por fuera.

BERNARDA: (*Furiosa.*) ¡Angustias! ¡Angustias!

ANGUSTIAS: (*Entrando.*) ¿Qué manda usted?

BERNARDA: ¿Qué mirabas y a quién?

ANGUSTIAS: A nadie.

285 BERNARDA: ¿Es decente que una mujer de tu clase vaya con el anzuelo[79] detrás de un hombre el día de la misa de su padre? ¡Contesta! ¿A quién mirabas?

(*Pausa.*)

ANGUSTIAS: Yo...

290 BERNARDA: ¡Tú!

ANGUSTIAS: ¡A nadie!

BERNARDA: (*Avanzando y golpeándola.*) ¡Suave! ¡Dulzarrona!

LA PONCIA: (*Corriendo.*) ¡Bernarda, cálmate! (*La sujeta.*)

(ANGUSTIAS *llora.*)

[71] *sack*
[72] se... alivie su pena
[73] *baúl*
[74] *rings*
[75] *earrings*
[76] piedra que se usa en joyería (*amethyst*)
[77] puerta grande
[78] habían... habían puesto huevos (*had laid eggs*)
[79] *hook*

295 BERNARDA: ¡Fuera de aquí todas! (*Salen.*)

LA PONCIA: Ella lo ha hecho sin dar alcance a[80] lo que hacía, que está francamente mal. Ya me chocó[81] a mí verla escabullirse[82] hacia el patio. Luego estuvo detrás de una ventana oyendo la conversación que traían los hombres, que, como siempre, no se puede oír.

300 BERNARDA: A eso vienen a los duelos. (*Con curiosidad.*) ¿De qué hablaban?

LA PONCIA: Hablaban de Paca la Roseta. Anoche ataron a su marido a un pesebre[83] y a ella se la llevaron en la grupa del caballo hasta lo alto del olivar.

305 BERNARDA: ¿Y ella?

LA PONCIA: Ella, tan conforme. Dicen que iba con los pechos fuera y Maximiliano la llevaba cogida como si tocara la guitarra. ¡Un horror!

BERNARDA: ¿Y qué pasó?

310 LA PONCIA: Lo que tenía que pasar. Volvieron casi de día. Paca la Roseta traía el pelo suelto y una corona de flores en la cabeza.

BERNARDA: Es la única mujer mala que tenemos en el pueblo.

LA PONCIA: Porque no es de aquí. Es de muy lejos. Y los que fueron con ella son también hijos de forasteros. Los hombres de aquí no son

315 capaces de eso.

BERNARDA: No; pero les gusta verlo y comentarlo y se chupan los dedos de[84] que esto ocurra.

LA PONCIA: Contaban muchas cosas más.

BERNARDA: (*Mirando a un lado y otro con cierto temor.*) ¿Cuáles?

320 LA PONCIA: Me da vergüenza referirlas.

BERNARDA: ¿Y mi hija las oyó?

LA PONCIA: ¡Claro!

BERNARDA: Esa sale a[85] sus tías; blancas y untuosas[86] y que ponían los ojos de carnero[87] al piropo[88] de cualquier barberillo.[89] ¡Cuánto

325 hay que sufrir y luchar para hacer que las personas sean decentes y no tiren al monte[90] demasiado!

LA PONCIA: ¡Es que tus hijas están ya en edad de merecer[91]! Demasiado poca guerra te dan. Angustias ya debe tener mucho más de los treinta.

330 BERNARDA: Treinta y nueve justos.

LA PONCIA: Figúrate. Y no ha tenido nunca novio...

BERNARDA: (*Furiosa.*) ¡No ha tenido novio ninguna ni les hace falta! Pueden pasarse muy bien.

LA PONCIA: No he querido ofenderte.

335 BERNARDA: No hay en cien leguas a la redonda quien se pueda acercar a ellas. Los hombres de aquí no son de su clase. ¿Es que quieres que las entregue a cualquier gañán[92]?

LA PONCIA: Debías irte a otro pueblo.

BERNARDA: Eso. ¡A venderlas!

340 LA PONCIA: No, Bernarda, a cambiar... Claro que en otros sitios ellas resultan las pobres.

[80] dar... pensar en
[81] sorprendió
[82] escaparse (*sneak out*)
[83] *manger in a stable*
[84] se... a ellos les gusta
[85] sale... *takes after*
[86] demasiado dulces; sumisas con afectación
[87] ojos... *sheep's eyes*
[88] *compliment*
[89] barbero; (fig.) hombre de poca importancia
[90] tiren... sigan sus malos instintos
[91] merecer marido
[92] (fig.) campesino tosco, hombre sin clase social

BERNARDA: ¡Calla esa lengua atormentadora!

LA PONCIA: Contigo no se puede hablar. ¿Tenemos o no tenemos confianza?

345 BERNARDA: No tenemos. Me sirves y te pago. ¡Nada más!

CRIADA: (*Entrando.*) Ahí está don Arturo, que viene a arreglar las particiones.

BERNARDA: Vamos. (*A la* CRIADA.) Tú empieza a blanquear[93] el patio. (*A* LA PONCIA.) Y tú ve guardando en el arca grande toda la ropa del
350 muerto.

LA PONCIA: Algunas cosas las podíamos dar.

BERNARDA: Nada, ¡ni un botón! Ni el pañuelo con que le hemos tapado la cara. (*Sale lentamente y al salir vuelve la cabeza y mira a sus* CRIADAS.)

355 (*Las* CRIADAS *salen después. Entran* AMELIA *y* MARTIRIO.)

AMELIA: ¿Has tomado la medicina!

MARTIRIO: ¡Para lo que me va a servir!

AMELIA: Pero la has tomado.

MARTIRIO: Yo hago las cosas sin fe, pero como un reloj.

360 AMELIA: Desde que vino el médico nuevo estás más animada.

MARTIRIO: Yo me siento lo mismo.

AMELIA: ¿Te fijaste? Adelaida no estuvo en el duelo.

MARTIRIO: Ya lo sabía. Su novio no la deja salir ni al tranco[94] de la calle. Antes era alegre; ahora ni polvos se echa en la cara.[95]

365 AMELIA: Ya no sabe una si es mejor tener novio o no.

MARTIRIO: Es lo mismo.

AMELIA: De todo tiene la culpa esta crítica que no nos deja vivir. Adelaida habrá pasado mal rato.

MARTIRIO: Le tiene miedo a nuestra madre. Es la única que conoce la
370 historia de su padre y el origen de sus tierras. Siempre que viene le tira puñaladas en el asunto. Su padre mató en Cuba al marido de su primera mujer para casarse con ella. Luego aquí la abandonó y se fue con otra que tenía una hija y luego tuvo relaciones con esta muchacha, la madre de Adelaida, y se casó con ella des-
375 pués de haber muerto loca la segunda mujer.

AMELIA: Y ese infame, ¿por qué no está en la cárcel?

MARTIRIO: Porque los hombres se tapan unos a otros las cosas de esta índole[96] y nadie es capaz de delatar.

AMELIA: Pero Adelaida no tiene culpa de esto.

380 MARTIRIO: No. Pero las cosas se repiten. Y veo que todo es una terrible repetición. Y ella tiene el mismo sino[97] de su madre y de su abuela, mujeres las dos del que la engendró.

AMELIA: ¡Qué cosa más grande!

MARTIRIO: Es preferible no ver a un hombre nunca. Desde niña les
385 tuve miedo. Los veía en el corral uncir los bueyes[98] y levantar los costales de trigo entre voces y zapatazos y siempre tuve miedo de

[93] pintar de blanco (*whitewash*)
[94] al... a la puerta
[95] ni... no se arregla, no cuida de su persona
[96] esta... este tipo
[97] destino
[98] uncir... *yoking the oxen*

crecer por temor de encontrarme de pronto abrazada por ellos. Dios me ha hecho débil y fea y los ha apartado definitivamente de mí.

390 AMELIA: ¡Eso no digas! Enrique Humanas estuvo detrás de ti y le gustabas.

MARTIRIO: ¡Invenciones de la gente! Una vez estuve en camisa detrás de la ventana hasta que fue de día porque me avisó con la hija de su gañán que iba a venir y no vino. Fue todo cosa de lenguas.

395 Luego se casó con otra que tenía más que yo.

AMELIA: ¡Y fea como un demonio!

MARTIRIO: ¡Qué les importa a ellos la fealdad! A ellos les importa la tierra, las yuntas,[99] y una perra sumisa[100] que les dé de comer.

AMELIA: ¡Ay! (*Entra* MAGDALENA.)

400 MAGDALENA: ¿Qué hacéis?

MARTIRIO: Aquí.

AMELIA: ¿Y tú?

MAGDALENA: Vengo de correr las cámaras. Por andar un poco. De ver los cuadros bordados de cañamazo[101] de nuestra abuela, el perrito

405 de lanas y el negro luchando con el león, que tanto nos gustaba de niñas. Aquella era una época más alegre. Una boda duraba diez días y no se usaban las malas lenguas. Hoy hay más finura, las novias se ponen de velo blanco como en las poblaciones y se bebe vino de botella, pero nos pudrimos por el qué dirán.[102]

410 MARTIRIO: ¡Sabe Dios lo que entonces pasaría!

AMELIA: (*A* MAGDALENA.) Llevas desabrochados[103] los cordones de un zapato.

MAGDALENA: ¡Qué más da!

AMELIA: Te los vas a pisar y te vas a caer.

415 MAGDALENA: ¡Una menos!

MARTIRIO: ¿Y Adela?

MAGDALENA: ¡Ah! Se ha puesto el traje verde que se hizo para estrenar[104] el día de su cumpleaños, se ha ido al corral, y ha comenzado a voces: «¡Gallinas! ¡Gallinas, miradme!» ¡Me he tenido que

420 reír!

AMELIA: ¡Si la hubiera visto madre!

MAGDALENA: ¡Pobrecilla! Es la más joven de nosotras y tiene ilusión. Daría algo por verla feliz.

(*Pausa.* ANGUSTIAS *cruza la escena con unas toallas en la mano.*)

425 ANGUSTIAS: ¿Qué hora es?

MAGDALENA: Ya deben ser las doce.

ANGUSTIAS: ¿Tanto?

AMELIA: Estarán al caer.

(*Sale* ANGUSTIAS.)

[99] *pair of oxen*
[100] obediente
[101] bordados... *embroidered with needlepoint*
[102] nos... nos preocupamos hasta consumirnos por la opinión de la gente
[103] *untied*
[104] *wear for the first time*

430 MAGDALENA: (*Con intención.*) ¿Sabéis ya la cosa?

AMELIA: No.

MAGDALENA: ¡Vamos!

MARTIRIO: No sé a qué te refieres...

MAGDALENA: Mejor que yo lo sabéis las dos. Siempre cabeza con ca-
435   beza como dos ovejitas, pero sin desahogarse con nadie. ¡Lo de
        Pepe el Romano!

MARTIRIO: ¡Ah!

MAGDALENA: (*Remedándola.*[105]) ¡Ah! Ya se comenta por el pueblo. Pepe
        el Romano viene a casarse con Angustias. Anoche estuvo ron-
440   dando[106] la casa y creo que pronto va a mandar un emisario.

MARTIRIO: Yo me alegro. Es buen mozo.

AMELIA: Yo también. Angustias tiene buenas condiciones.

MAGDALENA: Ninguna de las dos os alegráis.

MARTIRIO: ¡Magdalena! ¡Mujer!

445 MAGDALENA: Si viniera por el tipo de Angustias, por Angustias como
        mujer, yo me alegraría; pero viene por el dinero. Aunque An-
        gustias es nuestra hermana, aquí estamos en familia y reconoce-
        mos que está vieja, enfermiza, y que siempre ha sido la que ha
        tenido menos méritos de todas nosotras. Porque si con veinte
450   años parecía un palo vestido, ¡qué será ahora que tiene cuarenta!

MARTIRIO: No hables así. La suerte viene a quien menos la aguarda.

AMELIA: ¡Después de todo dice la verdad! ¡Angustias tiene todo el di-
        nero de su padre, es la única rica de la casa y por eso ahora que
        nuestro padre ha muerto y ya se harán particiones viene por ella!

455 MAGDALENA: Pepe el Romano tiene veinticinco años y es el mejor tipo
        de todos estos contornos.[107] Lo natural sería que te pretendiera a
        ti, Amelia, o a nuestra Adela, que tiene veinte años, pero no que
        venga a buscar lo más oscuro de esta casa, a una mujer que, como
        su padre, habla con las narices.

460 MARTIRIO: ¡Puede que a él le guste!

MAGDALENA: ¡Nunca he podido resistir tu hipocresía!

MARTIRIO: ¡Dios me valga!

        (*Entra* ADELA.)

MAGDALENA: ¿Te han visto ya las gallinas?

465 ADELA: ¿Y qué queríais que hiciera?

AMELIA: ¡Si te ve nuestra madre te arrastra del pelo!

ADELA: Tenía mucha ilusión con el vestido. Pensaba ponérmelo el día
        que vamos a comer sandías[108] a la noria.[109] No hubiera habido
        otro igual.

470 MARTIRIO: Es un vestido precioso.

ADELA: Y que me está muy bien. Es lo mejor que ha cortado
        Magdalena.

MAGDALENA: ¿Y las gallinas qué te han dicho?

[105] imitándola
[106] paseando alrededor de
[107] alrededores
[108] *watermelon*
[109] *draw-well*

ADELA: Regalarme unas cuantas pulgas que me han acribillado[110] las
475   piernas. (*Ríen.*)   [110] picado (*bitten*)

MARTIRIO: Lo que puedes hacer es teñirlo de negro.

MAGDALENA: Lo mejor que puedes hacer es regalárselo a Angustias
    para la boda con Pepe el Romano.

ADELA: (*Con emoción contenida.*) Pero Pepe el Romano...

480 AMELIA: ¿No lo has oído decir?

ADELA: No.

MAGDALENA: ¡Pues ya lo sabes!

ADELA: ¡Pero si no puede ser!

MAGDALENA: ¡El dinero lo puede todo!

485 ADELA: ¿Por eso ha salido detrás del duelo y estuvo mirando por el
    portón? (*Pausa.*) Y ese hombre es capaz de...

MAGDALENA: Es capaz de todo.

(*Pausa.*)

MARTIRIO: ¿Qué piensas, Adela?

490 ADELA: Pienso que este luto me ha cogido en la peor época de mi vida
    para pasarlo.

MAGDALENA: Ya te acostumbrarás.

ADELA: (*Rompiendo a llorar con ira.*) No me acostumbraré. Yo no puedo
    estar encerrada. No quiero que se me pongan las carnes como a
495   vosotras; no quiero perder mi blancura en estas habitaciones;
    mañana me pondré mi vestido verde y me echaré a pasear por la
    calle. ¡Yo quiero salir!

(*Entra la* CRIADA.)

MAGDALENA: (*Autoritaria.*) ¡Adela!

500 CRIADA: ¡La pobre! Cuánto ha sentido a su padre... (*Sale.*)

MARTIRIO: ¡Calla!

AMELIA: Lo que sea de una será de todas.

(ADELA *se calma.*)

MAGDALENA: Ha estado a punto de oírte la criada.

505   (*Aparece la* CRIADA.)

CRIADA: Pepe el Romano viene por lo alto de la calle.

(AMELIA, MARTIRIO *y* MAGDALENA *corren presurosas.*)

MAGDALENA: ¡Vamos a verlo! (*Salen rápidas.*)

CRIADA: (*A* ADELA.) ¿Tú no vas?

510 ADELA: No me importa.

CRIADA: Como dará la vuelta a la esquina, desde la ventana de tu
    cuarto se verá mejor. (*Sale.*)

(ADELA *queda en escena dudando; después de un instante se va también rápida hasta su habitación. Salen* BERNARDA *y* LA PONCIA.)

515   BERNARDA: ¡Malditas particiones!

LA PONCIA: ¡Cuánto dinero le queda a Angustias!

BERNARDA: Sí.

LA PONCIA: Y a las otras, bastante menos.

BERNARDA: Ya me lo has dicho tres veces y no te he querido replicar.
520   Bastante menos, mucho menos. No me lo recuerdes más.

(*Sale* ANGUSTIAS *muy compuesta de cara.*)

BERNARDA: ¡Angustias!

ANGUSTIAS: Madre.

BERNARDA: ¿Pero has tenido valor de echarte polvos en la cara? ¿Has
525   tenido valor de lavarte la cara el día de la muerte de tu padre?

ANGUSTIAS: No era mi padre. El mío murió hace tiempo. ¿Es que ya no lo recuerda usted?

BERNARDA: Más debes a este hombre, padre de tus hermanas, que al tuyo. Gracias a este hombre tienes colmada[111] tu fortuna.

530   ANGUSTIAS: ¡Eso lo teníamos que ver!

BERNARDA: Aunque fuera por decencia. ¡Por respeto!

ANGUSTIAS: Madre, déjeme usted salir.

BERNARDA: ¿Salir? Después que te hayas quitado esos polvos de la cara. ¡Suavona! ¡Yeyo[112]! ¡Espejo de tus tías! (*Le quita violenta-*
535   *mente con un pañuelo los polvos.*) ¡Ahora, vete!

LA PONCIA: ¡Bernarda, no seas tan inquisitiva!

BERNARDA: Aunque mi madre esté loca, yo estoy en mis cinco sentidos y sé perfectamente lo que hago.

(*Entran todas.*)

540   MAGDALENA: ¿Qué pasa?

BERNARDA: No pasa nada.

MAGDALENA: (*A* ANGUSTIAS.) Si es que discuten por las particiones, tú que eres la más rica te puedes quedar con todo.

ANGUSTIAS: Guárdate la lengua en la madriguera.[113]

545   BERNARDA: (*Golpeando en el suelo.*) No os hagáis ilusiones de que vais a poder conmigo. ¡Hasta que salga de esta casa con los pies adelante[114] mandaré en lo mío y en lo vuestro!

(*Se oyen unas voces y entra en escena* MARÍA JOSEFA, *la madre de* BERNARDA, *viejísima, ataviada*[115] *con flores en la cabeza y en el*
550   *pecho.*)

MARIA JOSEFA: Bernarda, ¿dónde está mi mantilla? Nada de lo que tengo quiero que sea para vosotras. Ni mis anillos ni mi traje negro de «moaré[116]». Porque ninguna de vosotras se va a casar. ¡Ninguna! Bernarda, dame mi gargantilla[117] de perlas.

[111] abundante
[112] ¡suavona... expresiones insultantes
[113] Guárdate... Cállate.
[114] con... muerta
[115] adornada
[116] tela de seda
[117] collar

[118] haciéndose... *eating their hearts out*
[119] tuviese ... (fig.) *ocultase algo muy importante*
[120] (inf.: reventar) *drop dead*
[121] ¡más... *money is worth more than beauty!*

555 BERNARDA: (*A la* CRIADA.) ¿Por qué la habéis dejado entrar?

CRIADA: (*Temblando.*) ¡Se me escapó!

MARIA JOSEFA: Me escapé porque me quiero casar, porque quiero casarme con un varón hermoso de la orilla del mar, ya que aquí los hombres huyen de las mujeres.

560 BERNARDA: ¡Calle usted, madre!

MARIA JOSEFA: No, no me callo. No quiero ver a estas mujeres solteras rabiando por la boda, haciéndose polvo el corazón,[118] y yo me quiero ir a mi pueblo. Bernarda, yo quiero un varón para casarme y para tener alegría.

565 BERNARDA: ¡Encerradla!

MARIA JOSEFA: ¡Déjame salir, Bernarda!

(*La* CRIADA *coge a* MARIA JOSEFA.)

BERNARDA: ¡Ayudarla vosotras! (*Todas arrastran a la vieja.*)

MARIA JOSEFA: ¡Quiero irme de aquí! ¡Bernarda! ¡A casarme a la orilla
570 del mar, a la orilla del mar!

Telón rápido.

ACTO SEGUNDO

Habitación blanca del interior de la casa de BERNARDA. *Las puertas de la izquierda dan a los dormitorios. Las* HIJAS *de* BERNARDA *están sentadas en sillas bajas cosiendo.* MAGDALENA *borda. Con ellas está*
575 LA PONCIA.

ANGUSTIAS: Ya he cortado la tercer sábana.

MARTIRIO: Le corresponde a Amelia.

MAGDALENA: Angustias. ¿Pongo también las iniciales de Pepe?

ANGUSTIAS: (*Seca.*) No.

580 MAGDALENA: (*A voces.*) Adela, ¿no vienes?

AMELIA: Estará echada en la cama.

LA PONCIA: Esta tiene algo. La encuentro sin sosiego, temblona, asustada, como si tuviese una lagartija entre los pechos.[119]

MARTIRIO: No tiene ni más ni menos que lo que tenemos todas.

585 MAGDALENA: Todas, menos Angustias.

ANGUSTIAS: Yo me encuentro bien, y al que le duela, que reviente.[120]

MAGDALENA: Desde luego que hay que reconocer que lo mejor que has tenido siempre es el talle y la delicadeza.

ANGUSTIAS: Afortunadamente, pronto voy a salir de este infierno.

590 MAGDALENA: ¡A lo mejor no sales!

MARTIRIO: Dejar esa conversación.

ANGUSTIAS: Y, además, ¡más vale onza en el arca que ojos negros en la cara[121]!

[122] un... una nube
[123] caballo pequeño
[124] *iron grate of a window*
[125] sorprendió
[126] das... dices que sí

MAGDALENA: Por un oído me entra y por otro me sale.

595 AMELIA: (*A LA PONCIA.*) Abre la puerta del patio a ver si nos entra un poco de fresco.

(*La* CRIADA *lo hace.*)

MARTIRIO: Esta noche pasada no me podía quedar dormida por el calor.

600 AMELIA: Yo tampoco.

MAGDALENA: Yo me levanté a refrescarme. Había un nublo[122] negro de tormenta y hasta cayeron algunas gotas.

LA PONCIA: Era la una de la madrugada y subía fuego de la tierra. También me levanté yo. Todavía estaba Angustias con Pepe en la
605 ventana.

MAGDALENA: (*Con ironía.*) ¿Tan tarde? ¿A qué hora se fue?

ANGUSTIAS: Magdalena, ¿a qué preguntas, si lo viste?

AMELIA: Se iría a eso de la una y media.

ANGUSTIAS: ¿Sí? ¿Tú por qué lo sabes?

610 AMELIA: Lo sentí toser y oí los pasos de su jaca.[123]

LA PONCIA: Pero si yo lo sentí marchar a eso de las cuatro.

ANGUSTIAS: No sería él.

LA PONCIA: Estoy segura.

AMELIA: A mí también me pareció.

615 MAGDALENA: ¡Qué cosa más rara!

(*Pausa.*)

LA PONCIA: Oye, Angustias: ¿qué fue lo que te dijo la primera vez que se acercó a la ventana?

ANGUSTIAS: Nada. ¡Qué me iba a decir! Cosas de conversación.

620 MARTIRIO: Verdaderamente es raro que dos personas que no se conocen se vean de pronto en una reja[124] y ya novios.

ANGUSTIAS: Pues a mí no me chocó.[125]

AMELIA: A mí me daría no sé qué.

ANGUSTIAS: No, porque cuando un hombre se acerca a una reja ya
625 sabe por los que van y vienen, llevan y traen, que se le va a decir que sí.

MARTIRIO: Bueno; pero él te lo tendría que decir.

ANGUSTIAS: ¡Claro!

AMELIA: (*Curiosa.*) ¿Y cómo te lo dijo?

630 ANGUSTIAS: Pues nada: «Ya sabes que ando detrás de ti, necesito una mujer buena, modosa, y esa eres tú si me das la conformidad[126]».

AMELIA: ¡A mí me da vergüenza de estas cosas!

ANGUSTIAS: Y a mí, pero hay que pasarlas.

LA PONCIA: ¿Y habló más?

635 ANGUSTIAS: Sí, siempre habló él.

MARTIRIO: ¿Y tú?

ANGUSTIAS: Yo no hubiera podido. Casi se me salió el corazón por la boca.[127] Era la primera vez que estaba sola de noche con un hombre.

640 MAGDALENA: Y un hombre tan guapo.

ANGUSTIAS: No tiene mal tipo.

LA PONCIA: Esas cosas pasan entre personas ya un poco instruidas que hablan y dicen y mueven la mano... La primera vez que mi marido Evaristo el Colín vino a mi ventana... Ja, ja, ja.

645 AMELIA: ¿Qué pasó?

LA PONCIA: Era muy oscuro. Lo vi acercarse y al llegar me dijo: «Buenas noches». «Buenas noches», le dije yo, y nos quedamos callados más de media hora. Me corría el sudor[128] por todo el cuerpo. Entonces Evaristo se acercó, se acercó que se quería meter por los

650 hierros, y dijo con voz muy baja: «¡Ven que te tiente[129]!» (*Ríen todas.*)

(AMELIA *se levanta corriendo y espía por una puerta.*)

AMELIA: ¡Ay!, creí que llegaba nuestra madre.

MAGDALENA: ¡Buenas nos hubiera puesto! (*Siguen riendo.*)

655 AMELIA: Chissss... ¡Que nos van a oír!

LA PONCIA: Luego se portó bien. En vez de darle por otra cosa le dio por criar colorines[130] hasta que se murió. A vosotras que sois solteras, os conviene saber de todos modos que el hombre, a los quince días de boda, deja la cama por la mesa y luego la mesa por la taber-

660 nilla, y la que no se conforma se pudre[131] llorando en un rincón.

AMELIA: Tú te conformaste.

LA PONCIA: ¡Yo pude con él!

MARTIRIO: ¿Es verdad que le pegaste algunas veces?

LA PONCIA: Sí, y por poco si le dejo tuerto.[132]

665 MAGDALENA: ¡Así debían ser todas las mujeres!

LA PONCIA: Yo tengo la escuela de tu madre. Un día me dijo no sé qué cosa y le maté todos los colorines con la mano del almirez.[133] (*Ríen.*)

MAGDALENA: Adela, niña, no te pierdas esto.

670 AMELIA: Adela.

(*Pausa.*)

MAGDALENA: Voy a ver. (*Entra.*)

LA PONCIA: Esa niña está mala.

MARTIRIO: Claro, no duerme apenas.

675 LA PONCIA: ¿Pues qué hace?

MARTIRIO: ¡Yo qué sé lo que hace!

LA PONCIA: Mejor lo sabrás tú que yo, que duermes pared por medio.[134]

ANGUSTIAS: La envidia la come.

AMELIA: No exageres.

680 ANGUSTIAS: Se lo noto en los ojos. Se le está poniendo mirar de loca.

[127] se... *I had my heart in my mouth*

[128] *sweat*

[129] ¡Ven... *Come here and let me touch you!*

[130] *goldfinches*

[131] se... *rots*

[132] *blind in one eye*

[133] mano... *pestle*

[134] pared... *en la habitación de al lado*

MARTIRIO: No habléis de locos. Aquí es el único sitio donde no se puede pronunciar esta palabra.

(*Sale* MAGDALENA *con* ADELA.)

MAGDALENA: Pues ¿no estabas dormida?

685 ADELA: Tengo mal cuerpo.

MARTIRIO: (*Con intención.*) ¿Es que no has dormido bien esta noche?

ADELA: Sí.

MARTIRIO: ¿Entonces?

ADELA: (*Fuerte.*) ¡Déjame ya! ¡Durmiendo o velando,[135] no tienes por
690   qué meterte en lo mío! ¡Yo hago con mi cuerpo lo que me parece!

MARTIRIO: ¡Sólo es interés por ti!

ADELA: Interés o inquisición. ¿No estabais cosiendo? Pues seguir. ¡Quisiera ser invisible, pasar por las habitaciones sin que me preguntarais dónde voy!

695 CRIADA: (*Entra.*) Bernarda os llama. Está el hombre de los encajes.[136]
    (*Salen.*)

(*Al salir,* MARTIRIO *mira fijamente a* ADELA.)

ADELA: ¡No me mires más! Si quieres te daré mis ojos, que son frescos, y mis espaldas para que te compongas la joroba que tienes,[137]
700   pero vuelve la cabeza cuando yo paso.

(*Se va* MARTIRIO.)

LA PONCIA: ¡Que es tu hermana y además la que más te quiere!

ADELA: Me sigue a todos lados. A veces se asoma a mi cuarto para ver si duermo. No me deja respirar. Y siempre: «¡Qué lástima de
705   cara!», «¡Qué lástima de cuerpo que no vaya a ser para nadie!» ¡Y eso no! Mi cuerpo será de quien yo quiera.

LA PONCIA: (*Con intención y en voz baja.*) De Pepe el Romano. ¿No es eso?

ADELA: (*Sobrecogida.*) ¿Qué dices?

710 LA PONCIA: Lo que digo, Adela.

ADELA: ¡Calla!

LA PONCIA: (*Alto.*) ¿Crees que no me he fijado?

ADELA: ¡Baja la voz!

LA PONCIA: ¡Mata esos pensamientos!

715 ADELA: ¿Qué sabes tú?

LA PONCIA: Las viejas vemos a través de las paredes. ¿Dónde vas de noche cuando te levantas?

ADELA: ¡Ciega debías estar!

LA PONCIA: Con la cabeza y las manos llenas de ojos cuando se trata de
720   lo que se trata. Por mucho que pienso no sé lo que te propones. ¿Por qué te pusiste casi desnuda con la luz encendida y la ventana abierta al pasar Pepe el segundo día que vino a hablar con tu hermana?

135 despierta
136 hombre... *lace peddler*
137 para... *to fix your hump*

ADELA: ¡Eso no es verdad!

725 LA PONCIA: No seas como los niños chicos. ¡Deja en paz a tu hermana, y si Pepe el Romano te gusta, te aguantas[138]! (ADELA *llora*.) Además, ¿quién dice que no te puedas casar con él? Tu hermana Angustias es una enferma. Esa no resiste el primer parto. Es estrecha de cintura, vieja, y con mi conocimiento te digo que se

730 morirá. Entonces Pepe hará lo que hacen todos los viudos de esta tierra: se casará con la más joven, la más hermosa, y esa serás tú. Alimenta esa esperanza, olvídalo, lo que quieras, pero no vayas contra la ley de Dios.

ADELA: ¡Calla!

735 LA PONCIA: ¡No callo!

ADELA: Métete en tus cosas, ¡oledora!, ¡pérfida!

LA PONCIA: Sombra tuya he de ser.

ADELA: En vez de limpiar la casa y acostarte para rezar a tus muertos, buscas como una vieja marrana[139] asuntos de hombres y mujeres

740 para babosear[140] en ellos.

LA PONCIA: ¡Velo[141]! Para que las gentes no escupan al pasar por esta puerta.

ADELA: ¡Qué cariño tan grande te ha entrado de pronto por mi hermana!

745 LA PONCIA: No os tengo ley a ninguna, pero quiero vivir en casa decente. ¡No quiero mancharme de vieja!

ADELA: Es inútil tu consejo. Ya es tarde. No por encima de ti, que eres una criada; por encima de mi madre saltaría para apagarme este fuego que tengo levantado por piernas y boca. ¿Qué puedes decir

750 de mí? ¿Que me encierro en mi cuarto y no abro la puerta? ¿Que no duermo? ¡Soy más lista que tú! Mira a ver si puedes agarrar la liebre con tus manos.

LA PONCIA: No me desafíes,[142] Adela, no me desafíes. Porque yo puedo dar voces, encender luces y hacer que toquen las campanas.

755 ADELA: Trae cuatro mil bengalas[143] amarillas y ponlas en las bardas[144] del corral. Nadie podrá evitar que suceda lo que tiene que suceder.

LA PONCIA: ¡Tanto te gusta ese hombre!

ADELA: ¡Tanto! Mirando sus ojos me parece que bebo su sangre lentamente.

760 LA PONCIA: Yo no te puedo oír.

ADELA: ¡Pues me oirás! Te he tenido miedo. ¡Pero ya soy más fuerte que tú!

(*Entra* ANGUSTIAS.)

ANGUSTIAS: ¡Siempre discutiendo!

765 LA PONCIA: Claro. Se empeña[145] que con el calor que hace vaya a traerle no sé qué de la tienda.

ANGUSTIAS: ¿Me compraste el bote de esencia?

LA PONCIA: El más caro. Y los polvos. En la mesa de tu cuarto los he puesto.

770   (*Sale* ANGUSTIAS.)

ADELA: ¡Y chitón!

LA PONCIA: ¡Lo veremos!

(*Entran* MARTIRIO, AMELIA *y* MAGDALENA.)

MAGDALENA: (*A* ADELA.) ¿Has visto los encajes?

775 AMELIA: Los de Angustias para sus sábanas de novia son preciosos.

ADELA: (*A* MARTIRIO, *que trae unos encajes.*) ¿Y éstos?

MARTIRIO: Son para mí. Para una camisa.

ADELA: (*Con sarcasmo.*) Se necesita buen humor.

MARTIRIO: (*Con intención.*) Para verlo yo. No necesito lucirme ante

780   nadie.

LA PONCIA: Nadie le ve a una en camisa.

MARTIRIO: (*Con intención y mirando a* ADELA.) ¡A veces! Pero me encanta la ropa interior. Si fuera rica la tendría de holanda. Es uno
de los pocos gustos que me quedan.

785 LA PONCIA: Estos encajes son preciosos para las gorras[146] de niños,
para mantehuelos de cristianar.[147] Yo nunca pude usarlos en los
míos. A ver si ahora Angustias los usa en los suyos. Como le dé por
tener crías, vais a estar cosiendo mañana y tarde.

MAGDALENA: Yo no pienso dar una puntada.[148]

790 AMELIA: Y mucho menos criar niños ajenos. Mira tú cómo están las
vecinas del callejón, sacrificadas por cuatro monigotes.[149]

LA PONCIA: Esas están mejor que vosotras. ¡Siquiera allí se ríe y se
oyen porrazos[150]!

MARTIRIO: Pues vete a servir con ellas.

795 LA PONCIA: No. Ya me ha tocado en suerte este convento.

(*Se oyen unos campanillos lejanos, como a través de varios muros.*)

MAGDALENA: Son los hombres que vuelven del trabajo.

LA PONCIA: Hace un minuto dieron las tres.

MARTIRIO: ¡Con este sol!

800 ADELA: (*Sentándose.*) ¡Ay, quién pudiera salir también a los campos!

MAGDALENA: (*Sentándose.*) ¡Cada clase tiene que hacer lo suyo!

MARTIRIO: (*Sentándose.*) ¡Así es!

AMELIA: (*Sentándose.*) ¡Ay!

LA PONCIA: No hay alegría como la de los campos en esta época. Ayer

805   de mañana llegaron los segadores. Cuarenta o cincuenta buenos
mozos.

MAGDALENA: ¿De dónde son este año?

LA PONCIA: De muy lejos. Vinieron de los montes. ¡Alegres! ¡Como árboles quemados! ¡Dando voces y arrojando piedras! Anoche llegó

810   al pueblo una mujer vestida de lentejuelas[151] y que bailaba con un
acordeón, y quince de ellos la contrataron para llevársela al olivar. Yo los vi de lejos. El que la contrataba era un muchacho de
ojos verdes, apretado como una gavilla de trigo.[152]

[146] *caps*
[147] *mantehuelos...* christening wear
[148] *stitch*
[149] cuatro... sus hijos
[150] golpes fuertes
[151] *sequins*
[152] gavilla... *sheaf of wheat*

AMELIA: ¿Es eso cierto?

815 ADELA: ¡Pero es posible!

LA PONCIA: Hace años vino otra de éstas y yo misma di dinero a mi hijo mayor para que fuera. Los hombres necesitan estas cosas.

ADELA: Se les perdona todo.

AMELIA: Nacer mujer es el mayor castigo.

820 MAGDALENA: Y ni nuestros ojos siquiera nos pertenecen.

(*Se oye un cantar lejano que se va acercando.*)

LA PONCIA: Son ellos. Traen unos cantos preciosos.

AMELIA: Ahora salen a segar.[153]

CORO: Ya salen los segadores
825   en busca de las espigas;[154]
           se llevan los corazones
           de las muchachas que miran.

(*Se oyen panderos*[155] *y carrañacas.*[156] *Pausa. Todas oyen en un silencio traspasado por el sol.*)

830 AMELIA: ¡Y no les importa el calor!

MARTIRIO: Siegan entre llamaradas.[157]

ADELA: Me gustaría segar para ir y venir. Así se olvida lo que nos muerde.[158]

MARTIRIO: ¿Qué tienes tú que olvidar?

835 ADELA: Cada una sabe sus cosas.

MARTIRIO: (*Profunda.*) ¡Cada una!

LA PONCIA: ¡Callar! ¡Callar!

CORO: (*Muy lejano.*)
           Abrir puertas y ventanas
840   las que vivís en el pueblo,
           el segador[159] pide rosas
           para adornar su sombrero.

LA PONCIA: ¡Qué canto!

MARTIRIO: (*Con nostalgia.*)
845   Abrir puertas y ventanas
           las que vivís en el pueblo...

ADELA: (*Con pasión.*)
           ... el segador pide rosas
           para adornar su sombrero.

850   (*Se va alejando el cantar.*)

LA PONCIA: Ahora dan vuelta a la esquina.

ADELA: Vamos a verlos por la ventana de mi cuarto.

LA PONCIA: Tened cuidado con no entreabrirla[160] mucho, porque son capaces de dar un empujón[161] para ver quién mira.

290   E L   D R A M A

[153] *to harvest*
[154] *heads of wheat*
[155] *tambourines*
[156] instrumento musical de madera
[157] (fig.) mucho calor
[158] (fig.) preocupa mucho
[159] *harvester*
[160] *partly open it*
[161] *strong push*

162 *frost*
163 como... profundamente
164 sin... *untamed*
165 conjetura
166 salida

855   (*Se van las tres.* MARTIRIO *queda sentada en la silla baja con la cabeza entre las manos.*)

AMELIA: (*Acercándose.*) ¿Qué te pasa?

MARTIRIO: Me sienta mal el calor.

AMELIA: ¿No es más que eso?

860 MARTIRIO: Estoy deseando que llegue noviembre, los días de lluvias, las escarchas,162 todo lo que no sea este verano interminable.

AMELIA: Ya pasará y volverá otra vez.

MARTIRIO: ¡Claro! (*Pausa.*) ¿A qué hora te dormiste anoche?

AMELIA: No sé. Yo duermo como un tronco.163 ¿Por qué?

865 MARTIRIO: Por nada, pero me pareció oír gente en el corral.

AMELIA: ¿Sí?

MARTIRIO: Muy tarde.

AMELIA: ¿Y no tuviste miedo?

MARTIRIO: No. Ya lo he oído otras noches.

870 AMELIA: Debiéramos tener cuidado. ¿No serían los gañanes?

MARTIRIO: Los gañanes llegan a las seis.

AMELIA: Quizá una mulilla sin desbravar.164

MARTIRIO: (*Entre dientes y llena de segunda intención.*) Eso, ¡eso!, una mulilla sin desbravar.

875 AMELIA: ¡Hay que prevenir!

MARTIRIO: No. No. No digas nada, puede ser un barrunto165 mío.

AMELIA: Quizá. (*Pausa.* AMELIA *inicia el mutis.*166)

MARTIRIO: Amelia.

AMELIA: (*En la puerta.*) ¿Qué?

880   (*Pausa.*)

MARTIRIO: Nada.

    (*Pausa.*)

AMELIA: ¿Por qué me llamaste?

    (*Pausa.*)

885 MARTIRIO: Se me escapó. Fue sin darme cuenta.

    (*Pausa.*)

AMELIA: Acuéstate un poco.

ANGUSTIAS: (*Entrando furiosa en escena, de modo que haya un gran contraste con los silencios anteriores.*) ¿Dónde está el retrato de
890   Pepe que tenía yo debajo de mi almohada? ¿Quién de vosotras lo tiene?

MARTIRIO: Ninguna.

AMELIA: Ni que Pepe fuera un San Bartolomé de plata.

ANGUSTIAS: ¿Dónde está el retrato?

895 (*Entran* LA PONCIA, MAGDALENA *y* ADELA.)

ADELA: ¿Qué retrato?

ANGUSTIAS: Una de vosotras me lo ha escondido.

MAGDALENA: ¿Tienes la desvergüenza de decir esto?

ANGUSTIAS: Estaba en mi cuarto y ya no está.

900 MARTIRIO: ¿Y no se habrá escapado a medianoche al corral? A Pepe le gusta andar con la luna.

ANGUSTIAS: ¡No me gastes bromas! Cuando venga se lo contaré.

LA PONCIA: ¡Eso no, porque aparecerá! (*Mirando a* ADELA.)

ANGUSTIAS: ¡Me gustaría saber cuál de vosotras lo tiene!

905 ADELA: (*Mirando a* MARTIRIO.) ¡Alguna! ¡Todas menos yo!

MARTIRIO: (*Con intención.*) ¡Desde luego!

BERNARDA: (*Entrando.*) ¡Qué escándalo es este en mi casa y en el silencio del peso del calor! Estarán las vecinas con el oído pegado a los tabiques.[167]

910 ANGUSTIAS: Me han quitado el retrato de mi novio.

BERNARDA: (*Fiera.*) ¿Quién? ¿Quién?

ANGUSTIAS: ¡Estas!

BERNARDA: ¿Cuál de vosotras? (*Silencio.*) ¡Contestarme! (*Silencio. A* PONCIA.) Registra los cuartos, mira por las camas. ¡Esto tiene no

915 ataros más cortas[168]! ¡Pero me vais a soñar[169]! (*A* ANGUSTIAS.) ¿Estás segura?

ANGUSTIAS: Sí.

BERNARDA: ¿Lo has buscado bien?

ANGUSTIAS: Sí, madre.

920 (*Todas están de pie en medio de un embarazoso silencio.*)

BERNARDA: Me hacéis al final de mi vida beber el veneno más amargo que una madre puede resistir. (*A* PONCIA.) ¿No lo encuentras?

LA PONCIA: (*Saliendo.*) Aquí está.

BERNARDA: ¿Dónde lo has encontrado?

925 LA PONCIA: Estaba...

BERNARDA: Dilo sin temor.

LA PONCIA: (*Extrañada.*) Entre las sábanas de la cama de Martirio.

BERNARDA: (*A* MARTIRIO.) ¿Es verdad?

MARTIRIO: ¡Es verdad!

930 BERNARDA: (*Avanzando y golpeándola.*) Mala puñalada te den, ¡mosca muerta! ¡Sembradura de vidrios[170]!

MARTIRIO: (*Fiera.*) ¡No me pegue usted, madre!

BERNARDA: ¡Todo lo que quiera!

MARTIRIO: ¡Si yo la dejo! ¿Lo oye? ¡Retírese usted!

935 LA PONCIA: No faltes a tu madre.

ANGUSTIAS: (*Cogiendo a* BERNARDA.) Déjala. ¡Por favor!

BERNARDA: Ni lágrimas te quedan en esos ojos.

MARTIRIO: No voy a llorar para darle gusto.

BERNARDA: ¿Por qué has cogido el retrato?

[167] paredes
[168] ¡Esto... ¡Este es el resultado de daros demasiada libertad!
[169] ¡Pero... *You'll live to regret it!* (lit.: *You'll dream about me.*)
[170] Mala... expresiones insultantes

940 MARTIRIO: ¿Es que yo no puedo gastar una broma a mi hermana? ¿Para qué lo iba a querer?

ADELA: (*Saltando llena de celos.*) No ha sido broma, que tú nunca has gustado jamás de juegos. Ha sido otra cosa que te reventaba en el pecho por querer salir. Dilo ya claramente.

945 MARTIRIO: ¡Calla y no me hagas hablar, que si hablo se van a juntar las paredes unas con otras de vergüenza!

ADELA: ¡La mala lengua no tiene fin para inventar!

BERNARDA: ¡Adela!

MAGDALENA: Estáis locas.

950 AMELIA: Y nos apedreáis con malos pensamientos.

MARTIRIO: Otras hacen cosas más malas.

ADELA: Hasta que se pongan en cueros de una vez y se las lleve el río.

BERNARDA: ¡Perversa!

ANGUSTIAS: Yo no tengo la culpa de que Pepe el Romano se haya fijado

955 en mí.

ADELA: ¡Por tus dineros!

ANGUSTIAS: ¡Madre!

BERNARDA: ¡Silencio!

MARTIRIO: Por tus marjales [171] y tus arboledas.

960 MAGDALENA: ¡Eso es lo justo!

BERNARDA: ¡Silencio digo! Yo veía la tormenta [172] venir, pero no creía que estallara tan pronto. ¡Ay, qué pedrisco [173] de odio habéis echado sobre mi corazón! Pero todavía no soy anciana y tengo cinco cadenas para vosotras y esta casa levantada por mi padre

965 para que ni las hierbas se enteren de mi desolación. ¡Fuera de aquí! (*Salen.* BERNARDA *se sienta desolada.* LA PONCIA *está de pie arrimada a los muros.* BERNARDA *reacciona, da un golpe en el suelo y dice:*) ¡Tendré que sentarles la mano [174]! Bernarda: acuérdate que ésta es tu obligación.

970 LA PONCIA: ¿Puedo hablar?

BERNARDA: Habla. Siento que hayas oído. Nunca está bien una extraña en el centro de la familia.

LA PONCIA: Lo visto, visto está.

BERNARDA: Angustias tiene que casarse en seguida.

975 LA PONCIA: Claro; hay que retirarla de aquí.

BERNARDA: No a ella. ¡A él!

LA PONCIA: Claro. A él hay que alejarlo de aquí. Piensas bien.

BERNARDA: No pienso. Hay cosas que no se pueden ni se deben pensar. Yo ordeno.

980 LA PONCIA: ¿Y tú crees que él querrá marcharse?

BERNARDA: (*Levantándose.*) ¿Qué imagina tu cabeza?

LA PONCIA: El, ¡claro!, se casará con Angustias.

BERNARDA: Habla, te conozco demasiado para saber que ya me tienes preparada la cuchilla.

985 LA PONCIA: Nunca pensé que se llamara asesinato al aviso.

BERNARDA: ¿Me tienes que prevenir de algo?

LA PONCIA: Yo no acuso, Bernarda. Yo sólo te digo: abre los ojos y verás.

BERNARDA: ¿Y verás qué?

990 LA PONCIA: Siempre has sido lista. Has visto lo malo de las gentes a cien leguas;[175] muchas veces creí que adivinabas los pensamientos. Pero los hijos son los hijos. Ahora estás ciega.

BERNARDA: ¿Te refieres a Martirio?

LA PONCIA: Bueno, a Martirio... (*Con curiosidad.*) ¿Por qué habrá es-
995 condido el retrato?

BERNARDA: (*Queriendo ocultar a su hija.*) Después de todo, ella dice que ha sido una broma. ¿Qué otra cosa puede ser?

LA PONCIA: ¿Tú crees así? (*Con sorna.*[176])

BERNARDA: (*Enérgica.*) No lo creo. ¡Es así!

1000 LA PONCIA: Basta. Se trata de lo tuyo. Pero si fuera la vecina de enfrente, ¿qué sería?

BERNARDA: Ya empiezas a sacar la punta del cuchillo.

LA PONCIA: (*Siempre con crueldad.*) Bernarda: aquí pasa una cosa muy grande. Yo no te quiero echar la culpa, pero tú no has dejado a tus
1005 hijas libres. Martirio es enamoradiza, digas lo que tú quieras. ¿Por qué no la dejaste casar con Enrique Humanas? ¿Por qué el mismo día que iba a venir a la ventana le mandaste recado que no viniera?

BERNARDA: ¡Y lo haría mil veces! ¡Mi sangre no se junta con la de los
1010 Humanas mientras yo viva! Su padre fue gañán.

LA PONCIA: ¡Y así te va a ti con esos humos!

BERNARDA: Los tengo porque puedo tenerlos. Y tú no los tienes porque sabes muy bien cuál es tu origen.

LA PONCIA: (*Con odio.*) No me lo recuerdes. Estoy ya vieja. Siempre
1015 agradecí tu protección.

BERNARDA: (*Crecida.*[177]) ¡No lo parece!

LA PONCIA: (*Con odio envuelto en suavidad.*) A Martirio se le olvidará esto.

BERNARDA: Y si no lo olvida peor para ella. No creo que ésta sea la
1020 «cosa muy grande» que aquí pasa. Aquí no pasa nada. ¡Eso quisieras tú! Y si pasa algún día, estate segura que no traspasará las paredes.

LA PONCIA: Eso no lo sé yo. En el pueblo hay gentes que leen también de lejos los pensamientos escondidos.

1025 BERNARDA: ¡Cómo gozarías de vernos a mí y a mis hijas camino del lupanar[178]!

LA PONCIA: ¡Nadie puede conocer su fin!

BERNARDA: ¡Yo sí sé mi fin! ¡Y el de mis hijas! El lupanar se queda para alguna mujer ya difunta.

1030 LA PONCIA: ¡Bernarda, respeta la memoria de mi madre!

BERNARDA: ¡No me persigas tú con tus malos pensamientos!

(*Pausa.*)

[175] medida de longitud equivalente a 5.500 metros
[176] sarcasmo
[177] Con mucho orgullo
[178] *brothel*

LA PONCIA: Mejor será que no me meta en nada.

BERNARDA: Eso es lo que debías hacer. Obrar y callar a todo. Es la obligación de los que viven a sueldo.

LA PONCIA: Pero no se puede. ¿A ti no te parece que Pepe estaría mejor casado con Martirio o..., ¡sí!, con Adela?

BERNARDA: No me parece.

LA PONCIA: Adela. ¡Esa es la verdadera novia del Romano!

BERNARDA: Las cosas no son nunca a gusto nuestro.

LA PONCIA: Pero les cuesta mucho trabajo desviarse de la verdadera inclinación. A mí me parece mal que Pepe esté con Angustias, y a las gentes, y hasta al aire. ¡Quién sabe si saldrán con la suya!

BERNARDA: ¡Ya estamos otra vez!... Te deslizas[179] para llenarme de malos sueños. Y no quiero entenderte, porque si llegara al alcance de[180] todo lo que dices te tendría que arañar.[181]

LA PONCIA: ¡No llegará la sangre al río!

BERNARDA: Afortunadamente mis hijas me respetan y jamás torcieron mi voluntad.[182]

LA PONCIA: ¡Eso sí! Pero en cuanto las dejes sueltas se te subirán al tejado.[183]

BERNARDA: ¡Ya las bajaré tirándoles cantos[184]!

LA PONCIA: ¡Desde luego eres la más valiente!

BERNARDA: ¡Siempre gasté sabrosa pimienta[185]!

LA PONCIA: ¡Pero lo que son las cosas! A su edad. ¡Hay que ver el entusiasmo de Angustias con su novio! ¡Y él también parece muy picado[186]! Ayer me contó mi hijo mayor que a las cuatro y media de la madrugada, que pasó por la calle con la yunta, estaban hablando todavía.

BERNARDA: ¡A las cuatro y media!

ANGUSTIAS: (Saliendo.) ¡Mentira!

LA PONCIA: Eso me contaron.

BERNARDA: (A ANGUSTIAS.) ¡Habla!

ANGUSTIAS: Pepe lleva más de una semana marchándose a la una. Que Dios me mate si miento.

MARTIRIO: (Saliendo.) Yo también lo sentí marcharse a las cuatro.

BERNARDA: Pero ¿lo viste con tus ojos?

MARTIRIO: No quise asomarme. ¿No habláis ahora por la ventana del callejón?

ANGUSTIAS: Yo hablo por la ventana de mi dormitorio.

(Aparece ADELA en la puerta.)

MARTIRIO: Entonces...

BERNARDA: ¿Qué es lo que pasa aquí?

LA PONCIA: ¡Cuida de enterarte! Pero, desde luego, Pepe estaba a las cuatro de la madrugada en una reja de tu casa.

BERNARDA: ¿Lo sabes seguro?

LA PONCIA: Seguro no se sabe nada en esta vida.

ADELA: Madre, no oiga usted a quien nos quiere perder a todas.

[179] Te... Hablas de eso
[180] al... a entender
[181] scratch, claw
[182] torcieron... me desobedecieron
[183] en... as soon as you let them loose they'll fly the coop (lit.: go up to the rooftop)
[184] piedras
[185] gasté... me he salido con la mía (I've gotten my way, fought a good fight)
[186] enamorado

BERNARDA: ¡Yo sabré enterarme! Si las gentes del pueblo quieren le-
1080   vantar falsos testimonios, se encontrarán con mi pedernal.[187] No
se hable de este asunto. Hay a veces una ola de fango[188] que levantan los demás para perdernos.

MARTIRIO: A mí no me gusta mentir.

LA PONCIA: Y algo habrá.

1085 BERNARDA: No habrá nada. Nací para tener los ojos abiertos. Ahora
vigilaré sin cerrarlos ya hasta que me muera.

ANGUSTIAS: Yo tengo derecho de enterarme.

BERNARDA: Tú no tienes derecho más que a obedecer. Nadie me traiga
ni me lleve.[189] (*A LA PONCIA*.) Y tú te metes en los asuntos de tu
1090   casa. ¡Aquí no se vuelve a dar un paso sin que yo lo sienta!

CRIADA: (*Entrando*.) En lo alto de la calle hay un gran gentío y todos
los vecinos están en sus puertas.

BERNARDA: (*A LA PONCIA*.) ¡Corre a enterarte de lo que pasa! (*Las* MU-
JERES *corren para salir*.) ¿Dónde vais? Siempre os supe mujeres
1095   ventaneras y rompedoras de su luto. ¡Vosotras, al patio!

(*Salen y sale* BERNARDA. *Se oyen rumores lejanos. Entran* MARTIRIO
y ADELA, *que se quedan escuchando y sin atreverse a dar un paso
más de la puerta de salida*.)

MARTIRIO: Agradece a la casualidad que no desaté mi lengua.

1100 ADELA: También hubiera hablado yo.

MARTIRIO: ¿Y qué ibas a decir? ¡Querer no es hacer!

ADELA: Hace la que puede y la que se adelanta. Tú querías, pero no
has podido.

MARTIRIO: No seguirás mucho tiempo.

1105 ADELA: ¡Lo tendré todo!

MARTIRIO: Yo romperé tus abrazos.

ADELA: (*Suplicante*.) ¡Martirio, déjame!

MARTIRIO: ¡De ninguna!

ADELA: ¡El me quiere para su casa!

1110 MARTIRIO: ¡He visto cómo te abrazaba!

ADELA: Yo no quería. He sido como arrastrada por una maroma.[190]

MARTIRIO: ¡Primero muerta!

(*Se asoman* MAGDALENA *y* ANGUSTIAS. *Se siente crecer el tumulto*.)

LA PONCIA: (*Entrando con* BERNARDA.) ¡Bernarda!

1115 BERNARDA: ¿Qué ocurre?

LA PONCIA: La hija de la Librada, la soltera, tuvo un hijo no se sabe
con quién.

ADELA: ¿Un hijo?

LA PONCIA: Y para ocultar su vergüenza lo mató y lo metió debajo de
1120   unas piedras, pero unos perros con más corazón que muchas criaturas lo sacaron, y como llevados por la mano de Dios lo han
puesto en el tranco[191] de su puerta. Ahora la quieren matar. La

---

[187] se... *they'll come up against my wrath* (lit.: *flint*)
[188] *lodo*
[189] me... *should carry tales back and forth*
[190] *rope*
[191] *threshold*

traen arrastrando por la calle abajo, y por las trochas[192] y los te-
rrenos del olivar vienen los hombres corriendo, dando unas voces
1125   que estremecen los campos.

BERNARDA: Sí, que vengan todos con varas de olivo y mangos de aza-
dones,[193] que vengan todos para matarla.

ADELA: No, no. Para matarla, no.

MARTIRIO: Sí, y vamos a salir también nosotras.

1130 BERNARDA: Y que pague la que pisotea la decencia.

(*Fuera se oye un grito de mujer y un gran rumor.*)

ADELA: ¡Que la dejen escapar! ¡No salgáis vosotras!

MARTIRIO: (*Mirando a* ADELA.) ¡Que pague lo que debe!

BERNARDA: (*Bajo el arco.*[194]) ¡Acabad con ella antes que lleguen los
1135   guardias! ¡Carbón ardiendo en el sitio de su pecado[195]!

ADELA: (*Cogiéndose el vientre.*) ¡No! ¡No!

BERNARDA: ¡Matadla! ¡Matadla!

Telón.

ACTO TERCERO

Cuatro paredes blancas ligeramente azuladas del patio interior de
1140   *la casa de* BERNARDA. *Es de noche. El decorado ha de ser de una*
perfecta simplicidad. Las puertas iluminadas por la luz de los inte-
riores dan un tenue[196] *fulgor a la escena. En el centro, una mesa*
con un quinqué,[197] *donde están comiendo* BERNARDA *y sus* HIJAS. LA
PONCIA *las sirve.* PRUDENCIA *está sentada aparte. Al levantarse el*
1145   *telón hay un gran silencio, interrumpido por el ruido de platos y*
cubiertos.

PRUDENCIA: Ya me voy. Os he hecho una visita larga. (*Se levanta.*)

BERNARDA: Espérate, mujer. No nos vemos nunca.

PRUDENCIA: ¿Han dado el último toque[198] para el rosario?

1150 LA PONCIA: Todavía no. (PRUDENCIA *se sienta.*)

BERNARDA: ¿Y tu marido cómo sigue?

PRUDENCIA: Igual.

BERNARDA: Tampoco lo vemos.

PRUDENCIA: Ya sabes sus costumbres. Desde que se peleó con sus her-
1155   manos por la herencia no ha salido por la puerta de la calle. Pone
una escalera y salta las tapias[199] y el corral.

BERNARDA: Es un verdadero hombre. ¿Y con tu hija?

PRUDENCIA: No la ha perdonado.

BERNARDA: Hace bien.

1160 PRUDENCIA: No sé qué te diga. Yo sufro por esto.

BERNARDA: Una hija que desobedece deja de ser hija para convertirse
en una enemiga.

PRUDENCIA: Yo dejo que el agua corra. No me queda más consuelo que

---

[192] caminos estrechos
[193] mangos... *pickaxe handles*
[194] *arch*
[195] ¡Carbón... *Hot coals on the site of her sin!*
[196] delicado
[197] lámpara
[198] llamada (con la campana)
[199] cercas (*walls*)

1165 refugiarme en la iglesia, pero como me estoy quedando sin vista tendré que dejar de venir para que no jueguen con una los chiquillos. (*Se oye un gran golpe dado en los muros.*[200])

BERNARDA: El caballo garañón,[201] que está encerrado y da coces[202] contra el muro. (*A voces.*) ¡Trabadlo[203] y que salga al corral! (*En voz baja.*) Debe tener calor.

1170 PRUDENCIA: ¿Vais a echarle las potras nuevas?

BERNARDA: Al amanecer.

PRUDENCIA: Has sabido acrecentar[204] tu ganado.

BERNARDA: A fuerza de dinero y sinsabores.[205]

LA PONCIA: (*Interrumpiendo.*) Pero tiene la mejor manada[206] de estos
1175 contornos. Es una lástima que esté bajo de precio.

BERNARDA: ¿Quieres un poco de queso y miel?

PRUDENCIA: Estoy desganada.[207]

(*Se oye otra vez el golpe.*)

LA PONCIA: ¡Por Dios!

1180 PRUDENCIA: Me ha retemblado dentro del pecho.

BERNARDA: (*Levantándose furiosa.*) ¿Hay que decir las cosas dos veces? ¡Echadlo que se revuelque[208] en los montones de paja! (*Pausa, y como hablando con los gañanes.*) Pues cerrad las potras[209] en la cuadra, pero dejadlo libre, no sea que nos eche abajo las paredes.
1185 (*Se dirige a la mesa y se sienta otra vez.*) ¡Ay, qué vida!

PRUDENCIA: Bregando[210] como un hombre.

BERNARDA: Así es. (ADELA *se levanta de la mesa.*) ¿Dónde vas?

ADELA: A beber agua.

BERNARDA: (*En voz alta.*) Trae un jarro de agua fresca. (*A* ADELA.) Pue-
1190 des sentarte. (ADELA *se sienta.*)

PRUDENCIA: Y Angustias, ¿cuándo se casa?

BERNARDA: Vienen a pedirla dentro de tres días.

PRUDENCIA: ¡Estarás contenta!

ANGUSTIAS: ¡Claro!

1195 AMELIA: (*A* MAGDALENA.) Ya has derramado[211] la sal.

MAGDALENA: Peor suerte que tienes no vas a tener.

AMELIA: Siempre trae mala sombra.[212]

BERNARDA: ¡Vamos!

PRUDENCIA: (*A* ANGUSTIAS.) ¿Te ha regalado ya el anillo?

1200 ANGUSTIAS: Mírelo usted. (*Se lo alarga.*)

PRUDENCIA: Es precioso. Tres perlas. En mi tiempo las perlas significaban lágrimas.

ANGUSTIAS: Pero ya las cosas han cambiado.

ADELA: Yo creo que no. Las cosas significan siempre lo mismo. Los
1205 anillos de pedida[213] deben ser de diamantes.

PRUDENCIA: Es más propio.

BERNARDA: Con perlas o sin ellas, las cosas son como uno se las propone.

[200] *walls*
[201] el... *stallion*
[202] patadas
[203] Atadlo
[204] aumentar
[205] problemas
[206] *herd*
[207] Estoy... No tengo hambre.
[208] Echadlo... *Let him* (el caballo) *wallow*
[209] caballos jóvenes (hembras)
[210] Trabajando duramente
[211] dejado caer
[212] suerte
[213] anillos... *engagement rings*

MARTIRIO: O como Dios dispone.

1210 PRUDENCIA: Los muebles me han dicho que son preciosos.

BERNARDA: Dieciséis mil reales he gastado.

LA PONCIA: (*Interviniendo.*) Lo mejor es el armario de luna.[214]

PRUDENCIA: Nunca vi un mueble de éstos.

BERNARDA: Nosotras tuvimos arca.[215]

1215 PRUDENCIA: Lo preciso es que todo sea para bien.

ADELA: Que nunca se sabe.

BERNARDA: No hay motivo para que no lo sea.

(*Se oyen lejanísimas unas campanas.*)

PRUDENCIA: El último toque. (*A* ANGUSTIAS.) Ya vendré a que me en-
1220   señes la ropa.

ANGUSTIAS: Cuando usted quiera.

PRUDENCIA: Buenas noches nos dé Dios.

BERNARDA: Adiós, Prudencia.

LAS CINCO A LA VEZ: Vaya usted con Dios.

1225   (*Pausa. Sale* PRUDENCIA.)

BERNARDA: Ya hemos comido. (*Se levantan.*)

ADELA: Voy a llegarme hasta el portón para estirar las piernas y tomar
un poco de fresco.

(MAGDALENA *se sienta en una silla baja retrepada*[216] *contra la*
1230   *pared.*)

AMELIA: Yo voy contigo.

MARTIRIO: Y yo.

ADELA: (*Con odio contenido.*) No me voy a perder.

AMELIA: La noche quiere compaña. (*Salen.*)

1235   (BERNARDA *se sienta y* ANGUSTIAS *está arreglando la mesa.*)

BERNARDA: Ya te he dicho que quiero que hables con tu hermana Martirio. Lo que pasó del retrato fue una broma y lo debes olvidar.

ANGUSTIAS: Usted sabe que ella no me quiere.

BERNARDA: Cada uno sabe lo que piensa por dentro. Yo no me meto en
1240   los corazones, pero quiero buena fachada y armonía familiar. ¿Lo
entiendes?

ANGUSTIAS: Sí.

BERNARDA: Pues ya está.

MAGDALENA: (*Casi dormida.*) Además, ¡si te vas a ir antes de nada[217]!
1245   (*Se duerme.*)

ANGUSTIAS: Tarde me parece.

BERNARDA: ¿A qué hora terminaste anoche de hablar?

ANGUSTIAS: A las doce y media.

BERNARDA: ¿Qué cuenta Pepe?

214 armario... *clothes closet with a mirror*
215 *hope chest*
216 *apoyada*
217 antes... *en seguida*

218 se... pierdo la imagen
de él
219 *window bars*
220 *flocks of sheep*
221 lugar para ocultarse
o esconderse
222 *lightning*

1250 ANGUSTIAS: Yo lo encuentro distinto. Me habla siempre como pensando en otra cosa. Si le pregunto qué le pasa, me contesta: «Los hombres tenemos nuestras preocupaciones».

BERNARDA: No le debes preguntar. Y cuando te cases, menos. Habla si él habla y míralo cuando te mire. Así no tendrás disgustos.

1255 ANGUSTIAS: Yo creo, madre, que él me oculta muchas cosas.

BERNARDA: No procures descubrirlas, no le preguntes y, desde luego, que no te vea llorar jamás.

ANGUSTIAS: Debía estar contenta y no lo estoy.

BERNARDA: Eso es lo mismo.

1260 ANGUSTIAS: Muchas veces miro a Pepe con mucha fijeza y se me borra [218] a través de los hierros,[219] como si lo tapara una nube de polvo de las que levantan los rebaños.[220]

BERNARDA: Esas son cosas de debilidad.

ANGUSTIAS: ¡Ojalá!

1265 BERNARDA: ¿Viene esta noche?

ANGUSTIAS: No. Fue con su madre a la capital.

BERNARDA: Así nos acostaremos antes. ¡Magdalena!

ANGUSTIAS: Está dormida.

(*Entran* ADELA, MARTIRIO *y* AMELIA.)

1270 AMELIA: ¡Qué noche más oscura!

ADELA: No se ve a dos pasos de distancia.

MARTIRIO: Una buena noche para ladrones, para el que necesita escondrijo.[221]

ADELA: El caballo garañón estaba en el centro del corral ¡blanco! Do-
1275 ble de grande, llenando todo lo oscuro.

AMELIA: Es verdad. Daba miedo. Parecía una aparición.

ADELA: Tiene el cielo unas estrellas como puños.

MARTIRIO: Esta se puso a mirarlas de modo que se iba a tronchar el cuello.

1280 ADELA: ¿Es que no te gustan a ti?

MARTIRIO: A mí las cosas de tejas arriba no me importan nada. Con lo que pasa dentro de las habitaciones tengo bastante.

ADELA: Así te va a ti.

BERNARDA: A ella le va en lo suyo como a ti en lo tuyo.

1285 ANGUSTIAS: Buenas noches.

ADELA: ¿Ya te acuestas?

ANGUSTIAS: Sí. Esta noche no viene Pepe. (*Sale.*)

ADELA: Madre, ¿por qué cuando se corre una estrella o luce un relámpago[222] se dice:

1290   Santa Bárbara bendita,
     que en el cielo estás escrita
     con papel y agua bendita?

BERNARDA: Los antiguos sabían muchas cosas que hemos olvidado.

AMELIA: Yo cierro los ojos para no verlas.

1295 ADELA: Yo, no. A mí me gusta ver correr lleno de lumbre lo que está quieto y quieto años enteros.

MARTIRIO: Pero estas cosas nada tienen que ver con nosotros.

BERNARDA: Y es mejor no pensar en ellas.

ADELA: ¡Qué noche más hermosa! Me gustaría quedarme hasta muy
1300 tarde para disfrutar el fresco del campo.

BERNARDA: Pero hay que acostarse. ¡Magdalena!

AMELIA: Está en el primer sueño.

BERNARDA: ¡Magdalena!

MAGDALENA: (*Disgustada.*) ¡Déjame en paz!

1305 BERNARDA: ¡A la cama!

MAGDALENA: (*Levantándose malhumorada.*) ¡No la dejáis a una tranquila! (*Se va refunfuñando.*[223])

AMELIA: Buenas noches. (*Se va.*)

BERNARDA: Andar vosotras también.

1310 MARTIRIO: ¿Cómo es que esta noche no viene el novio de Angustias?

BERNARDA: Fue de viaje.

MARTIRIO: (*Mirando a* ADELA.) ¡Ah!

ADELA: Hasta mañana. (*Sale.*)

(MARTIRIO *bebe agua y sale lentamente, mirando hacia la puerta del*
1315 *corral.*)

LA PONCIA: (*Saliendo.*) ¿Estás todavía aquí?

BERNARDA: Disfrutando este silencio y sin lograr ver por parte alguna
«la cosa tan grande» que aquí pasa, según tú.

LA PONCIA: Bernarda, dejemos esa conversación.

1320 BERNARDA: En esta casa no hay ni un sí ni un no.[224] Mi vigilancia lo
puede todo.

LA PONCIA: No pasa nada por fuera. Eso es verdad. Tus hijas están y
viven como metidas en alacenas.[225] Pero ni tú ni nadie puede vigi-
lar por el interior de los pechos.

1325 BERNARDA: Mis hijas tienen la respiración tranquila.

LA PONCIA: Eso te importa a ti, que eres su madre. A mí, con servir tu
casa tengo bastante.

BERNARDA: Ahora te has vuelto callada.

LA PONCIA: Me estoy en mi sitio, y en paz.

1330 BERNARDA: Lo que pasa es que no tienes nada que decir. Si en esta
casa hubiera hierbas ya te encargarías de traer a pastar las ovejas
del vecindario.[226]

LA PONCIA: Yo tapo[227] más de lo que te figuras.

BERNARDA: ¿Sigue tu hijo viendo a Pepe a las cuatro de la mañana?
1335 ¿Siguen diciendo todavía la mala letanía de esta casa?

LA PONCIA: No dicen nada.

BERNARDA: Porque no pueden. Porque no hay carne donde morder.[228]
A la vigilancia de mis ojos se debe esto.

223 *growling*
224 no... no pasa nada
225 *kitchen cabinets*
226 hubiera... pasara algo lo
   comentarías con todos
   los vecinos
227 *oculto*
228 carne... nada que criticar

LA PONCIA: Bernarda, yo no quiero hablar porque temo tus intencio-
1340 nes. Pero no estés segura.

BERNARDA: ¡Segurísima!

LA PONCIA: A lo mejor, de pronto, cae un rayo.[229] A lo mejor, de pronto,
un golpe te para el corazón.

BERNARDA: Aquí no pasa nada. Ya estoy alerta contra tus suposiciones.

1345 LA PONCIA: Pues mejor para ti.

BERNARDA: ¡No faltaba más!

CRIADA: (*Entrando.*) Ya terminé de fregar los platos. ¿Manda usted
algo, Bernarda?

BERNARDA: (*Levantándose.*) Nada. Voy a descansar.

1350 LA PONCIA: ¿A qué hora quieres que te llame?

BERNARDA: A ninguna. Esta noche voy a dormir bien. (*Se va.*)

LA PONCIA: Cuando una no puede con el mar lo más fácil es volver las
espaldas para no verlo.

CRIADA: Es tan orgullosa que ella misma se pone una venda[230] en los
1355 ojos.

LA PONCIA: Yo no puedo hacer nada. Quise atajar las cosas, pero ya me
asustan demasiado. ¿Tú ves este silencio? Pues hay una tormenta
en cada cuarto. El día que estallen[231] nos barrerán a todos.[232] Yo
he dicho lo que tenía que decir.

1360 CRIADA: Bernarda cree que nadie puede con ella y no sabe la fuerza
que tiene un hombre entre mujeres solas.

LA PONCIA: No es toda la culpa de Pepe el Romano. Es verdad que el
año pasado anduvo detrás de Adela y ésta está loca por él, pero
ella debió estarse en su sitio y no provocarlo. Un hombre es un
1365 hombre.

CRIADA: Hay quien cree que habló muchas veces con Adela.

LA PONCIA: Es verdad. (*En voz baja.*) Y otras cosas.

CRIADA: No sé lo que va a pasar aquí.

LA PONCIA: A mí me gustaría cruzar el mar y dejar esta casa de guerra.

1370 CRIADA: Bernarda está aligerando la boda y es posible que nada pase.

LA PONCIA: Las cosas se han puesto ya demasiado maduras. Adela está
decidida a lo que sea y las demás vigilan sin descanso.

CRIADA: ¿Y Martirio también?

LA PONCIA: Esa es la peor. Es un pozo de veneno. Ve que el Romano no
1375 es para ella y hundiría el mundo si estuviera en su mano.

CRIADA: ¡Es que son malas!

LA PONCIA: Son mujeres sin hombre, nada más. En estas cuestiones se
olvida hasta la sangre. ¡Chisss! (*Escucha.*)

CRIADA: ¿Qué pasa?

1380 LA PONCIA: (*Se levanta.*) Están ladrando los perros.

CRIADA: Debe haber pasado alguien por el portón.

(*Sale* ADELA *en enaguas*[233] *blancas y corpiño.*[234])

LA PONCIA: ¿No te habías acostado?

229 *thunderbolt*
230 *blindfold*
231 *exploten*
232 *nos... they'll sweep us all
away*
233 *petticoats*
234 *short blouse*

ADELA: Voy a beber agua. (*Bebe en un vaso de la mesa.*)

1385 LA PONCIA: Yo te suponía dormida.

ADELA: Me despertó la sed. Y vosotras, ¿no descansáis?

CRIADA: Ahora.

(*Sale* ADELA.)

LA PONCIA: Vámonos.

1390 CRIADA: Ganado tenemos el sueño. Bernarda no me deja descansar en
todo el día.

LA PONCIA: Llévate la luz.

CRIADA: Los perros están como locos.

LA PONCIA: No nos van a dejar dormir. (*Salen.*)

1395 (*La escena queda casi a oscuras. Sale* MARIA JOSEFA *con una oveja
en los brazos.*)

MARIA JOSEFA:
Ovejita, niño mío,
vámonos a la orilla del mar.
1400 La hormiguita[235] estará en su puerta,
yo te daré la teta[236] y el pan.

Bernarda,
cara de leoparda.
Magdalena,
1405 cara de hiena.
¡Ovejita!
Meee, meeee.
Vamos a los ramos del portal de Belén.

Ni tú ni yo queremos dormir;
1410 la puerta sola se abrirá
y en la playa nos meteremos
en una choza de coral.

Bernarda,
cara de leoparda.
1415 Magdalena,
cara de hiena.
¡Ovejita!
Meee, meeee.
Vamos a los ramos del portal de Belén. (*Se va cantando.*)

1420 (*Entra* ADELA. *Mira a un lado y otro con sigilo[237] y desaparece por
la puerta del corral. Sale* MARTIRIO *por otra puerta y queda en angustioso acecho[238] en el centro de la escena. También va en enaguas. Se cubre con un pequeño mantón[239] negro de talle. Sale por
enfrente de ella* MARIA JOSEFA.)

235 *little ant*
236 *breast*
237 cuidado
238 *watch*
239 *shawl*

1425 MARTIRIO: Abuela, ¿dónde va usted?

MARIA JOSEFA: ¿Vas a abrirme la puerta? ¿Quién eres tú?

MARTIRIO: ¿Cómo está aquí?

MARIA JOSEFA: Me escapé. ¿Tú quién eres?

MARTIRIO: Vaya a acostarse.

1430 MARIA JOSEFA: Tú eres Martirio, ya te veo. Martirio, cara de Martirio.
¿Y cuándo vas a tener un niño? Yo he tenido éste.

MARTIRIO: ¿Dónde cogió esa oveja?

MARIA JOSEFA: Ya sé que es una oveja. Pero ¿por qué una oveja no va a
ser un niño? Mejor es tener una oveja que no tener nada. Ber-
1435 narda, cara de leoparda. Magdalena, cara de hiena.

MARTIRIO: No dé voces.

MARIA JOSEFA: Es verdad. Está todo muy oscuro. Como tengo el pelo
blanco crees que no puedo tener crías, y sí, crías y crías y crías.
Este niño tendrá el pelo blanco y tendrá otro niño y éste otro, y
1440 todos con el pelo de nieve, seremos como las olas, una y otra y
otra. Luego nos sentaremos todos y todos tendremos el cabello
blanco y seremos espuma. ¿Por qué aquí no hay espumas? Aquí
no hay más que mantos de luto.

MARTIRIO: Calle, calle.

1445 MARIA JOSEFA: Cuando mi vecina tenía un niño yo le llevaba chocolate
y luego ella me lo traía a mí y así siempre, siempre, siempre. Tú
tendrás el pelo blanco, pero no vendrán las vecinas. Yo tengo que
marcharme, pero tengo miedo que los perros me muerdan. ¿Me
acompañarás tú a salir al campo? Yo quiero campo. Yo quiero
1450 casas, pero casas abiertas y las vecinas acostadas en sus camas
con sus niños chiquitos y los hombres fuera sentados en sus sillas.
Pepe el Romano es un gigante. Todas lo queréis. Pero él os va a
devorar porque vosotras sois granos de trigo. No granos de trigo.
¡Ranas sin lengua!

1455 MARTIRIO: Vamos. Váyase a la cama. (*La empuja.*)

MARIA JOSEFA: Sí, pero luego tú me abrirás, ¿verdad?

MARTIRIO: De seguro.

MARIA JOSEFA: (*Llorando.*)
Ovejita, niño mío,
1460 vámonos a la orilla del mar.
La hormiguita estará en su puerta,
yo te daré la teta y el pan.

(MARTIRIO *cierra la puerta por donde ha salido* MARIA JOSEFA *y se
dirige a la puerta del corral. Allí vacila, pero avanza dos pasos*
1465 *más.*)

MARTIRIO: (*En voz baja.*) Adela. (*Pausa. Avanza hasta la misma puerta.
En voz alta.*) ¡Adela!

(*Aparece* ADELA. *Viene un poco despeinada.*)

ADELA: ¿Por qué me buscas?

1470 MARTIRIO: ¡Deja a ese hombre!

ADELA: ¿Quién eres tú para decírmelo?

MARTIRIO: No es ése el sitio de una mujer honrada.

ADELA: ¡Con qué ganas te has quedado de ocuparlo!

MARTIRIO: (*En voz alta.*) Ha llegado el momento de que yo hablé. Esto
1475 no puede seguir así.

ADELA: Esto no es más que el comienzo. He tenido fuerza para adelan-
tarme. El brío[240] y el mérito que tú no tienes. He visto la muerte
debajo de estos techos y he salido a buscar lo que era mío, lo que
me pertenecía.

1480 MARTIRIO: Ese hombre sin alma vino por otra. Tú te has atravesado.

ADELA: Vino por el dinero, pero sus ojos los puso siempre en mí.

MARTIRIO: Yo no permitiré que lo arrebates.[241] El se casará con
Angustias.

ADELA: Sabes mejor que yo que no la quiere.

1485 MARTIRIO: Lo sé.

ADELA: Sabes, porque lo has visto, que me quiere a mí.

MARTIRIO: (*Despechada.*) Sí.

ADELA: (*Acercándose.*) Me quiere a mí. Me quiere a mí.

MARTIRIO: Clávame un cuchillo si es tu gusto, pero no me lo digas
1490 más.

ADELA: Por eso procuras que no vaya con él. No te importa que abrace
a la que no quiere; a mí, tampoco. Ya puede estar cien años con
Angustias, pero que me abrace a mí se te hace terrible, porque tú
lo quieres también, lo quieres.

1495 MARTIRIO: (*Dramática.*) ¡Sí! Déjame decirlo con la cabeza fuera de los
embozos. ¡Sí! Déjame que el pecho se me rompa como una granada de amargura. ¡Le quiero!

ADELA: (*En un arranque[242] y abrazándola.*) Martirio, Martirio, yo no
tengo la culpa.

1500 MARTIRIO: ¡No me abraces! No quieras ablandar mis ojos. Mi sangre
ya no es tuya. Aunque quisiera verte como hermana, no te miro
ya más que como mujer. (*La rechaza.*)

ADELA: Aquí no hay ningún remedio. La que tenga que ahogarse que
se ahogue. Pepe el Romano es mío. El me lleva a los juncos[243] de la
1505 orilla.

MARTIRIO: ¡No será!

ADELA: Ya no aguanto el horror de estos techos después de haber pro-
bado el sabor de su boca. Seré lo que él quiera que sea. Todo el
pueblo contra mí, quemándome con sus dedos de lumbre, per-
1510 seguida por los que dicen que son decentes, y me pondré la corona de espinas que tienen las que son queridas de algún hombre
casado.

MARTIRIO: ¡Calla!

ADELA: Sí. Sí. (*En voz baja.*) Vamos a dormir, vamos a dejar que se

[240] valor
[241] lo... se lo quites
[242] En... Impulsivamente
[243] *rushes*

1515 case con Angustias, ya no me importa, pero yo me iré a una casita sola donde él me verá cuando quiera, cuando le venga en gana.

MARTIRIO: Eso no pasará mientras yo tenga una gota de sangre en el cuerpo.

ADELA: No a ti, que eres débil; a un caballo encabritado[244] soy capaz
1520 de poner de rodillas con la fuerza de mi dedo meñique.[245]

MARTIRIO: No levantes esa voz que me irrita. Tengo el corazón lleno de una fuerza tan mala, que, sin quererlo yo, a mí misma me ahoga.

ADELA: Nos enseñan a querer a las hermanas. Dios me ha debido de-
1525 jar sola en medio de la oscuridad, porque te veo como si no te hubiera visto nunca.

(*Se oye un silbido*[246] *y* ADELA *corre a la puerta, pero* MARTIRIO *se le pone delante.*)

MARTIRIO: ¿Dónde vas?
1530 ADELA: ¡Quítate de la puerta!

MARTIRIO: ¡Pasa si puedes!

ADELA: ¡Aparta! (*Lucha.*)

MARTIRIO: (*A voces.*) ¡Madre, madre!

(*Aparece* BERNARDA. *Sale en enaguas, con un mantón negro.*)

1535 BERNARDA: Quietas, quietas. ¡Qué pobreza la mía, no poder tener un rayo entre los dedos!

MARTIRIO: (*Señalando a* ADELA.) ¡Estaba con él! ¡Mira esas enaguas llenas de paja de trigo!

BERNARDA: ¡Esa es la cama de las mal nacidas! (*Se dirige furiosa hacia*
1540 ADELA.)

ADELA: (*Haciéndole frente.*[247]) ¡Aquí se acabaron las voces de presidio! (ADELA *arrebata un bastón*[248] *a su madre y lo parte en dos.*) Esto hago yo con la vara[249] de la dominadora. No dé usted un paso más. En mí no manda nadie más que Pepe.

1545 MAGDALENA: (*Saliendo.*) ¡Adela!

(*Salen* LA PONCIA *y* ANGUSTIAS.)

ADELA: Yo soy su mujer. (*A* ANGUSTIAS.) Entérate tú y ve al corral a de-círselo. El dominará toda esta casa. Ahí fuera está, respirando como si fuera un león.

1550 ANGUSTIAS: ¡Dios mío!

BERNARDA: ¡La escopeta[250]! ¿Dónde está la escopeta? (*Sale corriendo.*)

(*Sale detrás* MARTIRIO. *Aparece* AMELIA *por el fondo, que mira ate-rrada*[251] *con la cabeza sobre la pared.*)

ADELA: ¡Nadie podrá conmigo! (*Va a salir.*)

[244] *wild*
[245] *pequeño*
[246] *whistle*
[247] Haciéndole... *Confronting her.*
[248] *cane*
[249] *stick*
[250] *gun*
[251] horrorizada

252 Deteniéndola.
253 shot
254 to aim
255 roaring of a lion
256 hammer
257 Bring her down!

1555 ANGUSTIAS: (*Sujetándola.*[252]) De aquí no sales tú con tu cuerpo en triunfo. ¡Ladrona! ¡Deshonra de nuestra casa!

MAGDALENA: ¡Déjala que se vaya donde no la veamos nunca más!

(*Suena un disparo.*[253])

BERNARDA: (*Entrando.*) Atrévete a buscarlo ahora.

1560 MARTIRIO: (*Entrando.*) Se acabó Pepe el Romano.

ADELA: ¡Pepe! ¡Dios mío! ¡Pepe! (*Sale corriendo.*)

LA PONCIA: ¿Pero lo habéis matado?

MARTIRIO: No. Salió corriendo en su jaca.

BERNARDA: No fue culpa mía. Una mujer no sabe apuntar.[254]

1565 MAGDALENA: ¿Por qué lo has dicho entonces?

MARTIRIO: ¡Por ella! Hubiera volcado un río de sangre sobre su cabeza.

LA PONCIA: Maldita.

MAGDALENA: ¡Endemoniada!

BERNARDA: Aunque es mejor así. (*Suena un golpe.*) ¡Adela, Adela!

1570 LA PONCIA: (*En la puerta.*) ¡Abre!

BERNARDA: Abre. No creas que los muros defienden de la vergüenza.

CRIADA: (*Entrando.*) ¡Se han levantado los vecinos!

BERNARDA: (*En voz baja como un rugido.*[255]) ¡Abre, porque echaré abajo la puerta! (*Pausa. Todo queda en silencio.*) ¡Adela! (*Se retira de la*

1575 *puerta.*) ¡Trae un martillo[256]! (*La* PONCIA *da un empujón y entra. Al entrar da un grito y sale.*) ¿Qué?

LA PONCIA: (*Se lleva las manos al cuello.*) ¡Nunca tengamos ese fin!

(*Las* HERMANAS *se echan hacia atrás. La* CRIADA *se santigua.* BERNARDA *da un grito y avanza.*)

1580 LA PONCIA: ¡No entres!

BERNARDA: No. ¡Yo no! Pepe, tú irás corriendo vivo por lo oscuro de las alamedas, pero otro día caerás. ¡Descolgarla[257]! ¡Mi hija ha muerto virgen! Llevadla a su cuarto y vestirla como una doncella. ¡Nadie diga nada! Ella ha muerto virgen. Avisad que al amanecer

1585 den dos clamores las campanas.

MARTIRIO: Dichosa ella mil veces que lo pudo tener.

BERNARDA: Y no quiero llantos. La muerte hay que mirarla cara a cara. ¡Silencio! (*A otra* HIJA.) ¡A callar he dicho! (*A otro* HIJA.) ¡Las lágrimas cuando estés sola! Nos hundiremos todas en un mar de

1590 luto. Ella, la hija menor de Bernarda Alba, ha muerto virgen. ¿Me habéis oído? ¡Silencio, silencio he dicho! ¡Silencio!

Telón.
FIN DE
«LA CASA DE BERNARDA ALBA»

Cuestionario

1. ¿Por qué están de luto las mujeres al iniciarse el drama?
2. ¿Cuántos personajes hay en el drama? ¿Hay sólo mujeres o hay hombres y mujeres?
3. ¿Quién es Bernarda Alba? ¿Cómo es? Descríbala extensamente dando todos los detalles que pueda.
4. ¿Quiénes son las otras mujeres que aparecen en la obra? Descríbalas dando todos los detalles que conozca.
5. ¿Quién es Pepe el Romano? ¿A quién visita por las noches?
6. ¿Quién es María Josefa? ¿Cuál es su papel en la obra? ¿Es un papel importante? ¿Por qué?
7. ¿Quién es la Poncia? ¿Qué función dramática desempeña?
8. ¿Cuál es el conflicto del drama?
9. ¿Hay algún actante en esta obra? ¿Por qué se puede considerar como *actante?*
10. ¿Hay alguna historia intercalada en el drama? Si la hay, ¿cuál es su función? (Recuerde el valor de las historias intercaladas en la novela de Unamuno, *San Manuel Bueno, mártir.*)
11. Comente un poco el papel de la hermana menor. ¿Por qué se suicida?
12. ¿Qué dice la madre al descubrir que su hija se ha suicidado?

Identificaciones

1. Antonio María Benavides
2. el retrato
3. el caballo garañón
4. el doblar de las campanas
5. la oveja

Temas

1. La tradición del luto en los países hispanos
2. Discuta la frase: «Hilo y aguja para las hembras. Látigo y mula para el varón».
3. El tema de la honra—el honor de la familia—tal como se ve en esta obra
4. La condición de la mujer en los pueblos pequeños en las primeras décadas del siglo XX
5. Teniendo en cuenta la definición de tragedia, discuta si esta obra es una tragedia. Defienda su opinión con ejemplos.
6. ¿Cuál es el mensaje de la obra? ¿Tiene el tema valor normativo?
7. ¿Le parece que el dramaturgo toma partido o simplemente presenta un caso?

El ensayo

Introducción al ensayo

I / *El ensayo como género literario*

A diferencia de otro tipo de escritos con metas prácticas—manuales, libros de texto, etcétera—que hacen simplemente reflexionar, la obra literaria, al igual que cualquier otra creación de valor estético, conduce a la *contemplación*. En este sentido, se podría decir que el poema es el escrito literario más obvio, ya que su forma revela explícitamente su finalidad artística o estética. Sin embargo, existen ciertas obras de arte cuyo fin es utilitario. En las bellas artes, la arquitectura proporciona un buen ejemplo: el hecho de que un edificio tenga que ser cómodo y funcional no impide al arquitecto la creación de una obra de gran valor artístico. El mismo criterio se puede aplicar a aquellas obras creadas con un fin docente, es decir, para mejorar la condición humana mediante una *enseñanza:* moral, filosófica, religiosa, política, y así sucesivamente, o a través de la «*invitación a la acción*», el arte comprometido.

En la literatura el género que mejor corresponde a esta categoría es el ensayo. En verdad, éste se presenta a menudo más como obra práctica, utilitaria, que bella o estética. No obstante dicha característica, el ensayista es capaz, como el arquitecto, de trascender la finalidad inmediata de su composición para hacer de ella una obra de suma belleza.

Por consiguiente, existen dentro del género ensayístico dos especies de composiciones: 1) las que, aunque posean valor estético, son meras transformaciones del escrito utilitario, y 2) aquéllas que deliberadamente se alejan de la forma ensayística, docente, e imitan las otras modalidades literarias: la narrativa, el teatro, la poesía. Ambas serán estudiadas siguiendo en parte el modelo que presentan Robert Scholes y Carl M. Klaus en *Elements of the Essay* (1969).

II / *El ensayo: Definición y categorías fundamentales*

El ensayo es una composición literaria generalmente breve y en prosa discursiva, es decir, en lenguaje lógico, directo, el empleado en el habla diaria. El ensayista en su composición expone ideas con el fin de persuadir al lector a aceptar su criterio acerca de un asunto importante para él mismo y que refleje, además, el «*Zeitgeist*», o sea, la actitud intelectual, moral y cultural de una determinada época. Aunque se pudiera decir que, comparado con otras modalidades literarias, el ensayo es la forma más directamente interesada en buscar la verdad, hay que considerar un factor muy importante: que el ensayista, por genial que sea, es a final de cuentas un individuo como cualquier otro; así pues, lo que se percibe en su obra es su propia versión de la realidad, que puede o no puede estar de acuerdo con la del lector. De ahí que la capacidad del ensayista de inducir a ese lector a compartir su opinión depende en gran parte de sus habilidades de escritor. Es decir, que el ensayista, al igual que el poeta, el novelista o el dramaturgo, debe estructurar su obra de tal manera que presente para quien la lea una verdadera experiencia artística.

El ensayo en relación con las demás formas literarias

Al tratar de relacionar el ensayo con las demás expresiones del arte literario es necesario señalar cuatro puntos importantes dentro de una línea que represente un continuo de posibilidades:

ENSAYO   OBRA NARRATIVA   PIEZA TEATRAL   POEMA

Según se ha podido ver a lo largo de este libro, lo que distingue una modalidad de otra son sus características referenciales, o sea, el modo en que cada forma se dirige al lector. De acuerdo con dichas características, el esquema anterior demuestra que el continuo de posibilidades comienza con el ensayo—la forma literaria más directa y pragmática—y termina con la composición poética, la más indirecta y estética de todas. No obstante, hay que tener presente que en cada una de las cuatro modalidades o formas literarias se pueden encontrar las técnicas o los rasgos distintivos de las otras formas: un poema puede ser narrativo, poético o dramático; una pieza teatral es capaz de ser poética, narrativa y así sucesivamente. Por lo tanto, conviene que aquí se analicen brevemente las diversas posibilidades que se presentan en el escrito ensayístico.

El ensayo: Su clasificación

Se dice que un ensayo es *poético* si en vez de dirigirse a otros, el autor da la impresión de estar hablándose a sí mismo, como si meditara. En este caso, el lector hace el papel de quien oye una meditación como *por casualidad.* En el escrito ensayístico de tipo *dramático* el autor participa implícitamente en la composición; se sabe que está en ella porque desempeña el papel de director de escena; es decir, dirige lo que ocurre en ella e identifica a los personajes que dan vida a la misma. En otros casos asume una personalidad ficticia, convirtiéndose él mismo en «*dramatis persona*». En un ensayo *narrativo* el autor concibe su asunto en términos de un determinado período temporal y estructura su mensaje de acuerdo con una historia. La cuarta y última categoría, la más propia del ensayo, es aquélla en la que la tesis se presenta en forma de argumento. O sea, el ensayo es más *ensayístico* cuando representa un intento explícito de persuadir al lector a aceptar la tesis propuesta hablándole directamente como haría un orador al dirigirse a su auditorio.

A pesar de estas consideraciones que pudieran llevar a la falsa conclusión de que sólo la última categoría, la ensayística, es persuasiva, hay que señalar que todo tipo de ensayo tiene como meta final el *persuadir*. La razón es que el ensayo es un escrito que no resuelve ninguna cuestión por sí mismo, sino que presenta diversos criterios o modos de juzgar las cuestiones que trata. Por eso y teniendo en cuenta que lo que más importa es inducir al lector a aceptar su punto de vista acerca de cierto asunto, el ensayista pone de relieve tan sólo lo que *él mismo* ve desde su propia perspectiva espacial y temporal. Esto se debe a que el autor puede describir los hechos solamente conforme a su criterio personal y no al de otros. Sin embargo, todo ensayista exige que el lector acepte esta subjetividad en la presentación de un determinado asunto o de una escena. Lo mismo ocurre cuando el autor desempeña el papel de cronista o comentarista de acontecimientos o eventos; su intención es hacer que el lector confíe en lo que él le dice. No obstante, en los ensayos *persuasivos* o *ensayísticos*, el autor intenta llevar a cabo su plan directa y explícitamente. En otras clases de composición, el autor esconde o, mejor dicho, disfraza sus métodos de persuasión. Es el caso de los ensayos compuestos según otras formas literarias—el drama, la narrativa y la poesía.

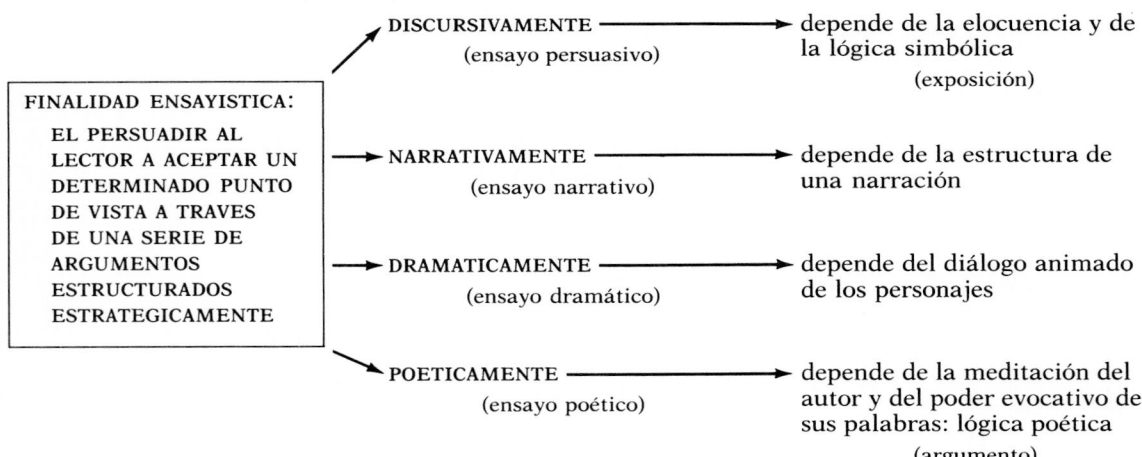

FINALIDAD ENSAYISTICA: EL PERSUADIR AL LECTOR A ACEPTAR UN DETERMINADO PUNTO DE VISTA A TRAVES DE UNA SERIE DE ARGUMENTOS ESTRUCTURADOS ESTRATEGICAMENTE

DISCURSIVAMENTE (ensayo persuasivo) → depende de la elocuencia y de la lógica simbólica (exposición)

NARRATIVAMENTE (ensayo narrativo) → depende de la estructura de una narración

DRAMATICAMENTE (ensayo dramático) → depende del diálogo animado de los personajes

POETICAMENTE (ensayo poético) → depende de la meditación del autor y del poder evocativo de sus palabras: lógica poética (argumento)

III / *La oratoria como ensayo: Sus características*

Al igual que los demás escritos literarios, el ensayo tiene sus raíces en la *oratoria* o arte de hablar en público con el propósito de persuadir o convencer a los oyentes o mover su ánimo. Sin embargo, en la lectura del ensayo, el receptor del discurso ya no es el oyente pasivo que escuchaba en silencio al orador, sino un lector que contempla el texto y, por consiguiente, que participa de la experiencia estética con el autor en un proceso de interacción. De este último factor se deduce que el ensayo, en calidad de obra de arte, seguirá estimulando al lector indefinidamente por medio de los valores estéticos que hacen resaltar a su vez los valores éticos, morales, filosóficos y políticos del mismo. Si se examina el caso de algunos grandes discursos que han llegado a ser memorables ensayos literarios, se verá que el «Gettysburg Address» de Abraham Lincoln, el «Discurso en el Politeama» de Manuel González Prada o el más reciente, «I Have A Dream» de Martin Luther King, Jr., comparten ciertos denominadores comunes. Ante todo, cada uno es un ejemplo del arte de la persuasión, pues los tres lograron en su respectiva época exaltar los ánimos e incitar a la acción a su pueblo.

No obstante, como textos, dichos discursos son fuentes de significación que trascienden el mensaje central entendido por cada autor: Lincoln subrayó la urgencia de unificar y consolidar la República Federal estadounidense frente a la fragmentación ocasionada por la Guerra Civil; González Prada abogó por la reivindicación de la juventud peruana reprimida y agobiada por una decrépita e inútil estructura social; finalmente, King grabó en el espíritu de sus oyentes la idea fundamental de su «sueño dorado»: el rescate de la raza negra en Norte América.

Esos discursos, aunque pronunciados hace tiempo, producen todavía y seguirán produciendo, con cada lectura, nuevas experiencias estéticas. Su mensaje originariamente limitado a una circunstancia y a un pueblo, se revestirá de nuevas significaciones para el lector de otras épocas y otros países. Esto se debe principalmente a la estructura lingüística del texto—al poder evocativo de las palabras, a su cuidadosa selección y organización. Gracias a esa misma estructura lingüística, el momento y el lugar adquieren *permanencia* y *universalidad* en la forma literaria del ensayo.

IV / *Estrategias de persuasión: La lógica formal y la informal*

Un ensayista puede presentar un mensaje de dos maneras: en forma de *exposición* o en forma de *argumento*. En el primer caso—la exposición—el autor se vale de la lógica formal (lógica del pensamiento, discursiva o simbólica); en el segundo—el argumento—utiliza la lógica informal (lógica de la sensibilidad, no-discursiva o poética).

En la exposición el autor se limita a proporcionar determinada información, pidiendo sólo que el lector entienda lo que dice en base de sus *razonamientos*. Por lo tanto, el ensayista se esfuerza por exponer los hechos con *claridad*, *exactitud* y *organización cuidadosa*.

Para apreciar el análisis lógico o *razonamiento* mediante el cual el autor apela al raciocinio de sus lectores, se deben distinguir dos elementos: el punto de partida que es la *hipótesis* y la conclusión que es la *tesis* o proposición que se quería demostrar. Hay que entender también que los razonamientos o *proposiciones* se pueden descomponer, a su vez, en otros razonamientos más simples llamados silogismos, como el siguiente:

	a **b**	
Hipótesis o premisas:	a) Todos los hombres son mortales.	a = b
	c **a**	
	b) Juan es hombre.	c = a
	c **b**	
Tesis o conclusión:	c) Juan es mortal.	c = b

Además de los silogismos, un ensayista puede servirse, entre los muchos procesos de la lógica simbólica, de los *teoremas* y de los *axiomas*. Los teoremas son expresiones que encierran una verdad que tiene que ser demostrada. A saber, se dice en geometría que la suma de los tres ángulos de un triángulo vale 180°. Esto no es por sí mismo evidente hasta que se demuestra. Por el contrario, los axiomas expresan un concepto claro que no necesita demostración. Volviendo nuevamente a la geometría, se verá que cuando se dice que por un punto exterior a una línea recta puede pasar solamente una línea paralela a ella, se expresa una verdad axiomática, evidente. En ambos casos, el autor cuenta con la inteligencia del lector a fin de que éste comprenda la tesis planteada.

En cambio, si la intención del ensayista es persuadir al lector a adoptar su punto de vista y, además, a tomar determinadas medidas frente a cierta cuestión, el autor apelará a las emociones de ese lector. En este caso el mensaje será presentado en forma de *argumento*— forma en la que se contará con las facultades intuitivas del receptor del discurso y en la que el ensayista se valdrá de la lógica informal, haciendo uso del lenguaje literario o figurado.

Ahora bien, teniendo presente las dos categorías fundamentales del género ensayístico—el ensayo personal o informal y el ensayo impersonal o desapasionado—se verá que aquél, el personal y *subjetivo*, es presentado en forma *argumentativa*, mientras que éste, el ensayo desapasionado y *objetivo*, se destaca por su forma *expositiva*. Sin embargo, en los mejores ensayos el hábil autor no vacila en emplear armoniosamente exposición y argumento, así como cualquier otro recurso no-literario—datos historiográficos y estadísticos, testimonios oculares, cálculos matemáticos y otros elementos similares.

V / *Diferentes tipos de ensayo*

El ensayo persuasivo

Desde el punto de vista formal, el ensayo denominado «persuasivo» es el más sencillo. Plantea una cuestión o tesis y presenta en seguida unos cuantos argumentos que la apoyan. Este es, por lo general, el orden en el que se estructura ese tipo de escrito donde el autor intenta explícitamente persuadir al lector a compartir con él cierto punto de vista.

Surge de ahí la importancia de leer el texto analíticamente para determinar si este intento persuasivo nace de la genuina comprensión del autor del tópico que trata o si por el contrario se ha valido de métodos fraudulentos para inducir al lector a adoptar sus ideas.

La analogía proporciona al lector la pauta a emplearse en la lectura de este tipo de ensayo. Por ser la analogía una forma de razonamiento en la que una cosa se compara con otra basándose en una semejanza implícita, es el recurso clave de todo ensayo, especialmente el de tipo persuasivo. Mediante la persuasión se apela a la experiencia del lector, experiencia que luego se usa para establecer una especie de puente mental que relaciona el tópico que se discute con circunstancias similares experimentadas por el lector. «La educación del indio» (p. 350) de Manuel González Prada ilustrará este tipo de ensayo.

Ensayo persuasivo

El ensayo dialogado o dramático

Se ha dicho que todo ensayo contiene ciertos elementos del debate. Esto ocurre porque el ensayista entabla una especie de diálogo con el lector sobre un tema en el que los dos no están perfectamente de acuerdo.

Se hace necesario así que el ensayista imponga su punto de vista de la manera más sutil—más indirecta—que se le ocurra. Como consecuencia, ciertos ensayos se alejan deliberadamente de la forma ensayística, doctrinal, para adoptar, en cambio, las de otros géneros literarios. El modo dramático, o más específicamente, el ensayo dialogado, representa uno de los primeros intentos de disfrazar la figura autorial del ensayista.

De hecho, en el ensayo dialogado, cuyos orígenes se remontan a la antigüedad greco-romana, las ideas del autor no vienen expuestas por él mismo, sino por dos o más portavoces—personajes que, como se verá a continuación en «Diálogo sobre el arte nuevo» de José Ortega y Gasset (p. 345), funcionan dentro de una situación ficticia. Sin embargo, hay que precisar una cosa: a diferencia de la obra teatral que utiliza el diálogo mayormente con el fin de caracterizar a los personajes y adelantar la acción dramática, el ensayo en forma de diálogo se vale del discurso casi exclusivamente para expresar una determinada tesis propuesta por el autor.

Ensayo dramático

El ensayo narrativo

Dentro de esta categoría de escrito que obviamente imita la narración ficticia, el ensayista se convierte en narrador. Como tal, adquiere las mismas características que el narrador de un cuento o de una novela. Mejor dicho, el narrador del ensayo asume el derecho de ser fidedigno o indigno de confianza, en cuyo caso le costará más trabajo al lector fijar bien la perspectiva autorial. Efectivamente, el autor de un ensayo narrativo desempeña una función parecida a la del *periodista* o del *historiador*. Obrando, entonces, como narrador cronista, el ensayista va interpretando lo que narra. Esta interpretación editorial es precisamente el elemento persuasivo del ensayo estructurado al estilo de una obra de ficción, pues el autor se vale de los personajes y de la circunstancia de su historia para presentar valores que él considera positivos o negativos. Analizando esos personajes y esa circunstancia a través de la *historia* y su *forma* o *discurso*, el ensayista comunica el deseado mensaje—su perspectiva autorial—intentando convencer al lector de la verdad que encierra dicha perspectiva.

Existe, no obstante, una diferencia básica entre la ficción propiamente dicha y la ensayística de tipo narrativo. En efecto, mientras que un cuento es una creación original, una invención del autor, el ensayo narrativo, en cambio, representa por lo general una especie de documento de una circunstancia específica—posiblemente un acontecimiento que ocurrió alguna vez en uno que otro lugar.

Examinando la estructura del típico ensayo narrativo, se notará que la historia que se cuenta presenta dos posibilidades para el narrador: éste puede efectuar dicha narración en forma personal o auto-

Ensayo narrativo

biográfica (lo que conferiría más intimidad y de ahí credibilidad, a los argumentos del autor); o puede mantenerse neutral, objetivo, para que la narración adquiera la impersonalidad de un relato periodístico.

«El castellano viejo» de Mariano José de Larra (p. 334) representa un artículo de costumbres. La ventaja de leer críticamente esta obra consiste en que, además de analizar un escrito que ilustra los rasgos distintivos del ensayo de tipo narrativo, le permite al lector observar muy de cerca un género típicamente español que manifiesta características propias.

El ensayo poético o meditativo

El autor de un ensayo poético *medita* y, por lo tanto, no pretende que el lector extraiga de sus meditaciones alguna declaración conclusiva. Si bien parece, por otra parte, que el ensayista enfatiza algo, es más por casualidad que de propósito. Asimismo, aunque el autor se sirva abundantemente de las imágenes, como podría hacerlo el de cualquier ensayo que tenga como meta fundamental persuadir, el ensayista meditativo no abusa de su rica y variada imaginería con fines doctrinales limitados. Por el contrario, las imágenes del ensayo poético son creadas para que autor y lector participen juntos en una especie de juego particular en el que los dos construyen sobre esas imágenes muchísimas otras, gracias al poder creativo de la mente humana.

En consecuencia, el placer que ocasiona la lectura de un texto ensayístico donde prevalezca la poética, se deriva no tanto de la estructura total, sino de la *textura* de la composición, es decir, de los detalles particulares de la misma. Más específicamente, da gusto observar

Ensayo poético

cómo las imágenes del texto meditativo se unen para determinar la estructura del ensayo. Por consiguiente, si se lee dicho ensayo teniendo en cuenta el efecto emotivo engendrado por el juego que su autor mantiene con el lector y consigo mismo mediante el discurso, si se capta su lógica poética, nadie echará de menos la falta de un fuerte mensaje político, filosófico o social. Como se podrá ver en «Estaciones de descanso» de Ezequiel Martínez Estrada (p. 357), la reacción del lector será positiva, puesto que la experiencia estética producida por la estructura lingüística del texto enriquecerá al lector por sus propios méritos.

Práctica

1. Indíquese la estrategia de persuasión empleada en los trozos siguientes, identificando la forma *expositiva* o *argumentativa* en que cada ensayista presenta su mensaje.

   a. It is rather for us to be here dedicated to the great task remaining before us—that from these honored dead we take increased devotion to that cause for which they gave the last full measure of devotion—that we here highly resolve that the dead shall not have died in vain—that this nation, under God, shall have a new birth of freedom—and that government of the people, by the people, for the people, shall not perish from the earth.

   (Abraham Lincoln, «The Gettysburg Address», 1863)

   b. La población del Imperio, conforme a cálculos prudentes, no era menor de diez millones. La Conquista fue, ante todo, una tremenda carnicería. Los conquistadores españoles, por su escaso número, no podían imponer su dominio, sino aterrorizando a la población indígena, en la cual produjeron una impresión supersticiosa, las armas y los caballos de los invasores mirados como seres sobrenaturales.

   (José Carlos Mariátegui,
   Siete ensayos de interpretación de la realidad peruana, 1928)

   c. Presumption is our natural and original malady. The most vulnerable and frail of all creatures is man, and at the same time the most arrogant. He feels and sees himself lodged here, amid the mire and dung of the world, nailed and riveted to the worst, the deadest, and the most stagnant part of the universe, on the lowest story of the house and the farthest from the vault of heaven with the animals of the worst condition of the tree; and in his imagination he goes planting himself above the circle of the moon, and bringing the sky down beneath his feet. It is by the vanity of this same imagination that he equals himself to God, attributes to himself divine characteristics, picks himself out and separates himself from the horde of other creatures, carves out their shares to his fellows and companions the animals, and distributes among them such portions of faculties and powers as he sees fit.

   (Michel de Montaigne, «Apology for Raymond Sebond», 1580)

   d. Unmarried men are best friends, best masters, best servants; but not always best subjects; for they are light to run away and almost all fugitives are of that condition. A single life doth well with churchmen; for charity will hardly water the ground, where it must first fill a pool. It is indifferent for judges and magistrates; for if they be facile and corrupt, you shall have a servant, five times worse than your wife.

(Francis Bacon, «Of Marriage and Single Life», 1597)

e. La inmensa mayoría de las mujeres de América ha dejado escritos sus nombres en los repliegues íntimos de la vida, que el viento de la muerte va borrando. Palabras escritas en el agua... Pero las doce mujeres, que surgen aquí como ejemplo, tuvieron virtudes y pasiones que son comunes a todas las demás. Sólo que el heroísmo de la mujer no ha sido siempre de plaza pública. Quizá la historia, cuando calla sus nombres, los calla, si es noble, por pudor. Es demasiada hermosura la de ciertos espíritus selectos para ser arrollada por la corriente tumultuosa de los anales políticos, para ser llevada a la gran representación de la publicidad. Hasta hoy, la vida de la mujer se ha recordado en sordina. Nada de clarines. Nada de flamante biografía.

(Germán Arciniegas, *América mágica*, 1961)

f. Entre las nuevas emociones suscitadas por el cinematógrafo, hay una que hubiera entusiasmado a Goethe. Me refiero a esas películas que condensan en breves momentos todo el proceso generativo de una planta. Entre la semilla que germina y la flor que se abre sobre el tallo, como corona de la perfección vegetal, transcurre en la Naturaleza demasiado tiempo. No vemos emanar la una de la otra: los estadios del crecimiento se nos presentan como una serie de formas inmóviles, encerrada y cristalizada cada cual en sí misma y sin hacer la menor referencia a la anterior ni subsecuente. No obstante sospechamos que la verdadera realidad de la vida vegetal no es esa serie de perfiles estáticos y rígidos, sino el movimiento latente en que van saliendo unos de otros, transformándose unos en otros.

(José Ortega y Gasset, *España invertebrada*, 1921)

g. Las escaleras se suben de frente, pues hacia atrás o de costado resultan particularmente incómodas. La actitud natural consiste en mantenerse en pie, los brazos colgando sin esfuerzo, la cabeza erguida aunque no tanto que los ojos dejen de ver los peldaños inmediatamente superiores al que se pisa, y respirando lenta y regularmente. Para subir una escalera se comienza por levantar esa parte del cuerpo situada a la derecha abajo, envuelta casi siempre en cuero o gamuza, y que salvo excepciones cabe exactamente en el escalón.

(Julio Cortázar, «Manual de instrucciones», de *Historias de cronopios y famas*, 1962)

2. Señálense los varios recursos de la lógica simbólica o formal (silogismos, analogías, axiomas, aforismos y otros medios no puramente literarios) empleados en los siguientes trozos para convencer al lector de la validez del tema expuesto.

a. *Aestimes judicia, non numeres,* decía Séneca. El valor de las opiniones se ha de computar por el peso, no por el número de las almas. Los ignorantes, por ser muchos, no dejan de ser ignorantes. ¿Qué acierto, pues, se puede esperar de sus resoluciones? ...Siempre alcanzará más un discreto solo que una gran turba de necios; como verá mejor al sol un águila sola que un ejército de lechuzas.

(Fray Benito Jerónimo Feijoo, *Teatro crítico universal*, 1726–1739)

b. Alguien podrá ver un fondo de contradicción en todo cuanto voy diciendo, anhelando unas veces la vida inacabable, y diciendo otras que esta vida no tiene el valor que se la da. ¿Contradicción? ¡Ya lo creo! ¡La de mi corazón, que dice sí, y mi cabeza, que dice no! Contradicción naturalmente. ¿Quién no recuerda aquellas palabras del Evangelio: «¡Señor, creo; ayuda a mi incredulidad!» ¡Contradicción!, ¡naturalmente! Como que sólo vivimos de contradicciones, y por ellas; como que la vida es tragedia, y la tragedia es perpetua lucha, sin victoria ni esperanza de ella; es contradicción...

(Miguel de Unamuno, *Del sentimiento trágico de la vida*, 1913)

c. El hecho más importante de la historia es el mismo de la biología, es que el hombre se muere como todos los demás seres vivos.

(Arturo Uslar Pietri, *Veinticinco ensayos*, 1945)

d. Mientras la prosa española peninsular es romántica, costumbrista o académica, la prosa española continental (la nuestra) deja ver, en Sarmiento, la innovación constante, espoleada por «el ritmo urgente del pensamiento» (P. Henríquez Ureña); y en Montalvo, recuerda el tono de Quevedo, entonces insólito en España. Llegando ya a los modernistas, aparecen, en Martí, la sentencia corta y eléctrica al modo de Gracián; en Gutiérrez Nájera, la sentencia etérea y saltarina, cuyo secreto murió con él. Ambas contrastan con el fraseo largo y movedizo del español Valera, o con los amplios períodos oratorios del español Castelar.

(Alfonso Reyes, «De poesía hispanoamericana», 1941)

e. Meanwhile B.A.'s grow so common that employers who once demanded them now demand M.A.'s, and the Master's requirement in some fields (not just the academic) has been upgraded to the Ph.D. In the years since Robert M. Hutchins sardonically proposed that we achieve our desires with less trouble by granting every American citizen a B.A. at birth, we have moved closer and closer to a utopia in which everyone receives it at 21, in return for doing classroom time. One already hears talk of attendance being compulsory through age 20. In California, where problems tend to surface before New England need worry about them, the state population rose 50 percent in one decade, and the college population 82 percent. It grows easy to foresee the day when 50 percent of the population of California (and, after a suitable time lag, of Massachusetts, of New York, of Illinois and, yes, of Montana) will be employed at teaching the other 50 percent, perhaps changing ends at the half.

(Hugh Kenner, «Don't Send Johnny to College», 1964)

3. Muéstrese los recursos de la lógica informal o poética en los textos que siguen.

a. Por eso el libro importado ha sido vencido en América por el hombre natural. Los hombres naturales han vencido a los letrados artificiales. El mestizo autóctono ha vencido al criollo exótico. No hay batalla entre la civilización y la barbarie, sino entre la falsa erudición y la naturaleza.

(José Martí, «Nuestra América», 1891)

b. Es así como, no bien la eficacia de un ideal ha muerto, la humanidad viste otra vez sus galas nupciales para esperar la realidad del ideal soñado con nueva fe, con tenaz y conmovedora locura. Provocar esa renovación, inalterable como un ritmo de la Naturaleza, es en todos los tiempos la función y la obra de la juventud. De las almas de cada primavera humana está tejido aquel tocado de novia.

(José Enrique Rodó, *Ariel*, 1900)

c. In that mysterious dimension where the body meets the soul the stereotype is born and has her being. She is more body than soul, more soul than mind. To her belongs all that is beautiful, even the very word beauty itself. All that exists, exists to beautify her . . . The sun shines only to burnish her skin and gild her hair; the wind blows only to whip up the color in her cheeks; the sea strives to bathe her; flowers die gladly so that her skin may luxuriate in their essence. She is the crown of creation, the masterpiece.

(Germaine Greer, *The Female Eunuch*, 1970)

d. ¿Hemos de cerrar voluntariamente la puerta a la inmigración europea, que llama con golpes repetidos para poblar nuestros desiertos y hacernos, a la sombra de nuestro pabellón, pueblo innumerable como arenas del mar? ¿Hemos de dejar ilusorios y vanos los sueños de desenvolvimiento, de poder y de gloria, con que nos han mecido desde la infancia los pronósticos que con envidia nos dirigen los que en Europa estudian las necesidades de la humanidad?

(Domingo Faustino Sarmiento,
«Introducción» de *Vida de Juan Facundo Quiroga*, 1845)

Panorama histórico y categorías fundamentales

Aunque el género ensayístico ha existido en diversas formas desde la antigüedad greco-romana (la *Poética* de Aristóteles, los *Diálogos* de Platón, las *Epístolas* de Plinio y muchos otros), el término *ensayo* se debe exclusivamente al humanista francés Michel de Montaigne que lo usó por primera vez en sus *Essais* (1580). El término *essais* asignado por Montaigne a sus creaciones, explica la característica básica que tradicionalmente ha diferenciado el ensayo de otras formas o modalidades literarias. En efecto, la palabra *ensayo* proviene del latín *exagium*, o acción de pesar y, más directamente del francés *essayer* (español *ensayar*) que significa intentar o experimentar. De ahí se deduce que el ensayo se creó originalmente no para demostrar una verdad con la que todo el mundo estaría de acuerdo, sino como una composición tentativa, abierta a la polémica y, por consiguiente, incompleta. Este término volvió a aparecer unos años más tarde en los *Essays* (1597) del inglés Francis Bacon, quien lo aplicó a sus escritos del mismo tipo.

A pesar de sus diferencias en cuanto a la temática y al estilo, estas dos obras ayudan a entender las principales categorías del ensayo moderno. De hecho, los escritos de Montaigne—comentarios de tipo íntimo, al estilo de una confesión y con tono de conversación—representan el modelo original del cual se deriva hoy día el ensayo *personal* e *informal*. Aquí es donde se encontrará el escrito subjetivo bajo la forma de artículo humorístico, esbozo o «*sketch*», caricatura, artículo impresionista en el que el autor comunica sus propias impresiones de la realidad, o cualquier otro artículo de tipo imaginativo.

Los *Essays* de Bacon, en cambio, breves, moralizantes, dogmáticos y aforísticos—es decir que expresan pensamientos generalmente aceptados como verdades—constituyen el primer ejemplo del ensayo *desapasionado* e *impersonal*, que como su nombre lo indica, no pretende transmitir impresión o emoción alguna y no se dirige a nadie en particular. Dentro de esta categoría cabrían el tratado o la monografía, tal como el estudio erudito y profundo de un determinado asunto, el ensayo biográfico, histórico o científico, el artículo crítico, el de fondo o editorial y otros tantos de carácter objetivo.

Aunque algunos ensayos entretienen más por su valor estético o expresivo que por la información que proporcionan, según lo demuestran los ensayos de este libro, el denominador común a todos es sin duda el procedimiento lógico mediante el cual los respectivos autores presentan su punto de vista o argumento invitando al lector a aceptarlo.

Ya que en el fondo del ensayo existe, de una manera u otra, la intención de persuadir, conviene repasar brevemente la tradición de la *oratoria* y del debate de donde el ensayo proviene. Los antiguos oradores griegos y romanos—políticos en su mayor parte—estaban conscientes de la importancia de la opinión pública y de la necesidad de influir en ella modificándola a su voluntad mediante sus discursos y debates. Nació así la *retórica* (del griego ῥήτωρ, rétor u orador), parte integrante de la oratoria o arte de dirigirse a las masas y que Aristóteles define como «el poder de ver todas las posibilidades de persuadir a la gente acerca de cualquier asunto». Efectivamente, los oradores de la antigüedad manipularon varios recursos que los convirtieron en verdaderos maestros del arte de la persuasión: sabían cuándo y cómo usar la lógica y cuándo apelar a su propia autoridad o a las emociones de los oyentes; acompañaron la oratoria con gestos y timbre de voz apropiados y hasta desarrollaron ciertas técnicas para memorizar largos discursos. Estudiaron escrupulosamente la estructura de las oraciones (*speeches/orations*) y manejaron con maestría la elocución (del latín *elocutio* que significa *estilo*).

En España la vertiente desapasionada e impersonal del género ensayístico toma la forma de prosa didáctica, o sea, prosa con un fin docente y moralizador. Este tipo de escrito produce en la Edad Media las crónicas e historias de los varios reinados, así como los tratados que prescriben leyes sobre la conducta del ciudadano ante su rey, ante la sociedad y ante Dios. Dentro de esta última categoría figura la obra más importante del Medioevo español: *Las siete partidas* (siglo XIII), colección de leyes y costumbres de gran importancia histórica, compilada por orden del rey Alfonso X, el Sabio.

Esta misma vertiente produce en los siglos XV y XVI obras de valor tanto educativo como artístico. Cabe mencionar aquí el *Corbacho* o *Reprobación del amor mundano*, tratado de moral satírico, compuesto en un estilo pintoresco por Alfonso Martínez de Toledo, Arcipreste de Talavera; y el *Arte de la lengua castellana* (1492) de Antonio de Nebrija, la primera obra preceptiva sobre un idioma moderno—obra precursora y, en análisis final, el prototipo o sea el modelo original, de las actuales gramáticas.

Dentro de la ensayística de carácter informal y personal se componen varias obras de mérito artístico. Entre ellas está el ensayo dramático *Diálogo de la lengua* (c. 1535) de Juan de Valdés, en el que el autor estudia el origen de la lengua castellana, su vocabulario y las obras principales escritas en este idioma; la prosa religiosa de Fray Luis de León (*De los nombres de Cristo*, 1583), explicación del sentido místico de las varias maneras empleadas en la Biblia para referirse a la figura de Jesús; y la de Santa Teresa de Jesús (*Las moradas*, 1588), obra mística en la que se compara el alma a un castillo cuyas siete habitaciones conducen a Dios.

Uno de los fenómenos más significativos en el desarrollo del ensayo hispánico es la conquista del Nuevo Mundo, acontecimiento que da principio al género de la *carta de relación* o *crónica de las Indias*. Esta nueva forma, debido a las circunstancias extraordinarias en que nace y al carácter mismo del escritor, es una combinación de documento histórico, experiencia personal y fantasía. Se pueden señalar brevemente algunas de las más destacadas: las *Cartas* y *Relaciones* (1519–1526) del conquistador Hernán Cortés—modelo original del género—y la cruda pero franca y vívida *Verdadera historia de la conquista de la Nueva España* (1632) del capitán Bernal Díaz del Castillo. Cronista de singular importancia es el Padre Fray Bartolomé de Las Casas (1474–1566). Autor de la *Historia de las Indias* (1527) y de la *Brevísima relación de la destrucción de las Indias* (1552), Las Casas planteó varios de los graves problemas que enfrentaron los españoles al colonizar el Nuevo Mundo. Desgraciadamente, sus palabras en defensa del indígena, inspiradas por la pasión y el celo cristiano, acabaron por engendrar una mala reputación para el conquistador español lo cual dio origen a la consabida «leyenda negra». De importancia particular resultan los *Comentarios reales* (1609) del Inca Garcilaso de la Vega, obra en la que el arte ensayístico produce una visión más real que fantástica de los incas y de su pintoresca civilización.

La figura cumbre de la prosa filosófica y didáctica del Barroco hispánico es Baltasar Gracián. Su obra maestra dentro del género ensayístico es *Agudeza y arte de ingenio* (1642), tratado en el que el autor expone sus ideas sobre las técnicas estilísticas a seguir en la época.

Entre lo mejor de la ensayística barroca de Hispanoamérica hay que señalar, por su singularidad, la *Respuesta a Sor Filotea de la Cruz* (1691) de Sor Juana Inés de la Cruz. La importancia de este escrito radica en la multitud de detalles biográficos y en la genial prosa conceptista a través de la cual la monja mexicana defiende sus derechos de mujer y de intelectual.

Según era de esperarse, la Ilustración y el Neoclasicismo del siglo XVIII produjeron en Europa y en América, el florecimiento de obras con fin docente. El escrito ensayístico es la forma más popular de este período y se desarrolla de acuerdo con sus dos ramas—el ensayo formal u objetivo y el ensayo informal y subjetivo. La *Poética* (1737) de Ignacio Luzán ejemplifica el escrito desapasionado, didáctico, pues Luzán se limita a exponer una serie de normas basadas en la tradición clásica de Aristóteles y Horacio destinadas, según él, a salvar el arte literario español de los excesos del Barroco. En esta misma categoría de ensayo hay que incluir el importante *Teatro crítico uni-*

versal (1726–1739) del monje benedictino Benito Jerónimo Feijoo. En este libro controversial, Feijoo se sirve de su extraordinaria erudición para ilustrar las supersticiones, prejuicios e ignorancia de sus compatriotas, exhortándolos a combatir estos males mediante la razón y la experiencia.

Al tipo de ensayo personal e informal pertenecen ante todo obras en forma de correspondencia que representan la prosa *epistolar:* las *Cartas eruditas* (1742–1760) de Feijoo y las *Cartas marruecas* (1789) de José Cadalso. En sus *Cartas* Feijoo se defiende de la polémica de sus enemigos, con razonamientos puramente objetivos así como con argumentos emocionales. Cadalso a su vez emplea tres personajes ficticios—un africano y dos españoles—para debatir y criticar, a través de su correspondencia, las condiciones políticas y sociales del país.

Otro aspecto del ensayo informal español lo presenta la prosa *autobiográfica* de *Vida, ascendencia, nacimiento, crianza y aventuras del doctor don Diego de Torres Villarroel* (1743–1759). En este libro el autor utiliza la fórmula picaresca y toma su propia persona como protagonista y narrador para censurar con una mezcla de humor y resentimiento la sociedad contemporánea.

El espíritu racionalista de la Ilustración creó en Hispanoamérica, como lo había hecho en los países europeos, una nueva mentalidad que renovó las ciencias y desarrolló el pensamiento crítico. Con esto, se comenzó a desconfiar seriamente de todas las instituciones tradicionales: las sociales, las políticas, las religiosas, etcétera, con sus prejuicios y dogmas heredados de España. Dos escritos ensayísticos de relieve que abogan por la reivindicación de los derechos humanos y que reflejan las ideas revolucionarias de las colonias son *Apología y relación de su vida* (1817), obra autobiográfica de carácter picaresco de Fray Servando Teresa de Mier (México) y «Carta de Jamaica» (1815) del venezolano Simón Bolívar. Este último ensayo es particularmente significativo tanto por su valor histórico, ya que traza los antecedentes de la Guerra de Independencia, como por la visión profética del autor, visión en la que figura el futuro político de Hispanoamérica.

Un lugar especial le corresponde a Andrés Bello, humanista venezolano considerado como el padre de la independencia política y cultural de la América Hispana. Su contribución a la ensayística incluye numerosos artículos y tratados sobre leyes, política, filosofía, historia, literatura y lenguaje (*Gramática de la lengua castellana*, 1835). Uno de sus ensayos más famosos es «La independencia cultural de América», publicado como muchos otros en el periódico chileno *El Arauco*.

A principios del siglo XIX el género ensayístico español produce el Costumbrismo. Este término se aplica a la tendencia de un grupo de escritores de presentar en sus obras cuadros de la vida y de las costumbres de la época. Los mayores representantes de la corriente costumbrista son Ramón de Mesonero Romanos (*Escenas matritenses*, 1832–1842), Serafín Estébanez Calderón (*Escenas andaluzas*, 1847) y

Mariano José de Larra (*Artículos de costumbres*, 1832–1837). Larra, el periodista más destacado de su tiempo, es también el más singular de los *costumbristas*. En realidad, en contraste con Mesonero que retrata de una manera pintoresca la vida madrileña y con Estébanez Calderón, cuyo mérito se debe especialmente a los artículos donde capta con colorido y nostalgia el folklore de Andalucía, Larra penetra en la mente y en el corazón de sus compatriotas para buscar las raíces de las condiciones sociales y políticas del país. Artículos como «El castellano viejo» muestran el carácter romántico—inconformista y temperamental—del autor, así como la punzante ironía que ejemplifica su sátira (p. 334).

Si el romanticismo español de Larra encuentra en la forma del artículo de costumbres un vehículo ideal para manifestar el descontento personal ante la vida, el llamado «mal del siglo»—en Hispanoamérica el movimiento romántico—logra mucho más. Proporciona a un gran número de pensadores la ocasión de difundir, a través de la polémica literaria, sus ideas respecto a los complejos problemas de un entero continente en estado de formación y en busca de una identidad propia. Entre los ensayistas más significativos se destaca la figura del argentino Domingo Faustino Sarmiento, autor del célebre y singular *Facundo* o *Civilización y barbarie* (1845). Parte ensayo geográfico-político-histórico-sociológico, parte biografía del *caudillo* o bárbaro déspota Juan Facundo Quiroga, el libro de Sarmiento plantea una tesis todavía válida: el conflicto del hispanoamericano dividido por su doble herencia, la nativa y la ancestral, conflicto que al parecer de Sarmiento se debía resolver combatiendo la naturaleza salvaje—simbolizada en el libro por Facundo y su pampa—y asimilando los mejores elementos culturales extranjeros.

El ecuatoriano Juan Montalvo (*Siete tratados*, 1882) continúa la tradición de Sarmiento y se une a una serie de ensayistas que luchan por los derechos del hombre violados por un creciente número de caudillos. A esta misma vertiente pertenecen aquellos escritores que temen la tiranía de las potencias extranjeras. Aquí hay que mencionar al puertorriqueño Eugenio María de Hostos (*Moral social*, 1888) y al cubano José Martí. Igual que Hostos, Martí quiere independizarse de España pero teme la posible intervención y subsecuente dominación política y cultural de Norteamérica. Dichas inquietudes están puestas de manifiesto, con la lógica pasional del romántico y con el fervor del patriota, en los discursos «Nuestra América» (1891) y «Mi raza» (1893).

Una de las figuras más polémicas del ensayo hispanoamericano de fines del siglo XIX es el peruano Manuel González Prada (p. 350), considerado como el precursor de los movimientos reaccionarios de tipo socialista o marxista. En *Pájinas libres* (1894) y *Horas de lucha* (1908), escritos caracterizados por una prosa combativa, directa, convincente, resalta la defensa de los valores locales: el indio y la juventud americana. En cambio, valiéndose, entre otros recursos, de lemas o «slogans» acuñados por él mismo («Los viejos a la tumba, los jóvenes a la obra»), González Prada ataca con audacia y violencia las instituciones «*arcaicas*» de su país—la Iglesia y las clases conservadoras gobernantes que se derivan del sistema colonial español.

Angel Ganivet es tal vez el precursor más destacado del movimiento regenerativo asociado con la Generación del 98 en España. Su obra maestra *Idearium español* (1897), excelente ejemplo de presentación expositiva y argumentativa, examina, ya con profundidad y cuidadosa organización, ya con agudeza verbal, la tradición histórica y cultural española. Al final, Ganivet propone la modernización de España, conservando intacto, frente al influjo extranjero, el carácter distintivo de su raza.

Del sentimiento trágico de la vida (1913) es uno de los ensayos filosóficos más importantes de la literatura española y la obra más famosa de Miguel de Unamuno, figura cumbre de la Generación del 98. La tesis central del libro es el conflicto entre la razón y el deseo de ser inmortal. Según Unamuno, la voluntad debe ayudar al hombre a luchar contra la lógica para creer en Dios y en la vida eterna. Esta actitud filosófica suya se percibe en obras no ensayísticas, como la novela *San Manuel Bueno, mártir* (p. 75).

Otro gran ensayista de la Generación del 98 es José Martínez Ruiz («Azorín») (p. 345). Hombre de temperamento sensible y delicado, Azorín es, en cambio, un agudo y metódico observador de la realidad de su tiempo. Sus mejores ensayos incluyen *La voluntad* (1902) y *Antonio Azorín* (1903) donde el autor retrata con sentido crítico la vida española. Resaltan asimismo *Confesiones de un pequeño filósofo* (1904) y *Al margen de los clásicos* (1915), obra de crítica literaria.

A raíz de la llamada Guerra Hispanoamericana de 1898, se realizan las profecías de pensadores como Hostos y Martí. Después de derrotar a España, los Estados Unidos invaden Cuba, anexan Puerto Rico y las Islas Filipinas y establecen su predominio económico y político en la América Central, Suramérica y México, gracias a una serie de tratados y concesiones realizados con el apoyo de las pequeñas oligarquías gobernantes. Ante estos sucesos surge un sentimiento de solidaridad entre los países hispanoamericanos. Se busca un denominador común que aúne espiritualmente a estos pueblos contra los Estados Unidos. Dos ensayos responden con gran resonancia a las exigencias del momento: *Ariel* (1900) del uruguayo José Enrique Rodó y *La raza cósmica* (1925) del mexicano José Vasconcelos. La tesis de Rodó sostiene que la raza sajona, representada por los yanquis, dio al mundo el sentido de *libertad*, mientras que la civilización grecoromana, heredada del mundo hispánico, produjo la *cultura. Ariel* propone reconciliar estos dos elementos que, según Rodó, han sido perjudicados por el materialismo de los Estados Unidos y por la falta de orden en Hispanoamérica. Vasconcelos, por otra parte, pone toda su confianza en el desarrollo de un nuevo tipo de gente: una raza impura, totalmente mestiza, al estilo de aquélla creada en el Brasil.

En esta misma clase de escrito que busca una solución humanista y americana al dilema de un continente en proceso de autodefinición hay que destacar al dominicano Pedro Henríquez Ureña (*Seis ensayos en busca de nuestra expresión*, 1928) y al mexicano Alfonso Reyes. Este último es tal vez la figura más sobresaliente de la ensayística hispánica del siglo XX. Su fama se debe por una parte a la alta calidad estilística de su prosa y por otra al hecho de que sus ensayos comprenden todas las categorías del género. En realidad, Reyes combina magistralmente los temas nacionales con los universales y la erudición con la meditación poética en las obras más variadas. Esto queda de relieve en su visión evocativa del paisaje mexicano (*Visión de Anáhuac*, 1917), en su detenido tratado de teoría literaria (*El deslinde*, 1944), en sus consideraciones históricas y filosóficas en torno al fenómeno que es América (*Ultima Tule*, 1942), y en sus divagaciones líricas en obras como *El cazador* (1921).

Dentro de la década de los años 1920, tras la Revolución Soviética (1917), los intelectuales de Hispanoamérica se unen a los europeos en buscar una solución política radical a los graves problemas sociales y económicos de la época. El artista siente más que nunca la necesidad de poner su obra al servicio de una causa y el ensayo se presenta de nuevo como el género más apropiado para exaltar los ánimos y promover esa causa. José Carlos Mariátegui, fundador del partido socialista peruano, es uno de los primeros y más distinguidos escritores comprometidos de la América Hispana. *Siete ensayos de interpretación de la realidad peruana* (1927), su obra cumbre, continúa la tradición de González Prada, en el sentido de que representa la defensa del indio y de la cultura autóctono o nativa. La tesis del libro que tanto influyó en la formación y divulgación del pensamiento revolucionario de tipo marxista en Hispanoamérica, sostiene que el indígena perdió su identidad cuando los conquistadores españoles le quitaron una parte vital de su modo de ser: el sistema de gobierno «colectivista» o comunista.

España produce en José Ortega y Gasset (p. 344) a uno de los grandes pensadores del siglo XX. Su fama internacional se debe en gran parte a obras como *El tema de nuestro tiempo* (1923). En ella, Ortega rechaza la teoría según la cual hay una lógica pura que lleva a todos los seres humanos a ver la realidad del mismo modo o desde el mismo ángulo. Por el contrario, afirma la tesis del libro, cada individuo es guiado por una lógica personal que el autor llama «razón vital». De esta teoría el filósofo español deriva que dos personas verán la misma cosa de una manera distinta, desde un punto de vista determinado por sus circunstancias particulares. Otro escrito de resonancia internacional, *La deshumanización del arte* (1925), propone un arte de minorías que sea un juego de la imaginación y que no retrate la realidad humana de acuerdo con un criterio que todos acepten. La misma actitud multiperspectivista e inconformista ante la vida y ante el arte se refleja en otra obra de considerable impacto, *La rebelión de las masas*

(1930). Aquí Ortega critica la cultura burguesa que él considera utilitaria y de ahí, mediocre.

En la América Española, el optimismo que había caracterizado al ensayo en las primeras dos décadas del siglo XX—optimismo fundado en la tradición hispánica y en las soluciones culturales que ésta ofrecía a los pueblos americanos—cede el paso a un marcado escepticismo, o sea, a la desconfianza en dicha tradición y sus soluciones. Por lo tanto, en los años 1930 surge toda una nueva generación de pensadores que rechaza el pasado y que mira con recelo hacia un futuro incierto. Sus obras muestran un carácter meditativo, crítico y una temática filosófica que gira en torno a la angustia del hombre moderno, víctima del progreso que le ha quitado su identidad y todo sentido de dirección. El ensayo argentino de esta época se distingue por cierta constante fundamental: el autor identifica su propia vida y sus inquietudes espirituales con la historia de su país para luego determinar los males que afligen a su sociedad y a su cultura. Los representantes más sobresalientes de esta tendencia son Ezequiel Martínez Estrada (*Radiografía de la pampa*, 1933; *La cabeza de Goliat*, 1940) (p. 356), Eduardo Mallea (*Historia de una pasión argentina*, 1932; *La guerra interior*, 1963), Victoria Ocampo (*Testimonios*, 1935–1977), y Ernesto Sábato (*Uno y el universo*, 1945; *El escritor y sus fantasmas*, 1963).

Un lugar de relieve le corresponde a otro argentino, Jorge Luis Borges, cuya fama internacional se debe a la singularidad de su visión del mundo, así como a la forma genial—una especie de juego intelectual—con la que expresa dicha visión. A saber, Borges opina que la realidad material no tiene ninguna importancia: la vida es un espejo en el que se reflejan hasta lo infinito las imágenes de los seres y de las cosas. Por consiguiente, los hombres y sus acciones son apenas la repetición de otros hombres y de otras acciones. En cambio, sostiene la tesis fundamental borgiana, la única realidad tangible es la verdad inventada por la fantasía humana. De acuerdo con este principio, el autor crea en obras como *Otras inquisiciones* (1952), *Historia de la eternidad* (1953) y *El hacedor* (1960) un nuevo tipo de escrito, parte relato o ficción, parte ensayo. El valor literario de los ensayos borgianos consiste en su eminente capacidad de falsificar la historia, las ciencias, las matemáticas y las demás convenciones humanas—incluso la propia estructura del escrito ensayístico—para inventar una realidad autónoma que convierte lo imposible en algo verosímil y de ahí creíble.

Una tendencia parecida, en el sentido de que el ensayo se aleja de su forma doctrinaria para convertirse en una visión poética o en la reconstrucción mítica de la historia, la constituyen los escritos del colombiano Germán Arciniegas (*América mágica*, 1961; *El continente de siete colores*, 1965) y los del venezolano Arturo Uslar Pietri (*Las nubes*, 1956; *En busca del nuevo mundo*, 1969) cuyo ensayo, «Notas sobre el vasallaje», se incluye en este libro (p. 359). Compuesto hace unos treinta años, este escrito tan erudito y estimulante demuestra con su trascendencia, es decir, con su capacidad de captar la atención del lector de hoy, la perdurabilidad e importancia de la verdadera obra de arte. De singular mérito, en el mismo sentido, son los ensayos del mexicano Octavio Paz (p. 190). Dos de sus obras más representativas, *El laberinto de la soledad* (1950) y *El arco y la lira* (1956), proponen que el ser humano vive alienado de sus semejantes y en constante lucha con ellos desde que la filosofía y la historia dictaron su conducta y trazaron su camino. Por consiguiente, opina Paz, le toca ahora al poeta reemplazar al filósofo y al historiador en la interpretación y revitalización de los mitos de la antigüedad, permitiendo así al hombre reconstruir su pasado, redescubrir el amor y volver a encontrar su identidad cultural e individual.

El mismo afán del hispanoamericano por buscar sus raíces humanas y culturales que se manifiesta en el ensayo personal, afecta también la ensayística formal de tipo docente. En realidad, aparecen en el Nuevo Mundo español un gran número de críticos, los cuales, guiados por un profundo conocimiento de la literatura universal y de las nuevas teorías literarias, emprenden el estudio analítico de las letras de su propio continente, en busca de los valores intrínsecos de las mismas. Entre los mayores representantes de la crítica literaria hispanoamericana de los últimos cincuenta años, se podría señalar al peruano Luis Alberto Sánchez, al chileno Arturo Torres Rioseco, al uruguayo Emir Rodríguez Monegal, a los argentinos Raimundo Lida y Enrique Anderson Imbert, a los cubanos Juan José Arrom y Raimundo Lazo y a los mexicanos Carlos Fuentes, Ramón Xirau y Luis Leal.

En España, a raíz de la Guerra Civil (1936−39), el ensayo sigue dos caminos. Por una parte, hay un grupo de escritores que busca en el pasado cultural una respuesta a las preguntas que plantea el futuro del país. Por otro lado hay quien intenta integrar la tradición católica nativa con las varias corrientes vigentes en los demás países europeos. A esta vertiente conciliadora pertenecen figuras como Pedro Laín Entralgo (*La generación del 98*, 1945; *Teoría y realidad del otro*, 1961), Julián Marías (*Miguel de Unamuno*, 1942; *Ortega, circunstancia y vocación*, 1960; *Los españoles*, 1962), José Ferrater Mora (*El hombre en la encrucijada*, 1952; *La filosofía en el mundo de hoy*, 1959) y María Zambrano (*Pensamiento y poesía en la vida española*, 1945). Dignos de mención por su labor en el campo de la crítica literaria son Dámaso Alonso, Carlos Bousoño, José María Castellet, Eugenio de Nora y Gonzalo Torrente Ballester.

Las últimas promociones ensayísticas de Hispanoamérica muestran a un escritor más consciente que nunca de sus responsabilidades de ciudadano y de activista. Sin embargo, lo que salta a la vista en sus obras no son tanto sus convicciones políticas, sociales e individuales—el marxismo, el feminismo y el individualismo—como lo es la singularidad de su estilo en el que se ha notado la frecuente presencia de la ironía, de la sátira y de las hipótesis más variadas e ingeniosas. Dentro de esta categoría sobresalen los mexicanos Rosario Castellanos (p. 369), feminista e iconoclasta declarada, y Carlos Monsiváis, como también el argentino Julio Cortázar, con su proverbial visión heterodoxa—desacostumbrada—e irreverente de la realidad convencional.

Otra tendencia del ensayo actual es aquélla que, adoptando posturas psicológicas e ideológicas—particularmente la marxista—intenta trazar la evolución temática de la literatura hispanoamericana, identificar sus constantes y definir su carácter. A esta categoría pertenecen dos obras muy importantes, las dos de autores chilenos: *Imaginación y violencia en América* de Ariel Dorfman y *Literatura y revolución* de Fernando Alegría. En la primera, Dorfman plantea la tesis de que los temas más frecuentes en las letras de la América Española son la violencia y la muerte—elementos que reflejan la historia del continente y las obsesiones del pueblo mismo. Alegría, en cambio, sostiene en su libro que la actividad literaria representa en sí misma un acto, que dado a las ideas y a la estructura lingüística de la obra literaria en Hispanoamérica, es una acción revolucionaria que revela el papel comprometido del autor.

Práctica

Cuestionario

1. ¿De dónde proviene la palabra «ensayo» y qué quiere decir literalmente? ¿A quién se atribuye oficialmente el término?
2. En oposición a los otros géneros literarios, ¿qué tipo de composición es una obra ensayística? ¿Con qué fin o propósito se creó originalmente?
3. ¿Qué diferencia hay entre el ensayo «personal» y el «impersonal»? ¿Qué tipos de escritos pertenecen a la primera categoría y cuáles a la segunda?
4. ¿Qué importancia histórica tiene para España y para Europa el *Arte de la lengua castellana* de Antonio de Nebrija? ¿En qué sentido se puede decir que esta obra establece un precedente de gran relieve no sólo para su época sino también para nuestros días?
5. ¿Por qué razones constituye la «crónica de las Indias» un fenómeno literario novedoso, del cual puede justamente jactarse la cultura hispánica? ¿Cuál es el modelo original del género? ¿Quién es su autor?
6. ¿Qué lugar ocupa en la historia literaria y social de Hispanoamérica la «Respuesta a Sor Filotea de la Cruz» de Sor Juana Inés de la Cruz?
7. ¿A qué categorías de ensayo pertenecen el *Teatro crítico universal*

de Benito Jerónimo Feijoo y las *Cartas marruecas* de José Cadalso? ¿Qué importancia tienen dichas obras dentro del espíritu de la época?

8. ¿Qué características hacen de los *Artículos de costumbres* un vehículo ideal para el romántico español? En este sentido, ¿de qué manera expresan los escritos costumbristas de Mariano José de Larra el llamado «mal del siglo»?

9. ¿Por qué tiene tanto éxito en Hispanoamérica el ensayo?

10. ¿Qué tesis plantea *Facundo* del argentino Domingo Faustino Sarmiento? ¿A qué se debe su importancia como obra ensayística?

11. ¿Qué inquietudes comparten los siguientes ensayistas: Juan Montalvo, Eugenio María de Hostos y José Martí? ¿Encuentra usted proféticos o injustificados sus recelos, a juzgar por los eventos políticos sucesivos?

12. ¿Qué ideas introduce en Hispanoamérica Manuel González Prada? ¿De qué manera refleja su prosa las ideas del autor, a juzgar por el contenido y el estilo de sus ensayos?

13. ¿Qué efecto produce en España y en el Nuevo Mundo la Guerra Hispanoamericana de 1898 desde el punto de vista a) político, b) espiritual y c) artístico? Por ejemplo, ¿cómo reaccionan y qué soluciones proponen escritores españoles como Angel Ganivet y José Martínez Ruiz («Azorín»)? Por otra parte, ¿qué tesis plantean y qué soluciones sugieren el mexicano José Vasconcelos y el uruguayo José Enrique Rodó?

14. Miguel de Unamuno y José Ortega y Gasset son los dos grandes pensadores de la Generación del 98. ¿Qué se entiende por «el sentimiento trágico de la vida» de Unamuno, y por «la razón vital» de Ortega y Gasset? ¿En qué obras ensayísticas introducen dichas tesis y de qué manera reflejan las dos teorías el espíritu renovador de la Generación?

15. En Hispanoamérica, ¿qué actitud prevalece entre los pensadores de los años treinta, en oposición a la visión del mundo de sus contrafiguras de las dos primeras décadas del siglo XX? ¿Qué constante fundamental exhibe, como escritor argentino, la obra ensayística de Ezequiel Martínez Estrada?

16. ¿Qué teoría sostiene la tesis fundamental de Jorge Luis Borges? ¿En que consiste el valor literario de sus ensayos?

17. ¿Qué características del ensayo de Germán Arciniegas, Octavio Paz y Arturo Uslar Pietri muestran la influencia *mágico-realista* derivada de la obra narrativa del escritor venezolano? O sea, ¿qué postura adopta cada ensayista frente a la historia y al papel que desempeña el ser humano dentro de ella?

18. ¿Qué influencia tiene, en la evolución del ensayo español, la Guerra Civil (1936–39)? Mencione dos o tres exponentes de esa generación.

19. ¿Qué tendencias conceptuales (ideológicas, filosóficas, sociales, etcétera) y artísticas (temáticas, estilísticas y estructurales) resal-

tan en las dos vertientes del ensayo hispanoamericano contemporáneo, según lo demuestran los escritos de Rosario Castellanos, Julio Cortázar, Fernando Alegría y Ariel Dorfman? ¿En qué sentido se puede decir que el suyo es un ensayo «comprometido»?

Identificaciones

1. Francis Bacon
2. retórica
3. *Las siete partidas*
4. Juan de Valdés
5. *De los nombres de Cristo*
6. la «Carta de Jamaica»
7. *Escenas andaluzas*
8. Ramón de Mesonero Romanos
9. Juan Facundo Quiroga
10. «Los viejos a la tumba, los jóvenes a la obra»
11. 1898
12. Pedro Henríquez Ureña
13. *Siete ensayos de interpretación de la realidad peruana*
14. *La deshumanización del arte*
15. *El laberinto de la soledad*

El ensayo: Guía general para el lector

1. ¿Cuál es la forma del ensayo? ¿A qué época pertenece? ¿Cuál es el papel del ensayista en su obra?
2. ¿Cuáles son las tesis o premisas principales del ensayo? ¿Se presentan desde el principio dichas tesis? ¿Hay casos de premisas falsas, o sea, hay contradicciones intencionales a través de la lectura del ensayo?
3. ¿Cuáles son las estrategias empleadas por el ensayista para intensificar las tesis? ¿Se nota un énfasis en la persuasión? ¿De qué manera intenta el ensayista convencer al lector de la validez de su tesis?
4. ¿Cuál es el tono del ensayo?
5. ¿Cuáles son los elementos lingüísticos más significativos del ensayo? ¿De qué recursos de la lógica formal se sirve el ensayista para *razonar* con el lector? ¿Hay figuras retóricas y tropos?
6. ¿Refleja el ensayo un determinado *Zeitgeist*? ¿Tiene además una significación comprensiva o universal?
7. Si usted tuviera que escribir sobre el mismo tema, ¿usaría el mismo tipo de presentación o adoptaría otra forma del ensayo?

Mariano José de Larra

Mariano José de Larra (1809–1837), producto de una educación francesa, nació y se suicidó en Madrid, ciudad que a veces retrató con fina observación e ironía, y a veces criticó triste y amargamente. Su obra más significativa consiste en sus *escenas* y *artículos* sobre la vida y las costumbres de su época, que escribió para varios periódicos madrileños, la mayoría de ellos con el pseudónimo de «Fígaro». Larra es considerado un escritor *costumbrista*, y es la figura más representativa de las primeras décadas del siglo XIX, lo que ponen de manifiesto su temperamento romántico y su visión crítica de la vida española. Fue también dramaturgo (*Macías*, 1834) y novelista (*El doncel de don Enrique el doliente*, 1834) de importancia secundaria.

El castellano viejo[a]

Ya en mi edad pocas veces gusto de alterar[1] el orden que en mi manera de vivir tengo hace tiempo establecido, y fundo esta repugnancia en que[2] no he abandonado mis lares[3] ni un solo día para quebrantar[4] mi sistema, sin que haya sucedido[5] el arrepentimiento
5 más sincero al desvanecimiento[6] de mis engañadas esperanzas. Un resto,[7] con todo eso, del antiguo ceremonial que en su trato[8] tenían adoptado nuestros padres, me obliga a aceptar a veces ciertos convites[9] a que parecería el negarse grosería[10] o, por lo menos, ridícula afectación de delicadeza.

[1] gusto... me gusta cambiar
[2] fundo... mi disgusto se debe a que
[3] hogar
[4] romper
[5] seguido
[6] pérdida
[7] residuo
[8] conducta social

---

[a]El título, «*The Old-Fashioned Castilian*», alude a cierto tipo de español, superconservador, fiel a las antiguas costumbres del país.

10　　　Andábame días pasados[11] por esas calles a buscar materiales para mis artículos. Embebido[12] en mis pensamientos, me sorprendí varias veces a mí mismo riendo como un pobre hombre de mis propias ideas y moviendo maquinalmente los labios; algún tropezón[13] me recordaba de cuando en cuando que para andar por el empe-
15　drado[14] de Madrid no es la mejor circunstancia la de ser poeta ni filósofo; más de una sonrisa maligna, más de un gesto de admiración de los que a mi lado pasaban, me hacía reflexionar que los soliloquios no se deben hacer en público; y no pocos encontrones que al volver las esquinas di con quien[15] tan distraída y rápidamente como yo las
20　doblaba,[16] me hicieron conocer que los distraídos no entran en el número de los cuerpos elásticos, y mucho menos de los seres gloriosos e impasibles. En semejante situación de espíritu, ¿qué sensación no debería producirme una horrible palmada[b] que una gran mano, pegada (a lo que por entonces entendí) a un grandísimo brazo, vino a des-
25　cargar sobre uno de mis dos hombros, que por desgracia no tienen punto alguno de semejanza con los de Atlante[17]?

　　　No queriendo dar a entender que desconocía este enérgico modo de anunciarse, ni desairar el agasajo de quien[c] sin duda había creído hacérmele más que mediano, dejándome torcido para todo el día,
30　traté sólo de volverme por conocer quién fuese[18] tan mi amigo para tratarme tan mal; pero mi castellano viejo es hombre que cuando está de gracias no se ha de dejar ninguna en el tintero.[d] ¿Cómo dirá el lector que siguió dándome pruebas de confianza y cariño? Echóme[19] las manos a los ojos, y sujetándome[20] por detrás: «¿Quién soy?»,
35　gritaba, alborozado[21] con el buen éxito de su delicada travesura.[22] «¿Quién soy?» «Un animal», iba a responderle; pero me acordé de repente de quién podría ser, y sustituyendo cantidades iguales:[23] «Braulio eres», le dije.

　　　Al oírme, suelta sus manos,[24] ríe, se aprieta los ijares,[25] alborota la
40　calle, y pónenos a entrambos en escena.[e]

　　　—¡Bien, mi amigo! ¿Pues en qué me has conocido?

　　　—¿Quién pudiera si no tú...?

　　　—¿Has venido ya de tu Vizcaya[f]?

　　　—No, Braulio, no he venido.

45　　　—Siempre el mismo genio. ¿Qué quieres[g]? —es la pregunta del español—. ¡Cuánto me alegro de que estés aquí! ¿Sabes que mañana son mis días[26]?

　　　—Te los deseo muy felices.

　　　—Déjate de cumplimientos[27] entre nosotros; ya sabes que yo soy

9 invitaciones a comer
10 descortesía
11 días... hace algunos días
12 absorto
13 (del verbo **tropezar**) to stumble
14 pavimento de piedra de una calle
15 di... encontré a una persona que
16 las... *turned them*
17 *Atlas*
18 era
19 Me echó
20 cogiéndome con fuerza
21 *exhilarated*
22 broma de mal gusto
23 sustituyendo... *paying him in kind*
24 suelta... *lets go of me*
25 se... *holds his sides*
26 son... es mi cumpleaños
27 Déjate... *No need to offer congratulations.*

---

[b] ¿qué... Imagínese Ud. lo que sentí al recibir un horrible golpe dado con la palma de la mano.
[c] ni... ni rechazar la muestra de afecto de la persona que
[d] cuando... *when he is in a joking mood, he doesn't know when to stop*
[e] pónenos... *makes a spectacle of both of us*
[f] provincia de España (El autor probablemente acaba de regresar de un viaje a esa provincia.)
[g] Siempre... Sigues siendo el mismo bromista. ¿No es cierto?

50 franco y castellano viejo: el pan pan y el vino vino,[28] por consiguiente, exijo[29] de ti que no vayas a dármelos,[30] pero estás convidado.

> —¿A qué?
>
> —A comer conmigo.
>
> —No es posible.
>
> 55 —No hay remedio.
>
> —No puedo —insisto temblando.
>
> —¿No puedes?
>
> —Gracias.
>
> —¿Gracias? Vete a paseo,[31] amigo, como no soy el duque de F., ni 60 el conde de P.[h]

¿Quién se resiste a una sorpresa de esta especie? ¿Quién quiere parecer vano?

> —No es eso, sino que...
>
> —Pues si no es eso —me interrumpe—, te espero a las dos: en 65 casa se come a la española:[i] temprano. Tengo mucha gente; tendremos al famoso X., que nos improvisará de lo lindo;[32] T. nos cantará de sobremesa[33] una rondeña[34] con su gracia natural, y por la noche J. cantará y tocará alguna cosilla.

Esto me consoló algún tanto, y fue preciso ceder; un día malo, 70 dije para mí, cualquiera lo pasa;[35] en este mundo para conservar amigos es preciso tener el valor de aguantar sus obsequios.[36]

> —No faltarás,[37] si no quieres que riñamos.[38]
>
> —No faltaré —dije con voz exánime[39] y ánimo decaído, como el zorro[40] que se revuelve inútilmente dentro de la trampa donde se ha 75 dejado coger.
>
> —Pues hasta mañana —y me dio un torniscón[41] por despedida.

Vile[42] marchar como el labrador ve alejarse la nube de su sembrado,[43] y quedéme discurriendo[44] cómo podían entenderse estas amistades tan hostiles y tan funestas.

80 Ya habrá conocido el lector, siendo tan perspicaz como yo le imagino, que mi amigo Braulio está muy lejos de pertenecer a lo que se llama gran mundo y sociedad de buen tono;[45] pero no es tampoco un hombre de la clase inferior, puesto que es un empleado de los de segundo orden[46] que reúne entre su sueldo[47] y su hacienda[48] cuarenta 85 mil reales[j] de renta,[49] que tiene una cintita atada al ojal,[50] y una crucecita a la sombra de la solapa;[k] que es persona, en fin, cuya clase, familia y comodidades de ninguna manera se oponen a que tuviese una educación más escogida y modales más suaves e insinuantes. Mas la vanidad le ha sorprendido por donde ha sorprendido casi 90 siempre a toda o a la mayor parte de nuestra clase media, y a toda

[28] pan... *I call a spade a spade*

[29] demando

[30] que... que no vengas a felicitarme si no quieres

[31] Vete... *Get out of here*

[32] de... maravillosamente

[33] de... después de la comida

[34] música popular de la ciudad de Ronda, Andalucía

[35] Un... *Anybody, I said to myself, can get through one bad day.*

[36] atenciones

[37] No... *You will make it*

[38] (del verbo: **reñir**) disputemos

[39] sumamente débil

[40] *fox*

[41] *hard pinch*

[42] Le vi

[43] *sown land*

[44] pensando

[45] gran... alta y refinada sociedad

[46] de... de segunda clase

[47] salario o paga

[48] *estate*

[49] *income*

[50] *buttonhole*

---

[h] como... No quieres aceptar mi invitación porque no soy aristócrata
[i] a... tradicional costumbre de tomar las principales comidas del día al mediodía y al anochecer
[j] antigua moneda española equivalente a unos diez centavos
[k] *lapel* (La cinta y la cruz indican que Braulio había sido condecorado por alguna orden menor de las muchas que había en España en aquel entonces.)

nuestra clase baja. Es tal su patriotismo, que dará todas las lindezas del extranjero[51] por un dedo de su país. Esta ceguedad le hace adoptar todas las responsabilidades de tan inconsiderado cariño; de paso que[52] defiende que no hay vinos como los españoles, en lo cual bien
95 puede tener razón, defiende que no hay educación como la española, en lo cual bien pudiera no tenerla; a trueque de[53] defender que el cielo de Madrid es purísimo, defenderá que nuestras manolas[54] son las más encantadoras de todas las mujeres; es un hombre, en fin, que vive de exclusivas,[55] a quien le sucede poco más o menos lo que a una pa-
100 rienta mía, que se muere por las jorobas[56] sólo porque tuvo un querido que llevaba una excrecencia[57] bastante visible sobre entrambos omoplatos.[58]

No hay que hablarle, pues, de estos usos sociales, de estos respetos mutuos, de estas reticencias urbanas, de esa delicadeza de trato
105 que establece entre los hombres una preciosa armonía, diciendo sólo lo que debe agradar y callando siempre lo que puede ofender. El se muere por plantarle una fresca al lucero del alba,[l] como suele decir, y cuando tiene un resentimiento, se lo espeta a uno cara a cara.[59] Como tiene trocados todos los frenos, dice de los cumplimientos que ya se
110 sabe lo que quiere decir cumplo y miento;[m] llama a la urbanidad hipocresía, y a la decencia, monadas;[60] a toda cosa buena le aplica un mal apodo; el lenguaje de la finura es para él poco más que griego: cree que toda la crianza está reducida a decir Dios guarde a ustedes al entrar en una sala, y añadir con permiso de usted cada vez que se
115 mueve; a preguntar a cada uno por toda su familia, y a despedirse de todo el mundo; cosas todas que así se guardará él de olvidarlas como de tener pacto con franceses.[n] En conclusión, hombres de estos que no saben levantarse para despedirse sino en corporación con alguno o algunos otros, que han de dejar humildemente debajo de una mesa su
120 sombrero, que llaman *su cabeza*, y que cuando se hallan en sociedad, por desgracia, sin un socorrido bastón, darían cualquier cosa por no tener manos ni brazos, porque en realidad no saben dónde ponerlos ni qué cosa se puede hacer con los brazos en una sociedad.

Llegaron las dos, y como yo conocía ya a mi Braulio, no me pareció
125 conveniente acicalarme[61] demasiado para ir a comer; estoy seguro de que se hubiera picado:[62] no quise, sin embargo, excusar un frac[63] de color y un pañuelo blanco, cosa indispensable en un día de días y en semejantes casas. Vestíme sobre todo lo más despacio que me fué posible, como se reconcilia al pie del suplicio el infeliz reo,[o] que qui-
130 siera tener cien pecados más cometidos que contar para ganar tiempo; era citado[64] a las dos, y entré en la sala a las dos y media.

51 lindezas... cosas lindas de otras naciones
52 de... de modo que
53 a... en vez de
54 moza del pueblo bajo de Madrid
55 vive... *goes from one extreme to the other*
56 se... *is crazy about humps*
57 *growth*
58 *shoulder blades*
59 se... se lo dice directamente
60 afectaciones ridículas
61 vestirme con elegancia
62 ofendido
63 excusar... dejar de ponerme un frac [*tails (coat)*]
64 era... tenía que ir

l por... decirle la verdad más humillante al individuo más orgulloso
m Como... *Since he has thrown aside all restraints, he says that, as everyone knows, formalities are just what the word itself means: I fulfill my social obligations* (**cumplo**) *but I am not sincere about it* (**miento**).
n cosas... *all of which he would no more forget than he would a pact with the (treacherous) French*
o como... despacio, como se confiesa un pobre condenado a muerte antes de ser ejecutado

No quiero hablar de las infinitas visitas[65] ceremoniosas que antes de la hora de comer entraron y salieron en aquella casa, entre los cuales no eran de despreciar[66] todos los empleados de su oficina, con
135 sus señoras y sus niños, y sus capas, y sus paraguas, y sus chanclos,[67] y sus perritos; déjome en blanco[68] los necios cumplimientos que dijeron al señor de los días; no hablo del inmenso círculo con que guarnecía[69] la sala el concurso[70] de tantas personas heterogéneas, que hablaron de que el tiempo iba a mudar y de que en invierno suele
140 hacer más frío que en verano. Vengamos al caso: dieron las cuatro, y nos hallamos solos los convidados.[71] Desgraciadamente para mí, el señor de X., que debía divertirnos tanto, gran conocedor de esta clase de convites, había tenido la habilidad de ponerse malo aquella mañana; el famoso T. se hallaba oportunamente comprometido para
145 otro convite; y la señorita que tan bien había de cantar y tocar estaba ronca[72] en tal disposición, que se asombraba ella misma de que se le entendiese una sola palabra,[p] y tenía un panadizo en un dedo. ¡Cuántas esperanzas desvanecidas[73]!

—Supuesto que estamos los que hemos de comer —exclamó don
150 Braulio—, vamos a la mesa, querida mía.

—Espera un momento —le contestó su esposa casi al oído—; con tanta visita yo he faltado algunos momentos de allá dentro, y...

—Bien, pero mira que son las cuatro...

—Al instante comeremos.

155 Las cinco eran cuando nos sentábamos a la mesa.

—Señores —dijo el anfitrión[q] al vernos titubear[74] en nuestras respectivas colocaciones[75]—, exijo la mayor franqueza; en mi casa no se usan cumplimientos. ¡Ah, Fígaro!, quiero que estés con toda comodidad; eres poeta, y además estos señores, que saben nuestras íntimas
160 relaciones, no se ofenderán si te prefiero; quítate el frac, no sea que le manches.[76]

—¿Qué tengo de manchar[77]? —le respondí, mordiéndome los labios.

—No importa; te daré una chaqueta mía; siento que no haya para
165 todos.

—No hay necesidad.

—¡Oh, sí, sí! ¡Mi chaqueta! Toma, mírala; un poco ancha te vendrá.[78]

—Pero, Braulio...

170 —No hay remedio; no te andes con etiquetas.[79]

Y en esto me quita él mismo el frac, *velis, nolis,*[80] y quedo sepultado en una cumplida chaqueta rayada,[81] por la cual sólo asomaba los pies y la cabeza, y cuyas mangas no me permitirían comer, probablemente. Dile las gracias: ¡al fin el hombre creía hacerme un obsequio!

175 Los días en que mi amigo no tiene convidados se contenta con

---

[65] visitantes
[66] no... no eran pocos
[67] zapatos de goma para protegerse de la lluvia
[68] déjome... *I won't go into; I won't even mention*
[69] adornaba
[70] reunión de diferentes personas
[71] invitados a comer
[72] *hoarse*
[73] desaparecidas rápida y misteriosamente
[74] vacilar, dudar
[75] asientos
[76] no... es posible que lo ensucies, lo pongas sucio
[77] ¿Qué... ¿Por qué voy a mancharlo?
[78] un... *it's probably going to be too big for you*
[79] no... *no need to stand on ceremony*
[80] (lat.) quieras o no quieras
[81] *striped*

[p] que... que se le pudiera comprender una sola palabra de lo que decía
[q] persona que tiene convidados a su mesa (*host*). Larra usa aquí la palabra irónicamente.

una mesa baja, poco más que banqueta de zapatero, porque él y su mujer, como dice, ¿para qué quieren más? Desde la tal mesita, y como se sube el agua del pozo, hace subir la comida hasta la boca, adonde llega goteando después de una larga travesía;[82] porque pensar
180 que estas gentes han de tener una mesa regular, y estar cómodas todos los días del año, es pensar en lo excusado.[83] Ya se concibe, pues, que la instalación de una gran mesa de convite era un acontecimiento en aquella casa; así que se había creído capaz de contener catorce personas que éramos una mesa donde apenas podrían comer ocho
185 cómodamente. Hubimos de sentarnos de medio lado,[84] como quien va a arrimar[85] el hombro a la comida, y entablaron[86] los codos de los convidados íntimas relaciones entre sí con la más fraternal inteligencia del mundo. Colocáronme, por mucha distinción, entre un niño de cinco años, encaramado[87] en unas almohadas[88] que era preciso en-
190 derezar[89] a cada momento porque las ladeaba[90] la natural turbulencia de mi joven *adlátere*,[91] y entre uno de esos hombres que ocupan en el mundo el espacio y sitio de tres, cuya corpulencia por todos lados se salía de madre[92] de la única silla en que se hallaba sentado, digámoslo así, como en la punta de una aguja. Desdobláronse[93] silen-
195 ciosamente las servilletas, nuevas a la verdad, porque tampoco eran muebles en uso para todos los días, y fueron izadas[94] por todos aquellos buenos señores a los ojales de sus fraques como cuerpos intermedios entre las salsas y las solapas.

—Ustedes harán penitencia,[95] señores —exclamó el anfitrión una
200 vez sentado—; pero hay que hacerse cargo[96] que no estamos en Ge-nieys[r]— frase que creyó preciso decir. Necia[97] afectación es ésta, si es mentira dije yo para mí; y si verdad, gran torpeza[98] convidar a los amigos a hacer penitencia.

Desgraciadamente no tardé mucho en conocer que había en aque-
205 lla expresión más verdad de la que mi buen Braulio se figuraba. Interminables y de mal gusto fueron los cumplimientos con que, para dar y recibir cada plato, nos aburrimos unos a otros.

—Sírvase usted.

—Hágame usted el favor.

210 —De ninguna manera.

—No lo recibiré.

—Páselo usted a la señora.

—Está bien ahí.

—Perdone usted.

215 —Gracias.

—Sin etiqueta, señores —exclamó Braulio.

Y se echó el primero[99] con su propia cuchara. Sucedió a la sopa un cocido[s] surtido de[100] todas las sabrosas impertinencias[101] de este engorrosísimo,[102] aunque buen plato: cruza[103] por aquí la carne; por

---

[82]	viaje, generalmente por mar
[83]	imposible
[84]	de... *sideways*
[85]	*to lean over*
[86]	establecieron
[87]	*propped up*
[88]	*pillows*
[89]	poner derecho lo que estaba torcido
[90]	movía o inclinaba hacia un lado
[91]	(lat.) vecino
[92]	se... *overflowed*
[93]	*were unfolded*
[94]	levantadas
[95]	harán... ayunarán, no comerán (en este caso)
[96]	hacerse... recordar
[97]	Tonta
[98]	*clumsiness*
[99]	*he dipped in first*
[100]	surtido... *supplied with*
[101]	sabrosas... ingredientes deliciosos
[102]	*troublesome*
[103]	(se) pasa

---

[r] el restaurante madrileño más elegante de la época
[s] guiso (plato) típico de España que sigue siendo aún en muchas partes de ese país la comida diaria

220 allá la verdura; acá los garbanzos; allá el jamón; la gallina por derecha; por medio el tocino; por izquierda los embuchados de Extremadura.[1] Siguióle un plato de ternera mechada,[104] que Dios maldiga, y a éste otro, y otros, y otros, mitad traídos de la fonda,[105] que esto basta para que excusemos hacer su elogio, mitad hechos en casa por
225 la criada de todos los días, por una vizcaína auxiliar tomada al intento para aquella festividad y por el ama de la casa, que en semejantes ocasiones debe estar en todo, y por consiguiente suele no estar en nada.

—Este plato hay que disimularlo[106] —decía ésta de unos picho-
230 nes[107]—; están un poco quemados.

—Pero, mujer...

—Hombre, me aparté un momento, y ya sabes lo que son las criadas.

—¡Qué lástima que este pavo no haya estado media hora más al
235 fuego! Se puso algo tarde.

—¿No les parece a ustedes que está algo ahumado[108] este estofado[109]?

—¿Qué quieres? Una no puede estar en todo.

—¡Oh, está excelente! —exclamábamos todos dejándonoslo en el
240 plato— ¡excelente!

—Este pescado está pasado.[110]

—Pues en el despacho de la diligencia del fresco[111] dijeron que acababa de llegar; ¡el criado es tan bruto!

—¿De dónde se ha traído este vino?
245 —En eso no tienes razón, porque es...

—Es malísimo.

Estos diálogos cortos iban exornados[112] con una infinidad de miradas furtivas del marido para advertirle continuamente a su mujer alguna negligencia, queriendo darnos a entender entrambos a dos
250 que estaban muy al corriente[113] de todas las fórmulas que en semejantes casos se reputan en finura,[114] y que todas las torpezas eran hijas de los criados, que nunca han de aprender a servir. Pero estas negligencias se repetían tan a menudo, servían tan poco ya las miradas, que le fue preciso al marido recurrir a los pellizcos y a los pisoto-
255 nes;[115] y ya la señora, que a duras penas había podido hacerse superior hasta entonces a las persecuciones de su esposo, tenía la faz encendida y los ojos llorosos.

—Señora, no se incomode usted por eso —le dijo el que a su lado tenía.

260 —¡Ah! Les aseguro a ustedes que no vuelvo a hacer estas cosas en casa; ustedes no saben lo que es esto: otra vez, Braulio, iremos a la fonda y no tendrás...

—Usted, señora mía, hará lo que...

—¡Braulio! ¡Braulio!

---

[1]embuchados... chorizos (*sausages*) hechos en Extremadura, provincia de España

[104] *veal hash*
[105] *inn*
[106] *overlook*
[107] *pigeons*
[108] *lleno de humo*
[109] *stew*
[110] *spoiled*
[111] despacho... la oficina de las diligencias (*stagecoaches*) que traían el pescado fresco
[112] *acompañados*
[113] al... informados
[114] se... se consideran refinados
[115] recurrir... *to resort to pinching and pushing*

265 Una tormenta espantosa estaba a punto de estallar;[116] empero[117] todos los convidados a porfía[118] probamos a aplacar[119] aquellas disputas, hijas del deseo de dar a entender la mayor delicadeza, para lo cual no fue poca parte la manía de Braulio y la expresión concluyente que dirigió de nuevo a la concurrencia acerca de la inutilidad de los cumplimientos, que así llama él al estar bien servido y al saber comer.
270 ¿Hay nada más ridículo que estas gentes que quieren pasar por finas en medio de la más crasa[120] ignorancia de los usos sociales, que para obsequiarle le obligan a usted a comer y beber por fuerza y no le dejan medio de hacer su gusto? ¿Por qué habrá gentes que sólo quieren
275 comer con alguna más limpieza[121] los días de días[122]?

A todo esto[u] el niño que a mi izquierda tenía hacía saltar las aceitunas a un plato de magras[123] con tomate, y una vino a parar[124] a uno de mis ojos, que no volvió a ver claro[125] en todo el día; y el señor gordo de mi derecha había tenido la precaución de ir dejando en el
280 mantel,[126] al lado de mi pan, los huesos de las suyas,[127] y los de las aves que había roído;[128] el convidado de enfrente, que se preciaba de trinchador,[129] se había encargado de hacer la autopsia de un capón, o sea gallo, que esto nunca se supo: fuese por la edad avanzada de la víctima, fuese por los ningunos conocimientos anatómicos del victima-
285 rio,[130] jamás parecieron las coyunturas.[131] «Este capón no tiene coyunturas», exclamaba el infeliz sudando y forcejeando, más como quien cava[132] que como quien trincha. «¡Cosa más rara!» En una de las embestidas[133] resbaló[134] el tenedor sobre el animal como si tuviera escama,[135] y el capón, violentamente despedido, pareció querer tomar
290 su vuelo como en sus tiempos más felices, y se posó[136] en el mantel tranquilamente como pudiera en un palo[137] de un gallinero.[138]

El susto fue general y la alarma llegó a su colmo[139] cuando un surtidor de caldo,[140] impulsado por el animal furioso, saltó a inundar mi limpísima camisa: levántase rápidamente a este punto el trinchador
295 con ánimo de cazar el ave prófuga,[v] y al precipitarse sobre ella, una botella que tiene a la derecha, con la que tropieza su brazo, abandonando su posición perpendicular, derrama un abundante caño de Valdepeñas[141] sobre el capón y el mantel; corre el vino, auméntase la algazara,[142] llueve la sal[w] sobre el vino para salvar el mantel; para sal-
300 var la mesa se ingiere[143] por debajo de él una servilleta, y una eminencia se levanta sobre el teatro[144] de tantas ruinas. Una criada toda azorada[145] retira el capón en el plato de su salsa; al pasar sobre mí hace una pequeña inclinación, y una lluvia maléfica de grasa desciende, como el rocío[146] sobre los prados, a dejar eternas huellas en
305 mi pantalón color de perla; la angustia y el aturdimiento[147] de la criada no conocen término; retírase atolondrada[148] sin acertar con las excusas;[x] al volverse tropieza con el criado que traía una docena de

[116] to break out
[117] aunque
[118] a... compitiendo con otro
[119] calmar
[120] gruesa
[121] con... más decentemente
[122] los... on their birthdays
[123] lonjas (slices) de jamón
[124] vino... landed
[125] no... couldn't see a thing
[126] tablecloth
[127] las... sus propias aceitunas
[128] gnawed
[129] se... decía con orgullo que sabía trinchar (to carve)
[130] matador, asesino
[131] joints
[132] digs
[133] ataques
[134] se deslizó (slipped)
[135] scales
[136] se... vino a descansar
[137] perch
[138] henhouse
[139] grado máximo a que se puede llegar en una cosa
[140] surtidor... recipiente de donde se sirve el caldo (broth)
[141] caño... chorro (stream) de vino de Valdepeñas
[142] ruido de muchas voces juntas
[143] se inserta
[144] el lugar
[145] alarmada
[146] dew
[147] bewilderment
[148] conturbada

---

[u] A... Como si esto no fuera suficiente para crear un desastre
[v] con... determinado a dar caza (hunt down) al pollo fugitivo
[w] llueve... Se refiere a la sal que se derrama sobre el vino para impedir que se manche el mantel.
[x] acertar... encontrar un medio apropiado para disculparse

platos limpios y una salvilla[149] con las copas para los vinos generosos, y toda aquella máquina viene al suelo con el más horroroso estruendo[150] y confusión.

—¡Por San Pedro! —exclama dando una voz[151] Braulio, difundida ya sobre sus facciones[152] una palidez mortal, al paso que brota fuego el rostro de su esposa[y]—. Pero sigamos, señores; no ha sido nada —añade volviendo en sí.[153]

¡Oh honradas casas donde un modesto cocido y un principio final constituyen la felicidad diaria de una familia; huid del tumulto de un convite de día de días! Sólo la costumbre de comer y servirse bien diariamente puede evitar semejantes destrozos.[154]

¿Hay más desgracias[155]? ¡Santo cielo! Sí, las hay para mí, ¡infeliz! Doña Juana, la de los dientes negros y amarillos, me alarga de su plato y con su propio tenedor una fineza,[156] que es indispensable aceptar y tragar; el niño se divierte en despedir a los ojos de los concurrentes los huesos disparados de las cerezas; don Leandro me hace probar el manzanilla[157] exquisito, que he rehusado, en su misma copa, que conserva las indelebles señales de sus labios grasientos;[158] mi gordo[159] fuma ya sin cesar y me hace cañón de su chimenea[z] por fin ¡oh última de las desgracias! crece el alboroto[160] y la conversación; roncas ya las voces, piden versos y décimas[161] y no hay más poeta que Fígaro.

—Es preciso. Tiene usted que decir algo —claman[162] todos.

—Désele pie forzado;[aa] que diga una copla[163] a cada uno.

—Yo le daré el pie: A don Braulio en este día.

—¡Señores, por Dios!

—No hay remedio.

—En mi vida[164] he improvisado.

—No se haga usted el chiquito.[165]

—Me marcharé.

—Cerrar[166] la puerta.

—No se sale de aquí sin decir algo.

Y digo versos por fin, y vomito disparates, y los celebran,[167] y crece la bulla,[168] y el humo, y el infierno.

A Dios gracias, logro escaparme de aquel nuevo *pandemonio*. Por fin, ya respiro el aire fresco y desembarazado de la calle, ya no hay necios, ya no hay castellanos viejos a mi alrededor.

—¡Santo Dios, yo te doy gracias! —exclamo respirando, como el ciervo[169] que acaba de escaparse de una docena de perros y que oye ya apenas sus ladridos—; para de aquí en adelante no te pido riquezas, no te pido empleos, no honores; líbrame de los convites caseros y de días de días; líbrame de estas casas en que es un convite un acontecimiento, en que sólo se pone la mesa decentemente para los convidados, en que creen hacer obsequios cuando dan mortificaciones, en

[149] *tray*
[150] *crash*
[151] dando... gritando
[152] *features*
[153] volviendo... recobrando su postura
[154] *havoc*
[155] accidentes causados por la mala suerte
[156] pequeño regalo
[157] vino blanco de Andalucía
[158] *greasy*
[159] mi... mi vecino gordo
[160] desorden
[161] tipo de composición poética
[162] piden en voz alta
[163] pareado (composición poética)
[164] Nunca
[165] No... No sea usted tan tímido.
[166] Cerrad
[167] aplauden
[168] voces altas y ruidosas
[169] *deer*

[y] al... mientras que la cara de su esposa se pone tan roja que parece estar en llamas
[z] me... me usa como cañón (*flue*) para su chimenea
[aa] Désele... Désele un verso que le ayude a comenzar

que se hacen finezas, en que se dicen versos, en que hay niños, en que hay gordos, en que reina, en fin, la brutal franqueza de los castellanos viejos. Quiero que, si caigo de nuevo en tentaciones semejantes, me falte un rosbif,[bb] desaparezca del mundo el bistec, se anonaden [170] los
355 timbales de macarrones,[171] no haya pavos en Perigueux[cc] ni pasteles en Perigord, se sequen los viñedos de Burdeos, y beban, en fin, todos menos yo la deliciosa espuma [172] del champaña.

Concluída mi deprecación [173] mental, corro a mi habitación a despojarme de mi camisa y de mi pantalón, reflexionando en mi interior
360 que no son unos todos [174] los hombres, puesto que los de un mismo país, acaso de un mismo entendimiento, no tienen las mismas costumbres, ni la misma delicadeza, cuando ven las cosas de tan distinta manera. Vístome y vuelo a olvidar tan funesto día entre el corto número de gentes que piensan, que viven sujetas al provechoso [175] yugo [176]
365 de una buena educación libre y desembarazada,[177] y que fingen acaso estimarse y respetarse mutuamente para no incomodarse, al paso que las otras hacen ostentación de incomodarse, y se ofenden y se maltratan, queriéndose y estimándose tal vez verdaderamente.

[170] se eliminen
[171] timbales... masa de harina que se rellena de pollo, camarón, carne u otros ingredientes
[172] *foam*
[173] súplica
[174] unos... parecidos
[175] beneficioso
[176] *yoke*
[177] extensa

Cuestionario

1. ¿Quién es el narrador del ensayo?
2. ¿Qué llega a saber el lector acerca de su ocupación, aspecto físico y carácter?
3. ¿Presenta el autor esa información directa o indirectamente?
4. ¿Cuál es el tono que emplea el narrador para retratarse a sí mismo, comentar las costumbres de sus padres y describir las calles de Madrid?
5. ¿Qué actitud hacia la vida en general y hacia la sociedad en particular expresan las palabras siguientes: «traté sólo de volverme por conocer quién fuese tan mi amigo para tratarme tan mal»?
6. ¿Cuál es la función estructural de la escena en la que el narrador y Braulio se encuentran por primera vez?
7. ¿Qué simboliza Braulio y qué simboliza Fígaro?
8. En esta historia, ¿en qué consiste el conflicto entre el narrador y su antagonista?
9. ¿Por qué razón identifica el narrador a ciertos personajes por medio de una sola inicial?
10. ¿Qué aspecto simbólico cobra la imagen del capón queriendo «tomar su vuelo como en sus tiempos más felices»?
11. ¿De qué recursos narrativos se sirve el autor para crear el suspenso?
12. ¿Cuál es el clímax del ensayo?

[bb] me... ojalá nunca vuelva yo a comer otro *roast beef*
[cc] ciudad de Francia conocida por sus trufas (*truffles*) y pasteles

13. ¿Qué aspectos de la conclusión completan los argumentos y la técnica narrativa de la introducción?

Identificaciones

1. «el pan pan y el vino vino»
2. «Vile marchar como el labrador ve alejarse la nube de su sembrado».
3. el señor de X
4. anfitrión
5. «mi joven *adlátere*»
6. «llueve la sal»

Temas

1. La estructura narrativa de este artículo de costumbres de Larra: organización de la materia e ideas principales
2. El uso de la caricatura en el ensayo
3. El elemento del humor en el ensayo: tipos, tono, efectos
4. La figura del «castellano viejo» como símbolo
5. El autorretrato de Fígaro

José Ortega y Gasset

José Ortega y Gasset (1883–1955), filósofo y ensayista español, goza de fama internacional. Influenciado por las doctrinas de pensadores alemanes como Emmanuel Kant y Arthur Schopenhauer, Ortega formuló una filosofía existencialista que afectó el pensamiento social contemporáneo y también la nueva estética. Según dicha filosofía, expresada sucintamente en la frase «yo soy yo y mi circunstancia», el ser humano es el producto de su propia voluntad, así como del momento y del lugar en que vive. De acuerdo con esta premisa, cada persona posee una lógica distinta—denominada la «razón vital»—y debe valerse de ella para triunfar sobre su situación particular, controlando así su destino. Ortega cita a la España decadente de su época como ejemplo de una sociedad homogénea, burguesa, guiada por la mentalidad de masa y de ahí incapaz de determinar qué ruta seguir como nación y qué rumbo dar a su cultura. Esta misma actitud intelectual, elitista, la muestra Ortega ante el arte. Para él el objeto artístico sólo es arte en la medida que no es verosímil e interpretado del mismo modo por todos. En cambio opta por un arte de minorías que sea un juego de la imaginación—algo abierto a la interpretación personal y a la polémica. Estas ideas están expuestas en obras de gran alcance y controversia como *España invertebrada* (1921), *El tema de nuestro tiempo* (1923), *La deshumanización del arte* (1925) y *La rebelión de las masas* (1930).

Diálogo sobre el arte nuevo

A principios de este verano se encontraron un día Baroja[a] y Azorín[b]
en una librería de Bayona.[1] Azorín venía de San Sebastián, Pío Baroja
de su casa de Vera.[2] Baroja, temperamento siempre fronterizo,[3] ha-
bita un viejo solar[4] que es la última habitación de la Península en
5 su linde con Francia. Azorín traspone ésta con frecuencia y va a San
Juan de Luz,[c] Biarritz[5] o Bayona. Dondequiera que vaya se le ve re-
calar[6] en alguna librería porque Azorín sólo va donde las hay. Viaja
para ver libros. Baroja se desplaza[7] con mayor facilidad, y aunque
fondea[8] también en las librerías que le salen al paso, su propósito es
10 más bien el de ver gente.

Azorín cultiva cada vez más la soledad. Tanto, que esta su soledad
no consiste ya simplemente en que se halle sin nadie al lado, sino
que se ha convertido en una realidad, en un cuerpo trasparente y
sólido, en un caparazón[9] cristalino que llevase en torno de su per-
15 sona. Cuando alguien le habla se sorprende e inquieta como si de sú-
bito le hubieran quebrado la vidriera de soledad circundante, o mejor,
como si viviendo en una dimensión inusitada,[10] sintiese que de pronto
algún ser de nuestro mundo habitual se filtrara mágicamente en el
suyo exclusivo. Ello es que nuestro Azorín emerge ante el interlocutor
20 asombrado y trémulo como el pez extraído de su «acuarium». La persona de este admirable y perdurable escritor, que encantó con sus
violetas literarias nuestra mocedad,[11] va tomando un exquisito aspecto de ausencia y lejanía, de espectral inexistencia, y recuerda esos
maravillosos cuadros de China que el tiempo ha cubierto con un velo
25 fluido al través del cual sus paisajes, sus pabellones, sus mandarines
nos aparecen como sumergidos en el fondo en un mar misterioso y
profundo.

De este mágico abismo hizo ascender Baroja a Azorín, dándole
suavemente un golpe sobre el hombro. De la conversación que
30 tuvieron nos interesa lo siguiente:

—Acabo de leer en el tren —dijo Baroja— su artículo «El campo
del arte», donde define usted su actitud frente al arte nuevo.

—Y qué, ¿no está usted de acuerdo?

—No puedo decir que no esté de acuerdo. Lo que me pasa es que
35 no lo entiendo.

—¿No está claro lo que digo?

—Claro lo es usted siempre, Azorín. Mejor dicho, es usted la cla-

[1] ciudad del sur de Francia
[2] pueblo español
[3] de frontera
[4] casa ancestral
[5] ciudad del departamento
   de Bayona
[6] pararse
[7] viaja
[8] entra
[9] *armor*
[10] a la que no está
   acostumbrado
[11] juventud

---

[a] Novelista español (1873–1956) de la llamada Generación del 98; se destaca por su espíritu anárquico e inconformista, así como por su visión crítica y pesimista de la sociedad de su época.
[b] pseudónimo de José Martínez Ruiz (1873–1967), novelista, ensayista, poeta y dramaturgo español de la Generación
del 98; se le conoce por su sensibilidad y por su carácter introspectivo.
[c] San... Saint-Jean-de-Luz, pueblo francés del departamento de Bayona

ridad misma. Pero éste es el inconveniente. Cuando no se trata de cosas y personas concretas, cuando se plantea usted temas generales
40 y en vez de manejar colores, imágenes, sentimientos, camina usted entre ideas, envuelve usted las cuestiones en una claridad tal que quedan ocultas por ella. Vemos la claridad de usted; pero no conseguimos ver claras las cosas. Es usted pura luz, y para que se vea algo hace falta siempre alguna sombra.

45 —Antes no hablaba usted así, Baroja. Esta manera eutrapélica[12] de producirse[13] la ha adquirido usted practicando a las duquesas.

—Es posible que me haya quedado esa adherencia de mi fugaz trato con las duquesas. Pero mi impresión es más bien contraria. Las duquesas, que son, a veces, capaces de impertinencia, se hallan casi
50 siempre exentas de ironía. Hoy no existe ironía en el mundo. Y se comprende. La ironía consiste en tener una personalidad efectiva, sobre la cual se da uno el lujo[14] de armar otra ficticia, inventada por uno mismo. Esto sólo puede permitírselo quien sienta muy segura socialmente su personalidad real, ¿y hay quien esté seguro de lo que es
55 socialmente? Las duquesas menos que nadie. No saben qué hacer, las más discretas: si tomarse en serio como duquesas o comportarse como si no lo fueran. Les pasa como a nosotros, los escritores. Empezamos a sentir que la literatura no es ya un poder social, una magistratura; pero la gente todavía se pone a mirarnos, como a las jirafas
60 del jardín zoológico. Esta duda radical que cada cual siente hoy sobre lo que es dentro de la arquitectura social, constituye una de las enfermedades de la época.

Sería un error creer que esta vacilación respecto al significado social de nuestra persona sólo perturba al vanidoso. Cada gesto que
65 hagamos, cada palabra que pronunciemos, parte de un punto del volumen social— aquel que ocupamos—, y va a parar a otros. Cuando desconocemos el punto en que nos hallamos, no nos es posible determinar si nuestro gesto debe ir hacia arriba o hacia abajo, a la derecha o a la izquierda, ni si el público que nos escucha está lejos o está cerca
70 y debemos gritar o musitar.[15] En otros tiempos, el coeficiente social[d] de cada hombre era cosa inequívoca que adquiría, inclusive, plástica evidencia en el uniforme adscrito a cada clase y oficio. ¡Vaya usted a saber cuál es hoy el papel de un escritor en la arquitectura social! No sabe uno si adoptar el gesto crispado de las gárgolas[16] o poner la
75 sonrisa estúpida de una cariátide,[e] o, en fin, contentarse con ser un baldosín.[17] ¿Cómo quiere usted que se entretenga en ironizar nadie cuando está expuesto a verse convertido en baldosín del prójimo? Todas las energías, y más que hubiera, las gasta cada cual en afirmar y defender su personalidad efectiva.
80 —Con todo esto, se ha olvidado usted de mi artículo.

—Aquí lo tengo, Dice usted:

[12] burlona
[13] expresarse
[14] se da... se permite
[15] hablar en voz baja
[16] *gargoyles*
[17] (fig.) persona de quien todo el mundo abusa (*doormat*)

---

[d] coeficiente... la acción recíproca de un miembro de la sociedad con los otros
[e] estatua de mujer que generalmente sirve de columna o pilastra

«La humanidad es muy vieja. No sé lo que se entiende por arte nuevo. La estética es tan vieja como la humanidad. De cuando en cuando se habla de renovación del arte. En realidad, las tales renova-
85 ciones son cosas superficiales. La esencia del arte no cambia. Como un artista no puede dejar de hacer lo que ya ha hecho, la humanidad no puede tampoco darse formas de arte distintas de las que ya se ha dado. Un pintor podrá, por ejemplo, esforzarse en encontrar una pintura nueva; cien pintores en todo el mundo podrán luchar para pintar
90 de modo distinto a como han pintado sus antecesores. Los esfuerzos de todos serán inútiles. Tendrán que dibujar y emplear el color. No harán otra cosa que lo que hicieron, en las paredes de las cavernas, milenarios antecesores de esos artistas de ahora. La humanidad es vieja y ha hecho todo cuanto tenía que hacer. De cuando en cuando, a
95 lo largo del tiempo, artistas y literatos imaginan que van a poder salir del círculo inflexible en que están encerrados. Ese círculo son las leyes de la materia y las normas perdurables del espíritu. Intentan esos literatos y artistas escribir y pintar como antes no se había escrito ni pintado. Y sus esfuerzos son inútiles. Al traspasar las fron-
100 teras de la experiencia secular y de las leyes de la materia, caen fuera de los términos del arte mismo que desean renovar. El círculo en que la humanidad está encerrada es inflexible. Para hacer otro arte, para crear otra estética, sería necesario crear otro mundo, hacer otra cosa que no fuera la materia y otra cosa que no fuera el espíritu».
105 —¿No le parece a usted claro?
—Ya le he dicho que me parece demasiado claro. Dice usted que las «renovaciones del arte son cosas superficiales. La esencia del arte no cambia». Se me ocurre pensar que una de las cosas más esenciales en el arte es el estilo. Ahora bien: las renovaciones son cambios de
110 estilo. ¿Cómo puede usted llamarlas superficiales? ¿Le parece a usted floja la diferencia entre una catedral gótica y el Partenón, o entre una pirámide y un pabellón Luix XV, o entre el dibujo geométrico de Creta[18] y «Las Meninas[f]»?
—Pero siempre el pintor tendrá que dibujar y emplear el color.
115 —Pero ¿es eso la esencia del arte pictórico? Yo creía que eran dibujo y color más bien los medios, los materiales de la pintura. Para usted sólo habría una renovación no superficial del arte literario cuando dejase éste de usar vocablos. Me parece que se pasa[19] usted un poco, amigo Azorín.
120 —El arte es eterno.
—Un amigo mío de Vera, cuando oye que alguien dice palabras más sonoras que nutridas, suele exclamar: «¡Todo esto es carrocería[20]!» A mí esa eternidad del arte me parece también pura carrocería. Pongamos un poco menos que eterno. No sé quién preguntó una vez a Galileo si el Sol era eterno, y Galileo, supongo que sonriendo,
125 respondió: *Eterno, no; ma ben antico.*[21]

[18] dibujo... diseño lineal
[19] se... exagera
[20] ¡Todo... *All this is a lot of hot air!*
[21] Eterno... Eterno no, pero bastante antiguo

___

[f] famoso cuadro del pintor español Diego Velázquez (1599–1660), ejemplo de la intensificación artística de la época barroca

—En el fondo, la literatura ha sido siempre lo mismo.

—¡Claro! En la primera mitad del siglo XIX hubo un poeta español, no recuerdo cuál, que compuso su «Oda al Sol[g]», la cual empieza así:

¡Para y óyeme, oh Sol, yo te saludo!

En cambio, usted comienza uno de los capítulos de «La ruta de Don Quijote»: «Yo no he conocido jamás hombres más discretos, más amables, más sencillos que estos buenos hidalgos don Cándido, don Luis, don Francisco, don Juan Alfonso y don Carlos». Entre uno y otro comienzo, ¿no encuentra usted tampoco más que diferencias superficiales? Usa usted, amigo Azorín, de unas superficies muy gordas.

—¡Sutilezas! La materia y el espíritu serán siempre lo que han sido.

—Yo no sé muy bien qué sea materia ni qué sea espíritu; pero me parece que lo característico de la vida es la aparición súbita de especies nuevas. En mi huerta se plantaron hace años unas habichuelas:[22] cosecha[23] tras cosecha, venían siendo iguales. Pero hace un par de ellos aparecieron de pronto unas habichuelas punteadas que se han ido propagando a costa de las antiguas. ¿Por qué no pensar que las generaciones son cosechas humanas y que, de pronto, en una de ellas aparece una mutación?

—¡De Vries[h]!

—En efecto, sería urgente un Hugo de Vries que botanizase en la historia. Debe usted leer las conferencias que dio hace dos años en las «Clifford Lectures» el gran biólogo norteamericano Lloyd Morgan sobre lo que él llama «evolución emergente», es decir, evolución con súbitas[24] y originales emergencias. Así se explicarían los cambios súbitos de gusto artístico. Usted y yo, habichuelas sin puntos, asistimos ahora al advenimiento de una literatura punteada.

—¡Guiso igual[25]!

—No; el guiso no es igual; lo que será igual seguramente es la indigestión.

—El círculo en que la humanidad está encerrada es inflexible.

—Yo no veo ese círculo. ¡Cualquiera diría que la humanidad se ha muerto ya totalmente varias veces y ha vuelto a nacer para morir según idéntico programa! El círculo humano no se ha trazado aún. Este es el error capital que hallo en el libro de Spengler,[i] ahora tan en

[22] *beans*
[23] *crop*
[24] inesperadas
[25] ¡Guiso... *Six of one, half a dozen of the other!*

---

[g] poema del romántico español José de Espronceda

[h] Hugo De Vries (1848–1935), botánico holandés famoso por haber logrado producir nuevas plantas

[i] Oswald Spengler (1880–1936), filósofo alemán, autor de *La decadencia de Occidente* (1920), obra en la que propone una «morfología de la historia». Según esta teoría, las civilizaciones del mundo, divididas por Spengler en cuatro categorías (la india, la antigua, la árabe y la occidental), evolucionarían asumiendo cuatro formas que corresponden a otras tantas etapas o «estaciones» de la historia: la fase intuitiva, la reformista y crítica, la filosófico-científica y la tecnológica, que es la que actualmente asume el mundo occidental. Según Spengler, el ser humano, al haber creado para sí un ambiente totalmente mecanizado, ha perdido todo su poder intuitivo y es incapaz de resolver los complejos problemas que le presenta su sociedad. De ahí la decadencia de los pueblos «superdesarrollados» del occidente y la promesa de un nuevo ciclo.

boga. Yo no lo he leído, pero lo he hojeado y me parece que esas seme-
165 janzas cíclicas encontradas por el autor en el desarrollo de diversas
culturas, aun suponiendo que sean ciertas, no contradicen una evolución de la humanidad hacia estados siempre nuevos. Comete este alemán el mismo error que usted cuando supone que el arte siempre ha
sido el mismo. ¡Claro está! Siempre es posible hallar en dos cosas al-
170 guna nota tan formal, tan abstracta o tan intrínseca que sea común a
ambas, aunque, en rigor, se diferencien en todo lo demás. Los caballos y las ostras[26] se parecen en que no se suben a los árboles. La época
del Imperio romano y la nuestra pueden parecerse en muchas cosas, y
sin embargo, ser distintas, preparar un porvenir muy diverso. Lo im-
175 portante no es hallar semejanzas, sino probar que no existen diferencias de monta.[27]

(El Sol, 26 de octubre de 1924)

[26] oysters
[27] de... importantes

Cuestionario

1. ¿Dónde y cuándo tiene lugar la conversación entre Baroja y Azorín?
2. Al principio del ensayo, ¿qué ejemplos da el autor para describir a los dos escritores? ¿Qué conclusiones se pueden sacar acerca de la personalidad de cada uno de ellos?
3. Explique la actitud del narrador ante Azorín, en el segundo párrafo. Específicamente, ¿de qué imagen o imágenes se sirve el texto para describir las características físicas de Azorín?
4. ¿Cuáles son los elementos más significativos de la descripción siguiente: «La persona de este admirable y perdurable escritor... va tomando un exquisito aspecto de ausencia y lejanía, de espectral inexistencia, y recuerda esos maravillosos cuadros de China que el tiempo ha cubierto con un velo fluido al través del cual sus paisajes, sus pabellones, sus mandarines nos aparecen como sumergidos en el fondo en un mar misterioso y profundo»? ¿Qué efecto producen esos elementos en su conjunto?
5. ¿Cuál es la actitud de Azorín ante el arte nuevo? ¿Cuál es la de Baroja?
6. ¿Llegan a ponerse de acuerdo Baroja y Azorín?
7. ¿Quién usa las siguientes analogías y de qué modo se relacionan con la tesis que cada uno de los dos propone: «Usted y yo, habichuelas sin puntos, asistimos ahora al advenimiento de una literatura punteada» y «Los caballos y las otras se parecen en que no se suben a los árboles»?

Identificaciones

1. «El campo del arte»
2. «la gente se pone a mirarnos como a las jirafas del jardín zoológico»

3. «todo es carrocería»
4. «la materia y el espíritu serán siempre lo que han sido»
5. Spengler
6. «Comete este alemán el mismo error que usted»

Temas

1. La estructura dramática de «Diálogo sobre el arte nuevo»
2. Variaciones del tema de la «eternidad del arte» en el ensayo
3. Las analogías del ensayo como técnica de persuasión
4. El uso de figuras reales en circunstancias ficticias: su función dentro del ensayo

Manuel González Prada

Manuel González Prada (1848–1918), poeta y prosista peruano, nació y falleció en Lima. Se le ha definido como el precursor del socialismo latinoamericano, lo que está comprobado en gran parte por el hecho de haber sido toda su vida un *escritor comprometido*. De acuerdo con su ideología neo-marxista, González Prada se sintió obligado a abandonar la postura tradicional no-militante del artista y a llevar, en cambio, a la literatura y al lenguaje, la lucha por las reformas socio-políticas. Sus libros de ensayos más notorios, *Pájinas libres* (1894) y *Horas de lucha* (1908), dan testimonio de su inveterado activismo en pro de los derechos civiles y muestran a la vez cómo ese activismo se traduce en una prosa combativa y didáctica. De su producción poética cabe señalar, por sus innovaciones métricas en particular, *Minúsculas* (1901) y *Exóticas* (1911).

La educación del indio

Para cohonestar[1] la incuria[2] del Gobierno y la inhumanidad de los expoliadores,[3] algunos pesimistas a lo[4] Le Bon[a] marcan en la frente del indio un estigma infamatorio: le acusan de refractario[5] a la civili-

[1] hacer pasar por buena una acción mala; racionalizar

[a] Gustave Le Bon (1841–1931), psicólogo social francés, autor de *Lois psychologiques de l'évolution des peuples* (*Psicología de las multitudes*, 1894). Según su tesis, muy popular en esa época, la humanidad se dividiría en una jerarquía de razas superiores, encabezadas por los europeos, y de inferiores, a las que pertenecerían los demás pueblos. Lo que determina la «superioridad» o «inferioridad» de un pueblo, según Le Bon, es «el alma nacional», o sea, una cantidad de características psicológicas comunes que se transmiten por la herencia, igual que las anatómicas.

zación. Cualquiera se imaginaría que en todas nuestras poblaciones
5 se levantan[6] espléndidas escuelas, donde bullen[7] eximios[8] profesores
muy bien rentados[9] y que las aulas[10] permanecen vacías porque los
niños, obedeciendo las órdenes de sus padres, no acuden[11] a recibir
educación. Se imaginaría también que los indígenas no siguen los
moralizadores ejemplos de las clases dirigentes o crucifican sin el
10 menor escrúpulo a todos los predicadores de ideas levantadas[12] y ge-
nerosas. El indio recibió lo que le dieron: fanatismo y aguardiente.[13]

   Veamos ¿qué se entiende por civilización? Sobre la industria y el
arte, sobre la erudición y la ciencia, brilla la moral como punto luminoso en el vértice de una gran pirámide. No la moral teológica fun-
15 dada en una sanción póstuma,[b] sino la moral humana, que no busca
sanción ni la buscaría lejos de la Tierra. El *summum*[14] de la morali-
dad, tanto para los individuos como para las sociedades, consiste en
haber transformado la lucha de hombre contra hombre en el acuerdo
mutuo para la vida. Donde no hay justicia, misericordia ni benevo-
20 lencia, no hay civilización; donde se proclama ley social la *struggle for
life*, reina la barbarie. ¿Qué vale adquirir el saber de un Aristóteles
cuando se guarda el corazón de un tigre? ¿Qué importa poseer el don
artístico de un Miguel Angel cuando se lleva el alma de un cerdo? Más
que pasar por el mundo derramando la luz del arte o de la ciencia,
25 vale ir destilando la miel de la bondad.[c] Sociedades altamente civilizadas merecerían llamarse aquellas donde practicar el bien ha pasado de obligación a costumbre, donde el acto bondadoso se ha convertido en arranque[15] instintivo. Los dominadores del Perú ¿han
adquirido ese grado de moralización? ¿Tienen derecho de considerar
30 al indio como un ser incapaz de civilizarse?

   La organización política y social del antiguo imperio incaico admira hoy a reformadores y revolucionarios europeos. Verdad, Atahualpa[d] no sabía el Padrenuestro ni Calcuchima[e] pensaba en el misterio de la Trinidad; pero el culto del Sol era quizá menos absurdo
35 que la Religión católica, y el gran Sacerdote de Pachacamac[f] no ven-
cía tal vez en ferocidad al padre Valverde.[g] Si el súbdito[16] de Huaina-
Cápac[h] admitía la civilización, no encontramos motivo para que el
indio de la República la rechace, salvo que toda la raza hubiera sufrido una irremediable decadencia fisiológica. Moralmente hablando,
40 el indígena de la República se muestra inferior al indígena hallado
por los conquistadores; mas depresión moral a causa de servidumbre

[2] negligencia
[3] los que le quitan a uno
   con violencia lo que tiene
[4] a... al estilo de
[5] rebelde
[6] se... se construyen
[7] abundan
[8] ilustres
[9] muy... bien pagados
[10] salas de clase
[11] van
[12] sublimes
[13] bebida alcohólica muy
   fuerte (*fire-water*)
[14] (lat. *summum*) el
   máximo
[15] impulso
[16] *subject*

[b] sanción... premio o castigo divino que se recibe después de morir
[c] Más... *Rather than going around the world spilling the light of the arts and the sciences, it is better to distill the honey of kindness.*
[d] emperador del Perú a quien hizo dar muerte el conquistador Francisco Pizarro
[e] general del antiguo reino de Quito que en el siglo XVI luchó valientemente y obtuvo varias victorias sobre el inca Tupac Yupanqui
[f] dios de la mitología inca, creador y sustentador del universo, encargado de castigar al ser humano por sus transgresiones
[g] Fray Vicente de Valverde, capellán de Pizarro, culpable de la masacre de numerosos indios acusados de sacrilegio, incluso de la del mismo emperador Atahualpa
[h] emperador del Perú, conocido como «el Hijo del Sol»

política no equivale a imposibilidad absoluta para civilizarse por constitución orgánica. En todo caso ¿sobre quién gravitaría la culpa?

Los hechos desmienten[17] a los pesimistas. Siempre que el indio se
45 instruye en colegios o se educa por el simple roce[18] con personas civilizadas, adquiere el mismo grado de moral y cultura que el descendiente del español. A cada momento nos rozamos con amarillos que visten, comen, viven y piensan como los melifluos[19] caballeros de Lima. Indios vemos en Cámaras, municipios,[20] magistraturas,[21] uni-
50 versidades y ateneos,[22] donde se manifiestan ni más venales[23] ni más ignorantes que los de otras razas. Imposible deslindar[24] responsabilidades en el *totum revolutis*[25] de la política nacional para decir qué mal ocasionaron[26] los mestizos, los mulatos y los blancos. Hay tal promiscuidad de sangres y colores, representa cada individuo tantas
55 mezclas lícitas o ilícitas, que en presencia de muchísimos peruanos quedaríamos perplejos para determinar la dosis de negro y amarillo que encierran en sus organismos: nadie merece el calificativo[27] de blanco puro, aunque lleve azules los ojos y rubio el cabello. Sólo debemos recordar que el mandatario[28] con mayor amplitud de miras[29]
60 perteneció a la raza indígena, se llamaba Santa Cruz. Lo fueron cien más, ya valientes hasta el heroísmo como Cahuide;[i] ya fieles hasta el martirio como Olaya.[j]

Tiene razón Novikow[k] al afirmar que las pretendidas incapacidades de los amarillos y los negros son quimeras[30] de espíritus en-
65 fermos. Efectivamente, no hay acción generosa que no pueda ser realizada por algún negro ni por algún amarillo, como no hay acto infame que no pueda ser cometido por algún blanco. Durante la invasión de China en 1900[l] los amarillos del Japón dieron lecciones de humanidad a los blancos de Rusia y Alemania. No recordamos si los
70 negros de Africa las dieron alguna vez a los boers del Transvaal o a los ingleses del Cabo: sabemos sí que el anglosajón Kitchener[m] se muestra tan feroz en el Sudán como Behanzin[n] en el Dahomey. Si en vez de comparar una muchedumbre de piel blanca con otras muchedumbres de piel oscura, comparamos un individuo con otro individuo,
75 veremos que en medio de la civilización blanca abundan cafres[31] y pieles rojas por dentro. Como flores de raza u hombres representati-

[17] (inf.: desmentir) contradicen
[18] trato
[19] dulces en el modo de hablar y tratar
[20] *town councils or halls*
[21] conjunto o cuerpo de magistrados
[22] sociedades literarias o científicas
[23] que se dejan sobornar fácilmente
[24] separar
[25] *totum...* (lat.) *revolving door*
[26] causaron
[27] denominación
[28] gobernante
[29] amplitud... *for all intents and purposes*
[30] ilusiones
[31] bárbaros y crueles

---

[i] el último gran capitán de los incas. Pereció en el sitio de Cuzco. Viendo que sus soldados morían de sed y miedo, incapaces de luchar, mató a muchos de ellos por cobardes y luego se suicidó.
[j] José Olaya (1782–1823), mártir patriota torturado y fusilado por los españoles durante la Guerra de la Independencia
[k] Nicolai I. Novikov (1744–1818), editor y crítico social ruso. Sus ideas sobre reformas sociales en su tierra tuvieron gran repercusión durante el siglo XVIII. Dedicó su vida a luchar contra la esclavitud, la ignorancia y el fanatismo.
[l] El autor se refiere a la expedición internacional de tropas alemanas, japonesas, inglesas, italianas y norteamericanas enviadas a China para quebrar el sitio de Tien-Tsin y rescatar a los miembros de las legaciones extranjeras durante la rebelión de los «Boxers».
[m] Horatio H. Kitchener (1850–1916), ilustre líder militar inglés a quien se atribuyen las mayores victorias de las guerras de Sudán, Africa del Sur (Guerra de los Boers, 1899–1902) y Primera Guerra Mundial
[n] Monarca del reino de Dahomey (hoy República Popular de Benín, en el Africa Occidental) conocido por sus violentos asaltos contra los franceses en defensa de sus propios dominios

vos, nombremos al Rey de Inglaterra y al Emperador de Alemania: Eduardo VII y Guillermo II[o] ¿merecen compararse con el indio Benito Juárez[p] y con el negro Booker Washington[q]? Los que antes de
80 ocupar un trono vivieron en la taberna, el garito[32] y la mancebía,[33] los que desde la cima de un imperio ordenan la matanza sin perdonar a niños, ancianos ni mujeres llevan lo blanco en la piel mas esconden lo negro en el alma.

¿De sólo la ignorancia depende el abatimiento[34] de la raza indí-
85 gena? Cierto, la ignorancia nacional parece una fábula cuando se piensa que en muchos pueblos del interior no existe un solo hombre capaz de leer ni de escribir, que durante la Guerra del Pacífico[r] los indígenas miraban la lucha de las dos naciones como una contienda civil entre el general Chile y el general Perú, que no hace mucho los
90 emisarios de Chucuito[s] se dirigieron a Tacna[t] figurándose encontrar ahí al Presidente de la República.

Algunos pedagogos (rivalizando con los vendedores de panaceas) se imaginan que sabiendo un hombre los afluentes[35] del Amazonas y la temperatura media de Berlín, ha recorrido la mitad del camino
95 para resolver todas las cuestiones sociales. Si por un fenómeno sobrehumano, los analfabetos nacionales amanecieran mañana, no sólo sabiendo leer y escribir, sino con diplomas universitarios, el problema del indio no habría quedado resuelto: al proletariado de los ignorantes, sucedería el de los bachilleres y doctores. Médicos sin enfer-
100 mos, abogados sin clientela, ingenieros sin obras, escritores sin público, artistas sin parroquianos, profesores sin discípulos, abundan en las naciones más civilizadas formando el innumerable ejército de cerebros con luz y estómagos sin pan. Donde las haciendas de las costas suman cuatro o cinco mil fanegadas,[36] donde las estancias[37] de la
105 sierra miden treinta y hasta cincuenta leguas, la nación tiene que dividirse en señores y siervos.

Si la educación suele[38] convertir al bruto impulsivo en un ser razonable y magnánimo, la instrucción le enseña y le ilumina el sendero[39] que debe seguir para no extraviarse[40] en las encrucijadas[41] de
110 la vida. Mas divisar[42] una senda no equivale a seguirla hasta el fin; se necesita firmeza en la voluntad y vigor en los pies. Se requiere también poseer un ánimo de altivez[43] y rebeldía, no de sumisión y respeto

[32] casa de juego clandestina
[33] *brothel*
[34] depresión
[35] *tributaries*
[36] Una fanegada corresponde a 1.59 acres de tierra.
[37] haciendas destinadas al cultivo y a la ganadería
[38] acostumbra a
[39] (fig.) camino o medio para hacer algo
[40] perder el camino
[41] (fig.) situaciones difíciles
[42] ver a lo lejos
[43] arrogancia

---

[o] Eduardo... El autor se vale de estos célebres monarcas para simbolizar el tipo de nobleza que se adquiere por herencia y no por esfuerzo y mérito propios.

[p] presidente y patriota mexicano (1806–1872) de sangre india, líder de la resistencia que liberó el país de los franceses. Estos habían convertido México (1863) en un imperio confiado a Maximiliano de Austria.

[q] Booker T. Washington (1856–1915), reformador y educador norteamericano, hijo de padre blanco y de una esclava mulata. Fundó en 1881 la primera escuela normal para los negros (Tuskegee Institute).

[r] Guerra... Después de esta guerra (1879–1883), en la que el Perú fue derrotado por Chile, González Prada, que había peleado valientemente en ella, se encerró en su casa. Sólo salió a la calle cuando supo que los invasores chilenos se habían marchado.

[s] punto del lago Titicaca, cerca de la frontera de Bolivia

[t] ciudad y provincia que Perú tuvo que ceder a Chile tras la Guerra del Pacífico

como el soldado y el monje.[44] La instrucción puede mantener al hombre en la bajeza y la servidumbre: instruidos fueron los eunucos y
115 gramáticos de Bizancio.[u] Ocupar en la Tierra el puesto que le corresponde en vez de aceptar el que le designan: pedir y tomar su bocado;[45] reclamar[46] su techo y su pedazo de terruño,[47] es el derecho de todo ser racional.

Nada cambia más pronto ni más radicalmente la psicología del
120 hombre que la propiedad: al sacudir[48] la esclavitud del vientre,[49] crece en cien palmos.[50] Con sólo adquirir algo, el individuo asciende algunos peldaños[51] en la escala social, porque las clases se reducen a grupos clasificados por el monto de la riqueza. A la inversa del globo aerostático[52] sube más el que más pesa. Al que diga: *la escuela*, res-
125 póndasele: *la escuela y el pan*.

La cuestión del indio, más que pedagógica, es económica, es social. ¿Cómo resolverla? No hace mucho que un alemán concibió la idea de restaurar el Imperio de los Incas:[v] aprendió el quechua,[w] se introdujo en las indiadas[53] del Cuzco, empezó a granjearse partida-
130 rios,[54] y tal vez habría intentado una sublevación,[55] si la muerte no le hubiera sorprendido al regreso de un viaje por Europa. Pero ¿cabe[56] hoy semejante restauración? Al intentarla, al querer realizarla, no se obtendría más que el empequeñecido remedo[57] de una grandeza pasada.

135 La condición del indígena puede mejorar de dos maneras: o el corazón de los opresores se conduele al extremo de reconocer el derecho de los oprimidos, o el ánimo de los oprimidos adquiere la virilidad suficiente para escarmentar[58] a los opresores. Si el indio aprovechara en rifles y cápsulas[59] todo el dinero que desperdicia[60] en alcohol
140 y fiestas, si en un rincón de su choza[61] o en el agujero de una peña[62] escondiera un arma, cambiaría de condición, haría respetar su propiedad y su vida. A la violencia respondería con la violencia, escarmentando al patrón que le arrebata[63] las lanas, al soldado que le recluta en nombre del Gobierno, al montonero[x] que le roba ganado y
145 bestias de carga.[64]

Al indio no se le predique humildad y resignación, sino orgullo y rebeldía. ¿Qué ha ganado con trescientos o cuatrocientos años de conformidad y paciencia? Mientras menos autoridades sufra, de mayores daños se liberta. Hay un hecho revelador: reina mayor bienestar en
150 las comarcas[65] más distantes de las grandes haciendas, se disfruta[66]

[44] monk
[45] morsel
[46] claim
[47] tierra
[48] shake off
[49] cavidad del cuerpo que contiene el estómago y los intestinos
[50] medida de longitud que equivale a 80 pulgadas
[51] steps
[52] globo... air balloon
[53] muchedumbre de indios
[54] granjearse... ganarse seguidores que compartan las ideas de uno
[55] rebelión contra la autoridad constituida
[56] es posible
[57] mala imitación de una cosa
[58] chastise
[59] envoltura que en este caso encierra la pólvora de una bala o un proyectil
[60] wastes
[61] cabaña
[62] monte o pico de sierra montañosa
[63] quita con violencia
[64] bestias... beasts of burden
[65] territorios
[66] se goza

[u] eunucos... referencia a los esclavos castrados (*eunuchs*) y a los entendidos en gramática (*grammarians*) que en la época del imperio otomano vivieron en lo que hoy es Constantinopla (*Byzantium*)

[v] alemán... Probablemente el autor alude a Ernst Wilhelm Middendorf (1830–1908), uno de los muchos extranjeros que dejaron su impronta en el Perú. Este escribió la notable monografía *El Perú*, e hizo estudios sobre las lenguas aborígenes.

[w] idioma de los quechuas o quichuas, indios que habitaban en la región norte y oeste de Cuzco

[x] miembro de una «montonera» (grupo de gente de a caballo que guerreaba contra el gobierno)

de más orden y tranquilidad en los pueblos menos frecuentados por las autoridades.

En resumen: el indio se redimirá[67] merced a[68] su esfuerzo propio, no por la humanización de sus opresores. Todo blanco es, más o menos, un Pizarro, un Valverde o un Areche.[y]

155

(*Horas de Lucha*, Lima, 1908)

[67] se salvará de la esclavitud
[68] gracias a

Cuestionario

1. ¿Cuál es la tesis o idea central propuesta por el ensayista?
2. Según el primer párrafo, ¿qué reputación tiene el indio en el Perú? ¿Quién ha creado esa reputación y con qué motivo?
3. Al leer ese primer párrafo, ¿qué falsas conclusiones es posible sacar del sistema de educación peruano—las escuelas, el profesorado, la administración—y de las familias de los alumnos indígenas?
4. ¿Qué replica González Prada a los razonamientos de los que sostienen que el indio ha sido educado debidamente?
5. El segundo párrafo hubiera podido comenzar simplemente con «Por civilización se entiende...» Sin embargo, se lee: «Veamos ¿qué se entiende por civilización?» ¿Cuál es el propósito del autor al formular la pregunta? ¿Qué relación quiere establecer con el lector?
6. ¿Qué entienden por civilización las clases dirigentes peruanas? ¿Por qué rechaza el ensayista la definición de esas clases, y qué evidencias históricas presenta para justificar su propio punto de vista?
7. El poder de persuasión de un ensayo depende en gran parte de su valor estético. ¿Qué artificios literarios representan los siguientes ejemplos y qué efecto desea lograr el autor: 1) «Donde no hay justicia, misericordia ni benevolencia, no hay civilización; donde se proclama ley social la *struggle for life*, reina la barbarie»; 2) «¿Qué vale adquirir el saber de un Aristóteles cuando se guarda el corazón de un tigre?»; y 3) «Más que pasar por el mundo derramando la luz del arte o de la ciencia, vale ir destilando la miel de la bondad»?
8. ¿Qué revela este ensayo sobre la estructura ética del Perú? ¿Muestra cierta parcialidad por alguna raza el autor?
9. ¿De qué manera se vale el autor del ejemplo de la Guerra del Pacífico para reforzar la tesis fundamental?
10. ¿Qué distinción se hace entre «educación» e «instrucción»? Por

---

[y] José de Areche, visitador (*inspector*) oficial español enviado al Perú por el rey Carlos III para inspeccionar el Virreinato y proponer reformas. (A pesar de la buena voluntad del rey y de sus emisarios, sus reformas o no se efectuaron o no alcanzaron a mejorar las condiciones del indio.)

consiguiente, ¿qué implica el aforismo «Al que diga: *la escuela,* respóndasele: *la escuela y el pan*»?

Identificaciones

1. «fanatismo y aguardiente»
2. Atahualpa
3. Benito Juárez
4. «a la inversa del globo aerostático, sube más el que más pesa»
5. quechua
6. «vendedores de panaceas»

Temas

1. Los temas principales de «La educación del indio»
2. Las estrategias persuasivas de González Prada: la técnica retórica o la relación entre el ensayista y su público
3. Los elementos lingüísticos más significativos del ensayo
4. El uso de los ejemplos en el ensayo de González Prada: tipos y función

Ezequiel Martínez Estrada

Ezequiel Martínez Estrada (1895–1964), pensador, ensayista, novelista y poeta argentino, alcanzó su mayor éxito en el género ensayístico, en el que se distinguió por sus extraordinarias dotes de intérprete y profeta de la realidad argentina. En sus ensayos literarios, compuestos apasionada y poéticamente, se perfila un ser introvertido, pesimista, agobiado por la angustia espiritual que caracteriza al existencialista moderno. *La cabeza de Goliat,* de donde está sacado el presente ensayo, es uno de sus escritos más representativos. En él, el autor realiza una microscopía, o sea, un profundo y detallado análisis de Buenos Aires que completa con *Radiografía de la pampa* (1933), tal vez su obra maestra. Otras grandes obras de la ensayística de Martínez Estrada son *Muerte y transfiguración de Martín Fierro* (1948) y *Exhortaciones* (1957). Dentro de su poética y novelística sobresalen, respectivamente, *Oro y piedra* (1918) y *María Riquelme* (1956).

Estaciones de descanso

Muchas familias prefieren la vida de pensión *vecindad en México* a la vida de hogar. Centenares de ellas viven en hoteles. Eluden[1] las molestias del menaje[2] y esquivan[3] al mismo tiempo enfrentarse con la responsabilidad de su existencia. Un pensionista[4] ha resuelto casi todos los problemas familiares. Ingresa[5] en una comunidad más amplia, donde la familia
5 estricta es absorbida por la vida colectiva, como la vida de la pensión por la ciudad.

Esos son los habitantes lógicos de las ciudades. Pues una ciudad es el lugar donde se refugia el hombre mientras dispara del cumpli-
10 miento de sus deberes para con Dios,[6] la naturaleza y sus semejantes.

Los hoteles son indispensables en las ciudades, tanto como las mujeres públicas,[7] a las que se parecen también por múltiples analogías. El hombre necesita del hogar[8] y de la compañía; pero no siempre ni a todas horas. El hotel es el simulacro[9] del hogar, como la mu-
15 jer pública es el simulacro de la esposa. Una esposa sin menaje. Los amantes que se suicidan en un hotel realizan un ciclo perfecto y completo de la vida de la ciudad. Se requiere un esfuerzo para no ver que el habitante de la ciudad es un transeúnte; que está de paso.[10] Morir en un hotel es lo más absurdo, dentro del orden natural de las cosas,
20 pero lo más natural dentro del orden absurdo.

En Nueva York que es la ciudad por antonomasia,[11] donde el estilo de edificación ha hecho indispensable el divorcio, la vida de hotel ha reemplazado a la vida de hogar. Nosotros gustamos de vivir en el hotel como en nuestra casa; pero el neoyorquino[12] gusta de vivir en su
25 casa como en el hotel. Para decirlo con mayor propiedad,[13] ha invertido las funciones: come, se divierte y procrea en los hoteles y duerme en la casa.

También vamos en camino de esa vida, porque vamos en camino de gobernarnos por el sentido de la economía y la comodidad. Puede
30 ser muy arraigado[14] el sentimiento del hogar, del «sweet home», en el norteamericano; pero entre el norteamericano y el inglés hay el abismo[15] que entre el retrato y la caricatura. A veces la caricatura se parece más al ser viviente que él mismo, pero es otra cosa. Ese sentimiento nostálgico del hogar es propio del que ha renunciado a él (si-
35 quiera sea en su subsconsciencia) y caracteriza a los pueblos de navegantes.[16] Asimismo[17] el amor a la patria lejana es típico del que la ha abandonado.

Nosotros tenemos ya bares automáticos y restaurantes que nos economizan las molestias de la servidumbre cara y descortés. Se cons-
40 truyen departamentos[18] en previsión de evitar el servicio doméstico y esto es una resta[19] que al hogar hace el restaurante, porque el hogar se ha instituido también para templar[20] a los hombres. Poco a poco

[1] Evaden
[2] cuidado de una casa
[3] evitan
[4] persona que vive en una pensión o casa de huéspedes
[5] Entra
[6] dispara... *flees his duties toward God*
[7] mujeres... prostitutas
[8] casa
[9] mala imitación de una cosa o persona
[10] está... está en un lugar temporalmente
[11] por... por excelencia
[12] habitante de Nueva York
[13] exactitud
[14] firme
[15] *abyss*
[16] marineros
[17] Del mismo modo
[18] apartamentos
[19] daño
[20] formar

vamos acostumbrándonos a comer fuera de casa, a divertirnos fuera de casa, a encontrar hecho lo que se hacía personalmente o se presen-
45 ciaba que se hacía. Es el camino del adulterio.

Hoteles, restaurantes, bares automáticos, casa de hospedaje[21] y de pensión, modifican nuestro sentido de la vida; porque ellos nacieron según los planes de la ciudad y nosotros según los planes de la embriología. Son comodidades de la ciudad que reemplazan a las in-
50 comodidades creadas por la ciudad. Primero nos aparece una incomodidad por la fricción de la vida con la ciudad, como una llaga en el pie por el roce[22] del zapato; después la ciudad nos ofrece una comodidad como una tira emplástica.[23] Más tarde nos acostumbramos y la costumbre es el callo.[24] Al final la comodidad nos roza y nos forma
55 otra llaga.[25] Entonces la ciudad nos inventa otro lenitivo[26] y así, a medida que[27] nosotros nos hacemos más huéspedes, ella se hace más hospitalaria.[28]

[21] casa... casa de huéspedes
[22] *rubbing*
[23] tira... *Band-aid*
[24] *corn, callus*
[25] *sore*
[26] remedio para calmar un dolor
[27] a... al mismo tiempo que
[28] que acoge en su casa a quien lo necesite

Cuestionario

1. El autor utiliza la primera persona plural, **nosotros,** como voz narrativa. ¿Por qué es más apropiada para este ensayo esa perspectiva que la primera o tercera persona singular?
2. ¿Cuál es la tesis o mensaje fundamental del ensayo?
3. ¿Cómo concibe el autor el problema del hombre moderno, a juzgar por su alusión a «las molestias del menaje» y «la responsabilidad de su existencia»?
4. Según el autor, ¿a quién debe dar cuenta de sus acciones el ser humano?
5. ¿De qué analogías se vale el autor en el párrafo tres para poner de relieve su tesis, y cuál es la importancia de esas analogías en el desarrollo del tema?
6. ¿Cuáles son los retruécanos o juegos de palabras (*puns*) que aparecen en este ensayo y cuál es su función?
7. ¿Por qué usa el autor a Nueva York como símbolo?
8. ¿En qué consiste la analogía del retrato y de la caricatura, y cuál es su función en la estructura del ensayo?
9. ¿Se puede considerar apropiado el título «Estaciones de descanso» a las ideas expresadas en el párrafo final del ensayo? Explique.

Identificaciones

1. el «orden absurdo»
2. neoyorquino
3. «comodidades de la ciudad»

Temas

1. Las tesis principales de Martínez Estrada en este ensayo
2. La imagen del hombre moderno en «Estaciones de descanso»
3. El tono y el humor del ensayo

Arturo Uslar Pietri

El venezolano Arturo Uslar Pietri (1906–   ) es una de las figuras más versátiles y significativas del panorama político e intelectual de Hispanoamérica. Ministro, senador, diplomático, periodista, sociólogo y profesor universitario, Uslar Pietri ha recorrido el continente latinoamericano, los Estados Unidos, el Cercano Oriente y Europa. Su contribución a la evolución de la literatura venezolana en particular y a la hispánica en general es notable. Con la publicación de *Barrabás y otros relatos* (1928) y *Red* (1936)—cuentos—y de la novela histórica *Las lanzas coloradas* (1931), Uslar Pietri abandonaba la tradición regionalista cimentada en el *criollismo* y creaba un nuevo tipo de literatura, el *realismo mágico*. En su temática, los escritos mágico-realistas destacan una marcada dicotomía: la pasión casi obsesiva del autor por su suelo natal y un profundo deseo de sondear los misterios del subconsciente humano. En ensayos como *Las nubes* (1946), *Letras y hombres de Venezuela* (1950), *Tierra venezolana* (1954), *Pizarrón* (1955), *Materiales para la construcción de Venezuela* (1959) y *Del hacer y deshacer de Venezuela* (1968), Uslar Pietri trasciende la vigilia obsesiva que le suscita la fisonomía de su tierra para plantear en cambio la tesis de la existencia de dos patrias, una *real* y otra *fingida*, las dos ligadas íntimamente al destino del continente entero y de la humanidad. Sus más de veinte colecciones de ensayos nos revelan un análisis de la realidad venezolana realizado contra el trasfondo de las Américas y del mundo, adoptando la historia en un sentido anticronológico. Dicha postura polivalente hace de Uslar Pietri uno de los eminentes profetas de nuestra época, según lo demuestra «Notas sobre el vasallaje», el ensayo que aquí se reproduce.

Notas sobre el vasallaje [1]

Dos grandes polos de absorción predominan sobre el mundo latinoamericano de nuestros días. Uno está constituido por la poderosa y múltiple influencia de la civilización de los Estados Unidos de América, que está presente y activa en todos los aspectos de la existencia
5 colectiva, y el otro por el pensamiento, el ejemplo y los modelos del

[1] servidumbre o dependencia

mundo socialista de Rusia, de Asia y, en alguna proporción, de Africa del Norte.

La influencia norteamericana abarca[2] más el campo de la vida ordinaria, modas, usos, actitudes. La inmensa mayoría de la población
10 latinoamericana expuesta en alguna forma al contacto de medios de comunicación está recibiendo, consciente o inconscientemente, una conformación norteamericana. Los servicios de noticias de la prensa y de otros medios son de origen norteamericano. No hay que olvidar que quien escoge la noticia y quien dice la noticia lo hace fatalmente
15 desde una determinada situación o de un evidente punto de vista. La mayoría de los programas de televisión son producidos en masa en los Estados Unidos y presenta el mundo de la gran ciudad convencional americana o el mito del Oeste. Una moral protestante y una escala de valores de clase media capitalista. La lucha contra el cri-
20 men organizado, el espionaje internacional, los conflictos amorosos y los ideales de vida de los habitantes de las grandes ciudades del norte. Y como atractivos constantes el sexo en todas sus formas y la violencia. Besos y tiros.

En materia de revistas la influencia es evidentemente igual. Las
25 publicaciones periódicas de mayor circulación en español son versiones de revistas del norte, tales como *LIFE en español, Selecciones del Reader's Digest, Buen Hogar* o adaptaciones del concepto y el contenido del periodismo americano como en el caso de *Visión.* El cine, que es casi el único espectáculo popular, es predominantemente de
30 los Estados Unidos.

En materia de vestido, costumbres, cigarrillos, bebidas, deportes, alimentos, mobiliario, decoración, vivienda, el predominio de lo norteamericano es extraordinariamente grande. La gente tiende a obrar y presentarse como los personajes de cine y TV, a los que imita y
35 toma como modelos casi sin darse cuenta. En el lenguaje entran expresiones tomadas al azar[3] de esa imitación: *Okey*, prefijos como *Super, Extra*, buena parte del lenguaje deportivo y *hippie.*[a] Además toda la técnica de la transmisión de información, de la publicidad y de la formación de opiniǒn pública. Los sistemas repetitivos ele-
40 mentales, los «jingles», las cantinelas comerciales,[4] los incentivos sexuales añadidos a todo tipo de oferta, que llegan en ocasiones, por la exageración, a lo risible.

Se ha ido fabricando un arquetipo humano que tiende a ser imitado en la vida real. Un hombre que usa cierto tipo de camisas y pan-
45 talones, que fuma ciertos cigarrillos y los enciende de determinada manera, que tiene modelos para caminar, sentarse o reclinarse sobre el extremo de una mesa, que ha adquirido una técnica de tratar con las mujeres y que llega a creer, tanto se lo dicen los avisos, que ciertas

[2] incluye
[3] al... sin ningún motivo o ninguna razón en particular
[4] cantinelas... anuncios comerciales que se repiten constantemente

---

[a] término aplicado, en los años sesenta y setenta, a las personas, generalmente jóvenes, que reaccionaban contra los valores de su sociedad

aguas de colonia lo pueden convertir en un amante irresistible. Se
50 han creado ideales sociales; ser un «duro»[5] a la manera de Chicago o
del Oeste, ser un «*playboy*», ser el que saca la pistola más rápidamente o el que sabe engañar y no se deja engañar.

Todo esto entra a torrentes por la prensa, las revistas, el cine, la
radio, la televisión, la propaganda comercial y los ejemplos constan-
55 tes de la vida diaria.

El otro polo lo constituye el ideal revolucionario alimentado en
los ejemplos de Rusia, de la Europa socialista, de Africa del Norte y
de China. El ejemplo de las luchas anticoloniales y de liberación nacional y la veneración casi supersticiosa por todo pensamiento y por
60 todo arte del mundo socialista. Los que leen a los marxistas franceses, los que sueñan con una gesta heroica de liberación a lo Ho Chi
Minh,[b] los que aplican constantemente los más elementales esquemas marxistas a cualquier situación latinoamericana para sacar conclusiones que no siempre son verdaderas ni acertadas.

65 Esta influencia distinta se ejerce sobre un sector más restringido
de la población hispanoamericana pero acaso más influyente e importante. Se ejerce sobre la juventud estudiantil en Universidades y
Liceos[6] y se recibe con un estado de espíritu casi religioso.

Cabría preguntarse ante los dos extremos, acaso personificables
70 en las dos islas antillanas de Puerto Rico y Cuba, ¿dónde está la América Latina? ¿Es su destino parar en una gran Cuba o en un inmenso
Puerto Rico? Y si así fuera, ¿no implicaría ello una especie de monstruosa operación de cambio de sangre, de lavado de cerebro, de renuncia a todo lo que de originalidad y de destino propio pudo y puede
75 tener el Nuevo Mundo, para convertirnos en asépticas[c] dependencias
de mundos distintos?

Pero no es esto, con ser tan grave y fundamental, lo que queremos
plantear ahora. Es algo estrechamente conectado con esto, sin duda,
pero más alejado de la profecía y de la mística política y más en el
80 campo de las preocupaciones y de la acción de un hombre de nuestros
días en estas tierras.

Y que, además, en cierto modo, constituye una necesaria consideración previa a todo planteamiento de la cuestión central para la
América Latina, que no es ni puede ser otra que, sencillamente ésta:
85 ¿Estamos todavía en tiempo y ocasión de poder llegar a ser el Nuevo
Mundo?

El que nos demos con entusiasmo o no, conscientemente o no, a
un tipo de vasallaje despersonalizador, el que pongamos como ideal
para nuestros jóvenes el convertirse en un convencido de las excelen-
90 cias de la «*American way of life*» o en un fanático de la «revolución

---

[b] político vietnamita (1890–1969), presidente de su país y fundador del Partido Comunista en el Vietnam
[c] libres de gérmenes infecciosos. Aquí el término alude a las características locales, propias de los latinoamericanos,
que las dos grandes potencias mundiales pretender erradicar, como si se tratara de enfermedades contagiosas.

cultural» de Mao.[d] Esta es la cuestión, como ya lo dijo alguien. Esta es la cuestión y no es simple porque está profundamente intervenida y mezclada de realidades políticas, económicas y sociales y de poderosas motivaciones sicológicas individuales y colectivas. Tampoco
95 puede llegarse en la simplificación a querer preservar como alternativa deseable, frente al «*boy*»[e] y al «guardia rojo»[f] una forma de costumbrismo latinoamericano, anacrónico y desincorporado del mundo. Frente a la «filosofía» del *Reader's Digest*[g] y al Manual del Jefe Mao,[h] la alternativa no puede ser «Allá en el Rancho Grande[i]».
100   Habría que contestar dos preguntas previas: ¿Tiene, ha tenido y puede tener la América Latina alguna valiosa originalidad creadora? ¿Es posible, en una situación de vasallaje, tener una capacidad creadora original?
    Si las dos respuestas fueran negativas no habría sino que escoger
105 en el catálogo extranjero el modelo de sociedad que vamos a adoptar y el Mefistófeles[j] rojo o blanco, al que vamos a vender nuestra alma a cambio del bien de pertenecer y estar incorporados.
    La primera de las dos cuestiones tiene, a mi modo de ver, respuestas tan obvias, que no es preciso pasar más allá de algunas
110 ratificaciones.
    La América Latina ha tendido a ser un mundo con características propias desde sus comienzos. Todo el complejo de ideas, ya viejas de cuatro siglos, centrado en torno al concepto de Nuevo Mundo, lo revela así. Lo fue más pronto y en un grado más abierto de lo que lo fue
115 la América Sajona. Tiene todo el aspecto de un innecesario recordatorio repetir la vieja lista conocida de las catedrales y la pintura colonial, de los libros del Inca[k] y de los ensayos sociales,[l] tan repetidamente hechos, como forma de rechazo a lo europeo. ¿No ha sido casi un estado de conciencia constante el repetir en mil formas, las más de
120 las veces sin conocer el antecedente, la frase de Vasco de Quiroga

---

[d] revolución... Mao Tse-Tung (1893–1976) tras la Segunda Guerra Mundial luchó victoriosamente contra el Partido Nacional (*Knomistang*), instaurando el régimen comunista en su país. Durante su presidencia de la República Popular de China (1950–1959), quiso erradicar de su tierra toda influencia extranjera a través de lo que se denominó la «revolución cultural».
[e] palabra que en la América Latina ha venido a significar «recadero» o «mandadero» (*errand boy*). La implicación aquí sugiere que los latinoamericanos desempeñan el papel de recaderos para las grandes potencias.
[f] guardia... alusión a los jóvenes chinos mediante los cuales se llevó a cabo la sangrienta «revolución cultural»
[g] filosofía... implicación de que la materia de dicha revista es cuidadosamente seleccionada y editada para que refleje una postura positiva, optimista y ultraconservadora, y por consiguiente simplista, de la realidad nacional
[h] Manual... Conocido popularmente como «el librito rojo», el manual consta de numerosas citas que exponen la filosofía asimismo simplista de Mao Tse-Tung.
[i] «Allá... referencia a la alegre canción mexicana que aplaude la vida despreocupada del campo. Por el contrario, aquí el texto se burla de la posición del latinoamericano que permite que otro señoree su tierra y le haga su vasallo.
[j] denominación del diablo, popularizada por el drama *Faust* (1808–1831) de Wolfgang Goethe (1749–1832).
[k] libros... los renombrados *Comentarios reales* (1609–1617) del peruano Garcilaso de la Vega (1539–1616), apellidado el Inca. Tratan de los incas y muestran un estado americano ideal en el que el hombre vive en perfecta armonía con la naturaleza.
[l] ensayos... aquellos escritos que exageraban las virtudes naturales del indígena americano con el fin de poner de relieve los vicios de la sociedad europea

para Carlos V[m]?: «porque no en vano, sino con mucha causa y razón, éste de acá se llama Nuevo Mundo, no porque se halló de nuevo, sino porque es en gentes y cuasi en todo como fue aquél de la edad primera y de oro[n]...»

[7] argumento aparente con que se quiere defender lo que en realidad es falso

125 En cuanto a la posibilidad de una creación original en una situación política o económica de vasallaje, toda la historia está para contestar por la afirmativa, empezando por nuestra propia historia. Todo lo que de original, y es mucho, tiene la América Latina, desde Garcilaso hasta Darío,[o] y desde los traductores de catecismos hasta Bolí-
130 var,[p] se hizo en condiciones de innegable dependencia.

Establecer una relación entre la independencia política y económica y la capacidad creadora es un sofisma.[7] Las grandes creaciones de la mente humana se han hecho, precisamente, no en conformismo ante una situación favorable, sino en rebelión y protesta,
135 tácita o expresa, contra una situación o un mundo adversos e indeseables. La enumeración de ejemplos es tan obvia que casi no vale la pena volverla a repetir, desde Dante a James Joyce desde Mickiewicz hasta Kazantzakis, desde Miguel Angel hasta Picasso.[q]

Acaso el mejor ejemplo, para probar que la situación de depen-
140 dencia no significa necesariamente la esterilidad creadora, nos lo muestra la propia Rusia. Nadie, con el más superficial conocimiento, podría negar que la literatura rusa del medio siglo posterior a la Revolución es impresionantemente inferior a la del medio siglo anterior, durante el cual se publicaron *Los Hermanos Karamazov* y *La*
145 *Guerra y la Paz*. Y, sin embargo, no hay duda de que la Rusia de Nicolás I y Alejandro II[r] era un país mucho más dependiente y vasallo, económica y culturalmente, de lo que ha sido la Unión Soviética después de 1917.

Es que la cuestión se plantea aún más allá del hecho y de su in-
150 fluencia innegable en la conciencia. Es cuestión de tener o no una conciencia vasalla. Es darse gozosa o pasivamente a algo que no es propio o mantenerse en angustia y vigilia en la búsqueda y afirmación creadora de lo propio.

Reducir la creación literaria y artística a la simple condición de

---

[m] El antecedente al que se refiere el texto, al citar la frase que el prelado y obispo de Michoacán incluyó en uno de sus informes al Rey Carlos V de España (1500–1558), es del navegante italiano Amerigo Vespucci (1451–1519).

[n] es... *its people are different and everything else is just as it was in the beginning, when the earth was a paradise*

[o] Rubén Darío (p. 162) representa aquí el símbolo del desafío a las normas vigentes y el espíritu de renovación artística.

[p] Simón Bolívar (1783–1830), general venezolano apellidado «el Libertador de América»

[q] Dante... Dante Alighieri (1265–1321), italiano, autor del célebre poema *La divina comedia* (siglo XIV), fue hombre de profundas convicciones políticas, religiosas y sociales. A James Joyce (1882–1941), escritor irlandés, se le conoce principalmente por los caminos que abrió en la narrativa con su novedosa y atravida novela *Ulises* (1922). Adam Mickiewicz (1798–1885), escritor y patriota polaco, escribió *Romances y lírica* (1822). Nikos Kazantzakis (1883–1957), poeta y dramaturgo griego, es conocido principalmente por *La vida y los tiempos de Alexis Zorba*, obra que refleja su carácter rebelde e inconformista. El italiano Michelangelo Buonarroti (1475–1564) fue pintor, escultor, arquitecto y poeta, así como figura polémica en su época. Pablo Ruiz Picasso (1887–1973), pintor español, es renombrado por su arte extraordinariamente creativo y revolucionario.

[r] Nicolás... Nicolás I (1796–1855) y Alejandro II (1818–1881), zares rusos, cuyas guerras acabaron por agotar al país económica y moralmente.

ARTURO USLAR PIETRI **363**

155 pasiva consecuencia de los hechos o de las estructuras exteriores, bajas o altas, es negar la condición fundamental de su existencia que es la libertad interior del creador.

En las condiciones externas más negativas, y hasta como necesaria respuesta a los degradantes límites que ellas pueden pretender 160 imponer, surge la obra de arte como testimonio y como iluminación. En la abyecta corte puede refugiarse en un retrato cortesano como el de la familia de Carlos IV de Goya,[s] en la servidumbre y la degradación del negro puede liberarse en música y canto popular como el *jazz;* bajo el despotismo del zar puede expresarse en la leyenda de un 165 bandido generoso como Stenka Razine;[t] en las más conformistas formas de tiranía puede surgir en la insospechable forma de la disección del mecanismo de tiranizar como en Maquiavelo,[u] o en la irónica narración de un mundo supuestamente imaginario como en Swift o en Voltaire.[v]

170 La verdad es que lo que casi no existe, porque equivale en buena parte a la negación de su naturaleza o de su impulso de expresión, es la gran creación del conformismo, el Quijote que elogie a los duques, a los barberos y al mundo que han pretendido forjar a su imagen y semejanza.

175 La mentalidad vasalla tiende a ser imitativa y estéril. No tiene su punto de partida ni en la disidencia ni en la protesta, sino en la aceptación y la conformidad. La actitud del hombre integrado e incorporado a una situación totalmente aceptada tiende a arrebatarle toda individualidad y todo poder cuestionante. Quien ha llegado a la con-180 vicción de que todas las respuestas están dadas en el Corán no solamente puede, sino que hasta se siente obligado como una especie de servicio público a quemar la biblioteca de Alejandría,[w] o por lo menos a no perder tiempo en escribir una sola página más que sería, de toda evidencia, meramente reiterativa o inútil. Nadie gasta tiempo y es-185 fuerzo en encender una vela en pleno mediodía cegador y el mundo de los artistas y los creadores literarios es el de los encendedores de velas en los rincones más oscuros del alma o de la sociedad.

Si no cae en la esterilidad la mentalidad vasalla se satisface en la imitación, que es la falsa crisis, el falso conflicto, el falso lenguaje,

---

[s] retrato... Se refiere aquí al famoso retrato en el que el pintor Francisco de Goya (1746–1829) representa de una manera poco halagadora a la familia real. El retrato expresa con más claridad que cualquier protesta verbal el desdén del artista por los tiranos.

[t] Stenka (Stepan) Razin (¿? –1671) fue aventurero y comandante de la banda de cosacos que luchó valientemente contra el zar Alejandro Mikhailovitch. Fue ejecutado por las tropas moscovitas, convirtiéndose en lo sucesivo en una de las figuras más queridas de la historia y del folklore rusos.

[u] Niccolò Machiavelli (1469–1527), estadista, historiador y patriota italiano, es considerado el padre o fundador de las ciencias políticas. En su obra maestra, *El príncipe* (1532), Machiavelli sostiene que para consolidar el poder político el gobernante debería valerse de cualquier recurso a su disposición. A esta doctrina se le ha dado el nombre de «maquiavelismo».

[v] Swift... Jonathan Swift (1667–1745) escribió *Los viajes de Gulliver* (1726), una sátira de la sociedad inglesa de su época. Voltaire, pseudónimo de François Marie Aruet (1694–1778), representa la expresión más alta del espíritu de reforma social y política.

[w] biblioteca... La biblioteca cívica de Alejandría en Egipto, depositaria de la rica herencia helénica, fue considerada «peligrosa» por otras civilizaciones e incendiada en varias ocasiones por tropas romanas y árabes.

[8]nativismo

190 copiados del lenguaje y la forma que la crisis y el conflicto han re-
vestido verdaderamente para otros hombres en otras latitudes. Es el
reino de los parásitos literarios y artísticos que viven y chupan de
seres distintos a ellos o de los que repiten, fatalmente sin contenido,
los gestos y las posiciones que hombres de otras horas y mundo han
195 adoptado ante terribles exigencias de sus realidades. La pintura de la
revolución mexicana[x] pudo no estar sincronizada con la hora contemporánea del arte occidental, pero valía mucho más como arte, es
decir, como testimonio verdadero y válido, que el falso cubismo que
podían hacer hombres que vivían la realidad de Managua o de Quito.
200 No es esto condenar a un autoctonismo[8] y, lo que es peor aún, a un
costumbrismo al artista y al escritor de la América Latina. Hay que
saber utilizar formas universales del lenguaje y del arte, pero en la
medida en que se requieran o justifican como parte del esfuerzo de
afirmarse frente, en o contra la realidad ambiente propia. Que es el
205 problema fundamental de ser o parecer, de ser genuino o de ser falso,
de encontrar o de repetir.
Hace muchos años, en un tiempo de turbio humor que tenía mucho
de desesperación, aquel mal comprendido español universal que fue
Ramón Gómez de la Serna[y] se puso a escribir unas que llamó «falsas
210 novelas». No eran falsas como novelas, sino como situación. Eran la
falsa novela rusa y la falsa novela inglesa y la falsa novela americana.
Falsas en el sentido de que partían de una actitud de imitación o
«pastiche». Muchos propósitos válidos sobre el misterio de las situaciones y la existencia podían estar implicados en este juego aparente.
215 Pero lo que ahora nos importa decir es que, acaso sin proponérselo,
muchos no han hecho otra cosa que escribir, desde una hora muy precisa de su América Latina, la falsa novela francesa, o el falso ensayo
inglés, o el falso poema ruso. Sin hablar del falso Picasso o del falso
Brecht, o del falso Ionesco, o del falso Becket, o del falso Zadkine, o
220 del falso Evtuchenko,[z] o del falso Matters.
Hay distintas maneras de darle la espalda a la América Latina,
sin darse cuenta, y de frustrarla en su vieja posibilidad de Nuevo
Mundo. Una es la de incorporarse a la América Sajona, como consciente o inconscientemente lo hacen todos los días millones de es-
225 pectadores de cine y TV o de lectores de «*magazines*». Otra es, acaso
como reacción negativa ante esta posición y peligro, la de caer en las
ajenas lealtades y traslaciones de una situación revolucionaria que no
puede ser impuesta a la América Latina sin graves mutilaciones. Esto
no tiene que ver con el tipo de régimen político. La mutilación y la

---

[x]pintura... referencia a los frescos y a las pinturas murales de los mexicanos José Clemente Orozco (1883–1949) y
Diego Rivera (1886–1957)

[y]escritor español (1888–1963). Sus «falsas novelas» son geniales parodias de las supuestas obras maestras de la
novelística europea del siglo XIX.

[z]Brecht... Bertolt Brecht (1898–1956) inició el teatro épico. Eugéne Ionesco (1912–   ) es un dramaturgo francés
(nacido en Rumania) cuya obra forma parte del teatro del absurdo. Samuel Beckett (1906–   ) es escritor irlandés y
autor de obras de teatro en las que se denuncia el absurdo de la condición humana. Ossip Zadkine (1890–1967) fue
escultor francés de ascendencia rusa. Evgenïï Evtuchenko (1933–   ) es un poeta soviético algo polémico.

230 negación pueden ocurrir por igual bajo una dictadura reaccionaria y ⁹en este caso, europeo
pasatista o bajo una dictadura nacionalista o socialista. En ambos
casos se trataría de hacer realidad la falsificación de la realidad propia. La falsa revolución rusa o el falso «*American way of life*».
Ciertamente éstas no pasarían de ser tentativas desesperadas y fi-
235 nalmente imposibles. Tentativas, en lo colectivo, tan anti-históricas y
condenadas al fracaso como la de Luis II de Baviera[aa] frente al siglo XIX prusiano, como la de los jesuitas del Paraguay[bb] frente a la
hora de la expansión imperial, como la de los reyes españoles de hacer
una Nueva Castilla[cc] en las Indias, y también, ¿por qué no?, como la
240 de Lenin[dd] de establecer contra la realidad social una organización
socialista antes de la rectificación de la NEP.[ee] El proceso de mestizaje cultural, que ha sido el signo y el destino de la América Latina,
hace imposibles esos simples y asépticos transplantes. Lo que va a
surgir es, como en el pasado, una cosa distinta del modelo ultra-
245 marino⁹ que se quería reproducir, porque el mestizaje es, ciertamente, un proceso dialéctico.[ff] La tentativa fracasaría, en lo colectivo,
como fracasó la empresa de la Nueva Castilla de los conquistadores, o
de la Nueva Filadelfia o la Nueva París de los Libertadores. Lo que
habría de surgir no tendría más del modelo transplantado de lo que
250 tuvo de República cuáquera[gg] o francesa nuestra República o de
Reino de los Reyes Católicos nuestra colonia. Pero con todo ello es in-
dudable que, aun cuando no se lograra el transplante, el mestizaje del
proceso podría ser distinto según los actores humanos e inhumanos
que lo hayan de realizar. Y en esto radica la importancia de las po-
255 siciones individuales de quienes dicen las palabras y enseñan los
caminos.
Es decir, los peligros de una conciencia vasalla, de una conciencia
anti-histórica que tienda a considerar la historia como una planta o
como una enfermedad que puede ser propagada.
260 El remedio no puede ser un aislamiento, ni una beata complacencia nacionalista, ni menos un anacronismo sistemático solicitado
como una droga alucinógena. Hay que estar en el mundo, pero en el
juego real del mundo. Sabiendo en todo momento lo que se arriesga y
lo que se puede ganar. Apostando lúcidamente a la contemporanei-
265 dad y a la universalidad, pero sin perder de vista la base de situación
en que se halla el apostador.

[aa] rey alemán (1864–1886) que acabó suicidándose, pero no antes de haber empobrecido a Bavaria con sus extrava-
gantes gastos

[bb] la... alusión a las *reducciones* o misiones fundadas por los jesuitas a principios del siglo XVII para catequizar a los
indios

[cc] antiguo nombre por el cual se conoció al Perú en la época colonial

[dd] Vladimir Ulianov Lenin (1870–1924) fue el político responsable por la formación del gobierno soviético tras la Revolución de 1917.

[ee] sigla inglesa que corresponde a «New Economic Plan». Trátase del programa propuesto por Lenin a la nación soviética. Según el NEP el país pasaría gradualmente de un régimen capitalista al colectivismo socialista, pero el plan
fracasó totalmente.

[ff] proceso... proceso en el que se separa la verdad de lo falso a través de una discusión o de un razonamiento lógico

[gg] República... (*Quaker Republic*) alusión a las sectas religiosas fundadas en 1650 por el inglés George Fox

Aunque parezca paradoja, el autoctonismo simple es también una forma de conciencia vasalla. Así como es conciencia vasalla querer hacer la Nueva Ohio o la Nueva Pekín, en tierra americana latina, no lo sería menos, y sí más estérilmente, porque paralizaría el proceso de crecimiento, el querer perpetuar un pasado cualquiera, que como sueño es tan absurdo como el de querer preservar de la muerte a los mortales. Por lo demás, tampoco hay que olvidar que Ohio no es una nueva Londres, como Pekín no es una nueva Moscú, aunque se lo hubieran propuesto los respectivos iniciadores de los programas de transplante, porque la localización histórica no puede permitirlo.

El socialismo latinoamericano será tan disímil de sus modelos, como lo fue nuestra República representativa. Lo cual no es un argumento contra el socialismo, pero sí contra las ingenuas tentativas de transplantes y vasallaje.

Ni exacta contemporaneidad, ni rigurosa universalidad uniforme son posibles, salvo como resultado transitorio y engañoso de una imposición global de fuerza. Hasta la física y las matemáticas modernas niegan ese sueño de poder llegar a un tiempo intemporal y a una localización universal. Que es precisamente la transformación en valores absolutos de las dos circunstancias más relativas que condicionan al hombre que son el tiempo y el espacio, o la tercera categoría que surge de la inextricable combinación de ambos.

Es seguro que haya que saber lo que pasa en el mundo para poder saber mejor lo que pasa en nuestra casa. En todo caso este es el deber fundamental de los intelectuales, créanse insurgentes y resulten vasallos, o sean vasallos y se crean insurgentes.

Este es el drama, el tema y el destino fecundo de la *inteligentsia* de América Latina en esta grande hora de la historia. En la medida en que los hombres de pensamiento, los creadores y los artistas lo comprendan y busquen expresarlo en obras y mensajes, estarán dentro del maravilloso camino de hacer el Nuevo Mundo. En la medida en que no lo entiendan estarán de espaldas al Nuevo Mundo y a su prometida originalidad, aunque invidualmente puedan convertirse en el Kandinsky[hh] del Brasil, o en el Becket de Santo Domingo, o, ¿y por qué no?, en el Víctor Hugo[ii] de Panamá.

El remedio para los riesgos de una conciencia vasalla no puede consistir en cambiarla por otra conciencia vasalla de signo contrario. El remedio para el falso lector del falso «Readers Digest» no puede ser convertirse en el falso lector del catecismo del Jefe Mao ni tampoco, ciertamente, en llegar a ser un hermano adoptivo de Sartre[jj] o de Becket.

El remedio estará en enfrentarse con la más dura América nuestra

---

[hh] Vasili Kandinsky (1866–1944), pintor francés de ascendencia rusa, fue una de las figuras clave en la creación de la pintura abstracta.
[ii] poeta, novelista, dramaturgo y ensayista francés (1802–1885), considerado como teórico, fundador y líder del movimiento romántico francés
[jj] Jean-Paul Sartre (1905–1980), filósofo y escritor francés de filiación comunista, fue teórico del existencialismo y uno de los exponentes de la literatura comprometida.

310 y en buscarle la cara en insurgencia creadora. En regresar a luchar en
nuestra América la pelea de nuestra América, de nuestro mundo, de
nuestra hora, con un credo liberal o socialista, pero con el propósito
de hallar lo nuestro y expresarlo, no para hacer el Massachusetts o la
Bielo-Rusia de América Latina, sino la América Latina del mundo. Es
315 decir, nueva y finalmente, la coronación de la vieja empresa de hacer
el Nuevo Mundo.

Cuestionario

1. A juzgar por el tono del primer párrafo, ¿qué actitud adopta el ensayista frente a la problemática que se presenta?
2. ¿En qué sectores de la sociedad latinoamericana se siente mayormente la influencia de los Estados Unidos? ¿de la Unión Soviética, Africa del Norte y China?
3. ¿De qué medios se sirven los norteamericanos para ejercer su influencia sobre los pueblos de América Latina? Por otro lado, ¿cómo influye el mundo socialista en esos mismo pueblos?
4. Si se tiene en cuenta la pregunta «¿Estamos todavía en tiempo y ocasión de poder llegar a ser el Nuevo Mundo?», ¿qué tesis plantea este ensayo?
5. Dentro de los dos tipos de lógica—la lógica *formal* (simbólica o del pensamiento) o la *informal* (de la sensibilidad o poética)—utilizados en el ensayo, ¿qué recursos persuasivos representan las dos preguntas siguientes: «¿Tiene, ha tenido y puede tener la América Latina alguna valiosa originalidad creadora?» y «¿Es posible, en una situación de vasallaje, tener una capacidad creadora original?» ¿A qué conclusión conducen estas preguntas?
6. ¿Cuál es el denominador común que une a los siguientes: Dante Alighieri, James Joyce, Adam Mickiewicz, Nikos Kazantzakis, Michelangelo Buonarroti y Pablo Picasso? ¿Qué característica(s) comparten?
7. ¿A qué se refiere la metáfora del «Mefistófeles rojo o blanco»?
8. ¿Qué función desempeña en la estructura total del ensayo la frase «porque no en vano, sino con mucha causa y razón, éste de acá se llama Nuevo Mundo, no porque se halló de nuevo, sino porque es en gentes y cuasi en todo como fue aquél de la edad primera y de oro»? ¿Cuál es el valor simbólico de «Nuevo Mundo» y de «edad primera y de oro» dentro del texto?
9. ¿En qué sentido están ligados los conceptos del «falso Picasso» y de la «conciencia vasalla»? ¿Qué diferencia hay entre las «falsas novelas» del español Gómez de la Serna y la «falsa» literatura francesa, inglesa o rusa producida en Latinoamérica?
10. ¿Qué solución al problema de América Latina sugiere el párrafo final de este ensayo? ¿Piensa usted que desde el punto de vista estructural, o sea, a juzgar por la evolución lógica del ensayo, la conclusión justifica la hipótesis inicial? Explique.

Identificaciones

1. «cambio de sangre»
2. «asépticas dependencias»
3. «Allá en el Rancho Grande»
4. «costumbrismo latinoamericano»
5. el «boy» y el «guardia rojo»
6. «hombres que vivían la realidad de Managua o de Quito»
7. Kandinsky, Becket, Víctor Hugo

Temas

1. El carácter profético de «Notas sobre el vasallaje»
2. El encuentro de la vida con el arte en el ensayo. Lo real y lo fingido dentro del concepto de un Nuevo Mundo
3. Universalismo versus autoctonismo en «Notas sobre el vasallaje»
4. Valores conceptuales y expresivos del ensayo: el uso de los recursos persuasivos
5. Historicismo y erudición. Los elementos lingüísticos, históricos, políticos, sociales, culturales y literarios y su función en la estructura de «Notas sobre el vasallaje»

Rosario Castellanos

Rosario Castellanos (1925–1974), poeta, novelista, cuentista, dramaturga, ensayista y crítica mexicana, pereció trágicamente en Israel donde desempeñaba el cargo de embajadora. Como poeta es una de las más destacadas de México. Sus versos se caracterizan tanto por el pensamiento profundo como por su lirismo (*Poemas*, 1957; *Al pie de la letra*, 1959). La protesta social que atraviesa sus obras en prosa se hace sentir de modo particular en sus novelas (*Balún-Canán*, 1957; *Oficio de tinieblas*, 1962; y *Rito de iniciación*, 1965). En estas novelas Castellanos retrata el mundo fantástico lleno de supersticiones y brujerías en que el indio ha sido obligado a vivir por el blanco—mundo que todavía le impide integrarse a la sociedad moderna. Los ensayos de Castellanos, publicados en su mayor parte en suplementos literarios y en revistas (*Excelsior, Novedades*, etcétera) y recogidos en obras como *Juicios sumarios* (1966), *Mujer que sabe latín* (1973) y *El uso de la palabra* (1974), establecen a la escritora como una de las voces más fuertes y elocuentes en la defensa de los derechos humanos, entre ellos los de la mujer. Según lo muestra «La liberación del amor», la autora se vale de un lenguaje expresivo, marcadamente irónico, para combatir el conformismo que impide a las minorías mexicanas progresar y realizar su potencial.

La liberación del amor

Usted, señora, abnegada[1] mujercita mexicana; o usted, abnegada mujercita mexicana en vías de emancipación: ¿qué ha hecho por su causa en los últimos meses? Me imagino la respuesta obvia: repasar el texto ya clásico de Simone de Beauvoir,[a] ya sea para disentir o para
5 apoyar sus propios argumentos o simple y sencillamente para estar enterada. Mantenerse al tanto[2] de los libros que aparecen, uno tras otro, en los Estados Unidos: las exhaustivas descripciones de Betty Friedan, la agresividad de Kate Millet, la lúcida erudición de Germaine Greer.[b]
10 Y, claro, usted sigue de cerca los acontecimientos con los que manifiesta su existencia el Women's Lib. Se hizo la desentendida,[3] seguramente, cuando supo lo del acto simbólico de arrojar al fuego las prendas íntimas[4] porque eso se prestaba a muchos y muy buenos chistes. Se ajustó bien las suyas[5] recordando vagamente aquel grito
15 de los españoles bajo el régimen de Fernando VII,[c] «¡Vivan las cadenas!», y no le pareció, en lo más mínimo, aplicable al caso que nos ocupa.

Quizá se sintió cómplice de las que secuestraron[6] al director de una revista pornográfica porque mostraba a las mujeres como un
20 mero objeto sexual. Pero, de todas maneras, lamentó que el ejemplo de las norteamericanas sea imposible de seguir en México. ¡Nuestra idiosincrasia es tan diferente! Y también nuestra historia y nuestras tradiciones. El temor al ridículo nos paraliza y entendemos muy bien al poeta francés cuando confiesa que «por delicadeza, ha perdido su
25 vida».

Por lo que le pueda servir (a veces es bueno entrar en la casa de la risa[7] y mirar nuestra imagen reflejada en los espejos deformantes) voy a pasarle al costo[8] una información que acaso usted ya posee pero que, para mí, fue una verdadera sorpresa: la actitud que han adop-
30 tado en Japón para enfrentarse al problema de la situación de la mujer en la sociedad y de los papeles que tiene que desempeñar. Esa actitud que cristaliza en un Movimiento de Women's Love para oponerse al Women's Lib.

Usted pudo enterarse porque a propósito del viaje presidencial al
35 Lejano Oriente, las páginas de los periódicos y revistas mexicanas estuvieron llenas de datos sobre los diferentes aspectos de la vida en

[1] que se sacrifica por los otros
[2] al.. informado, al corriente
[3] Se... Fingió que no entendía
[4] prendas... *underclothes*
[5] Se... Guardó bien su propia ropa
[6] *kidnapped*
[7] casa... *funhouse*
[8] pasar... sin hacer ninguna ganancia

---

[a] escritora contemporánea francesa conocida por su activismo en favor de los derechos de la mujer; la autora se refiere aquí al libro *Le Deuxième Sexe* (*El segundo sexo*, 1947), que colocó a Beauvoir a la vanguardia del feminismo del siglo XX.
[b] Betty... feministas contemporáneas, autoras respectivamente de *The Feminine Mystique* (1963), *Sexual Politics* (1970) y *The Female Eunuch* (1970).
[c] Monarca absolutista español (1784–1833)

aquellas latitudes. Yo me enteré gracias a la visita que hizo a Israel[d]
la señora Yachiyo Kasagi que es periodista, maestra, conferenciante,
experta en la rehabilitación de los sordomudos y, en sus ratos de ocio,
40 apasionada lideresa del Women's Love.

La señora Kasagi hizo la siguiente revelación: que una mujer graciosa, amable y, aparentemente, sumisa, puede conquistar al hombre, y, sin que él se entere, imponerle sus propios puntos de vista. Recuerde usted que las moscas se cazan con miel, no con vinagre, y que
45 una mujer histérica y furiosa no alcanza a producir más que repugnancia entre los miembros del sexo opuesto y lástima o risa despia-
dada entre los miembros de su propio sexo.

Cedo la palabra a la señora Kasagi, quien afirma que el hecho de
enarbolar[9] la bandera del amor y rechazar la militancia de las exi-
50 gentes y violentas no hace más que reflejar su propia filosofía de la
vida. Eso no quiere decir que no trabaje, y muy activamente, en la
emancipación de la mujer japonesa, sólo que sus métodos son diferentes, más de acuerdo con la imagen femenina oriental en la que la
mujer encarna los valores de la delicadeza y del encanto.

55 ¿Por qué rechazar esta imagen para adoptar otra que les es profundamente extraña, como la que propone la actual cultura de occidente? Al contrario; la actividad de la señora Kasagi se dirige al
rescate[10] de una serie de técnicas que estuvieron a punto de perderse
a raíz de[11] la derrota japonesa al término de la Segunda Guerra
60 Mundial.

En la familia japonesa de antaño[12] la madre transmitía a la hija
los elementos para ser considerada una verdadera mujer. Es decir, le
enseñaba a inclinarse de una manera correcta y graciosa en las reve-
rencias debidas a sus mayores y superiores (que eran prácticamente
65 todos); le mostraba la manera adecuada de lucir[13] el quimono y de
arreglar flores. Así también no deja de instruirla sobre la manera de
comportarse en la mesa (y en otros muebles más privados) y de llevar
al cabo la refinada ceremonia del té.

¿Qué ocurrió al final de la Segunda Guerra? Que las mujeres se
70 echaron a la calle a trabajar y a ganar dinero y ya no tuvieron tiempo
ni para practicar lo que habían aprendido ni mucho menos para enseñar a sus hijas a comportarse como damas. Como es natural, las
hijas fueron incapaces de transmitir a sus propias hijas una serie de
conocimientos que ya no constituían su patrimonio.

75 La señora Kasagi se lanzó al rescate de tan importantes materias
y ha abierto en Tokio algo que podría considerarse el equivalente de
lo que entre nosotros es una «escuela de personalidad». Allí ese diamante en bruto[14] que es una muchacha adolescente se pule hasta con-
vertirlo en un objeto de lujo: muestra la riqueza y el gusto refinado de

[9] levantar
[10] acto de recuperar algo o alguien
[11] a... inmediatamente después
[12] de... antigua
[13] vestir bien
[14] diamante... *diamond in the rough*

[d] La autora se refiere a su estancia en este país en donde desempeñó el cargo de embajadora de México.

80

¹⁵ institución educacional
¹⁶ espante
¹⁷ *touchy*

quien lo posee y constituye una inversión segura y que no cesa nunca de rendir dividendos.

La formación que se adquiere en el plantel¹⁵ de la señora Kasagi es de tal manera completa que una mujer educada allí puede ser inteligente sin dar el menor signo de ello; puede ser ambiciosa sin que

85 ahuyente¹⁶ a los hombres; puede, incluso, llegar a desempeñar puestos importantes, tanto privados como públicos, sin despertar ni el espíritu competitivo de sus oponentes sino más bien apelando a su espíritu caballeresco que ayuda y protege.

En estos asuntos, ya usted lo sabe, el hombre japonés (a seme-

90 janza de algunos congéneres suyos de origen latino) es muy quisquilloso.¹⁷ Exige una subordinación absoluta y cuando algo se opone a su voluntad sabe castigar con mano dura. ¿No recuerda usted, por ejemplo, la confidencia hecha por la esposa del ex primer ministro Sato a un periodista en el sentido de que su marido acostumbraba pegarle?

95 Esa confidencia no provocó ninguna crisis gubernamental ni deterioró la imagen pública del gobernante. Más bien habría que pensar lo contrario.

Hay, pues que reconocer los hechos dados y comportarse de la manera más conveniente. La señor Kasagi puede servir de ejemplo a

100 sus discípulas. Ella ha obtenido el permiso de actuar y aun de viajar sola, como lo prueba su estancia en Israel. Tal hazaña habrá que atribuirla no a su técnica, sino, según ella misma confiesa, a la circunstancia de que su marido es un hombre muy progresista y de criterio amplio.

105 Tan amplio que la aguardaría hasta su regreso de una ausencia de cinco días en los que aprovechó una invitación de una compañía aérea para conocer un país del Medio Oriente. Y en cuanto a su hijo, que actualmente tiene 20 años, puede escoger entre las discípulas de su madre a la que obtenga la mejor calificación.

(Tel Aviv, 20 de julio, 1972)

Cuestionario

1. ¿A quién está dirigido este ensayo?
2. ¿Cómo es el tono del ensayo?
3. ¿Cuáles son las premisas principales de este escrito, según los tres primeros párrafos? ¿A qué conclusión llega la ensayista en el tercer párrafo?
4. ¿Qué significa la frase siguiente dentro del tema fundamental del ensayo: «a veces es bueno entrar en la casa de la risa y mirar nuestra imagen reflejada en los espejos deformantes»?
5. En la familia japonesa, ¿cuál era el papel tradicional de la madre con respecto a la hija?
6. Según el ensayo, ¿qué concepto axiomático o verdad indiscutible acerca de la mujer destruyó la Segunda Guerra Mundial?

7. ¿Cómo está descrito el hombre japonés?
8. ¿En qué consiste la ironía del último párrafo?

Identificaciones

1. «Vivan las cadenas»
2. «entendemos muy bien al poeta francés cuando confiesa que ‹por delicadeza, ha perdido su vida›»
3. Movimiento de Woman's Love
4. el plantel de la señora Kasagi
5. Sato

Temas

1. Las ideas feministas de Rosario Castellanos
2. Los elementos *expositivos* y *argumentativos* del ensayo
3. El uso de ejemplos en el ensayo
4. El uso de la ironía en el ensayo
5. Las características lingüísticas más significativas del texto

Apéndice 1: El ensayo crítico

El ensayo crítico

Los ensayos críticos pueden ayudarnos a comprender un texto literario. Cada ensayo tendrá un punto de enfoque, sea analítico, estructural, histórico o ideológico. A veces la crítica busca una manera de explicar una ambigüedad textual, mientras que otras veces pone énfasis precisamente en los elementos más problemáticos del texto, no para resolverlos sino para iluminarlos. La crítica más reciente—de base estructuralista y semiológica—se dedica a elaborar los factores que producen la significación textual y las múltiples posibilidades interpretativas. El lector del artículo crítico debe considerar de una manera *abierta* las ideas representadas y debe juzgar de una manera *crítica* estas ideas. Cualquier ensayo tiene el poder de hacernos ver más claramente un determinado texto. Tenemos que leer la crítica como *metacríticos*, es decir, con la visión de un crítico. Esto es necesario porque hace falta examinar no sólo el contenido sino también la validez del método empleado por el crítico. Así, el artículo puede revelarnos algo nuevo sobre una obra literaria, acentuando un aspecto del texto ignorado por el lector o provocando una confrontación entre las ideas del crítico y las nuestras.

Se presentan a continuación resúmenes breves de seis estudios críticos sobre selecciones de la antología. El estudiante puede encontrar referencias a otras obras críticas en las bibliografías anuales de la MLA (Modern Language Association) y en otras fuentes bibliográficas.

El ensayo crítico: Guía general para el lector

1. ¿Cuál es la tesis o el punto de enfoque central del artículo?

2. ¿Cuál es la aproximación de crítico? ¿Es una aproximación formalista o extratextual? ¿Define o explica el crítico su manera de acercarse al texto?
3. ¿Se puede defender la postura del crítico?
4. ¿Está Ud., como lector del texto, de acuerdo con la interpretación o análisis del crítico? ¿Tiene Ud. las mismas ideas o una visión crítica diferente o quizás contradictoria?
5. El artículo crítico presenta una perspectiva determinada sobre una obra literaria. ¿Cuáles serían otras maneras de estudiar esa obra?

1. OBRA: Miguel de Unamuno, *San Manuel Bueno, mártir*

ARTICULO: Colbert I. Nepaulsingh, «In Search of a Tradition, not a Source, for *San Manuel Bueno, mártir*», *Revista Canadiense de Estudios Hispánicos* 11.2 (1987): 315–330

En vez de buscar las fuentes de *San Manuel Bueno, mártir*, Nepaulsingh enfatiza la presencia de una «tradición» literaria en el texto unamuniano. En el artículo, el crítico destaca tres obras que tienen puntos de contacto con la novela de Unamuno: *Cárcel de amor* (1492), una novela sentimental de Diego de San Pedro; *La Celestina* (1499, 1502) de Fernando de Rojas, una obra maestra de la literatura española sobre el amor trágico entre dos jóvenes, Calisto y Melibea; y *Don Quijote* (1605, 1615) de Miguel de Cervantes. Para Nepaulsingh, el denominador común de las obras es la tradición evangélica y el concepto del sacrificio.

2. OBRA: *La casa de Bernarda Alba*

ARTICULO: Michele Frucht Levy. "Of Time and the River: Lorca's *La casa de Bernarda Alba* and Chekhov's *Try sestry*," *La Chispa '85: Selected Proceedings*, ed. Gilbert Paolini (New Orleans: Tulane University, 1985), pp. 203–212.

Este es un estudio comparativo en el que se señalan similaridades importantes entre la obra de Lorca (1936) y la de Chekhov (1901), tales como la afinidad temática, la acción circular, el carácter intolerante de una mujer, así como el código social contra el que chocan los sueños de las hermanas. El río como arquetipo del paso del tiempo y de la vida representa la fuerza que arrastra a las mujeres, mientras que el futuro esperanzador se transforma en un desesperado presente.

3. OBRA: Juan Rulfo, «No oyes ladrar los perros»

ARTICULO: Donald K. Gordon, «No oyes ladrar los perros», de *Los cuentos de Juan Rulfo* (Madrid: Playor, 1976), pp. 123–128

El crítico utiliza el diálogo de «No oyes ladrar los perros» como punto de enfoque para el análisis del cuento. Por su forma, el diálogo presenta cierta separación entre los dos personajes, la cual Gordon relaciona con el uso general de contrastes en el cuento. El énfasis en la forma dialogada lleva al crítico a una interpretación del desenlace del cuento.

4. OBRA: Juan Ramón Jiménez, «¡Inteligencia, dame!»

ARTICULO: Howard T. Young, «The Exact Names», *MLN* 96 (1981): 312–323

«¡Inteligencia, dame!» es metapoema, o sea, un poema sobre la creación de la poesía misma. En «The Exact Names», Howard T. Young pretende ubicar este poema dentro del contexto de los movimientos y tendencias poéticos de su época. El ensayo crítico de Young examina, pues, no sólo un poema sino el arte de la creación poética, no sólo el producto final sino el proceso literario y personal, no sólo un poeta sino las metas de la poesía.

5. OBRA: Miguel de Cervantes, *El viejo celoso*

ARTICULO: Patricia Kenworthy, «The Character of Lorenza and the Moral of Cervantes' *El viejo celoso*», *Bulletin of the Comediantes* 31 (1979): 103–108

El artículo de Patricia Kenworthy presenta un análisis de la manifestación específica de la infidelidad matrimonial—tema predilecto de Cervantes—en el entremés de *El viejo celoso*. El punto de enfoque del ensayo es la caracterización de Lorenza, figura clave para una interpretación de la obra. Kenworthy pone énfasis en el desarrollo del personaje y en el aspecto comparado (la relación entre Lorenza y otras protagonistas cervantinas) al buscar los motivos literarios y conceptuales de Cervantes.

6. OBRA: Mariano José de Larra, «El castellano viejo»

ARTICULO: Vicente Cabrera, «El arte satírico de Larra», *Hispanófila* 59 (1977): 9–17

El artículo de Vicente Cabrera sigue un patrón formalista para examinar la estructura del texto (el modo de presentación de las ideas) y los recursos retóricos empleados por Larra. Según Cabrera, es un error clasificar a Larra como costumbrista; el autor de «El castellano viejo» no pinta de manera objetiva la realidad social, sino que la distorsiona, produciendo una creación máxima del arte satírico.

Apéndice 2: Clasificación de los versos según el número de sílabas

De 2 sílabas (bisílabos):

  1 2
No-che
tris-te
vis-te
ya,
ai-re
cie-lo
sue-lo
mar.

> (Gertrudis Gómez de Avellaneda,
> «La noche de insomnio y el alba»)

De 3 sílabas (trisílabo):

  1 2   3
De-rra-man
los sue-ños
be-le-ños
de paz.

> (Gertrudis Gómez de Avellaneda,
> «La noche de insomnio y el alba»)

De 4 sílabas (tetrasílabo):

  1   2   3 4
Los ma-de-ros
de San Juan
pi-den que-so
pi-den pan.

> (José Asunción Silva,
> «Los maderos de San Juan»)

De 5 sílabas (pentasílabo):

  1 2 3 4 5
La se-ño-ri-ta
del a-ba-ni-co
va por el puen-te
del fres-co rí-o.

> (Federico García Lorca,
> «Canción china en Europa»)

De 6 sílabas (hexasílabo):

  1 2 3 4   5 6
Los o-li-vos gri-ses,
los ca-mi-nos blan-cos.
El sol ha sor-bi-do
la co-lor del cam-po;
y has-ta tu re-cuer-do
me lo va se-can-do
es-ta al-ma de pol-vo
de los dí-as ma-los.

> (Antonio Machado, *Nuevas canciones*)

De 7 sílabas (heptasílabo):

  1 2 3 4 5 6 7
Llé-va-me so-li-ta-ria,
llé-va-me en-tre los sue-ños,
llé-va-me ma-dre mí-a,
des-piér-ta-me del to-do.
haz-me so-ñar tu sue-ño.

> (Octavio Paz, *A la orilla del mundo*)

De 8 sílabas (octosílabo):

1 2 3 4 5 6 7 8
Yo soy un hom-bre sin-ce-ro
de don-de cre-ce la pal-ma
y an-tes de mo-rir-me quie-ro
e-char mis ver-sos del al-ma.

(José Martí, *Versos sencillos*)

De 9 sílabas (eneasílabo):

1 2 3 4 5 6 7 8 9
Ju-ven-tud di-vi-no te-so-ro,
¡ya te vas pa-ra no vol-ver!
Cuan-do quie-ro llo-rar, no llo-ro...
y a ve-ces llo-ro sin que-rer...

(Rubén Darío,
«Canción de otoño en primavera»)

De 10 sílabas (decasílabo):

1 2 3 4 5 6 7 8 9 10
Del sa-lón en el án-gu-lo os-cu-ro,
de su due-ño tal vez ol-vi-da-da
si-len-cio-sa y cu-bier-ta de pol-vo
veí-a-se el ar-pa.

(Gustavo Adolfo Bécquer,
«Rima VII»)

De 11 sílabas (endecasílabo):

1 2 3 4 5 6 7 8 9 10 11
Cor-ta las flo-res, mien-tras ha-ya flo-res.
per-do-na las es-pi-nas a las ro-sas...
¡Tam-bién se van y vuel-ven los do-lo-res
co-mo tur-bas de ne-gras ma-ri-po-sas!

(Manuel Gutiérrez Nájera, «Pax animae»)

De 12 sílabas (dodecasílabo):

1 2 3 4 5 6 7 8 9 10 11 12
Cru-ce-mos nues-tra ca-lle de la a-mar-gu-ra,
le-van-ta-das las fren-tes, jun-tas las ma-nos...
¡Ven tú con-mi-go, rei-na de la her-mo-su-ra;
he-tai-ras y po-e-tas so-mos her-ma-nos!

(Manuel Machado, «Antífona»)

De 13 sílabas (trecisílabo):

1 2 3 4 5 6 7 8 9 10 11 12 13
Yo pal-pi-to, tu glo-ria mi-ran-do su-bli-me,
¡No-ble Au-tor de los vi-vos y va-rios co-lo-res!
¡Te sa-lu-do si pu-ro ma-ti-zas las flo-res,
te sa-lu-do si es-mal-tas ful-gen-te la mar!

(Gertrudis Gómez de Avellaneda,
«La noche de insomnio y el alba»)

De 14 sílabas (alejandrino):

1 2 3 4 5 6 7 8 9 10 11 12
Pue-do es-cri-bir los ver-sos más tris-tes es-ta
13 14
no-che.
Yo la qui-se, y a ve-ces e-lla tam-bién me
qui-so.

En las no-ches co-mo és-ta la tu-ve en-tre mis
bra-zos.
La be-sé tan-tas ve-ces ba-jo el cie-lo in-fi-ni-to.

(Pablo Neruda, «Poema 20»)

Apéndice 3: Términos literarios y paraliterarios relacionados con el texto

Actantes (*actants*): Personajes o cosas que desarrollan una función en un proceso determinado.

Actores (*actors*): Personajes en los cuales converge un papel actancial y al menos una significación temática.

Aforismo (*aphorism*): Sentencia o frase breve y concisa que expresa una doctrina o verdad general. Especie de máxima (*maxim*).

Alegoría (*allegory*): Es una metáfora continuada a lo largo de una composición o de una parte de ella.

Alejandrino (*Alexandrine*): Verso de catorce sílabas, generalmente dividido en dos hemistiquios. El alejandrino francés consta de doce sílabas solamente.

Aliteración (*alliteration*): Repetición del mismo sonido o grupo de sonidos.

Anáfora (*anaphora*): Repetición de una palabra o frase al principio de dos o más versos u oraciones.

Analogía (*analogy*): Relación de semejanza entre dos cosas distintas.

Antítesis (*antithesis*): Expresión de ideas contrarias en frases semejantes.

Aparte (*aside*): Técnica teatral que sirve para comunicar al público ciertas cosas que los otros personajes no deben saber.

Argumento o historia (*story/story line*): En una obra narrativa el término se refiere a la narración de los acontecimientos según el orden en el que ocurren. El argumento (*argument*) de un ensayo es el razonamiento que se emplea para demostrar una proposición o un teorema.

Arquetipo (*archetype*): Literalmente, «modelo original», o símbolo universal. Según la psicología (Carl J. Jung), el arquetipo viene a representar el inconsciente colectivo de los seres humanos, es decir, las ideas que el individuo comparte con sus antepasados.

Arte mayor: Los versos de más de ocho sílabas.

Arte menor: Los versos de ocho sílabas o menos.

Artículo de costumbres (*article of manners or customs*): Composición anecdótica, descriptiva e interpretativa de tono humorístico, a veces satírico, en torno a algún aspecto de la vida española decimonónica (del siglo XIX).

Asíndeton (*asyndeton*): Supresión de conjunciones.

Axioma (*axiom*): Una verdad aceptada universalmente y, de ahí, que no necesite ser demostrada.

Barroco (*baroque*): Movimiento cultural que en España abarca más de un siglo (1580–1700). Conceptualmente, está asociado con la inquietud espiritual y el pesimismo ocasionados por la Contrarreforma y el subsecuente período de celo religioso. Esta actitud se refleja en las obras literarias de carácter metafísico, moralizador o satírico. Estilísticamente, el Barroco—del portugués que significa «perla tosca» (*rough pearl*)—se caracteriza por su complejidad y por su extravagante ornamentación, rasgos destinados a crear asombro e introspección. En la literatura el *culteranismo* y el *conceptismo* son las dos grandes expresiones del arte barroco hispánico.

Beatus ille: Motivo poético creado por Horacio (65–8a. de C.) en el que se ensalza, o exalta, la vida del campo como lugar en el que se logra la perfecta paz del espíritu.

Característica referencial (*referential characteristic*): Rasgo mediante el cual se puede observar de qué modo cierta forma literaria se dirige al lector.

Caricatura (*caricature*): Retrato o esbozo satírico de una persona.

Carpe diem: Motivo poético, creado por Horacio (65–8 a. de C.) que generalmente aconseja el gozo de los placeres de la vida presente porque ésta es breve y al final nos espera la muerte.

Catarsis (*catharsis*): Purificación que opera la tragedia en el espectador por medio de las emociones de compasión y miedo.

Cesura (*caesura*): Pausa que se hace en el interior de un verso.

Clímax (*climax*): Intensificación. En una composición literaria es el punto culminante de la acción. En el lenguaje literario equivale a la *gradación*.

Comedia (*comedy, play*): Obra dramática de ambiente divertido con un final feliz; también una obra dramática en general.

Comodín (personaje): En el teatro es el personaje que hace diversos papeles en una misma obra.

Conceptismo (*conceptism*): Tendencia literaria asociada especialmente con los escritores barrocos Gracián y Quevedo (siglo XVII). Empleado particularmente en la prosa, el conceptismo consiste en emplear conceptos rebuscados (*unnatural, pedantic*), de extravagante originalidad. Aunque el culteranismo y el conceptismo se parecen en virtud de sus metáforas atrevidas, los retruécanos incomprensibles y el hipérbaton exagerado, el conceptismo se diferencia por ser no tanto un preciosismo (*preciosity*) lingüístico, como un preciosismo de ideas.

Copla: Estrofa de cuatro versos de arte mayor o de arte menor. Hay ciertas variantes de coplas.

Cosmopolitismo (*cosmopolitanism*): En directa oposición al criollismo o regionalismo, que en la literatura realista y naturalista destaca lo *local* y *actual*, esta corriente asociada con la primera fase del Modernismo valoriza únicamente los aspectos *estáticos* y *universales* de la obra literaria.

Cosmovisión (*worldview*): Actitud de un autor ante la vida, según se puede determinar mediante la lectura de sus obras; a menudo se utiliza la palabra alemana «*Weltanschauung*».

Costumbrismo: Tendencia literaria española cimentada en el siglo XIX que consiste en retratar e interpretar, por lo general con cariño y nostalgia, las costumbres del país.

Criollismo: Corriente or tendencia regionalista de Hispanoamérica que afecta principalmente a la novela y al cuento. Sus características fundamentales son la crítica de las condiciones sociales, políticas y económicas en los respectivos países. El autor criollista muestra una actitud pesimista y militante que se refleja en la descripción casi científica de la lucha desigual del ser humano contra las fuerzas hostiles de la naturaleza y contra la injustica social.

Cuadro de costumbres (*portrait of manners or customs*): En la literatura española de los siglos XVIII y XIX, boceto (*sketch*) colorido de una escena o de un lugar característicos de la vida española contemporánea.

Culteranismo (*euphuism*): Tendencia literaria introducida por el poeta barroco Góngora (siglo XVII). Se caracteriza por la falta de naturalidad en el estilo, por la abundancia de latinismos y otros vocablos raros, y particularmente por las construcciones sintácticas rebuscadas y oscuras.

Cultismo (*learned word*): Palabra culta o erudita que ha entrado en el idioma no como continuadora directa de otra voz latina, sino que se ha introducido más tarde, sin ninguna transformación, por razones culturales. Sinónimo: *latinismo*.

Diéresis (*diaeresis*): Licencia poética que consiste en separar dos vocales que forman diptongo.

Drama (*drama*): Una presentación en la cual unos personajes imitan un hecho de la vida ante unos espectadores.

Efecto V (*alienation effect*): En el teatro épico, distanciación o alejamiento que se crea entre la acción y el espectador.

Elipsis (*ellipsis*): Omisión de elementos de una oración.

Encabalgamiento (*enjambement or enjambment*): En poesía cuando, para completar el significado, el final de un verso tiene que unirse al verso siguiente.

Ensayística (*essay writing*): El arte que se refiere al ensayo. Términos correspondientes a otras formas: la novelística, la cuentística, la dramaturgia, la poética.

Ensayo (*essay*): Composición literaria generalmente breve y en prosa que versa sobre un determinado tópico o tema y es por la mayor parte de carácter analítico, especulativo o interpretativo.

Epica (*epic poetry*): La poesía épica (*la epopeya*) cuenta, en un estilo elevado, las hazañas de héroes históricos o legendarios, como, por ejemplo, Ulises (de *La Ilíada* y de *La Odisea*, de Homero) o El Cid. La poesía épica representa una visión histórica, así como la exaltación de los valores e ideales de una nación.

Epíteto (*epithet*): Adición de adjetivos con un fin estético solamente, ya que su presencia no es necesaria.

Esbozo (*sketch*): Ensayo corto y descriptivo que gira en torno a un solo personaje, una sola escena, o un solo acontecimiento. Sinónimo: *boceto*.

Estribillo (*refrain*): Una línea o más que se repite a intervalos a lo largo de un poema y muy frecuentemente al final de una estrofa.

Estrofa (*stanza*): Secuencia de versos sometidos a

un orden para formar la unidad estructural del poema.

Estructura (*structure*): La armazón (*framework*) de una composición literaria planificada de una manera particular. Dícese que la estructura de un drama se basa en sus divisiones en actos y escenas; la de un ensayo depende de una serie de tópicos en el orden de su presentación; la estructura de un *soneto* es determinada por el número de cuartetos (dos) y tercetos (dos), la utilización del verso endecasílabo, la rima consonante, etcétera.

Eufemismo (*euphemism*): Es una perífrasis que se usa para evitar el empleo de palabras malsonantes, groseras, o que no se quieren mencionar por considerarse tabú.

Exposición (*exposition*): Parte de la trama de una obra narrativa en la que se le informa al lector acerca de los personajes y su circunstancia particular. En el ensayo, la exposición es la forma del discurso que explica, define e interpreta, en contraste a las otras formas—la descripción, la narración y la argumentación.

Extranjerismo (*foreignism*): Palabra o giro que proviene de algún idioma extranjero (*anglicismo:* del inglés; *germanismo:* del alemán; *galicismo:* del francés, etcétera.)

Fábula (*plot, fable*): El asunto de una obra literaria También una historia en verso o en prosa, que encierra una enseñanza o lección moral.

Figuras retóricas (*rhetorical figures*): Convenciones lingüísticas—procedentes de la tradición retórica (el arte de la persuasión)—que tienen como fin la creación de imágenes bellas y conmovedoras.

Fluir de la conciencia (Corriente de conciencia) (*stream of consciousness*): Técnica que describe la actividad mental de un individuo desde la experiencia consciente a la inconsciente.

Fondo (*content*): Lo que dice una obra. El fondo es el asunto, el tema, el contenido, las ideas, los pensamientos y los sentimientos dentro de una composición; uno de los dos elementos principales del estilo. El otro es la *forma*.

Fonema (*phoneme*): Es la más pequeña unidad fonológica de una lengua, como lo demuestran las palabras *cara* y *cada*.

Forma (*form*): Modo o estilo de arreglar y coordinar las varias y distintas partes de una composición. La forma corresponde a la estructura externa de una obra y sirve como el «vestido» del mensaje o *fondo*. Los elementos formales son: el léxico—las palabras—las frases, las figuras estilísticas, las imágenes y los tropos, y la concepción misma de la obra.

Generación del 98 (*Generation of 98*): Período de renovación de las letras españolas iniciado por un grupo de escritores preocupados por la atmósfera de desaliento—la llamada «abulia»—que resultó de la derrota nacional tras la Guerra Hispanoamericana (1898). La literatura de dicho período renueva el amor por la patria y su tradición, particularmente la espiritual y artística.

Gradación o clímax (*climax*): Cuando varias palabras aparecen en escala ascendente o descendente.

Hamartia (*tragic flaw*): Punto débil del héroe trágico que lo conduce a la catástrofe.

Hemistiquio (*hemistich*): La mitad de un verso separada de la otra mitad por la cesura.

Hiato (*hiatus*): Pronunciación separada de dos vocales que deberían pronunciarse juntas por sinalefa. Si las vocales forman diptongo se llama *diéresis*.

Hipérbaton (*hyperbaton*): Alteración del orden acostumbrado de las palabras en la oración.

Hipérbole (*hyperbole*): Exageración. El aumentar o disminuir desproporcionadamente acciones cualidades, etcétera.

Humanismo (*Humanism*): Corriente que en la época del Renacimiento emprendió y difundió en Europa el estudio de las culturas clásicas de Grecia y Roma, y que anteponía a toda otra consideración los intereses, los valores y la dignidad personal de cada individuo.

Ilustración (*Enlightenment*): Movimiento del siglo XVIII que se distingue por su confianza en el poder ilimitado de la razón humana y en la bondad natural del hombre. Algunos filósofos de la Ilustración como Rousseau, Voltaire y Paine, propusieron que se utilizara al máximo las facultades racionales para llevar a cabo innovaciones en todos los campos—política, religión, educación, ciencias, etcétera—con el fin de mejorar las condiciones humanas.

Imagen (*image*): La representación—literal o figurada—de un objeto o de una experiencia sensorial. La relación poética establecida entre elementos reales e irreales. La impresión mental—de un objeto o de una sensación—evocada por una palabra o una frase.

In medias res: Frase latina que significa «en medio de las cosas». El término se refiere al recurso literario mediante el cual se comienza una obra narrativa «a medio camino» en la sucesión de eventos de su historia, en vez de empezarla desde el principio.

Indianismo: Tendencia asociada con ciertas obras del romanticismo hispanoamericano. En los escritos indianistas el nativo de América es idealizado al estilo del típico héroe romántico europeo, perdiendo como resultado su verdadera identidad.

Indigenismo: Tendencia relacionada fundamentalmente con la novela hispanoamericana realista. En contraste con la idealización del nativo del Nuevo Mundo típico del indianismo, el indigenismo se caracteriza por el retrato vivo y verosímil del nativo y por la fuerte protesta social que el autor hace en favor del indígena.

Ironía circunstancial (*situational irony*): Situación en la que el lector (o espectador) se entera de la ironía sólo en el momento culminante de la obra, así que su experiencia se parece a la del personaje.

Ironía dramática o trágica (*dramatic or tragic irony*): Situación en la que el lector (o espectador) sabe lo que va a pasar en la obra antes de que lo sepa el personaje; la posición del lector es la llamada distanciación irónica (*ironic distance*).

Justicia poética (*poetic justice*): Término introducido por el inglés Thomas Rymer en el siglo XVII para expresar que, mientras que en la vida real no siempre los buenos son premiados y los malos castigados, en la obra artística el autor puede hacer que esto suceda.

Latinismo (*Latinism*): Palabra o giro sacados directamente del latín.

Leitmotivo (*leitmotif or «leading-motif»*): La repetición, en una obra literaria, de una palabra, de una frase, de una situación o de una idea, con el fin de dar un sentido de unidad al conjunto.

Letrilla: Poema estrófico de versos cortos, que con frecuencia tiene un estribillo.

Lira: Estrofa de cinco versos heptasílabos y endecasílabos cuyo esquema es: *aBabB*.

Lógica formal (*formal logic*): Lógica del pensamiento que se sirve de procedimientos parecidos a los que se utilizan en las matemáticas para apelar a la *razón* o a las facultades mentales del ser humano. Sinónimo: *lógica simbólica o discursiva* (*symbolic or discursive logic*).

Lógica informal (*informal logic*): Lógica de la sensibilidad que apela a las facultades intuitivas del hombre y cuyo fin es *emocionar*. Sinónimo: *lógica no-discursiva* (*nondiscursive logic*).

Marxismo (*Marxism*): Doctrina socialista basada principalmente en las ideas del filósofo y economista alemán Karl Marx (1818–1883). De acuerdo con el marxismo, las masas han sido tradicionalmente explotadas por el Estado. Por lo tanto, los marxistas abogan por la lucha de clases y la revolución con el fin de acabar con el capitalismo y crear en su lugar un nuevo orden social: una sociedad sin clases. Estas ideas se reflejan en cierto tipo de arte comprometido.

Metáfora (*metaphor*): Es una translación de sentido; es decir, que el significado de una palabra se emplea en un sentido que no le corresponde lógicamente.

Metateatro (*metatheater*): El teatro dentro del teatro (*play within a play*).

Metonimia (*metonymy*): Cuando una palabra se sustituye por otra con la cual guarda una relación de causa u origen.

Métrica (*metrics*): El estudio de la versificación.

Metro (*meter*): Medida aplicada a cierto número de palabras para formar un verso.

Mimesis (*mimesis*): Imitación.

Mito (*myth*): Historias universales inventadas por los hombres de todas las épocas para expresar, o simbolizar, ciertos aspectos profundos de la existencia humana.

Modernismo (*Modernism*): Tendencia literaria hispánica con raíces en América. Representa un esfuerzo colectivo de renovación de todos los géneros literarios. Sus elementos constitutivos provienen de tres corrientes francesas de la época: (1) el *Parnasianismo*, exquisito cuidado por la forma—el arte por el arte—devoción por las culturas clásicas, exotismo, imágenes plásticas, impersonales, frías; (2) *Simbolismo*, efectos musicales, amor por el color, la vaguedad, el ritmo; y (3) *Romanticismo*, intimidad, sentimiento. En el desenvolvimiento histórico del Modernismo se destacan tres fases: la *esteticista*, la *metafísica y humana*, y la *declinación modernista*.

Narratario (*narratee*): El receptor del mensaje dentro de una obra narrativa. En algunos textos narrativos, el narrador dirige sus palabras a otro personaje, también ficticio. A este receptor se le denomina *narratario*, y la relación entre narrador y narratario se puede comparar, en términos analógicos, con la de autor y lector.

Naturalismo (*Naturalism*): Diametralmente opuesto a la idealización de la realidad, el Naturalismo—tendencia o corriente literaria de la segunda mitad del siglo XIX—retrata al ser humano y su circunstancia con una fidelidad científica. Por eso, y creyendo que la vida del hombre es determinada por su herencia y su medio ambiente, el escritor naturalista, ejemplificado por el francés Emile Zola (1840–1902), exagera los aspectos feos, bestiales del ser humano que lucha inútilmente por sobrevivir.

Neoclasicismo (*Neoclassicism*): Movimiento artístico asociado con el siglo XVIII. En la literatura, sus representantes abogan por la imitación de los clásicos y el predominio de la razón, la serenidad y la moderación como reacción contra los excesos de violencia y desequilibrio del barroco. Por consiguiente, el Neoclasicismo favorece un arte sencillo, verosímil, universal, de buen gusto y con un fin docente que sostenga los ideales éticos, morales y estéticos de la antigüedad grecorromana.

Neologismo (*neologism*): Palabra o frase nueva.

Nihilismo (*nihilism*): Término derivado del latín *nihil* (español «nada»), se refiere filosóficamente a una forma extremada de escepticismo (*skepticism*). En la literatura se encuentra el nihilismo principalmente dentro de aquellas obras existencialistas de tipo ateo (*atheistic*).

Octava (*octave*): Estrofa de ocho versos.

Onomatopeya (*onomatopoeia*): Uso de las palabras imitando sonidos reales.

Oratoria (*oratory*): El arte de hablar con elocuencia; de deleitar, persuadir y conmover por medio de la palabra.

Oxímoron (*oxymoron*): Unión sintáctica de conceptos que se contradicen.

Panteísmo (*pantheism*): Doctrina filosófica que identifica a Dios con el universo. Los panteístas creen que la presencia o el cuerpo de Dios se manifiesta a través de la naturaleza o los fenómenos naturales.

Parábola (*parable*): Cuando todos los elementos de una acción narrada se refieren, al mismo tiempo, a otra situación. Es una especie de comparación y siempre tiene intención didáctica.

Paradoja (*paradox*): Frase que parece contradecir las leyes de la lógica, pero que posee una verdad interna; la unión de dos ideas en apariencia irreconciliables.

Paráfrasis (*paraphrase*): Interpretación o traducción libre de un texto literario.

Pareado (*couplet*): Estrofa de dos versos. (No debe traducirse la palabra inglesa *couplet* por la palabra española **copla**—estrofa de cuatro versos—sino por la palabra **pareado.**)

Parnasianismo (*Parnassianism*): Escuela de poetas franceses (siglo XIX) que practicaban el arte por el arte y construían sus poemas con gran cuidado por la forma. La poesía parnasiana se caracteriza por su objetividad e impersonalidad. Sus temas favoritos son las culturas clásicas y los paisajes y objetos exóticos que los parnasianos representan a través de imágenes plásticas, frías (estatuas de mármol, cisnes, marfil, etcétera). Dado que la intención del poeta es exclusivamente estética, dicha tendencia suele llamarse *esteticismo.*

Patético (*pathetic*): Lo que evoca sentimientos de piedad y ternura.

Perífrasis (*periphrasis*): Sirve para expresar una idea por medio de un rodeo de palabras.

Peripecia (*peripeteia or peripety*): El momento decisivo en la obra dramática, o sea, un cambio de situación repentino.

Personificación (*personification*): Atribución de cualidades o actos propios de los seres humanos a otros seres.

Polisíndeton (*polysyndeton*): La repetición de conjunciones.

Prefiguración (*foreshadowing*): Representación anticipada o indicio de lo que va a ocurrir más tarde.

Pregunta retórica (*rhetorical question*): Pregunta hecha solamente para producir un efecto y no para ser contestada, ya que su respuesta es obvia.

Proposición (*proposition*): Enunciación de una verdad demostrada o que se trata de demostrar.

Prosa discursiva (*discursive prose*): Forma de expresarse que emplea un lenguaje directo, denotativo, lógico, asociado comúnmente con el habla diaria y con los escritos de tipo analítico o docente.

Prosa no-discursiva (*nondiscursive prose*): Forma de expresarse que utiliza un lenguaje indirecto, connotativo, figurado, o literario.

Prosopopeya (*prosopopoeia*): Personificación.

Racionalismo (*rationalism*): Teoría filosófica según la cual se llega al conocimiento sólo por medio de la razón, que ha de considerarse independiente de las facultades intuitivas o sensitivas del hombre y superior a ellas. Por lo tanto dicha doctrina rechaza toda consideración metafísica y especulativa.

Realismo (*Realism*): Teoría o actitud literaria según la cual los aspectos ordinarios de la vida son retratados con la mayor fidelidad. Corriente literaria difundida en Europa y en América a partir de la segunda mitad del siglo XIX. Afectó en particular la novela y se distingue por su énfasis en la descripción detallada de la vida diaria, particularmente la de las clases media y baja.

Realismo mágico (*magical realism*): Término atribuido al crítico alemán Franz Roh quien lo usó para definir cierto tipo de arte plástico. Aplicado a la literatura por el escritor venezolano Arturo Uslar Pietri, el nombre se refiere modernamente a aquellos escritos en los que la realidad objetiva se confunde con la fantasía, creando un ambiente vago, extraño, algo parecido a los sueños.

Redondilla: Estrofa de cuatro versos de arte menor cuyo esquema es *abba*.

Renacimiento (*Renaissance*): Período histórico que sucede a la Edad Media (*Middle Ages*) y precede al Barroco (*Baroque*). En España el Renacimiento comprende el siglo XVI. La cosmovisión renacentista concibe el mundo no como un «valle de lágrimas» que se debe apenas aguantar rumbo a la vida eterna (ideología medieval), sino como algo valioso que Dios ha dado al hombre para que éste disfrute de él al máximo, desarrollándose en todas sus capacidades—físicas, intelectuales, artísticas, etcétera—y adquiriendo la fama destinada a inmortalizarle. En la literatura el Renacimiento se caracteriza por las corrientes *profana* o *secular*, y la *mística*, de temática exclusivamente religiosa.

Retórica (*rhetoric*): Teoría y principios tocantes a los varios y distintos modos de comunicarse eficazmente (*effectively*). Hoy día el término se aplica al arte o a la ciencia relacionados con la utilización del lenguaje en el discurso literario.

Retruécano (*pun*): Juego de palabras producido por la semejanza de los sonidos y la disparidad de los significados.

Rima (*rhyme*): Semejanza o igualdad entre los sonidos finales del verso a partir de la última vocal tónica.

Rima asonante (*assonance, vocalic rhyme*): Rima entre dos palabras cuyas vocales son iguales a contar desde la última vocal tónica.

Rima consonante (*consonance*): Rima entre dos palabras cuyos últimos sonidos, tanto vocales como consonantes, son iguales a contar desde la última vocal tónica.

Ritmo (*rhythm*): La cadencia de un verso determinada por la distribución de los acentos principales.

Romance (*Spanish ballad*): Composición poética formada por versos octosílabos, en número indeterminado, con rima asonante en los versos pares, quedando sueltos los impares.

Romanticismo (*Romanticism*): Doctrina adoptada en Europa al principio del siglo XIX. El Romanticismo se caracteriza sobre todo por el predominio de la sensibilidad y la imaginación sobre la razón. Asimismo, se distingue por la visión eminentemente individualista y, de ahí, subjetiva de la realidad. Los románticos padecieron del llamado «mal du siècle» [mal de siglo] o desaliento resultante del choque entre su extremado idealismo—anhelo de completa libertad, búsqueda de la inmortalidad, la perfección, el amor puro—y la realidad cotidiana.

Sátira (*satire*): Composición escrita cuyo objeto es censurar o poner en ridículo.

Serventesio (*quatrain*): Estrofa de cuatro versos de arte mayor cuya rima es *ABAB*.

Significado (*signified*): Lo señalado—el concepto, la idea—por un signo lingüístico; el signo mismo se llama *significante* (*signifier*).

Significante (*signifier*): Signo lingüístico utilizado para nombrar algo; lo señalado se llama *significado* (*signified*).

Silogismo (*syllogism*): Fórmula empleada para presentar lógicamente un argumento. En el silogismo el argumento se compone de tres proposiciones, la última de las cuales se deduce de las otras dos.

Silva: Poema no estrófico formado por versos heptasílabos y endecasílabos combinados libremente.

Simbolismo (*symbolism*): Tendencia poética francesa de fines del siglo XIX. Sus principales representantes—Verlaine, Rimbaud y Mallarmé—cultivaron una poesía que se caracteriza por su vaguedad, el verso libre y, de modo particular, los efectos musicales.

Símbolo (*symbol*): Es la relación entre dos elementos, uno concreto y otro abstracto, de tal manera que lo concreto explique lo abstracto.

Símil (*simile*): Comparación de una cosa con otra para dar una idea más viva de una de ellas.

Sinalefa (*synalepha*): Elemento de cómputo silábico que une dos vocales: cuando una palabra termina con vocal y la siguiente empieza también con una vocal se unen y se cuenta como una sola sílaba.

Sinécdoque (*synecdoche*): Dar a una cosa el nombre de otra porque hay una relación de coexistencia. La más usada es la que designa el todo por la parte.

Sinéresis (*synaeresis*): En poesía, cuando se unen dos vocales adyacentes que generalmente se pronuncian separadas.

Sinestesia (*synaesthesia*): Descripción de una sensación en términos de otra.

Soneto (*sonnet*): Composición poética de catorce versos de arte mayor distribuidos en dos cuartetos y dos tercetos.

Superrealismo (*surrealism*): Corriente artística que surgió en Francia a principios de la segunda década del siglo XX. Influenciados por las teorías de Freud y horrorizados por el caótico espectáculo de la Primera Guerra Mundial, los superrealistas propusieron un arte que «superara» la realidad objetiva y exteriorizara los aspectos subconscientes, irracionales de la existencia humana. El resultado, en la pintura y en la literatura, son composiciones que destacan imágenes imprevistas, desordenadas y aparentemente incongruentes, al estilo de la casual sucesión de hechos y memorias propia de los sueños.

Tema (*theme*): La significación de lo que pasa (asunto) en una obra literaria: la idea central o el mensaje del texto.

Teorema (*theorem*): Proposición que afirma una verdad demostrable.

Terceto (*tercet*): Estrofa de tres versos.

Tono (*tone*): La actitud que muestra un autor ante la materia tratada en el texto.

Tragedia (*tragedy*): Imitación de una acción grave que provoca terror y compasión.

Tropo (*trope*): Empleo de las palabras con un sentido distinto al que les corresponde, llamado sentido figurado.

Vanguardismo (*avant-garde*): Término que quiere decir literalmente «vanguardia» o el punto más avanzado de una fuerza armada. Se aplica a la doctrina estética que aboga por experimentar con nuevos temas y nuevas técnicas a fin de innovar la expresión literaria, generalmente valiéndose de procedimientos poco ortodoxos.

Versificación (*versification*): Estudio de los principios estructurales del verso.

Verso (*verse*): La unidad de la versificación. Palabra o conjunto de palabras sometidas a cierta medida y ritmo. Cada una de las líneas de un poema.

Verso blanco o suelto (*blank verse*): El que no tiene rima.

Verso libre (*free verse*): El que no tiene ni rima ni medida.

Vulgarismo (*vulgarism*): Palabra o frase empleada por el vulgo o las masas populares.

Weltanschauung: Ver **Cosmovisión**

Zeitgeist (*zeitgeist*): El espíritu del tiempo, o sea, la actitud general—intelectual, moral, social, etcétera—característica de una época.

alcohol - palabra arabe
que significa
— mascara —

About the Authors

Carmelo Virgillo (Ph.D., Indiana University, Bloomington) is Professor of Romance Languages at Arizona State University, where he teaches Italian, Spanish and Portuguese. Having served as director of the ASU Summer Program in Florence, Italy, and as coordinator of undergraduate Hispanic literature courses, he is presently supervisor of Italian teaching assistants. His publications include *Correspondência de Machado de Assis com Magalhães de Azeredo*, *Woman as Myth and Metaphor in Latin American Literature* (with Naomi E. Lindstrom), *Bibliografia analítico-descritiva de Henriqueta Lisboa* (with Angela Maria Uchoa-Couto), articles on nineteenth- and twentieth-century Spanish, Spanish American, and Brazilian prose and poetry, as well as translations. He is a contributor to the *Suplemento Literário do Minas Gerais*.

Edward H. Friedman (Ph.D., Johns Hopkins University) is Professor of Spanish at Indiana University, Bloomington. His primary field of research is Golden Age literature. He is the author of *The Unifying Concept: Approaches to the Structure of Cervantes' **Comedias*** and *The Antiheroine's Voice: Narrative Discourse and Transformations of the Picaresque*, as well as numerous articles and reviews. Formerly book review editor for *Hispania*, he serves on the editorial boards of *Bulletin of the Comediantes*, *Cervantes*, *Chasqui*, *Discurso Literario*, *Hispanic Issues*, and *Rocky Mountain Review*. He is also the recipient of a Burlington Northern Foundation award for excellence in teaching.

L. Teresa Valdivieso (Ph.D., Arizona State University) is Professor of Spanish at Arizona State University, where she has served as Spanish language coordinator and as Director of the Spanish Graduate Program. She is currently in charge of the ASU Student Exchange Program with Mexico and Bolivia. The author of *España: Bibliografía de un teatro silenciado* and *Negocios y comunicaciones* (with Jorge Valdivieso), in addition to numerous critical essays on Hispanic and Catalan literature, she is associate editor of *Letras Femeninas* and serves on the editorial board of *Dieciocho*. In 1980 she was the recipient of the Dean's Distinguished Teacher Award.